天 津 社 会 科 学 院　中 国 城 市 史 研 究 会　主 办

中文社会科学引文索引
（CSSCI）来源集刊

城市史研究

（第37辑）

URBAN HISTORY
RESEARCH

张利民　主编

社会科学文献出版社
SOCIAL SCIENCES ACADEMIC PRESS (CHINA)

《城市史研究》编委会

目 录

区域体系与经济发展

市政建设与社会控制

晚清民国时期新疆城市数量
与规模变化研究*

何一民　黄俊棚　付　娟

内容提要：晚清民国时期是新疆城市发生重要变化的时期，由于新疆建省，推行地方行政制度改革，故而城市数量增加。晚清民国时期，是新疆城市发生重要变化的时期，由于清末新疆建省，推行地方行政制度改革，将新疆城市纳入了层级行政等级体系，由于地方行政制度的改革，城市数量也随之增加。民国建立后，新疆地方政府在中央政府的指导下进一步加强和完善各级行政建置，先后经历了杨增新执政时期、金树仁执政时期、盛世才执政时期和国民政府直管时期四个阶段，由此推动了新疆城市数量的增加；随着地方行政建置改革和社会、经济的发展、人口的增加，新疆城市规模也同步扩大，初步奠定了现当代新疆城市的发展格局。本文重点探讨了行政制度变革与城市数量变迁之间的关系，以及不同阶段城市人口规模与占地规模的发展变化。

关键词：新疆　城市数量　城市规模　行政制度

相比内地省区，新疆的自然地理环境特殊性非常明显，主要表现为面积广阔（达166万余平方公里），但适合人居的地方却非常少，沙漠、荒野、山地、冰川等占了绝大部分面积，适合人居的绿洲在1950年仅占总面积的4.3%。[①]

* 本文为国家社会科学基金重点项目"20世纪新疆城市与区域发展研究"（11AZS011）的阶段性成果。

① 杨帆：《新疆绿洲面积已从4.3%增至9.7%》，人民网，2015年8月3日，http://scitech.people.com.cn/n/2015/0803/c1007－27399378.html。

在干旱半干旱气候条件下，新疆绿洲的生态环境也极其脆弱，环境资源的人口承载量非常小，因而在历史上新疆总人口一直很少。虽然新疆的城市文明起源很早，但城市数量一直很少，城市规模也较小。晚清民国时期是新疆城市发展的承上启下时期，数量与规模都发生了较为明显的变化。推动新疆城市发展的一个重要因素就是新疆建省和地方行政建置的设立，晚清民国时期新疆城市数量逐渐增加，初步形成了行政等级城市体系，城市人口和用地规模也有较大的扩展，初步奠定了现当代新疆城市的发展格局。

一 晚清地方行政制度改革与新疆城市数量的变化

清末，新疆地方行政建置因清王朝治边政策的改变而发生了很大变化。光绪十年（1884），新疆正式建省，从藩部管理模式下"因俗而治"的多元政区，改为与内地相同的省、府、州、厅、县地方行政建置政区。清廷在新疆建省的一个主要目的就是以府县制取代军府制下的多元分治，推行移民实边政策，以巩固边疆、开发边疆。地方行政建置的变革使新疆城市被纳入层级行政等级体系之中。为适应新疆建省带来的政治、经济变化发展，新疆地方当局根据"建省"改革的需要，以"设立行省当从州县办起"为原则，重新规划新疆的地方行政建置，并以此为基础构建新疆城市行政等级体系。在府县设立和城市发展思路上，强调"南北并重和民族融合"，并极力推进新疆城市功能转型和城市空间分布的均衡化。新疆建省和府县制的设立，推动了新疆城市发展和社会经济的恢复，从而进一步巩固了新疆治乱建省的成果，对于"固边保疆"起了重要的作用。

新疆建省和增设府县推动了新疆城市发展，初步形成层级行政等级体系模式。以刘锦棠为主的新疆地方官员根据新疆的实际情况，在天山南北设立了道、府、州、县等各层级行政机构，以取代从清乾隆时期开始实施的军府制、伯克制和札萨克制，构建起全疆划一的地方行政体系，使所属各级城市都被纳入清王朝控制之下，新疆城市开始初步形成依据行政建置等级划分的城市体系。清前中期军府制下，新疆城市体系以区域划分为北疆、南疆和东疆三大区域，统属不明，缺乏层级，相互之间也处于隔离状态。新疆建省后，全疆城市逐渐形成了以道、府、州、县治所为依据的四级城市等级体系。行省制和府县制一方面加强了清廷对新疆的直接管理和统治，另一方面也使新疆城市的独立发展逐渐向以行政等级为纽带的区域城市体系转型。光绪十年，新疆建省之初，其建置为2府、11厅、4州及11县，共计28个地方行政建置，由于迪化府和伊犁府均是府县同治一城，故而此时新疆的行政建置城市数量只有26个。这些行政建置城市包括原军府制时期南北疆所有重要城市，以及推行府县制后新增的拜城、叶城、于阗、玛喇尔巴什等城市。新疆地方行政管理方式从北疆、南疆、东疆多元政区的间接管理变为统一的直接行政层级管理，所有城市都在巡抚统一节制下，由中央政府任命的各级地方行政官员直接管理，这在新疆历史上是一个巨大的进步，不仅适应了新疆的管治实情，满足了强省固边和加强中央集权的需要，而且对其后新疆的发展产生了深远的影响。刘锦棠指出，"固城防以资守御"，为新疆平定叛乱后的"最为切要之务"。① 清廷正是通过建省和设立府县制，将新疆城市纳入中央集权下的行政等级体系，加强了城市体系建设，为稳固边疆、开发新疆奠定了基础。

20世纪初，清廷在内外压力之下被迫进行改革，清末新政也在内陆边疆地区全面推行，新疆除了在军事、经济和文化等领域加强改革外，还于光绪二十八年（1902）起相继进行了地方行政建置改革，次第增设道、府、州、县，使新疆的地方行政建置进一步完善。经过改革，新疆的地方行政建置增加为4道，下辖6府、10厅、3州、23个县和分县，② 府厅州县建置共计42个，较前增加了14个。由于道治与府或县同治一城，而迪化府和伊犁府仍然为府县同城，因而此一时期新疆的地方行政建置城市实际上只有36个，城市数量较前增加了10个。由于新疆地域辽阔，如此数量的城市仍然较少，因而城市体系仍然不完善，布局仍然不合理。光绪二十九年（1903），疏勒、莎车和温宿三直隶州升格为府，再新设9个县和

---

① 刘锦棠：《刘襄勤公奏稿》卷2，沈云龙主编《近代中国史料丛刊》第232辑，台北，文海出版社，1984。
② 据成崇德《清代西部开发》（山西古籍出版社，2002，第114页），"到1902年时全疆共建4道，下辖6府、10厅、3州、23个县和分县"；据牛平汉《清代政区沿革综表》（中国地图出版社，1990，第503～507页），设4道，下辖6府、8直隶厅、2直隶州、22县；而根据王树枏等的《新疆图志》卷1《建置一》（《中国边疆丛书》第1辑，台北，文海出版社，1965）记载，"凡设道四、府六、厅十一、直隶州二、州一、县二十一、分县二"；马大正《新疆乡土志稿》（新疆人民出版社，2010）的目录中包括4道，下辖6府、8直隶厅、2分防厅、2直隶州、1州、23个县和分县，与成崇德所说大体相同。此处从《新疆乡土志稿》所说。

县治，焉耆府增设了若羌县和轮台县，温宿府裁撤巡检改设温宿县，疏勒府增设了伽师县，莎车府增设了泽普县，和阗州增设了洛浦县，库车州增设沙雅县，迪化府增设了孚远县，吐鲁番直隶厅则增设了鄯善县。[①] 同年温宿府还增设了柯坪分县，昌吉县属呼图壁巡检也升格为县，故而新增 12 个县，新疆的县级城市从建省之初的 11 个，增加到 23 个，增加了 1 倍多。值得注意的是，清末新增设的 12 个县级城市，除孚远、鄯善和呼图壁在北疆外，其余 9 个县级城市都在南疆，表明南疆城市在新疆建省以后出现较快的改革。

地方行政建置的改革对于新疆城市的发展有着至关重要的作用。随着县级以上行政建置的设立，在一定区域内就会形成一个行政中心，在行政力量聚集资源规律的作用下，这些行政中心将在一定时间内对人口、手工业、商业、金融等产生聚集效应，由此推动交通、通信、能源以及农业的发展，形成区域经济中心，文化、教育、医疗、卫生等社会事业也将得到不同程度的发展，随着人口增加，经济结构变化，功能叠加，城市也随之形成和发展。因而，地方行政建置的设立成为研究城市的一个重要参考值。民国时期实行的是以县为基层政权的地方行政管理制度，作为区域经济发展和行政区划建置产物的新疆建制城市，基层县级政权的增加也就意味着城市数量的增加。

二 民国地方行政建置改革与城市数量的变化

辛亥革命后，北京政府针对民初中国各地军政与民政机构重叠、政区混乱的现象，决定统一全国地方行政制度，于 1913 年颁布《划一令》，推行以裁府、厅、州为县为主要内容的地方行政制度改革。《划一令》要求各省限期改制，"按照政府计划，以民国二年三月以前为限，一律办齐"。[②]

---

① 《清德宗实录》卷 504（中华书局，1987，第 650~651 页）记载为 9 处，而《新疆乡土志稿》（第 375 页）记载原属叶城的皮山县，1903 年改设县治，同年兴建衙署，故将皮山县也计算其中，为 10 处。另因呼图壁在建省后即设立巡检，1902 年仅是将其升至分县，故不计入新设县治。

② 《政府公报》第 243 号，1913 年 1 月 9 日，转引自周振鹤主编，傅林祥、郑宝恒《中国行政区划通史》中华民国卷，复旦大学出版社，2007。

《划一令》对地方行政建置进行了统一规定，各省原则上只建立省—道—县三级行政建置，裁撤清朝的府州厅建置，将这些建置一律改为县，其中无直辖地的府予以废除，从而形成省辖道、道管县的地方行政制度。新疆省政府根据《划一令》，也进行了相应变革，一是增置道建置，裁撤府、厅、州建置，一律改为县。由此带来地方二级行政建置"道"的数量增多。清末新疆共有四个道：镇迪道、伊塔道、阿克苏道、喀什噶尔道。民初则扩充为八个道：天山以北设四道，迪化道（1914年将镇迪道改为迪化道，道治在迪化）、伊犁道（1914年改伊塔道为伊犁道，道治在伊宁）、塔城道（1916年改塔城参赞为道，从伊犁道析出另置，道治在塔城）、阿山道（1919年在阿尔泰地区新置，道治在承化寺）；天山以南设四道，阿克苏道（道治在阿克苏新城）、喀什噶尔道（道治在疏附）、焉耆道（1920年从阿克苏道析置，道治在焉耆）、和阗道（1920年从喀什噶尔道析置，道治在和阗）。民初，北京政府强力推行地方行政建置改革，新疆遵照北京政府的指令，一方面将"道"从清代以监察职能为主的虚置派出机构，转变为具有完全职能的地方行政机构，取代府、州成为介于省、县之间的二级地方政区；另一方面将清末新疆所设的四道增加为八道，道的数量增加了一倍，改变了过去"道"辖区过大，所辖县数量过多，不便进行管理的弊端，同时也减少了府、州这一层级，有利于新疆省地方行政权力的统一。

民国时期，新疆的三级行政建置与清末相比，较前有所进步和完善，以民初"道"为基础改立的"专区"，管辖范围变动不大，管理相对有效。与之相应的是以县城为主的三级城市等级体系得以保留与不断完善，城市数量因而不断增加。道——行政区的设立，对于新疆城市行政等级体系的建设起了重要的作用，正是地方行政建置改革推动了新疆在民国时期形成了三级城市等级体系。

1. 杨增新执政时期地方行政建置与城市数量的变化

从1912年民国成立到1927年南京国民政府成立，新疆一直为杨增新执政时期，杨增新在政治上虽然较为保守，力图保持新疆地方政治的相对独立和社会的稳定，但对中央政府的各项政策还是基本上予以执行，特别是不涉及他在新疆的权益情况下更是如此。因而从民初开始，新疆相继在中央政府的指导下进行了一系列地方行政制度改革。1913年，杨增新根据北京政府的指令，裁府、厅、州，或废除，或改为县，将清末的省—道—

府（厅、州）—县四级变为省—道—县三级，并将阿尔泰地区归并新疆，奠定了民国以来新疆行政区划的大体范围。从1913年到1928年，新疆的行政区划不断调整，至南京国民政府建立之初，新疆地方行政区划共有8道50县，因道治与县治均治一城，故此一时期新疆共计有50个行政建置城市，较晚清时期增加了8个行政建置城市。

民国前期，新疆行政建置城市与晚清相比，发生了一定的变化。

一是保留了清末的21个县和2个分县。清末新疆共设有21个县：迪化、阜康、孚远、奇台、昌吉、绥来、鄯善、绥定、宁远、温宿、拜城、新平、轮台、若羌、沙雅、疏附、伽师、叶城、皮山、洛浦、于阗等县。另有2个分县：呼图壁分县、柯坪分县。进入民国以后，21个县和2个分县均予以保留，不同的是宁远县因与国内其他县发生重名，故而改名为伊宁县，新平县也改名为尉犁县，呼图壁则由分县升格为县。

二是将清末的17个府、厅、州改设为县。原清末6府中的迪化府和伊犁府因府县同治而裁撤，其余4府则裁府为县：温宿府改为阿克苏县，焉耆府改为焉耆县，疏勒府改为疏勒县，莎车府改为莎车县。原清末的10厅均裁厅为县：镇西直隶厅改为镇西县，哈密直隶厅改为哈密县，吐鲁番直隶厅改为吐鲁番县，库尔喀喇乌苏直隶厅改为乌苏县，塔城直隶厅改为塔城县，精河直隶厅改为精河县，乌什直隶厅改为乌什县，蒲犁分防厅改为蒲犁县，霍尔果斯分防厅改为霍尔果斯县，英吉沙尔厅改为英吉沙县。原清末的3州亦裁州为县：库车直隶州改为库车县，巴楚州改为巴楚县，和阗直隶州改为和阗县。上述因裁府、厅、州而改为县的地方行政建置共计17个。

三是从原有部分规模较大的县析置出7个县。北疆从原有的部分县析置出3个县，即从绥来县析置出沙湾县，从塔城县析置出额敏县，从精河县析置出博乐县；南疆也从原有的部分县析置出4个县，从于阗县析置出且末县，从和阗县析置出墨玉县，从叶城县析置出泽普县，从巴楚县析置出麦盖提县。

四是阿尔泰地区归属新疆后增设4个县。1919年阿尔泰地区划归新疆管辖，相继增设了布尔津县（1919）、承化县（1921）、布伦托海县（1921）和布尔根县（1924），各县县治分别在布尔津镇、承化寺、布伦托海镇和布尔根镇。阿尔泰地区在清代本归科布多参赞大臣管辖，1906年，清廷增设阿尔泰办事大臣，驻承化寺镇，由朝廷直接管辖。阿尔泰办事大臣驻承化寺镇，推动了该地区经济和社会的发展，并向城市转型。辛亥革命后，阿尔泰办事大臣改为阿尔泰办事长官，仍然直隶中央政府，长官仍驻承化寺镇。阿尔泰地区气候寒冷，经济落后，人口稀少，未达到行政建置的设置标准，但由于沙俄、外蒙古分裂势力不断侵扰，为巩固边防、加强防御，北京政府于1914年在阿尔泰地区设置4个设治局："布尔津河设治局、哈巴河设治局、布伦托海设治局、吉木乃设治局，均归阿勒尔办事长官管辖；办事长官还兼辖1盟3部10旗。"[①]由于阿尔泰地区与北京相距遥远，交通不便，通信落后，办事长官的权限有限，难以应付各种内政外交事务，北京政府也对该地区时常有鞭长莫及之感。经多方面考量，北京政府遂于1919年将阿尔泰划归新疆统辖，在新疆增设阿山道。新疆省政府也对阿山地区的管辖高度重视，在原来所设地方行政建置基础上新设耳里匮设治局、布尔根设治局，通过增设行政区划，建立县局治所的方式，基本构建起阿山地区的行政建置体系，至杨增新执政新疆末期，除新设的耳里匮设治局辖地后被外蒙古所占外，其他4个设治局都相继升格为县：布尔津县建于1919年，承化县建于1921年，布伦托海县建于1921年，布尔根县建于1924年。

从以上可见，杨增新执政时期不仅保留了清末原有21个县建置，另将呼图壁升格为县（柯坪仍是分县），将原17个府厅州改设为县，而且从一些规模较大的县析置出7个新县；另外，由于阿尔泰地区归并新疆，相继新设4个县，故而至杨增新执政新疆末期，新疆共设有8道50县，[②] 较之清末增设了11个行政建置城市，如按地域划分，北疆新增建置城市7个，南疆新增行政建置城市4个。除了县级行政建置之外，此一时期还增设多个设治局、县佐、分县等准县级行政机构。如1914年置哈巴河设治局，1916年设置七角井县佐，1917年设置木垒县佐，1921年设置乾德县佐，1921年设置耳里匮设治局（后为外蒙古所占），1926年设置吉木乃设治局等。

2. 金树仁执政时期地方行政建置与城市数量的变化

尽管金树仁只在新疆执政了5年，但这期间恰逢南京国民政府建立后

---

① 中华民国内政部编《中华民国行政区域简表》，商务印书馆，1947，第208页。

② 〔日〕东亚同文会编印《新修中国通志·新疆卷》(1)，1944，第101～102页。本应为50县，但笔误写成49县（未计入柯坪分县），另外还有48县说等，但经过笔者考证，不包括柯坪应为50县。

对全国地方行政制度进行改革，因而这一时期新疆的地方行政建置也发生较大变化。

1927年南京国民政府建立后，取消道建置，改设行政区，并公布《县组织法》，对地方行政制度重加改革。此次地方行政制度改革的重点在于减少行政层级，即将原来的省—道—县三级行政体系变为省—县两级行政体系，原来在省、县之间所设的"道"，改为行政督察专员公署，作为省政府的派出机构，因而仍然实行的是虚三级地方行政制度。新疆省因地域辽阔，民族众多，强邻环伺，统御极难，省政府直接管辖各县有很大的困难，几乎是不可能的事情，因此新疆省政府呈请南京国民政府同意保留省县之间的中间层级，即将原有八道改为八大行政区：天山以北分为迪化区、塔城行政区、伊犁行政区、阿山行政区；天山以南分为阿克苏行政区、焉耆行政区、喀什噶尔行政区、和阗行政区，各行政区名义上作为省政府的派出机构，但实际仍然具有二级政区的管辖权力。

金树仁执政新疆后，为了加强对新疆各地的统治，也加大了增设地方县级行政机构的力度，1928～1930年，相继增加县建置，或将原来的准县建置升格为县级行政建置。如杨增新时期所设的乾德、木垒河、吉木乃、哈巴河等县佐（设治局）均升格为县，另将柯坪分县、阿瓦提分县和托克苏分县也升格为县，此外又从原来的部分大县中析置出3个县：巩留县（治托克斯塔柳）、叶尔羌县（治莎车县回城）、策勒县（治策勒村）。金树仁执政时期，通过新设和升格等方式增加的县建置共10个，南、北疆各5个，故而使新疆县级城市的数量从杨增新时期的50个增加到60个；此外，还相继新设置了多个准县级建置，如1930年相继设置了托克逊设治局、和什托洛盖设治局、七角井设治局、乌鲁克恰提设治局、赛图拉设治局和库尔勒设治局，这些设治局都在其后发展成为城市。

金树仁执政时期与杨增新执政时期相比，行政建置城市数量有一定幅度的增加，增幅达20%。由于此一时期，新疆社会极度动荡，战火燃遍全疆，故而虽然城市数量有所增加，但城市发展的质量实际上有所下降，部分城市甚至处于极度衰落状态。

3. 盛世才执政时期行政建置与城市数量的变化

盛世才执政时期积极建立健全新疆的各级行政建置，故而对于行政建置城市的发展起了较大的推动作用。一是增设二级行政区，1934 年增设哈密行政区，1943 年增设莎车行政区，使行政区从 8 个增加到 10 个。哈密行政区和莎车行政区的设置，一方面有利于加强对这些地区的统治，另一方面也对哈密和莎车两个城市的发展起到了重要的推动作用。二是增设县级行政建置，从 1933 年至 1944 年，共计新设了 16 个县级行政建置，北疆地区新增 10 个县建置，其中阿山区新增青河县（治青河镇）、富蕴县（治可可托海镇），塔城区新增和丰县（治布克赛尔）、裕民县（治察汗托海），伊犁区新增特克斯县（治特克斯镇）、昭苏县（治昭苏镇）、温泉县（治博尔塔拉镇）、尼勒克县（治尼勒克镇）、宁西县（治察布查尔镇），迪化区新增托克逊县（治托克逊镇）；南疆地区新设 6 个县，其中喀什区新增乌恰县（治乌恰镇）、岳普湖县（治岳普湖镇）、阿图什县（治阿图什），焉耆区新增和静县（治和静镇）、库尔勒县（治库尔勒城），另外哈密区新增伊吾县（治伊吾镇）。盛世才执政新疆的 11 年间，采取铁腕手段平定了新疆的分裂势力，也对异己力量大加排斥，并借助苏联的力量，使新疆经济有了较为显著的发展，推动了新疆城市的迅速发展，县以上建置城市数量达到 75 个（叶尔羌县未计入），较金树仁时期的 60 个县城增加了 25%，从而为其后新疆地方行政建置体系的构建奠定了基础。但是有一点需要指出的是，盛世才执政新疆时期，长期采取亲苏政策，对中央政府阳奉阴违，所有新设县建置或准县建置均未呈报国民政府备案，其行政建置遗留的问题，直到 1947 年还未完全解决。[1]

4. 国民政府直管新疆时期行政建置与城市数量的变化

1944 年 9 月，盛世才被迫离开新疆，到重庆国民政府任职，国民政府派吴忠信入疆接替盛世才。1944 年盛世才离开新疆前后，新疆西

---

[1] "案查前准新疆省政府公函以该省僻处边陲，交通不便，民族复杂，情形特殊，所有历年行政区域之变更，多未报核，检送该省县名表请查核。等由；经核该省增设昭苏、巩哈、宁西、温泉、阿图什、岳普湖、阿合奇、裕民、民丰、和靖、和硕等十一县，及新源、乌河二设治局，裁撤叶尔羌县，及赛图拉设治局，又呼图壁县更名景化，托克苏县更名新和，霍尔果斯县更名霍城。布伦托海县更名福海，可可托海设治局升县更名富蕴，青格里河设治局升县更名青河，和什托落盖设治局升县更名和丰，乌鲁克恰提设治局升县更名乌恰，又托克逊、伊吾、库尔勒、特克斯四设治局升县等，均经呈奉行政院核定转奉国民政府令准备案。除通行外，相应函请查照为荷。"《内政部方字第 1226 号公函》，《中华民国行政区域简表》，第 214 页。

北地区暂出现了一个在苏联支持下的"东土耳其斯坦人民共和国临时政府"，最盛时曾据有伊犁、塔城、阿山、迪化（辖绥来、呼图壁2县）等4行政区，这对新疆城市的发展产生了不利的影响。当动乱平定后，国民政府控制了新疆，沿袭了盛世才时期的基层行政建置，但不再新立设治局，而是先后将原先所设立的4个设治局升格为县治，1944年设置阿合奇县（治阿合奇镇，隶属喀什区），1946年设置民丰县（治尼雅镇，隶属和阗区），1946年设置和硕县（治乌什塔拉，隶属焉耆区），1946年设置新源县（治新源镇，隶属伊犁区）。新疆的县级以上地方行政建置城市数量达79个。此一时期，新疆地方行政建置还发生了一个重要的变化，即1945年成立了迪化市，开新疆城市型行政区划的先河，市建置的设置，对于迪化城市的作用在当时并不显著，但后续影响却十分长远和巨大。

三 晚清民国时期城市规模的变化

"城市规模"的大小，扩展或缩减，是衡量城市兴衰的重要指标，城市规模一般包括城市人口规模、城市用地规模、城市经济规模和基础设施规模等，但一般研究者更多是以人口数量和城市建成区作为衡量城市规模的主要标准。近代新疆由于人口稀少，经济落后，不管是城市人口还是建成区规模都难以和同时期的内地城市相比，但从历史的纵向维度来看，从清末到民国，由于全省人口总量的增加，新疆城市的人口规模也有较为明显的扩大。

1. 晚清民国时期新疆人口总量的变化

历史上，新疆人口一直都很少，出现过人口高峰，但总量都不大，由于地域广阔，民族众多，语言相异，以及南农北牧的经济形态，人口流动巨大等原因，新疆一直缺乏有关人口的准确统计。据估算，古代历史上新疆（西域）人口多数时候是在50万左右徘徊。清代统一后，由于屯垦移民等措施，新疆人口明显增加，尤其是乾嘉时期内地民户向北疆移民就约有50万人。[①] 同光动乱发生之前，南疆地区的维吾尔族人口就已经达到

---

① 马汝珩、马大正主编《清代的边疆政策》，中国社会科学出版社，1994，第102页。

110 万，① 全疆合计约 160 万人。经过 19 世纪六七十年代的长期战乱，新疆人口伤亡严重，尤其是北疆地区人口损失惨重，不少地区人口仅"十存一二"。据马大正等人研究，光绪十年新疆建省前后，新疆人口一直徘徊在 90 万~110 万。② 建省后，随着社会、经济的恢复，新疆的人口自然增长和机械增长都出现高潮，特别是内地人口大量进入新疆，推动新疆人口出现前所未有的增速，新疆人口总量在清末达到历史上的一个高峰，达200 多万人。民国建立后，相比内地长期处于战乱状态，人口增长停滞不前，新疆的战乱时间较少，社会相对安宁，因而人口有较大幅度的增加。道光二十年（1840）前后，中国总人口达到 4 亿，但此后因各种原因出现增长停滞，1949 年中国总人口也仅有 4 亿多人，百年间基本没有太大增长。然而新疆人口在同样的百年时期内，却出现前所未有的大幅度增长，据相关研究，咸丰元年（1851），新疆总人口为 136.3 万人。新疆建省后，人口持续增加，至宣统年间人口达到 200 万人左右，增加了近 50%。据《新疆图志》记载，新疆总人口为 2027633 人。③ 另据《清史稿》记载，宣统三年（1911）新疆有编户"四十五万三千四百七十七，口二百六万九千一百六十五"。④ 民国初年，新疆也进行了人口普查，此一时期的人口总数为 208 万~209 万，与以上两份文献的记载基本吻合。尽管学界对清末民初两次人口调查结果的准确性仍存有歧义，⑤ 但清末民初的两次人口调查是以现代人口普查为基础进行的调查统计，仍具有相当的参考性，尽管人口统计的具体数字有一定出入，但基本可以断定清末民初新疆人口总数为 202 万~210 万。⑥

---

① 黄达远：《多重视角下的边疆研究》，民族出版社，2009，第 116 页。
② 马汝珩、马大正主编《清代的边疆政策》，第 119 页。
③ 王树枏等：《新疆图志》卷 43~44。
④ 《清史稿》卷 83 地理志 23 新疆，《续修四库全书》第 296 卷，上海古籍出版社，2003，第 115 页。
⑤ 持认同意见的代表文章有米红等《清末民初的两次户口人口调查》，《历史研究》1997 年第 1 期；文静《对清末民初两次人口调查的分析：以当时新疆人口为中心》，《西北史地》1998 年第 4 期。持反对意见的有侯杨方《宣统年间的人口调查——兼评米红等人论文及其他有关研究》，《历史研究》1998 年第 6 期；〔美〕何炳棣《明初以降人口及其相关问题 1368~1953》，葛剑雄译，三联书店，2000，第五章"1851~1953 年的人口数据"。
⑥ 在马汝珩、马大正主编的《清代的边疆政策》（第 121 页）中载，"1898 年全疆人口达167 万多，至 1911 年，仅巴里坤、迪化就达 20.8 万"，似乎难以成立。

民国建立以后，中国政局出现巨大的动荡与变化，由于新疆孤悬塞外，中央政府在绝大多数时间内对其可谓鞭长莫及，所以对新疆的人口变化情况无法准确了解。内务部、内政处、邮电局等曾相继公布新疆人口调查数据；有部分当时人在游记或报告中也对新疆人口有所记载，如《新疆纪游》《新疆概述》《中国经营西域史》《边城蒙难记》《新疆之民族及人口》等都有不同时期新疆人口总数的估计；此外，日本同文会对新疆人口进行过调查。但各种统计数据有较大出入，由于多为估计，因而权威性不足。尽管官方或非官方都曾有过对民国时期新疆人口的调查与统计，其真实性仍然存在一定疑问，但民国时期新疆人口增加迅速却是客观事实，并为1953年新疆人口调查所证明。民国时期，新疆虽然出现过战争和动乱，但时间相对较短，大部分时间都是处于相对稳定的状态，和平稳定为经济发展创造了条件，而经济发展则促进人口的增长，一是人口的自然增长，二是人口的机械增长。正是在多种条件的作用下，1944年全疆的人口总数就已达到400万，此后国民政府向新疆派驻了数量庞大的军队，同时内地商人和其他职业者也相继随之而入疆，由此促进新疆人口总量进一步增长。1948年新疆总人口增至463万，较1851年增加了2.4倍。①

在正常情况下，区域总人口的快速增长，都会带动城市的发展，区域人口与城市人口之间呈现正相关联系。近代新疆人口主要经历了三次上升高潮和两次下降低谷，三次上升高潮分别为：从新疆建省至宣统末年；辛亥革命后到20世纪20年代末；盛世才执政时期即20世纪30年代后期至40年代中期。两次下降低谷分别为同光年间的动乱和20世纪30年代初的战乱。清末民国时期，新疆人口和城市人口之间关系的正相关性表现得非常明显，如同光之乱发生时，新疆总人口因战争和动乱而锐减，城市人口同样大减，城市人口减少的幅度甚至远超乡村，相当部分城市出现严重衰败。但当动乱结束，新疆社会、经济出现发展，总人口持续增加时，城市也相应出现大发展，这在晚清、民初和盛世才执政中后期表现得非常明显。总的来说，人是城市的主体，人口总量的增长为城市发展奠定了基础，在一定程度上打破了新疆地广人稀的制约因素，人口的大量增加与聚

---

① 葛剑雄主编《中国人口史》第6卷，复旦大学出版社，2005，第278页。

集定居，推动了民国新疆城市数量的增长与规模的扩大，并影响了南北疆城市的空间格局。

2. 晚清民国时期新疆城市人口规模的变化

城市人口数量是衡量城市规模的重要指标。晚清民国时期，新疆与内地经济发达省区相比，城市数量少，规模小，城市发展迟缓，除受高山、沙漠和戈壁等恶劣自然地理条件影响外，人口总量少也是一个重要原因。新疆广大地区人烟稀少，农业不发达，所能提供的剩余粮食和生活用品有限，严重地制约了城市的发展。清末民国时期，随着新疆人口总量的增加，城市人口也明显增加，尤其是那些位于交通要冲或枢纽位置的重要行政中心城市人口增加较快，对经济要素和社会要素有着很强的吸引力，由此推动城市功能的叠加和规模的扩大。

清宣统年间，新疆城市的人口规模普遍较小，万人以上的城市仅有5个，依次为迪化（23097人）、叶尔羌（22550人）、喀什（疏附，22487人）、阿克苏回城（12403人）和英吉沙尔（10300人）。[①] 从空间分布来看，新疆万人以上的大城市主要分布在南疆，北疆仅有省会迪化的城市人口在万人以上，原来伊犁河谷的重要城市如惠远城等因同光动乱而遭到严重破坏，人口流失严重。南疆在清中前期有八大城，均为历史悠久的城市，特别是叶尔羌和喀什，长期都是区域的政治、经济中心，因而尽管在同光年间也遭到战争的破坏，人口流失严重，但经过光宣年间的社会重建，城市有较大的恢复与发展，故而仍有4个城市人口在万人以上。宣统年间，新疆城市人口为0.5万~1万的城市只有和阗、叶城、库车、奇台、于阗、宁远等6个，其中北疆也仅有奇台和宁远2个，其余4个均在南疆。同期新疆城市人口为0.2万~0.5万的城市有11个，分别为昌吉、绥来、吐鲁番、巴里坤（镇西）、绥定、塔城、阿克苏新城、拜城、乌什、疏勒、巴楚，其中北疆为4个，南疆为5个，东疆2个。[②] 具体情况详见表1。

如果从全国城市来考察，清末新疆城市人口规模普遍偏小，人口规模最大的省会城市迪化也仅有2.3万人，可以说规模非常小，仅能与内地的

[①] 张建军：《论清代新疆城市的人口规模》，《中国历史地理论丛》1999年第4期。

[②] 张建军：《论清代新疆城市的人口规模》，《中国历史地理论丛》1999年第4期。

表 1　清末新疆主要城市人口规模

人口规模	城市名称	人口数量	地域分布
1 万以上（5 个）	迪　　化	23097	北疆
	叶 尔 羌	22550	南疆
	疏　　附	22487	南疆
	阿克苏回城	12403	南疆
	英吉沙尔	10300	南疆
0.5 万~1 万（6 个）	和　　阗	9140	南疆
	宁　　远	8512	北疆
	库　　车	8472	南疆
	奇　　台	6996	北疆
	于　　阗	5981	南疆
	叶　　城	5023	南疆
0.2 万~0.5 万（11 个）	昌　　吉	2543	北疆
	绥　　来	3438	北疆
	吐 鲁 番	2863	东疆
	镇　　西	3991	东疆
	绥　　定	4649	北疆
	塔　　城	4580	北疆
	阿克苏新城	4442	南疆
	拜　　城	3180	南疆
	乌　　什	3306	南疆
	疏　　勒	2228	南疆
	巴　　楚	2750	南疆

资料来源：张建军《论清代新疆城市的人口规模》，《中国历史地理论丛》1999 年第 4 期。按，本表略有改动。

一般中小城市相比，不能称之为大城市。其时随着中国早期工业化的启动，东中部沿海沿江城市的规模都有很大发展，上海已经发展成为百万人口以上的特大城市，天津城市人口也接近百万，东中部省会城市人口一般都在 10 万以上，西部地区的重要城市成都人口达 30 万左右，兰州城市人口在 5 万以上，西藏首府拉萨的城市人口也在 5 万以上。① 因而，清末新

---

① 何一民、赵淑亮：《清代民国时期西藏城市数量规模的变化及制约发展的原因》，《社会科学》2013 年第 4 期。

疆城市人口规模最大的迪化在全国各省区重要城市中仅能排名末尾。但需要强调的是，新疆城市人口规模虽然普遍较小，但是对于新疆这个地广人稀的地区而言，从纵向进行比较，迪化等万人以上的城市已经是规模相当大的城市，在区域发展中起着重要的中心作用。

民国时期，随着新疆总人口的增加、城乡经济的发展，新疆城市人口也在持续增加。但民国时期有关新疆城市人口的统计极不完整，除部分重要城市有一些记载外，大多数城市都无准确统计。特别是在新疆人口总数尚无可靠记录的情况下，城市人口统计资料不仅稀少且缺乏权威性和完整性，现在有关人口统计的记载多是将城乡人口合并在一起，较少将城乡人口分别统计，可供采信的资料不多。民国中后期，日本南满铁道经济调查会为了满足日本政府对中国进行殖民侵略的需要，在谢彬《新疆游记》和林竞《西北丛编》等中方资料的基础上，进行了一些统计调查，并估算了1940年左右新疆各城市人口情况，[①] 尽管对其准确性仍存有疑问，但这也是目前为止，最具参考意义的对民国新疆城市人口的记录。

根据表2统计，20世纪40年代初，新疆万人以上规模的城市从清末的5个增加到10个，分别为疏附（5万人左右）、伊宁（5万人左右）、

表2　1940年左右新疆主要城市人口规模

单位：人

城　市	人口数量	城　市	人口数量
疏　附	5万左右	伊　宁	5万左右
迪　化	3万左右	叶　城	3万左右
叶尔羌	2万左右	阿克苏	2万左右
奇　台	1万左右	吐鲁番	1万左右
和　阗	1万左右	疏　勒	1万左右
拜　城	0.5万~1万	莎　车	0.5万~1万
哈　密	0.5万~1万	额　敏	0.5万~1万
绥　定	0.5万~1万		

资料来源：〔日〕《新修中国通志·新疆卷》（1），第205页。

---

① 〔日〕《新修中国通志·新疆卷》（1），第205页。

迪化（3万人左右）、叶城（3万人左右）、叶尔羌（2万人左右）、阿克苏（2万人左右）、奇台（1万人左右）、吐鲁番（1万人左右）、和阗（1万人左右）、疏勒（1万人左右）；人口0.5万～1万的城市从清末的6个下降为5个，分别为拜城、莎车、哈密、额敏、绥定；此外则多为几千或几百人不等的农业市镇。① 除迪化、伊宁等个别城市外，民国新疆城市发展的鼎盛时期是盛世才转向国民党之前，所以这一调查结果可视为民国时期新疆大多数城市人口规模高峰期的情况（迪化和三区城市除外）。

整体来看，民国时期新疆主要城市人口规模和新疆总人口规模呈同步增长的态势，从清末到民国新疆总人口数从清末不足210万增长到463多万，翻了一番，与之相应的是新疆城市人口规模也翻了一番，最大规模城市从清末的2万多人发展到5万人，和新疆总人口数的增长相吻合。

盛世才执政新疆后期，与苏联发生矛盾冲突，新疆对苏贸易中断。随后在苏联的支持下，新疆部分民族主义者发动了"伊宁事变"，导致新疆出现分裂危机，严重影响了新疆区域与城市发展的总体水平。但由于地理区位的不同，南北疆城市受到的影响程度不同，北疆迪化和三区城市虽然受到一定程度的影响，但积极影响多于消极影响，尤其是迪化和伊宁。前者因为国民政府直管新疆后，大量军政人员和工商业机构与人员来到迪化，推动迪化城市人口规模快速增长；后者则因为是三区政府所在地，在苏联的支持下，对苏贸易得以保持，导致城市人口规模不降反升。而南疆首位城市喀什等受新疆与苏联贸易中断的影响，不仅城市经济发展水平下降较大，而且农业经济的发展也受到很大影响，城市发展失去了城乡经济的支撑，导致喀什的城市人口规模在20世纪40年代中后期不断下降，不再居于新疆城市人口规模的首位。根据1947年国民党政府内政部方域司统计，新疆5万以上人口的城市只有三个，依次为迪化（8万）、疏附（即喀什，5万）和莎车（即叶尔羌，5.07万）。② 以上统计未包括伊宁，之所以如此，可能与"伊宁事变"后，三区在苏联支持下搞"独立运动"，国民

---

① 关于新疆城市人口规模，〔日〕支那省别全志刊行委员会编纂《新修支那省别全志·新疆省》（东亚同文会，1944，第210～348页）以及何一民《新疆城市百年巨变——数量与规模》（《民族学刊》2014年第1期）进行了详细统计。

② 《中华民国行政区域简表》，第208～214页；参见何一民《中国城市史》，武汉大学出版社，2012，第613页。

政府和新疆省政府不能直接管辖该地区有关。因为伊宁在 20 世纪 40 年代城市人口一直处于上升状态，实际上 1949 年伊宁城区人口已经发展到 71036 人，[①] 故 40 年代后期新疆 5 万以上人口的城市一共有 4 个，即迪化、伊宁、疏附和莎车。虽然南北疆各有两个大城市，但是从发展趋势看，新疆大城市发展不平衡出现明显的变化，即北疆的中心迪化、伊宁等大城市的发展规模、发展速度和发展质量，都开始超过南疆的喀什、叶尔羌、和阗等传统大城市，这种变化在 20 世纪后期就显示了巨大的效应。

20 世纪中期，新疆城市的人口规模虽然有一定的发展，但是将新疆城市与全国其他省区城市相比较，新疆城市仍然处于落后状态。其时新疆最大规模城市为迪化，仅 8 万人，而上海的城市人口则达到 430 万，相当于新疆全省的总人口；西南地区的重要中心城市成都的人口达 62 万，云南省会昆明城市人口有 25 万多，贵州省会城市贵阳经过抗战时期的大发展，城市人口也达 26 万之多，西北地区的重要城市陕西省会西安的城市人口为 50 万，甘肃省会兰州城市人口也达到了 15 万多；此一时期只有西藏的首府拉萨的城市人口仍然保持在清末的水平，约 5 万人，落后于新疆省会迪化。据 1947 年的统计数据，全国 5 万人以上城市共有 177 个，新疆仅有 4 个，仅占全国 5 万人以上城市总数的 2%，与新疆占中国 1/6 国土面积的地位极不相称；不过如果从人口总量比来看，新疆城市人口也并不算少，1947 年新疆总人口约 400 万，仅占全国总人口的 1%，以如此少的总人口而拥有近 80 个县建置以上的城市，并有 4 个 5 万人以上的城市，也可以说有较大的发展。

3. 晚清民国时期新疆城市用地规模的变化

一般而言，以城市建成区面积的大小作为城市用地规模重要指标，但由于新疆城市的历史资料十分缺乏，有关城市用地规模资料也记载不全，唯有清代所建城市一般都修筑有城墙，有关城墙周长（城周）的记载相对较多，故而不少研究者常把城墙周长作为衡量城市用地规模的一个重要指标。但是有一点需要强调的是，城墙作为城市的一种基础建设，一旦建成，就具有相对的稳定性和耐久性，变化较小。然而城市的发展并不受城墙的制约，民国时期新疆各城市的城墙并未再进行拓展，但城市经济有较

---

① 黄大强主编《伊宁市志》，新疆人民出版社，2002，第 108 页。

大的发展，城市人口也有较大的增加，城市经济设施、文化设施、居住建筑等都越来越多地突破城墙范围，向外扩展，因而原来的城墙已经不能再反映城市的用地规模。尽管如此，城墙仍然是研究晚清民国时期新疆城市规模的一个重要参考指标。

光绪年间，由左宗棠所率领的西征军平定阿古柏等动乱后，清政府恢复了对新疆的统治。随着军事行动结束，新疆社会秩序的重建，经济的复苏和发展，清政府开始对在战争中遭到严重破坏的新疆各地城市进行大规模重建，城市重建过程一直持续到 19 世纪末。由于长达十余年的战争的反复破坏，新疆重要城市的基础设施，包括城墙、街道、建筑等基本上遭到全面摧毁，城墙损坏尤其严重，故而在清末城市重建过程中，重修城墙成为重要的工程，经过 20 多年的建设，新疆的重要城市大都修筑了城墙。有研究者根据城墙的周长对相关城市的用地规模进行了统计，参见表 3。

表 3　清末新疆部分重要城市用地规模一览

排名	城市名称	用地规模（km²）	排名	城市名称	用地规模（km²）
1	喀什噶尔	3.326	6	古　城	1.132
2	叶尔羌	2.832	7	吐鲁番	0.624
3	乌鲁木齐	2.65	8	阿克苏	0.58
4	惠　远	2.259	9	宁　远	0.442
5	巴里坤	2.139	10	哈　密	0.437

资料来源：张建军《论清代新疆城市的占地规模》，《中国历史地理论丛》1998 年第 3 期。

从表 3 可见，清末新疆重要城市的用地规模普遍较小，与其城市人口规模成正比。喀什噶尔是清末新疆人口规模最大的城市，人口约 5 万，也是用地规模最大的城市，城墙内的面积仅 3.326 平方公里，平均每平方公里约 1.5 万人，这种人口密度在农牧业时代的中国城市中也算相当高的水平，实际上应有相当一部分人居住在城墙之外。

进入民国以后，随着新疆社会经济的发展，城市人口增加，城市的用地规模也出现一定程度的拓展。但如果仅以传统的城墙周长作为衡量标准，那么就很难看到其发展变化。从清末到民国，虽然新疆城市人口有较大增长，而城市城墙并无多大变化。具体可见表 4。

表 4　清末民国时期新疆主要城市人口及用地规模的变化

城市名称	清末城市人口及用地规模	1931 年城市人口及城墙周长	1940 年城市人口及城墙周长
疏附	22487 丁口；市镇 9 处	城周 12 里 7 分	5 万左右人口；城周 12.7 里
伊宁	城厢 12 方里；5023 丁口	城周 4.7 里	5 万左右人口；城周 4.7 里
迪化	城厢 46 方里；23097 丁口；市镇 2 处	城周 11 里 5 分 2 厘	3 万左右人口；城周 11.5 里
叶城	城厢 9 方里；8512 丁口；市镇 10 处		3 万左右人口；无城墙
叶尔羌			城周 11 里
奇台	城厢 12 方里；6996 丁口；市镇 2 处	城周 1458 丈（8.7 里）；人口稠密，街市繁华	1 万左右人口；城周达 1458 丈（8.7 里）
吐鲁番	城厢 40 方里；2863 丁口	汉回两城周围各 3 里，其间相去 2 里	1 万左右人口；汉城为行政区，回城为商业区
和阗	城厢 50 方里；9140 丁口；市镇 20 处	回城无城墙，汉城周 3 余里；约 1000 人	1 万左右人口；由汉、回两城构成，回城无城墙，汉城周 3 里
疏勒	城厢 5 方里；2228 丁口；市镇 1 处	城周 8 里 6 分	1 万左右人口；城周 8.6 里
拜城	城厢 5 方里；3180 丁口		5000 以上人口；无城墙
莎车	城厢 13 方里 8 分；22550 丁口；市镇 14 处	有新旧城二，旧城周 10 余里，新城周 6 里余（县治在新城）	5000 以上人口；城周 894 丈（5.36 里）
哈密	城厢 4 方里 7 分；1489 丁口；市镇 3 处	由新城、旧城和回城组成，新城城周 1 里半，旧城城周 3 里半，回城城周 4 里；城内缠回五六百户（两三千人）	5000 以上人口；旧城周 3 里，新城 1.5 里，回城 4 里
额敏			5000 人口；城周无记载
绥定	城厢 42 方里 3 分；4649 丁口	城周 4 里	5000 人口；城周 4 里
昌吉	城厢 4 方里；城厢 2543 丁口		1000 人口；城周 3.5 里

续表

城市名称	清末城市人口及用地规模	1931年城市人口及城墙周长	1940年城市人口及城墙周长
呼图壁	城厢664丁口；城厢9方里；市镇2处		1000人口；城周2里
绥来	城厢3438丁口；城厢15方里；市镇4处	有三城，绥宁、康吉、靖远边关，每城城周均3里余	5000人口；由3城组成，绥宁、靖远关边城、康吉，每城城周均3里多
乾德			500~600人口；城周约400丈（2.4里）
木垒河			1500人口
阜康	城厢45方里；城厢767丁口；市镇2处		1000余人口；城周3.3里
孚远县	城厢2方里4分；城厢1043丁口；市镇2处		3000左右人口；城周760丈
鄯善县	城厢1方里6分；571丁口	城周2里7分	2000人口；城周2.7里
镇西	城厢2方里7分；3991丁口		1000余人口；城墙无记录
乌苏县	城厢4方里8分；1192丁口		500人口；城周3.1里
精河	城厢4方里7分；946丁口；市镇1处		人口无记录；城周2.2里
塔城	城厢4方里；4580丁口；市镇1处	有满、汉城2，满城居东，周3里，汉城居西，周2里7分	3000余人口；满、汉两城构成，汉城居西，城周2里7分，满城居东，城周3里
阿克苏	城厢4方里3分；4442丁口；市镇3处	城周959丈	2万左右人口；城周999丈
温宿	城厢8方里；2403丁口；市镇2处		人口1000余；城周约3里
柯坪	城厢572丁口；市镇1处		无城郭
焉耆	城厢3方里；4252丁口；市镇3处	城周3里余，多崩塌，城内荒芜，人烟稀少	2000~3000人口；城周1.5里，多坍塌

续表

城市名称	清末城市人口及用地规模	1931 年城市人口及城墙周长	1940 年城市人口及城墙周长
新平（尉犁）	城厢 194 丁口；市镇 1 处		500 人口；城墙无记载
若羌	城厢 10 方里；281 丁口		
轮台	城厢 15 分方里；1176 丁口；市镇 1 处		
库尔勒			1500 人口；由汉、回两城组成，汉城周 1 里多，回城周 4 里
库车	城厢 5 方里 5 分；8472 丁口；市镇 5 处	城周 4 里 6 分；居民共 1000 余家（约 5000 人口）	5000 人口；城周 4.6 里
沙雅	城厢 1 方里；1994 丁口		500 人口；无城墙
乌什	城厢 1 方里 7 分；3306 丁口	城周 2 里 6 分	2000 人口；城周 2.6 里
伽师县	城厢 4 方里；469 丁口		2000 人口；无城墙
皮山县	城厢 2 方里；981 丁口		500 ~ 600 人口；无城墙
洛浦县	城厢 1 方里；967 丁口		1500 人口；无城墙
于阗	城厢 2 方里；4981 丁口；市镇 2 处	汉、回二城，俱无城郭	7000 ~ 8000 人口；汉、回两城组成，无城墙
英吉沙	城厢 2 方里；10300 丁口；市镇 1 处	城周 3 里	4000 人口；城周 3 里
霍尔果斯	原拱宸城	城周 3 里 7 分	1000 余人；城周 3 里 7 分
巴楚		城周 3 里 3 分	4000 ~ 5000 人口；城周 3.2 里
承化寺			2000 ~ 3000 人口；城墙无记载

资料来源：清末人口见王树枏等《新疆图志》卷 43《民政四》。1931 年城市规模，参见吴绍璘《新疆概观》，南京仁声印书馆，1933，第 128 ~ 154 页。由于吴书中涉及城市有限，且城市人口、城周、用地规模等信息不完整，所以出现数据的空缺。1940 年日方对各城市街市人口进行了统计，参见《新修中国通志·新疆卷》（1），第 51 ~ 163 页。

　　表 4 所收集的资料并不完整，但也可以大体上看到清末民国时期新疆

城市人口规模和用地规模的一些基本情况，如果仅以城墙规模来看，从清末到 20 世纪 40 年代初，绝大多数城市的城墙规模都没有多大变化。城墙在农业时代作为一种军事设施，一旦建成，就具有相对稳定性，其规模的变化较为缓慢，有时可以长达数十年甚至百余年都不会发生变化。但城墙不变化并不代表城市用地规模没有发生变化。民国建立后，新疆城市人口呈持续增长状态，城市工商业都有较大的发展，因而原来以城墙为边界的城市已经不能满足城市发展的需要，城市突破城墙的限制向城外发展，导致城市建成区规模不断扩大，这在民国时期已经不是个别城市现象，如表 4 所列的疏附、伊宁、迪化、奇台、疏勒、莎车、哈密、绥定、绥来、鄯善、塔城、阿克苏、焉耆、库车、乌什、英吉沙、霍尔果斯、巴楚等众多城市，在民国时期城市人口规模都有明显的增加，这些城市都突破了原来城墙的范围，向城外发展，所以实际上仅从城墙来看是不能反映城市建成区变化的。20 世纪三四十年代以后，在各种因素的作用下，特别是随着现代社会的发展演进，作为衡量城市规模大小的城墙之军事防御重要性逐渐降低，再加上 20 世纪 20 年代受市政改革潮流的影响，出于经济发展的需要，城市规模的扩展，伊宁、塔城等城市的城墙相继拆除，所以到民国时期城周长度已经不能再作为衡量新疆城市规模大小的指标，仅供参照。

结　语

晚清民国时期是新疆城市发展的重要转型过渡时期，虽然从横向来看，新疆城市的总量在各省区排名靠后，规模更是偏小；但是，从纵向比较，此一时期新疆城市却有较大发展，一是城市数量有大幅度增加，二是城市规模较前有较大扩展。清季，新疆仅有各级行政建置 42 个（包括准县建置），行政建置城市只有 36 个，而到民国后期新疆行政建置城市则增加到 79 个，净增加了 37 个。新疆城市的发展与政治行政改革有着直接的关系，行政力量起着重要的推动作用，这与新疆特殊的区情有着直接的关系。

从行政建置城市来看，民国时期新疆城市行政等级体系表现为金字塔形态，位于顶端的是省级行政建置城市，即省会迪化。由于迪化从晚清到民国末年一直都是新疆的省会，长期保持全省的政治、经济、文化中心地位，因而城市出现较大的发展；不仅表现为政府机构、军队的聚集，工商业的发展，人口的增加，城市空间规模的扩展等方面，而且表现为城市化水平的提高、城市质量的提升；无论是发展速度，还是发展规模，发展质量都超过新疆其他各级城市。新疆的二级行政等级城市则是除迪化之外的其余道级治所城市（道后改为行政区），伊宁、塔城、承化寺、阿克苏、喀什（疏附）、焉耆、和阗、哈密和叶尔羌等，由于道级治所一般选在交通较便捷、资源条件较好、经济发展水平较高、人口较集中的城市，因而这些城市在成为二级行政中心之后，也都成为所在行政区域内的中心城市，相对于所属各县城发展更快，发展更好。三级行政城市则是县级行政中心（包括部分准县级行政中心）所在城市。民国时期，从杨增新、金树仁到盛世才执政新疆期间，都不断增设县级地方行政建置，使新疆县级行政建置不断建立和充实，陆续添设了若干新县和设治局等县级或准县级行政机构。故而新疆地方行政建置在民国时期总的趋势是不断增多，由此也推动了城市数量的增加，区域城市布局趋于合理。到 1949 年新疆解放前夕，新疆共设有 10 个专区、1 个省辖市（迪化市）、78 个县和 2 个中心区（七角井中心区、托里中心区），[①] 从而为人民共和国成立后构建新的城市行政等级制度奠定了基础。

作者：何一民，四川大学城市研究所

黄俊棚，四川省社会科学院历史研究所

付娟，四川音乐学院

（编辑：张利民）

---

① 新疆维吾尔自治区概况编写组：《新疆维吾尔自治区概况》，民族出版社，2009，第 70 页。

20 世纪三四十年代迪化社会变迁[*]

——以民国报刊为中心的考察

冯成杰

内容提要： 20 世纪三四十年代是迪化社会转型的重要时期。迪化是一座传统、现代与多民族交融的城市，革故鼎新的趋势尤为明显。城市公共空间布局和现代化建设显示了迪化城市发展的重要一面。迪化民众日常生活受多民族聚居环境、现代化发展趋势的影响，呈现异于内地的丰富性与复杂性的特点。探究迪化城市变迁和民众日常生活有助于从微观视角考察城市现代化进程中市民生活的实态。

关键词： 迪化　城市建设　日常生活

1884 年，新疆设置行省，以迪化为省会，自此迪化成为新疆政治中心。民国时期，迪化扼天山南北交通要冲，是迪塔、迪伊、迪哈、迪和等公路的交点。京津、苏俄来货均在此分卸转运。迪化不仅是新疆政治中心，亦发展为商业和交通枢纽。关于迪化城市史的研究，学界已取得一些进展，关注了清末民国时期该城的近代化及民众的社会生活等问题。① 综观相关研究成果，尚未充分利用民国时期的报刊资料来考察迪化民众的日常生活状态，以及城市公共空间、功能布局和建设情况。笔者尝试利用民国时期的报刊，结合相关专著、文史资料等对上述问题略做研究，以期呈

---

* 本文得到 2015 年教育部青年社会科学基金项目"甘宁青社会变迁及其少数民族的国家认同研究（1862～1958）"（15YJC770007）的资助。

① 参见贾秀慧《晚清民国时期乌鲁木齐城市近代化述论》，《西域研究》2007 年第 2 期；董霞《清代至民国时期乌鲁木齐社会生活》，硕士学位论文，新疆大学，2010；李明娟《二十世纪上半叶乌鲁木齐娱乐活动述评》，硕士学位论文，新疆大学，2010；等等。

现 20 世纪三四十年代迪化社会的变迁和民众日常生活的实态。

一 传统、现代与多民族交融之城

清末民初，迪化城市建设处于起步阶段，它仅可被视作一个"大城镇"而已。此时期迪化的近代化工业处于萌芽阶段，多是一些纺织、丝织手工业作坊。教育文化事业方面，仅俄文法政专门学校尚值得称道，但办学规模、水平极为有限。市政建设方面未有进展，街道泥泞不堪，建筑中楼房极为稀少，卫生设施缺乏，电报应用有限，电话尚未开通，市内交通非常落后等。

20 世纪三四十年代，迪化发生了明显的变化，现代化、城市化发展的趋势日益显现。迪化虽与上海、北京、南京等城市存在巨大差距，但在城市建设及现代化发展等方面仍有不少值得称道之处。在城市公共空间布局上，迪化对以往既有延续，也有发展。现代化因素不断增多，同时迪化的传统因素依然存在。教育发展的相对滞后和多民族聚居等问题在城市发展进程中不容忽视。众多民族杂居于此，在中国城市发展史上极为罕见。各民族之间虽在语言、风俗习惯等方面存在差异，但有融合的趋势。

（一）城市的公共空间布局

迪化城位于乌鲁木齐河东岸，由满、汉二城合并而成。20 世纪 20 年代末，满城仅为市民寓宅，汉城则为商业和政治中心。三四十年代，迪化经济社会有所发展。《大公报》记者到访新疆时看到"迪市繁荣，人民乐业"的景象。① 城内商店多为杨柳青人经营，集中在城内十字大街和南梁一带。南关一带以行商小贩为多，各货俱全，价较商店为廉。② 南关多维吾尔族店铺，贩运南疆各地土产。此外，还有馕肆及饭铺，售羊肉、抓饭及烧包子。③ 中央航空公司的办事处、省立新疆学院、省立师范学校、省立第二中学等集于南梁一带。新疆政府机关设在中山东路。从中山东路至大十字朝南走，新疆商业银行大厦平地而起——金字的牌号，梯形的石

---

① 《新新疆视察记》，《大公报》（汉口）1938 年 10 月 8 日，第 2 版。
② 倪超：《边地通讯：迪化之市政与水利》，《边疆通讯》第 4 卷第 2 期，1947 年，第 15 页。
③ 袁见齐：《迪化一瞥》，《盐务月刊》第 4 卷第 3 期，1945 年，第 30 页。

级。横直交错如网的电线和警察岗台的红灯点缀着这座戈壁里的城市。[①]

西公园是迪化民众消遣休憩最重要的场所。园内树木茂密，水渠纵横。公园西面的鉴湖可作游泳池。湖的南边建有雄伟壮丽的民众大礼堂。另有一条由天山积雪融化而成的河流环绕公园，河边设有动物园，有鹿、熊、狼等，以供观览。公园空地上设有普通的茶座，吃茶者以公务员居多。[②] 关于西公园的热闹场景，《大公报》报道称："天候晴朗，西公园为游人之乐地，红男绿女，三五成群，并有不少女郎休憩于绿荫之下，茶社之中，景况可谓熙熙攘攘之盛。"[③] 与清末民初相比，此时期迪化城市空间布局并未有大的变动，但现代化气息已然增多。迪化的公共活动空间较为缺乏，这与其人口较少相适应，尚能基本满足民众的休闲需要。

（二）城市的现代化建设

清末民初，迪化市政建设废弛，街道泥泞不堪。瑞典人斯文·赫定将迪化形容为一个大城镇，街道"像无底泥潭一般"，并见到"两匹马和一个小孩陷在泥里难以自拔"。[④] 市民大半不修厕所，大街小巷就是市民的公共厕所。[⑤] 从 20 世纪 30 年代中期开始，市政建设逐渐得到政府重视。迪化政府设置公益捐、屠宰捐，用以"建筑马路，建筑公园，发展卫生事业"。[⑥] 政府督促市民建造自用厕所，并将旧有土路修筑成卵石马路，在街道上安装了电灯。1938 年，到过迪化的陈纪滢提到："迪化的街市，五年前的泥泞，可以淹死骆驼，现在都是平坦整齐的马路了。"[⑦] 新市区的建设和旧市区的改造同步进行。迪化政府在旧市区开辟了督署前大广场和南门外广场。除西大桥之外，政府还计划新建一座桥梁来连接新旧市区。[⑧] 经

---

① 熊如岩：《迪化风景线》，《光杂志》第 20 期，1947 年，第 80 页。

② 寒柏：《乌鲁木齐风光》，《文化青年》创刊号，1947 年，第 11 页。

③ 路天佑：《迪化小景》，《大公报》（天津）1947 年 7 月 7 日，第 4 版。

④ 〔瑞典〕斯文·赫定：《亚洲腹地探险八年 1927~1935》，徐十周、王安洪、王安江译，新疆人民出版社，1992，第 220 页。

⑤ 王乃中：《迪化市的改造和新市区的发展（附表）》，《新新疆月刊》第 1 卷第 2 期，1943 年，第 35 页。

⑥ 《迪化市创新税办理市政建设》，《行政效率》第 3 卷第 4 期，1935 年，第 435 页。

⑦ 陈纪滢：《新疆行》，《大公报》（汉口）1938 年 10 月 15 日，第 3 版。

⑧ 王乃中：《迪化市的改造和新市区的发展（附表）》，《新新疆月刊》第 1 卷第 2 期，1943 年，第 35~37 页。

过改造和建设，迪化俨然成为"绝塞的戈壁中一朵鹤立鸡群的奇葩"。[1] 迪化的城市现代化建设已经取得显著进步，但城区之间的发展并不平衡。迪化城十字大街铺成沥青路面，其他各街巷尚为砖石或土路面。很多现代化设施并未在此建设。如市内无自来水设备，夏季市民从河中取水饮用，冬季则饮用未经过滤消毒的井水；排水多在街道两侧挖凿明沟。有论者认为"迪化尚愧称为一现代化之都市"。[2]

民初迪化的现代元素极为罕见。市民过着"报时听炮声，照明靠油灯"的城市生活。1928～1932年，迪化出现了无声电影。大十字一带的商号装上电灯，夜市灯光灿烂，市民游街看灯，比元宵节的灯会还热闹。[3] 照相在迪化经历由受排斥到被接受的过程。民众起初传言照相会失魂，后来这种意识逐渐消散，对照相由恐惧变为羡慕。随着市民观念的开化，迪化的照相业在三四十年代获得较快发展，出现一批照相馆。医疗方面，省立医院设备尚佳，内有爱克司光室、手术室、化验室、门诊部、病房、药房等。由内地聘请医师，已有十余位。各种病症皆可诊治。[4] 迪化西药房林立，但药价较高。一支清血针（即氯化钙注射剂），需新币一两千元（合法币1万元），其他较为贵重的药剂并无定价。[5] 在当时照相和现代医疗还无法普及于一般市民，尤其对于一些贫民来说，购买昂贵的西药更是一种奢望。但是新事物的存在毕竟是一种社会的进步，逐渐开始影响民众的生活。

迪化的工业在此时期取得一定发展。1938年，新疆由苏联购进价值15万美元的机件，创办了印刷厂。该印刷厂能印书籍、报章，为发展新省文化之利器。[6] 迪化金属冶制厂耐火材料部月产火砖3万块。化学工业有制酸厂，每6个月出产淡酸13495公斤、浓酸9898公斤，供制革和充电之用。商业银行附设的玻璃厂日产茶杯或瓶子2000个，除此之外，花瓶、文具、玻璃用具均可随时制造。[7] 迪化新式工业虽有一定发展，但工业建设

① 沈宗琳：《迪化风土人物（续）》，《新闻天地》第2期，1945年，第34页。
② 倪超：《边地通讯：迪化之市政与水利》，《边疆通讯》第4卷第2期，1947年，第15页。
③ 中国人民政治协商会议乌鲁木齐委员会文史资料研究委员会编《乌鲁木齐文史资料》第2辑，新疆青年出版社，1982，第40页。
④ 倪超：《边地通讯：迪化之市政与水利》，《边疆通讯》第4卷第2期，1947年，第15页。
⑤ 熊如岩：《迪化风景线》，《光杂志》第20期，1947年，第80页。
⑥ 《新疆印刷厂开幕》，《大公报》（香港）1938年11月5日，第3版。
⑦ 云：《迪化经济巡礼（未完）》，《经济新闻周刊》第3卷第43期，1945年，第4页。

的基础较为脆弱。迪化的电灯厂便常闹停电，当初因陋就简的白铁皮烟囱被风刮倒，在新烟囱砌成之前，得四处找鼓风机来维持电力供应。正在建设中的纺织厂、炼钢厂、化工厂由内地预定的机器总被拦在重庆而运不出玉门关。①

迪化的城市现代化建设取得了很大进展，许多现代化元素开始出现，并逐步普及。但是现代化进程中不可避免地产生了一些问题，也就是"缀旧"与"布新"并存。由于迪化孤悬塞外，因远距离运输而出现的设备问题极大制约着城市的现代化建设。

（三）文化教育实况

迪化是新疆的教育中心，其他县市学生须到此接受中等或高等教育。曾有"南疆喀什送省学生246名"的报道。② 20世纪40年代，迪化学校有新疆学院、新疆女子学院、省立一中、师范学校、职业学校等。公立小学亦多。自内地聘请的教员共20余位。③ 迪化各校的发展受制于语言差异和师资缺乏等多重因素。以新疆学院和新疆女子学院为例，前者学生不过百余人，后者学生不过几十人。教学过程中存在不少棘手问题。首先，语言不同。国语原定是各族学生共同必修科，但推行多年，似乎成效未著。不少学生说两种以上语言，教一段得翻译一段，翻译得当与否又是问题，因此降低了教学效率。其次，师资缺乏。懂得两种以上民族语言的教师已较难聘，懂得两种以上民族语言，还要专攻一二门学科的教师更为难聘。④因此，迪化的教育虽在新疆首屈一指，但在教育质量、师资等方面存在不少问题，有待进一步改进。

迪化的文化事业较为落后，书籍、杂志和报纸稀少是其主要表现。20世纪30年代，迪化仅有一种《天山日报》。在迪化的吴蔼宸指出，"以无报看为最感痛苦"。⑤抗战爆发后，原《立报》副刊编辑萨空了携带大批印

---

① 沈宗琳：《迪化风土人物（续）》，《新闻天地》第2期，1945年，第33页。
② 《南疆青年到迪化求学》，《晨熹》第2卷第1期，1936年，第32页。
③ 倪超：《边地通讯：迪化之市政与水利》，《边疆通讯》第4卷第2期，1947年，第15页。
④ 沈宗琳：《迪化风土人物（续）》，《新闻天地》第2期，1945年，第34页。
⑤ 吴蔼宸：《新疆纪游》，商务印书馆，1935，第26页。

刷工人及机器，赴迪化主办《新疆日报》。① 40 年代，迪化发行有《新疆日报》。杂志有省党部主办的《新新疆月刊》。书店有文化书店和国际书店两家。自国民政府直辖新疆之后，迪化定期可收到来自内地的文化刊物和报纸。无报、无书可看的状况得到一定程度的改善。比如，民众教育馆于1944 年 7 月收到由教育部民众读物编审委员会寄来民众文库 20 余册，内地新到各种报纸、杂志 70 余份。② 虽较 30 年代各类刊物有所增加，但在迪化工作的魏中天仍抱怨"精神食粮甚缺乏"。③ 迪化作为新疆的窗口，文化教育事业尚如此落后，更遑论其他县市了。

（四）多民族交融之城

迪化多民族共同聚居的情势在国内城市中极为罕见。有论者认为"不到新疆来就不能深刻认识中华民族之浑厚伟大。它不用武力可以溶化世界上任何一种民族，而感到极其自然"。④ 迪化虽然民族复杂，却很少有汉族和维吾尔族两族人打架的现象。各族民众接触，虽多语言隔阂，但总脸带笑容，做手势帮助达意。⑤ 各民族之间比较注意言语和行为，以免发生不必要的矛盾。在公共马车或汽车上，各民族的市民往往混坐一起。有人不无感慨地指出，"这真是中华民族大集结的黄金时代"，各民族"是那么欢欣融洽地相聚"。⑥ 迪化各民族之间确有和谐的一面，但因语言和风俗习惯的差异，存在矛盾也实属正常。以往内地与新疆之间因交通不便，经济、文化的交流无从谈起，有论者建议应以"加强内地与当地民族间的团结为第一要义"，⑦ 换言之，就是加强彼此间的联络，以增进了解。

新疆其他城市诸如哈密、喀什等，与迪化存在较大差距。哈密由老城、新城和回城组成。老城除一两家小店外，其他为市民住宅。回城房屋

① 《萨空了赴迪化创办新疆日报》，《新闻学季刊》创刊号，1939 年，第 91 页。
② 《迪化民教馆新到书报杂志》，《中华图书馆协会会报》第 18 卷第 5～6 期，1944年，第 8 页。
③ 魏中天：《迪化生活》，《时与潮副刊》第 4 卷第 1 期，1944 年，第 54 页。
④ 魏中天：《迪化生活》，《时与潮副刊》第 4 卷第 1 期，1944 年，第 56 页。
⑤ 沈宗琳：《迪化风土人物》，《新闻天地》第 1 期，1945 年，第 31～32 页。
⑥ 小青：《在乌鲁木齐河畔》，《联合周报》1944 年 2 月 5 日，第 3 版。
⑦ 朱应鹏：《注视新疆的民族文化》，《申报》1947 年 7 月 20 日，第 2 版。

杂乱。繁盛之区位于新城和老城相连的街道上，但仅有两条。哈密仅有一所简易师范学校。哈密没有一家报纸，就连看《新疆日报》和内地发行的报纸，亦需半个月之久。① 喀什也十分落后，"既没有汽车，也没有摩托车，甚至连自行车都没有见过。没有电灯照亮那些巴扎附近黑暗、狭窄的通道"。② 受地理环境、交通等因素的影响，哈密、喀什的城市发展始终处于较为滞后的状态。由于迪化作为政治、交通中心的地位，它在新疆城市发展中一枝独秀。与其他城市相比，迪化的现代化、城市化水平明显高出很多。

二　迪化民众的日常生活

民众日常生活是社会发展的真实写照，对社会生活实态的还原，可以反映社会的发展变迁。迪化民众日常生活受自然环境影响，而有迥异于内地之处，同时，伴随现代化元素的日益增多，也呈现丰富性与多元化发展态势。

（一）衣食住行

民初汉族穿着长袍马褂者不在少数，后则逐渐流行中山装，西服也开始风靡。回族以穿着传统服饰为主，一般由绸带捆着长大衬衫，外面加件"却本"（形似大衣而无纽扣）。③ 饮食方面，有大米、面、牛羊肉、鸡、韭菜、芹菜等。早餐可饮牛奶，价格便宜。一般人每日两餐。④ 夏季街头路边的烤肉摊为迪化特色。每当夕阳落山之时，散步归来，就摊小坐，随手取食，别具风味。⑤ 住房方面，城内房屋大半为平房，用泥筑成或以砖泥混建。20世纪三四十年代迪化已经有不少多层楼房、西式房屋。房内建有火炉，冬季极为温暖。有人认为，"不但比江南好，即比平津也好，不

① 余应霖：《都市特写："塞上江南"哈密行》，《市政评论》第9期，1946年，第32～33页。
② 〔瑞典〕贡纳尔·雅林：《重返喀什噶尔》，崔延虎等译，新疆人民出版社，1999，第58页。
③ 沈宗琳：《迪化风土人物》，《新闻天地》第1期，1945年，第33页。
④ 《衣食住行在迪化》，《国风》（重庆）第9期，1943年，第16～17页。
⑤ 袁见齐：《迪化一瞥》，《盐务月刊》第4卷第3期，1945年，第33页。

必穿厚衣服。早晨起身时，也绝不会有需要'赖被窝'的事"。①

民初迪化市民多是步行或是骑马，几乎没有汽车。三四十年代，迪化主要的公共交通工具是"六根棍"。它由两根棍子架马，四根棍子撑篷，可坐六七人。乘客沿途攀搭，计程付值。此时期迪化交通建设的近代化趋势明显。汽车数量日益增多，公共汽车已成为最适用的交通工具，从迪化到近郊各地或其他城市都有公共汽车可通，行路的困难一天比一天减轻了。② 迪化开通的市区公共汽车路线，建新门（北门）—大十字—中正门（南门）—南梢门—二道桥—南樑新疆学院为一干线，另外有建国路—三角地—大十字—龙王庙—西河街—西大桥一线。每15分钟各线对开1次，每天车行时间为上午8时至晚上9时，如此来回行驶于市区，人民无不称便。若与六根棍相比，公共汽车的弹簧沙发则安逸得多了。③《大公报》报道称，"市区交通有公共汽车来往行驶，每车可容纳20人左右，没有争先恐后的现象"。④ 汽车衍生的汽车文明也形塑着迪化市民的现代意识。男女混坐对进一步打破男女之间的界限，形成男女平等观念有积极的作用。随着现代交通观念的传入，在政府主导下，车子与行人开始分左右走。警察不辞劳苦地劝告和指导行人。满街贴有行路靠左的标语，并且有多幅描写不靠左走就要发生危险的油画。⑤

（二）休闲娱乐活动

市民休闲娱乐活动主要取决于设施建设和社会发展程度。民初迪化市民娱乐活动较为单调，主要以传统戏剧为主。20世纪三四十年代，民众娱乐方式增多。1932年6月，迪化正式放映电影。在售票门口看热闹的民众挤得水泄不通，甚至把票房门上的玻璃挤碎了。由此可见民众对新生事物的好奇心。迪化放映的影片中，有不少国产片。1934年，迪化由内地购来《昆仑盗》《孟姜女》《小英雄》三部国产无声影片，又租来《孤城烈士》

① 林之：《迪化之冬》，《瀚海潮》第1卷第12期，1947年，第22页。
② 《新疆归客谈》，《申报》1936年10月5日，第17版。
③ 熊如岩：《迪化风景线》，《光杂志》第20期，1947年，第80页。
④ 欧阳明：《今日之迪化》，《大公报》（天津）1948年2月12日，第5版。
⑤ 黎东方：《迪化印象》，《西北晨钟》第6卷9月号，1944年，第14页。

《壮志凌云》等国产有声电影，放映后颇受欢迎。① 《西藏巡礼》和《密电码》上映的时候，连窗子外都站满了人，大家伸长了脖子抢着看。② 电影与传统戏剧共存于迪化，电影更能吸引年轻观众。国产片有利于民众开阔视野，成为形塑国家意识的助推力。但因放映机构较少，放映队影片缺乏。观看好片子是很难的事，大众化就更难了。③ 电影尚未普及，一般民众鲜有机会观赏。

春游是市民休闲的重要方式之一。每年春游都是盛况空前。市民趁着风和日丽的星期日，到郊外欣赏春天的美，呼吸新鲜空气，伸展久已困倦的躯体，享受鸟语花香的甜蜜。④ 夏季避暑之风也极为兴盛。有钱有闲的阖家上南山。他们住蒙古包，喝牛奶，吃羊肉。至夏末冬初，他们带着黑油油的健美脸回到城市来。没钱没闲的人，中午以后，也少不得去西河坝洗个冷水浴。红男绿女躺在树林深处，饮酒吃瓜，管弦杂陈，玩一个畅快。⑤ 由省营新民肥皂厂改建的天池浴室成为市民消闲场所。此处设备相当完善，内分盆浴、池浴两种，来此沐浴的人很多。除浴室外，还有理发室、茶社、冷食社、餐食部。周末或假日，一般有钱无处去的人们带着太太、小姐或女朋友，在这里度过惬意的假期。市民还可到中山公园休憩。每当夕阳西偏的时候，公务员、教师、学生、商贾、工人以及青年军人，如潮水般涌入公园。⑥

随着政治经济形势的改善，迪化民众的娱乐活动相较民初已经有较大进步，但是可以体察到不同阶层民众休闲娱乐的差异。有产阶层往往休闲娱乐活动更为丰富，而贫民则多是因陋就简。相较内地大城市而言，迪化的休闲娱乐活动显得较为单调。在迪化工作的魏中天提到此地"缺少新闻，缺少刺激，缺少娱乐场所，虽有几个戏院，但所演均为旧戏，毫无一看的价值"。⑦ 此种评述虽不一定能全面概括迪化市民的休闲娱乐环境，但可从侧面反映仍存在的一些不足之处。

---

① 《乌鲁木齐文史资料》第 2 辑，第 40～41 页。
② 霍然：《西北的乐园迪化》，《国讯》第 346 期，1943 年，第 11 页。
③ 李旭然：《迪化剪影》，《文化青年》创刊号，1947 年，第 6 页。
④ 下午：《迪化见闻》，《关声》第 10 期，1947 年，第 10 页。
⑤ 沈宗琳：《迪化风土人物》，《新闻天地》第 1 期，1945 年，第 31 页。
⑥ 熊如岩：《迪化风景线》，《光杂志》第 20 期，1947 年，第 80 页。
⑦ 魏中天：《迪化生活》，《时与潮副刊》第 4 卷第 1 期，1944 年，第 55 页。

三　结语

民国时期，中国的城市化和现代化进程加快。与清末民初相比，20世纪三四十年代迪化有近 10 万人口，现代化和城市化的趋势越发明显。随着迪化政局趋稳，城市的现代化元素不断增多，电灯、电话以及汽车等逐渐进入市民的日常生活，规训市民的观念和意识。公园等休闲娱乐场所为市民的休憩、娱乐提供了公共空间。迪化作为一座传统与现代并存的城市，有现代化元素，同时传统元素仍然大量存在。迪化在新疆处于教育中心的地位，但因受到多重因素的制约，文化教育事业仍是其软肋。迪化是一个多民族会聚之城，这也是中国其他城市所不具备的一大特色。在民国报刊的相关报道中，各民族在迪化和谐共处。由于各民族间的差异性，实际情形可能会呈现一定的复杂性。不同民族成员在交往中难免出现一些矛盾，此类情况实属正常现象。值得注意的是，迪化凭借所处的政治中心地位发展成为西北边陲一个相对现代化的城市。由于新疆地域辽阔，以及经济的滞后性，迪化的发展并未对新疆其他城市产生明显的带动作用，从而与其他城市之间产生了明显的差异，乃至拉大了差距。

民众日常生活中观看的影片多来自内地，这给人们提供了一个了解国家主流文化的窗口，开阔了民众的视野，成为推动新疆与内地一体化的重要助力。现代交通体系的构建为内地与迪化乃至新疆关系趋于紧密化奠定了坚实基础。现代化的技术促进了新疆与内地的联动，随着彼此间关系的密切化，更进一步推动了迪化乃至新疆的现代化进程。另外，探究国人视野下的迪化城市变迁和民众日常生活有助于还原彼时市民的真实生活状态，可更直观地与当今城市状况及民众生活加以比较，从而增强对城市历史文化的记忆、认同。

作者：冯成杰，南开大学历史学院

（编辑：熊亚平）

明清华北运河城市变迁研究[*]

——以馆陶县为例

郑民德

内容提要： 明清时期的馆陶县是华北一座典型的运河城市，其境内的河工、商业、漕运、区域社会的发展都受到了运河的影响。运河促进了馆陶在明清时期政治、经济、商业地位的提高，同时导致了严重的水患与灾荒问题。与临清、济宁这样的大型商业码头不同，馆陶更多代表的是华北运河沿岸一般性的县级行政单位，其兴衰具有普遍性的意义与特征。

关键词： 明清时期　华北　运河城市　馆陶县

馆陶县今天隶属河北省，而明清两朝属山东省东昌府，是卫运河（也称卫河）沿岸一座水陆交通便利的县级行政单位。明清时期，漳、卫两河多数时间里交汇于馆陶县，形成卫运河，对于国家漕运的正常运转起到了重要的作用，数百年间，中央与地方政府在馆陶设置了大量的管河机构、施建了不计其数的水工设施、修筑了相当数量的堤坝工程，对区域自然环境、社会环境、国家漕运环境产生了重要影响。同时，河南漕粮在馆陶县境内卫河的运输与交兑，促进了馆陶商业与经济的发展，吸引了大量的粮食商人在此聚集，繁荣了区域市场，特别是明朝万历年间与清咸丰之前，馆陶县的商业发展达到了相当高的程度，体现了自身的特征。与此同时，明清两朝数百年间，馆陶县由于地处运河沿岸，水陆通衢，又不断遭受水患灾害与兵燹的冲击，对农业生产、经济发展、百姓生活造成了巨大灾

＊ 本文为教育部青年社会科学基金项目"明清运河漕运仓储与区域社会研究"（项目编号：15YJC770051）以及国家社会科学基金项目"明清山东运河河政、河工与区域社会研究"（项目编号：16CZS017）的阶段性成果。

难。对馆陶县这一运河城市的研究，有助于我们从中发现明清华北运河城市发展演变的一般性规律与特征，进而总结出运河对区域社会的影响。

一　明清馆陶县的河政建置与河工施建

馆陶有着悠久的历史，西汉年间置县，唐、宋时期因永济渠流经其境，改称永济县。元代京杭运河贯通后，馆陶县隶东平路，至元年间属濮州。明朝建立后，洪武二年（1369）将濮州所属临清、馆陶二县划归东昌府管辖，第二年山东按察司金事吴彤言"博平、清平、夏津、朝城、观城、范、馆陶七县户少地狭，乞并入附近州县"，① 得到了朝廷批准，但不久复置。弘治二年（1489）正月，因临清由县升为州，"以馆陶县及丘县隶之，仍属东昌府"。② 随着运河的畅通，馆陶的政治、经济、漕运地位逐渐提升，成为卫运河沿岸重要的河工重地、商业码头、交通枢纽，朝廷不但在此置递运所、驿站转输物资与传递信息，而且设漕仓存储河南漕粮，分设河官负责境内运河的疏浚与管理，为运河重镇，号称"奥区"③ 与"巨邑"，④ 属华北典型的因运河而兴衰的县级行政单位，具有很大的代表性。

明清两朝，尽管馆陶县的河政地位无法与临清、济宁、张秋等河工枢纽之地相比，但作为河南漕粮运输的必经之地，加之漳、卫两河数百年间交汇于馆陶，明清统治者对馆陶境内的运河也非常重视，先后设置了大量河道衙门，兴修了相当数量的河工设施，以保障国家漕运的正常运转。馆陶卫运河又称卫河，"在县西二里，源出河南辉县百门泉，引淇、洹二流，自直隶元城县善乐营入县境，东北经南馆陶镇，又东北经县城西，又东北至临清与汶水合为南运河，东北至天津与白河入海"，⑤ 乾隆《馆陶县志》亦载，"又卫河一线，引淇、洹之水，运中州漕粟以达京师，形势益雄视诸邑，其地平坦旷衍，无险阻可凭依，惟逼近临清，据南北咽喉，颇称要

---

① 《明太祖实录》卷50，洪武三年三月戊午。
② 《明孝宗实录》卷22，弘治二年正月丙戌。
③ 王华安：民国《馆陶县志》卷1《地理志》，民国25年铅印本。
④ 王华安：民国《馆陶县志》之《序》。
⑤ 王华安：民国《馆陶县志》卷1《地理志》。

塞"。① 作为漕运要道、临清门户，馆陶地位的重要性不言而喻。馆陶运河的最高管理者为总理河道或河道总督，具体到地方为"东昌上河通判一员专管东昌府属聊城、堂邑、博平、清平、临清、馆陶六州县并东昌卫，并平山卫运河闸座、堤河工程……馆陶县知县一员兼管本县卫河工程，主簿一员专管本县卫河工程"，② 这样就形成了上下相互牵制，宏观调控与微观负责的河道管理制度，以明确责任，严格奖惩措施。馆陶县运河管理范围为"自元城县接界迁堤铺起，至临清州界尖冢集止，计一百二十里，河宽十六七丈，深二丈三四尺不等，漳水自北而入焉"。③ 除文官外，驻扎东昌府的官军也负有运河巡视之事，"东昌府守营都司一员、千总一员、把总二员，分辖聊城、馆陶、平阴三县，平山、东昌二卫漕河六闸、七汛。分防馆陶、平阴二县，每县千把总一员，轮流驻防"，④ 对驻扎地的县城、运河沿岸负有纠察、巡视之责。

除此之外，馆陶运河沿线还设有大量浅铺，"卫河自迁堤北至尖冢镇，沿岸置铺舍十二，每岁春月官植柳树，金滩监兑粮运主簿于淤塞处督浅铺夫疏凿之，此河制也"。⑤ 具体为总铺、招村铺、路桥铺、秤钩湾铺、迁堤铺、南馆陶铺、黄花头铺等十二铺，计"老人十二名，夫九十六名，后折征二十四名，今存七十二名"，⑥ 其中"老人"是基层社会劳役组织的首领，带领夫役负责运河的疏浚、捞浅工作，以确保漕船顺利通行。入清后，馆陶浅铺夫缩减为 61 名，"康熙十五年奉裁一半，现存夫三十名五分，每名岁食银十两六钱八分，共银三百二十五两七钱四分，额编本县支给"。⑦ 之所以出现夫役不断缩减的趋势，是因为清代在沿河各地设置河兵，专门从事河防抢护工作，这些专业性的河工人员长年驻扎运河畔，有专门的河防抢修工具与科学的防河措施，非专业性的劳役人员随之减少。

明清两朝，漳、卫两河长时期交汇于馆陶，为京杭运河的畅通提供了

① 《沿革》，赵知希：乾隆《馆陶县志》卷 2，清乾隆元年刻本。
② 傅泽洪：《行水金鉴》卷 168《官司》，雍正三年（1725）本。
③ 傅泽洪：《行水金鉴》卷 144《运河水》。
④ 傅泽洪：《行水金鉴》卷 169《官司》。
⑤ 赵知希：乾隆《馆陶县志》卷 3《建置志·铺舍》。
⑥ 傅泽洪：《行水金鉴》卷 170《夫役》。
⑦ 傅泽洪：《行水金鉴》卷 171《夫役》。

充足的水源，特别是清朝康熙年间全漳入卫后，卫运河水量大增，在满足漕运通行的同时，也造成了馆陶严重的水患。为保漕与降低洪患的危害，中央与地方政府在馆陶县境内兴修了大量的河工设施，对区域社会产生了重要影响。乾隆二十二年（1757）漳河漫溢，馆陶堤埝残坏，高宗皇帝谕令"至馆陶堤埝向例虽系民修，但今被灾已重，生计拮据，何忍复责以工役之事，著即遴委道府大员星速勘料估修，悍御来路，期令速涸"。① 乾隆二十五年（1760）山东巡抚阿尔泰、河东河道总督张师载奏称山东运河自馆陶至德州三百余里，沿途民埝由本地浅铺夫、民工修筑与维护，因其不懂桩埽工程原理，所以导致河工屡现险情，于是请求"于馆陶等州县八汛地方，每汛拨给河工桩埽兵九名，谙练效用一名，伏前分赴各汛，如遇险工，立时应用，倘人数不敷，准于临汛调拨协济，白露后仍行撤回，其各汛原有浅夫，即令随同学习，二三年后谙晓桩埽，仍可免派往"，② 得到了朝廷批准，从而使河防抢修的专业化程度与效率得以提高。道光三年（1823）山东临清、馆陶、武城民埝残缺 17 处，朝廷派大臣勘查修筑，宣宗谕曰："惟工程较多，若照例督令民修，该处叠被水灾，民力实有未逮，加恩著照所请，所有土埽各工共估需银三万九千三百余两，准由该司动项给发，赶紧兴工，工竣核实验收。"③ 命将民修的工程改由山东布政司拨款修筑，从而减轻了百姓的负担。

除中央批准兴修的工程外，地方州县对于河患的防治也很重视。嘉靖十七年（1538）河决馆陶，东昌府推官徐桂调集民夫修筑堤防，"在县西二里，南至大名，北距临清，长七十里"，④ 名御河堤，又称徐公堤，后隆庆、顺治年间屡次修缮。另有薛家圈新堤，"在县西南八里许，知县李仲奎筑，明隆庆三年大水，百姓漂流者不可胜计。万历二年水复大涨，公虑之，同主簿浦连珠亲诣查勘，于薛家圈相宜筑月堤一道"，⑤ 使水患得以平息。雍正八年（1730）漳、卫两河决口馆陶宋家庄，淹没农田无数，两年后知县曹瓖为维护民生，"躬督乡夫增堤三百六十丈，底三丈，面一丈，

---

① 《清高宗实录》卷 542，乾隆二十二年七月庚子。
② 《清高宗实录》卷 609，乾隆二十五年三月甲戌。
③ 《清宣宗实录》卷 57，道光三年八月癸丑。
④ 赵知希：乾隆《馆陶县志》卷 3《建置志·堤防》。
⑤ 赵知希：乾隆《馆陶县志》卷 3《建置志·堤防》。

月余工竣"，① 从而有效地遏制了洪患的危害，得到馆陶百姓的交口称赞，该堤因此也被称为"曹公堤"。同治年间河南中牟人仓尔爽任职馆陶，"城北二十余里有长顺沟，至李家圈入卫河，值夏秋之交河水涨发，辄倒漾为害，公饬民夫修闸一道，以时启闭"，② 百姓感其恩德，命曰"仓公闸"。光绪二十年（1894）夏河南沁河决口，倒灌卫河，馆陶两岸堤埝损毁严重，洪水四处漫淹，县令郑德立"督率沿河村民在于引、卫两河之间添修小埝一道，自直隶元城县界何庄起至周庄止，长四百八十丈，复于引河西岸自元城界红花堤起至徐家仓卫河止，筑堤七百三十丈"。③ 地方社会除修筑堤防防范洪患外，还修造了大量的桥梁、渡口以方便民众与商旅通行，如比较重要的桥梁有观音堂石桥、王家石桥、杨家石桥、南馆陶石桥，渡口则有北马头渡、窝儿头渡、驸马渡、迁堤渡、清泉渡等，这些桥梁与渡口除部分由官方出资兴修外，还有相当数量由地方民众、士绅、商人捐资修建，充分体现了运河区域社会民众在交通改善方面的重要作用。

明清两朝，馆陶县地处运河要津，交通便利，是漕运与商贾流通的重要通道。为加强对馆陶地域社会的控制，中央与地方政府除在馆陶设置管河机构，置浅铺夫、河兵负责运河的疏浚与抢修外，还兴修了大量的河工设施、闸坝工程，这对于维持漕运的正常运转，保障民生与农业生产都起到了非常重要的作用。当然馆陶作为河工重地，是与明清两代引漳入卫的政治策略密不可分的，漳、卫两河交汇于馆陶，不但可以方便河南漕粮的运输，而且对于卫运河、南运河的畅通起到了重要的作用，馆陶境内不计其数的河工设施就充分体现了这一策略。

二　明清馆陶的漕运与商业

馆陶境内的卫河是元明清三代河南漕粮运输的重要通道，当时漕粮通过卫河或输往临清、小滩等水次存储，或直接由运军运往北京、通州、天津等地，因此馆陶在国家漕运中的地位非常重要。明朝万历年间，馆陶一度取代直隶小滩成为河南漕粮的交兑地，当时境内舳舻云接、车马交驰，

① 《舆图志·山川》，赵知希：乾隆《馆陶县志》卷2。
② 宋金镜、熊廷献：光绪《馆陶县乡土志》卷2《政绩录》，清光绪三十四年铅印本。
③ 宋金镜、熊廷献：光绪《馆陶县乡土志》卷7《山水·堤防》。

大量商人在此从事商业贸易，大大促进了馆陶经济的发展。馆陶同时是明清盐运枢纽，当时山东沿海食盐通过大清河输往济南泺口、东昌阿城，然后由馆陶销往河南州县。清末运河淤塞，馆陶经济也受到了相当的冲击，但因其境内的卫河自然属性更强，所以其经济并未完全衰落，仍具有一定的实力。

馆陶作为卫运河沿岸重要的漕运码头与转输枢纽有着悠久的历史。早在永乐五年（1407）十二月，"设卫辉府之北关闸、汤阴县之塌河、大名县之艾家口、浚县之李家道口、东昌府馆陶县之南馆陶五递运所，时营建北京，运输者众，故增设之"，① 永乐十年（1412）五月又"命都督金事费义督运卫辉、馆陶仓粟二十一万一千四百五十余石赴德州"，② 可见明朝初年馆陶就已是重要的仓储基地了。明代河南漕粮交兑地初在直隶小滩镇，后因水域环境发生改变，加之小滩兑粮弊端重重，万历年间在给事中张维新的建议下，漕粮移兑馆陶，朝廷在馆陶置户部监兑分司予以管理。据民国《馆陶县志》载，"监兑分司，原在大名府元城县金滩镇（即小滩），明万历十二年移驻馆陶，署在今县治北，二十八年复还金滩，署改为行台，名曰后司"，③ 乾隆《馆陶县志》亦载，"考元粮运由卫河经馆陶达燕京，明因之，故有移驻之举，居民弃农趋贾，城市辐辏，自还金滩，人民归农，城市萧然"。④ 清代馆陶漕储基地的地位下降，"仓廒，旧云在仪门，不知何时移至县治东北，康熙十年知县郑先民重修，凡征收临（即临清仓）米麦及漕粮水次兑军俱在此"，⑤ 此时的馆陶仓只是作为本县漕粮的收兑地，存粮数目较少，只由本县官员管理，与明万历时收储河南全省、山东部分州县漕粮的规模无法相比，管理级别上也无法与户部派遣的中央官员相提并论。

明清两代馆陶经济与商业的发展完全依赖其优越的水陆交通，其地"西临卫河，为水驿通衢，据临清上游，平原旷野，利于车骑"，⑥ "枕陶

① 《明太宗实录》卷74，永乐五年十二月丁未。
② 《明太宗实录》卷128，永乐十年五月辛丑。
③ 王华安：民国《馆陶县志》卷1《地理志·建置》。
④ 赵知希：乾隆《馆陶县志》卷3《建置志·官署》。
⑤ 赵知希：乾隆《馆陶县志》卷3《建置志·仓场》。
⑥ 王华安：民国《馆陶县志》卷1《地理志·形胜》。

山，襟卫水，处齐鲁西偏，为燕京通衢，形胜甲诸邑"。[1] 每年秋季卫河水涨，"船行如梭，款乃相接，洵一邑胜概也"。[2] 除此之外，馆陶距山东省城济南、东昌府、临清、张秋、德州等商业中心都非常近便，有水路相通，从而为经济的发展提供了坚实的依靠。明朝正统十二年（1447）中央政府在馆陶设置税课司，征收商税。万历年间，随着河南漕粮交兑馆陶，商业也随之达到鼎盛，当时不但"商贾云集，运军大户共食于斯"，[3] 而且食盐贸易也颇为发达，"考明万历间陶邑食盐不过千五百余引，其时粮兑在卫河，距城二里，军民云集，富商大贾食盐甚伙"。[4] 商人的聚集，经济的发展，使馆陶地域社会的风俗也发生了变化，"馆陶县，风气淳和，士驯雅好文，密迩临清，服室侈华，自监兑境上，居民馆中州，富户而利其奇赢，俗争弃农矜商"。[5] 不过，随着河南漕粮再次改兑小滩镇，加之明末运河淤塞、兵燹频起、灾荒不断，馆陶县的商业繁盛并没有持续太长，呈现一种"商旅不至"[6] 与"军户已去，商贾不来，又迭经战火，册上人丁半属虚数"[7] 的状态，迅速衰落。

清朝初年，馆陶经济处于恢复时期，随着运河的疏浚，各种商业又得以重新振兴。如盐业贸易较明代有了更大的发展，"陶之西一里许即卫河也，南至小滩镇，北至临清州，而天津、北直、河南行盐之船俱由馆陶地方……且馆陶临河，天津盐船络绎不绝"，[8] "添口为大清河盐货所经，张秋镇、姜家沟等处为汴、晋杂货之所经，馆陶为卫河盐货之所经"，[9] 成为盐业贸易、转运的重要码头。同治年间，尽管山东张秋至临清运河已淤塞不通，但馆陶航行未受影响，朝廷为增加税收、扩大军饷来源，在馆陶设抽厘局征收商品、盐货税收，"各局每年收厘之数，添口则自四五千金至万余金，张秋、姜家沟二处合计则自一二千金至五六千金不等，馆陶则自

---

① 赵知希：乾隆《馆陶县志》卷1《图考》。
② 王华安：民国《馆陶县志》卷1《地理志·附八景》。
③ 王华安：民国《馆陶县志》卷10《艺文志》。
④ 赵知希：乾隆《馆陶县志》卷6《赋役志·盐课》。
⑤ 岳浚：雍正《山东通志》卷23《风俗志》。
⑥ 赵知希：乾隆《馆陶县志》卷6《赋役志·盐课》。
⑦ 王华安：民国《馆陶县志》卷10《艺文志》。
⑧ 赵知希：乾隆《馆陶县志》卷6《赋役志·盐课》。
⑨ 丁宝桢：《丁文诚公奏稿》卷6，光绪二十五年刻本。

一万六七千金至四万五六千金，计惟馆局所收为最旺，聊城则最旺之年曾收至三千余金，常年皆不过一二千金，并有仅六七百金者，因该处近值运河淤塞，必待伏汛黄水灌入，商船始通，终年计不过三四个月，故收厘独少"。① 馆陶作为县级行政单位，其商货抽厘税收每年竟达数万两，数额超过泺口、张秋、姜家沟、聊城等地之和，充分体现了馆陶卫河作为交通要道，在清末正逐渐取代张秋至临清的旧运河商路，成为商贾流通之地。不过馆陶虽为商路要道，但多为过路行商，本地并未有大的商帮组织，据《馆陶县乡土志》载，全县共约 20 万人口，其中从事工商者 4000 余人，而且"陶邑藐兹瘠土，既无大贾之居奇，蕞尔微区，又乏远商之侨寓"，②并没有形成大的商品市场。

　　除盐业外，馆陶的其他商业也得到了不同程度的发展。馆陶商业中的外籍商人主要以晋商为主，据《馆陶县乡土志》载，"考本境商埠遗迹在馆陶城西南隅，有山西会馆碑文所载，皆晋省人，凡自盐当以及铁货、布庄、杂行、钱店各生意固城中一大观。治城西南三十五里南馆陶镇西偏亦有山西会馆……由此观之知乾嘉以来商务之盛行可想焉。迨咸丰十一年忽遭兵燹，衙署、仓库付之一炬，况商埠乎"，③ 可知清代馆陶商业的发展与兴盛阶段在乾隆至咸丰末期，后因战乱而受到很大影响。馆陶本土的农副产品因产量与市场需求的不同，商品化程度差异很大。其中粮食主要以食用为主，有小麦、粟、稻等，少量在市场、集市上出售，"小麦、秋粱，丰年谷贱贩运不出百里，惟卫河水运上通天津，贩运较易"。④ 副业中如动物贩售，"牛羊犬猫鼠兔诸皮，有外境商人入乡零星买去归制造者，岁售无多"，⑤ 水果中以梨、葡萄、枣的销售为大宗，"梨，有秋白、五香、葫芦、雪花数种，多有从卫河往天津售卖，获厚利者"，⑥ 葡萄"有水精、马乳二种，近来销售之路颇广，但土人未能讲求种植"，⑦ 枣"城东北一带多有之，大宗"，⑧ 这些

① 丁宝桢：《丁文诚公奏稿》卷 6。
② 宋金镜、熊廷献：光绪《馆陶县乡土志》卷 5《人类》。
③ 宋金镜、熊廷献：光绪《馆陶县乡土志》卷 8《物产·商务》。
④ 宋金镜、熊廷献：光绪《馆陶县乡土志》卷 8《物产·商务》。
⑤ 宋金镜、熊廷献：光绪《馆陶县乡土志》卷 8《物产·动物》。
⑥ 宋金镜、熊廷献：光绪《馆陶县乡土志》卷 8《物产·果之类》。
⑦ 宋金镜、熊廷献：光绪《馆陶县乡土志》卷 8《物产·果之类》。
⑧ 宋金镜、熊廷献：光绪《馆陶县乡土志》卷 8《物产·果之类》。

农副产品、水果除在本地市场销售外，还大量通过卫河销往天津、聊城、临清、德州等城市，以获取更高的利润。其他还有棉布、烧酒、麻油、棉油、粉皮、挂面等特产，因技术方面的原因，多在本境销售，商品化程度较低。除外销外，清末馆陶购入的商品主要有从山西潞安府陆运而来的铁货，从湖北汉口水陆接运而来的铜货，直隶磁州贩运而来的瓷器，从临清与天津水运而来的琉璃货、茶叶、洋布、洋油等，^① 外来货物的价值远远高于本地外销物品。

馆陶的基层市场主要分布于卫河沿岸的村庄、集市，这些区域交通便利，便于粮食等农副产品的流通与汇聚，周围的百姓可以通过船只前去赶集、交易，像里官庄村，"在城东北，距城五十里，东界临清仓上，西界营子，南界临清鸭寨，北界临清十里坞，集市一所，蒙学堂一所"。^② 南馆陶村，"在城西南，距城三十五里，东界卫河，西界杨庄，南界卫河，北界苏村，集镇一所，蒙学堂一座，坐落村内"。^③ 孝子村，"在城西南，距城三十五里，东界太平街，西界卫河，南界卫河，北界卫河，弥陀寺在南街，集市一所"。^④ 秤钩湾村，"在城西南，距城五十里，东界韩安堤，西界卫河，南界郭安堤，北界杨庄，集市一所"。^⑤ 另外乔家庄、丁圈村、北刘庄也都临卫河，交通便利，设有集市。与集市并列的是庙会，馆陶县有火神庙、龙王庙、三官庙、泰山行宫、五圣庙、大王庙等庙会，每年神灵祭祀的日子，有大量的商人、百姓、游客前来赶庙，届时商贾辐辏，行商、坐贾川流不息，货物山积，交易量较集市更大。

总体来看，明代初期馆陶的经济与商业发展程度不高，万历年间随着河南漕粮交兑于馆陶，大量商人、商货随之而来，商品经济得以长足发展，尤其是粮食贸易在卫河沿岸占有重要地位，后因漕粮改兑小滩与战乱影响，经济衰落。清代乾隆至咸丰朝馆陶得以重新振兴，当时大量山西商人在馆陶修建会馆，经营钱庄、杂货等买卖，通过卫河转毂南北，在临清、天津、聊城、德州之间进行商货的流通，馆陶经济达到鼎盛。清末虽

---

① 宋金镜、熊廷献：光绪《馆陶县乡土志》卷8《物产·商务》。
② 宋金镜、熊廷献：光绪《馆陶县乡土志》卷6《地理》。
③ 宋金镜、熊廷献：光绪《馆陶县乡土志》卷6《地理》。
④ 宋金镜、熊廷献：光绪《馆陶县乡土志》卷6《地理》。
⑤ 宋金镜、熊廷献：光绪《馆陶县乡土志》卷6《地理》。

受黄河改道、运河淤塞、战乱、灾荒等因素影响，馆陶经济受到巨大冲击，但因卫河自然属性更强，货物流通受到的影响不大，所以馆陶货物税收仍数额较大，不过由于此时西商的撤离，卫河多为过境商人与货物，非本地商业实力的体现，商业规模已无法与前朝相比。

三　明清馆陶的灾荒、兵燹与区域社会

明清两朝，漳、卫两河在馆陶的长时间交汇，一方面为漕运提供了充足的水源，提高了沿线城市与乡镇的政治、经济地位，促进了商贸的发展；另一方面也导致了严重的水患问题，洪灾不但冲毁运河堤岸、延误漕船航行，而且漂没庐舍，毁坏农田，溺毙生命，对区域社会造成了巨大的危害。为赈济灾荒，中央、地方政府数百年间采取减免税粮、平粜等方式减轻灾区百姓的负担，稳定地方社会。同时馆陶因位于水陆通衢之地，为兵家必争之处，明清屡遭兵燹的影响，特别是清朝末年，战乱与黄河改道、运河淤塞相并行，严重破坏了馆陶的商业发展与区域社会稳定。

明清两朝馆陶县的灾荒主要为水灾，旱灾、蝗灾的数量也不少。明永乐十三年（1415），"山东馆陶县、北京南乐县民自陈今夏河水泛滥，淹没禾稼，秋收不足以输税，折钞帛，从之"。① 正统五年（1440），"山东德州、清平、观城、临清、馆陶、范、冠、丘、恩八县蝗"。② 清代灾荒更甚，顺治十一年（1654），山东"观城、馆陶、范、邱、武城、长清等三十州县水"，③ 第二年又"免山东滨州、堂邑、章邱、济阳、莘、观城、博平、聊城、邱、冠、馆陶、茌平、武城等县本年分蝗灾额赋"，④ 馆陶连续两年遭遇水灾、蝗灾，充分体现了该地灾荒发生频率之高，危害之大。康熙十年（1671）免馆陶县本年份雹灾额赋十分之三。⑤ 乾隆二十二年（1757）馆陶遭受漳、卫洪水之患，农田被淹，朝廷委派山东巡抚鹤年"著董率属员，加意抚恤，照例即予急赈一月，不必拘秋灾成例，务令均

① 《明太宗实录》卷171，永乐十三年十二月丙子。
② 《明英宗实录》卷68，正统五年六月庚寅。
③ 《清世祖实录》卷83，顺治十一年五月壬辰。
④ 《清世祖实录》卷95，顺治十二年十一月壬午。
⑤ 《清圣祖实录》卷36，康熙十年七月己未。

占实惠，毋致失所，并令一面堵御，一面疏消，一有涸出地亩，急令补种荞麦，以冀秋成"，① 采取赈济、堵筑相结合的方式，既使洪患得以疏导，民生也可兼顾。乾隆二十四年（1759）九月又赈馆陶本年水灾饥民，并缓征税粮。② 嘉庆六年（1801）八月，"缓山东临清、馆陶、武城、邱、夏津、聊城、堂邑、清平、博平、茌平、高唐、莘、恩、冠、阳谷、朝城、东阿、平阴、平原、长清、德、范二十二年州县水灾新旧额赋有差"，③ 同年又"赈恤山东临清、馆陶、武城、邱、夏津、聊城、堂邑七州县及坐落各卫屯被水灾民有差，并缓征漕项银米"。④ 嘉庆二十三年（1818）、二十五年（1820）又多次缓征馆陶县被水额赋与漕粮。道光后，馆陶县受灾日益严重，而此时由于国家财力匮乏，加之战乱频行，对外赔款不断，国家对百姓的体恤减少，基层社会秩序日趋混乱。据《馆陶县乡土志》载，"天灾流行，国家代有。本境自咸、同以来灾害尤烈，咸丰七年旱，蝗飞蔽天，秋已无禾，民大饥，流亡甚多。八年四月二十日风霾昼晦，夏又无麦……同治元年夏旱，苗尽槁，大饥，正赋豁免。九年秋淫雨，卫河决，正赋豁免。光绪四年春大饥，道馑相望，流民逃入外境者不计其数，九年秋淫雨，河决。十六年大雨，卫河决。十八年六月漳水注卫，河决。二十年沁河决，北注卫，两岸涨溢，漂没民田庐舍无数"。⑤ 从史料中可以看出，在王朝的兴盛时期，中央政府对馆陶的灾荒赈恤力度非常大，不但赈灾次数多，而且豁免、豁缓、减免等多种措施相互结合，效果明显。而在王朝末期，面对天灾人祸，国家忙于平定战乱，对于灾荒往往是一种漠视的态度，导致赈灾措施不力，灾民的流亡、死亡现象严重，官民冲突不断加剧。

明清两朝馆陶多次经历大规模的战乱。早在明朝初年，燕王朱棣与明军就曾在馆陶相持，"至馆陶渡河，至冠县，过莘县，遂向东阿、东平，

① 《清高宗实录》卷542，乾隆二十二年七月辛卯。
② 《清高宗实录》卷597，乾隆二十四年九月丁丑。
③ 《清仁宗实录》卷86，嘉庆六年八月丁未。
④ 《清仁宗实录》卷88，嘉庆六年冬十月甲辰。
⑤ 宋金镜、熊廷献：光绪《馆陶县乡土志》卷5《人类·户口》。

以诱敌众"，① 两军在馆陶附近展开了大规模的战斗，对区域社会破坏很大。正德六年（1511）直隶农民起义军刘六、刘七转战运河流域的山东、河南、直隶等地，进攻馆陶，与明军进行了激战。崇祯十一年（1638）清军渡过卫河，抵馆陶，十五年（1642）十一月"清兵破临清，二十六日围馆陶，攻竟日，城守甚固，旋解去"。② 乾隆朝虽号称盛世，但中后期吏治腐败，百姓负担加重，阶级矛盾尖锐，社会已蕴藏严重危机，乾隆三十九年（1774）山东寿张人王伦发动起义，"八月间攻陷堂邑，遂延蔓而北到处劫掠，至馆陶城东北之窑坡"。③ 清朝末年，兵燹更盛，咸丰三年（1853）太平天国北伐军援军进抵山东，"由冠县赴临清，路经馆陶东北之里官庄，札木城为营，抵临清攻半月余，城破屠之，时官军云集，贼遂弃临清南遁，复由里官庄至清水镇，官军三面围之，贼烧营遁去"。④ 咸丰十一年（1861）馆陶又发生了黄旗教孙全仁之乱、捻军之乱等，"堂邑逆匪犯馆陶，县城失守，衙署、仓库、监狱悉被焚毁，居民遇害者不可胜计"，⑤ 此后馆陶县只能租赁民房办公。

明清两朝馆陶由于靠近运河，所以遭遇的水患远远高于其他灾荒。在当时保漕的国策下，中央政府以人为之力使漳河与卫河交汇于馆陶，使该地水源大增，导致水患发生频率提高，尽管采取了种种措施以防范洪患，但仍然造成了巨大的危害。特别是咸丰五年（1855）黄河铜瓦厢决口后，随着传统漕运的衰落，馆陶的政治、经济地位都受到了严重的影响。而清末战乱的频起，使城镇被毁、人口锐减，社会秩序也随之陷入动荡之中。

四　结语

明清时期的馆陶县与华北运河区域的其他县级行政单位既有着类似的发展轨迹，也有自身的特征。首先，馆陶县的发展完全得益于靠近运河的优势，正是由于交通的便利，漳、卫两河的交汇，馆陶的河工、经济地位

---

① 《明太宗实录》卷6，永乐二年十一月甲戌。
② 宋金镜、熊廷献：光绪《馆陶县乡土志》卷3《兵事录》。
③ 宋金镜、熊廷献：光绪《馆陶县乡土志》卷3《兵事录》。
④ 宋金镜、熊廷献：光绪《馆陶县乡土志》卷3《兵事录》。
⑤ 宋金镜、熊廷献：光绪《馆陶县乡土志》卷5《人类·户口》。

才得以提升，特别是万历年间河南漕粮交兑馆陶，使其商业在这一时期达到鼎盛，而清代大量西商在馆陶会集，加之山东盐业以馆陶作为转输要道，商业发展也极为迅速。其次，馆陶商业的衰落与其他华北运河城市类似，即受传统漕运衰落，战乱与灾荒的影响。不过与阳谷、聊城等因运河衰落而一蹶不振的城市相比，馆陶因境内的卫河自然属性更强，商业流通受到的影响较小。最后，在明清数百年间，馆陶的兴衰在华北运河区域城市中具有很大的代表性，那就是运河与漕运往往是城市崛起的重要动力，因交通而带来的商流、货流促进了城市的崛起；河工衙署、漕运衙署的设置提高了城市的政治地位，使城市繁荣兴盛达数百年之久；而运河淤塞与传统漕运衰落，使这些沿运城市受到了严重的冲击，交通地位的丧失也阻断了城市发展的动力。馆陶的兴衰总体来看并未摆脱这一规律。

作者：郑民德，聊城大学运河学研究院

（编辑：张献忠）

近代华北非铁路沿线集镇的兴衰*
——兼及其对乡村社会变迁的影响（1881～1937）

熊亚平

内容提要： 依据与铁路运输之间关系的有无及其大小，可将华北集镇分为铁路沿线集镇和非铁路沿线集镇。随着铁路运输的兴起和发展，石家庄、唐山、焦作、秦皇岛、驻马店、漯河、泊头、张店等一批具有代表性的铁路沿线集镇迅速发展，而除龙口、兴隆等少数集镇外，大多数具有代表性的非铁路沿线集镇在1937年之前却呈现不同程度的衰退之势，并对周边乡村社会变迁产生影响，铁路则为重要致因之一。这表明，在利用交通因素推动区域社会变迁时，必须充分发挥铁路、公路、高速公路、高速铁路、水运等不同交通方式的特点，形成布局和层次结构合理的交通体系，从而推动区域社会协调有序发展，避免再走一个地区的发展以另一个地区的衰退为代价的老路。

关键词： 华北　非铁路沿线集镇　铁路交通

所谓集镇，系指介于县城与村落之间，以集散乡村农副产品、满足乡民日常生活为主要职能，具有一定非农产业和非农业人口的聚落。正如费孝通所言："如果把'城镇'这个名词用来指作为农村中心的社区，从字义上看，它似乎应当属于城的一方，而实际却是乡的中心。为了避免这种因望文生义而可能产生的误解，不如称这种社区为'集镇'。……我主张把农村的中心归到乡的一边。但也可以考虑在城乡之

---

* 本文系国家社会科学基金后期资助项目"华北铁路沿线集镇研究（1881～1937）"（15FZS053）的阶段性成果。

间另立一格，称之为镇……镇字旁还得加个字，要加就不能再用城或乡，所以还是可以考虑称为'集镇'。"① 铁路开通前，华北已有不少集镇，② 铁路开通后，驻马店、漯河、张店、枣庄等沿线传统集镇迅速发展，唐山、石家庄、③ 焦作、秦皇岛等沿线村镇迅速崛起为集镇并开始向城市演变。由此，铁路沿线集镇发展成为铁路与华北区域社会变迁研究中的重要内容之一。

检视相关研究成果可以看到，学者们关注的重点仍然是铁路沿线集镇的产业发展、人口增长、社会组织成长、街市扩充等。关于铁路沿线集镇与非铁路沿线集镇④的比较研究，以及集镇兴衰与乡村社会变迁之间关系的探讨尚不多见。⑤ 这就或多或少地影响了人们对铁路与沿线集镇发展乃至区域社会变迁之间关系的把握。有鉴于此，本文将在深入考察近代华北非铁路沿线集镇兴衰变动的基础上，从非铁路沿线与铁路沿线比较的角度总结其特征，阐明其兴衰变动对周边乡村社会变迁的影响，并从一个方面揭示近代交通对乡村社会变迁的影响。

还需要说明的是，本文研究时段始于1881年，是由于当年唐胥（各庄）铁路通车后，胥各庄成为铁路沿线集镇，自此，华北集镇始有铁路沿线与非铁路沿线之分；终于1937年，则是由于这一年全面抗战爆发后，华北地区逐渐成为沦陷区，集镇发展进入非常状态。

一　非铁路沿线集镇的兴衰变动

著名社会学家费孝通曾经指出，小城镇研究的第一步"应当从调查具体的小城镇入手，对这一总体概念做定性的分析，即对不同的小城镇进行

---

① 费孝通：《小城镇　大问题》，《费孝通文集》第9卷，群言出版社，1999，第233页。关于集镇概念的讨论，详见拙著《华北铁路沿线集镇研究1881～1937》，未刊稿。

② 参见从翰香主编《近代冀鲁豫乡村》，中国社会科学出版社，1995。

③ 唐山和石家庄在1937年前虽已开始向城镇演变，但并未成为"建制市"，且具有与其他集镇相类的功能，故本文仍视其为集镇。

④ 所谓铁路沿线集镇，系指设有铁路车站或者与铁路车站在交通上（通过水路或陆路）和经济上（所集散的部分货物经由铁路外运）有联系的集镇，除此之外的集镇为非铁路沿线集镇。

⑤ 参见熊亚平、张利民《近代华北集市（镇）研究述评》，《河北广播电视大学学报》2013年第6期。

分类"。① 许檀、邓亦兵、从翰香等历史学者在考察华北集镇发展时，也十分重视分类讨论。如从翰香等人就曾将19世纪末至20世纪30年代冀鲁豫地区市镇（集镇）分为工商并茂的都市型大镇、商业贸易型集镇、水陆交通运输枢纽型集镇、手工业型集镇四类。② 由于不同类型集镇的发展态势并不相同，因此下文在考察中亦将非铁路沿线集镇大致分为水陆交通运输枢纽型集镇、工矿业型集镇和工商业型集镇等三类。③

毋庸置疑，华北集镇在铁路开通前均为非铁路沿线集镇。铁路开通后，虽然铁路沿线集镇数量不断增多，但非铁路沿线集镇仍然占有一定比例。例如，在1912年前冀鲁豫三省有25个集镇成立了商会或商务分会，其中非铁路沿线集镇至少有9个，约占36%；在1937年前冀鲁豫三省的350个集镇中，非铁路沿线集镇有204个，约占58%。④ 要对这200余个集镇的兴衰变动一一进行考察，显然并非一篇短文所能完成（实际上亦无此必要）。因此下文将选取羊角沟、龙口、胜芳、赊旗、沙河镇、索镇、黄庄、尹村、兴隆、辛集、张秋等具有一定代表性的集镇，从工商业、人口和街市等方面对此类集镇在1937年前的兴衰变动进行考察。

在羊角沟、龙口、胜芳等交通运输枢纽型集镇中，羊角沟地处山东省寿光县境内，"当小清河之尾闾"，⑤ 是小清河航线与海运的交会点。清同

① 费孝通：《小城镇　再探索》，《费孝通自选集》，首都师范大学出版社，2008，第134页。
② 从翰香主编《近代冀鲁豫乡村》，第141页。
③ 本文所谓交通运输枢纽型集镇，与从翰香等人的概念一致，系指地理位置优越，有两条以上交通干线或两种以上交通方式，且其作用均较为突出的集镇。所谓工矿业型集镇，是指手工业或近代工矿业在产业结构中地位突出，商业处于次要地位的集镇，其范围包括从氏等人所称的手工业型市镇和因煤炭资源开发、铁路运输发展而兴起的近代工矿业型集镇。所谓工商业型集镇，是指商业在产业结构中地位突出，工矿业和手工业处于从属地位的集镇，在范围上涵盖从氏等人所称的工商并茂的都市型市镇和商业贸易型市镇两种。
④ 参见《国内商会统计》，赵宁渌主编《中华民国商业档案汇编（1912～1928）》第1卷，中国商业出版社，1991，第70～104页；《直隶各商务分会》，天津市档案馆等编《天津商会档案汇编（1903～1911）》，天津人民出版社，1989，第192～282页。河北省各县地方实际情况调查报告，见《冀察调查统计丛刊》第1～2卷，1936～1937年。关于《北宁铁路沿线经济调查报告书》（相关各县）、《胶济铁路经济调查报告》（相关各县）、《陇海全线调查》（1932年各县调查），参见殷梦霞、李强选编《民国铁路沿线经济调查报告汇编》第1～7册，国家图书馆出版社，2009。
⑤ 宋宪章修、邹允中等纂《寿光县志》，台北，成文出版社，1968，第973页。

治年间是一个商号"寥落数十家，谋微利营生"[1] 的小集镇。小清河疏浚后，由羊角沟逆流而上可达济南、天津；从海路可通虎头崖、龙口、烟台，其商业逐渐兴盛起来。民国初年，羊角沟已有大商号上百家。[2] 胶济铁路通车后，虽然"商人水运者少，强半由青岛搭车西运"的新形势影响了其商业的发展，但由于"航运之杂粮、木料与本地渔船行驶不绝"，因此"虽不如昔年之盛，尚可支持"。[3] 1917 年前，街市东西长 1 公里余，南北宽 0.5 公里余，人口 5000～6000 人。[4] 1926～1927 年商业"犹盛极一时"，[5] 有人口 845 户，8070 人。[6] 1933 年前，羊角沟 700 余户居民中，"业商者约一百八十余家"。[7] 1935 年前，商业以夏季为盛，有商店 140～150 家，主要行业有盐店、粮行、鱼行等。[8]

龙口位于山东省黄县城西 20 公里，距烟台 60 海里，天津、营口各约 200 海里，大连 120 海里。自然地理条件优越，"港湾之良，不亚烟台"。[9] 但在 19 世纪 70 年代以前只是一个小渔港，"略有商店数家，贩卖食粮鱼盐而已"。1914 年被辟为自开商埠后，与烟台、大连、营口以及虎头崖、羊角沟、安东等之间的贸易日渐发展。1916 年前后已有洋广杂货商 70 余家，客栈 60 家，粮行 50 余家，船行 3 家，钱庄银号 40 余家，中日合办的龙口银行 1 家；人口 1200～1300 户，7500 人；街市东西长而南北狭。[10] 1922 年烟潍公路通车后，龙口一跃成为水陆交通的枢纽，不仅转运胶东地区的进

---

[1]　光绪《寿光县乡土志》，国家图书馆分馆编《乡土志抄稿本选编》第 3 册，线装书局，2002，第 655 页。

[2]　庄维民：《近代山东市场经济的变迁》，中华书局，2000，第 160 页。

[3]　宋宪章修、邹允中等纂《寿光县志》，第 995 页。

[4]　『東亞同文會，支那省别全志第 4 卷（山東省）』大正六年、347～348 页。

[5]　《羊角沟纪略》，《关声》第 12 期，1935 年。

[6]　山东省寿光市羊口镇志编委会编印《羊口镇志》，1998，第 81 页。

[7]　《胶济铁路经济调查报告》（寿光县），殷梦霞、李强选编《民国铁路沿线经济调查报告汇编》第 6 册，第 15 页。

[8]　《羊角沟纪略》，《关声》第 12 期，1935 年。

[9]　白眉初：《中华民国省区全志》第 3 册《鲁豫晋三省志》，北京师范大学史地系，1925，第 133～134 页；《胶济铁路经济调查报告》（黄县），殷梦霞、李强选编《民国铁路沿线经济调查报告汇编》第 5 册，第 475 页。

[10]　山东省龙口市史志编纂委员会编《龙口市志》，齐鲁书社，1995，第 337 页；白眉初：《中华民国省区全志》第 3 册《鲁豫晋三省志》，第 134 页；《胶济铁路经济调查报告》（黄县），殷梦霞、李强选编《民国铁路沿线经济调查报告汇编》第 5 册，第 475 页。

出口货物，而且沟通了与山东全省及东北、上海和海外的贸易关系。1924
年间工商业最盛时期"全市商号共计五百余家"。此后，因农村经济恐慌，
购买力大大降低，龙口商业日益衰落。1933 年前后仅有商号 400 余家，
"仍以旧街市为盛，新街市商店，寥若晨星"。有人口 1833 户，8805 人。
1937 年前，其商业又有所恢复，商号增至 747 家。①

胜芳镇在河北省文安县北 35 公里，"水路上通清苑琉璃河下通天津，
旱路则为通北京之大道，而大清河回绕于其地，极交通之便利"，② 因此可
归入交通运输枢纽型集镇。该镇在清康熙年间已成为重要集镇，逢农历四
九日集期。到光绪年间已有"居民万余家，贸易时舳舻千计"。③ 宣统元年
（1909）时"通津达保，人烟稠密，商贾云集"，有商号 100 余家。④ 1917
年前，该镇"商业繁盛，客商辐辏，实直省罕有之巨埠。……然以临迩天
津之故，营商者虽有四百余户，亦无巨大之商家"。⑤ 1922 年以前，商号
一度达到 700 余家。其后因连年战争影响，"各外帮生意，相率他徙，而
较殷实之商号，亦相率迁往天津。迄至今日，遂仅余此二三百家。盖渐衰
微矣……"⑥ 到 1937 年前，胜芳镇虽然"人口繁多，市面宽阔，商民齐
集，买卖兴隆，足为全县各镇之冠"，⑦ 但全镇仅有重要工商行号 44 家，
主要分布在中山街、洋布街、关帝庙后街、三官庙街、粮食市街、菜市
街、枣市街、鱼市街、西河沿街、新估衣街等地。⑧

铁路开通前，华北地区已有青塔镇、莘桥镇、大庄镇、大尹村、沙河
镇、索镇、彭城镇、柳疃、景芝、荫城镇、灰厂镇、宋曹镇、侯镇、上口
镇、辛家寨镇等工矿业集镇。铁路开通后，随着周村等转变为设站集镇，

---

① 《龙口市志》，第 337 页；《胶济铁路经济调查报告》（黄县），殷梦霞、李强选编《民国
铁路沿线经济调查报告汇编》第 5 册，第 475～477 页。
② 《第三区（顺天平原）报告书》（文安县），直隶商品陈列所编印《直隶省商品陈列所第
一次调查记》，1917，第 18 页。
③ 光绪《畿辅通志》，《续修四库全书》史部地理类第 631 册，上海古籍出版社，1995，第
546 页。
④ 《文安县胜芳镇众行商禀陈胜芳通津达保商贾云集请速立商会文》（1909 年 12 月 19 日），
《天津商会档案汇编（1903～1911）》，第 247～252 页。
⑤ 《第三区（顺天平原）报告书》（文安县），《直隶省商品陈列所第一次调查记》，第 18
页。
⑥ 河北省政府建设厅编印《调查报告第四编工商》，1928，第 59 页。
⑦ 《河北省文安县地方实际情况调查报告》，《冀察调查统计丛刊》第 1 卷第 3 期，1936 年。
⑧ 交通部邮政总局编《中国通邮地方物产志》河北编，商务印书馆，1937，第 76～77 页。

彭城镇、柳疃、景芝、荫城镇等成为临近铁路的集镇，[①] 唐山、马家沟、焦作、坊子、洪山、长辛店、南口等兴起为工矿业集镇，非铁路沿线集镇中的工矿业集镇相对减少。其中沙河镇、索镇、皇（黄）庄镇等具有一定的代表性。

沙河镇在清末以前即以集散草帽辫著称，交易最盛时期（1908～1913年），全镇有辫庄五六十家，清末全镇有人口1000户。[②] 第一次世界大战期间，由于欧洲各国停止进口草辫，沙河辫商"倒闭者岁有所闻"，辫庄户数一度锐减至20余家，全镇经济损失达200万元。到1919年时，全镇共有辫庄30家。20世纪20年代以后，国外市场大幅减少了草辫的进口，国内口岸市场对草辫的需求随之锐减，内地草辫的生产和贸易普遍出现萧条，沙河镇市场的草辫贸易逐渐衰落。[③] 但到1933年前后，草帽辫仍为沙河镇乃至掖县最重要的手工业，"该县无工厂工业，家庭工业以沙河镇附近一带之草帽辫最为驰名。每年出品约一百余万把"，"居民视此为唯一副业。每逢集镇，相率以编成之辫，赴集求售，天津上海等处商家，时常派人来镇设庄收买，往年销路甚佳，近亦日见萧疏矣"。[④] 当时，沙河全镇有商号200余家，以经营棉纱、洋布为大宗。草帽辫交易总值每年达到50万元。[⑤]

索镇虽然距胶济铁路张店车站仅有20公里，但"水陆不能取得联络，一切商货土产肥料之输出输入，费财费时，板滞不灵"，[⑥] 因此应归为非铁路沿线集镇。该镇在青岛开埠前因处于烟台与小清河沿岸各地交通的要冲而成为重要集镇和榨油业中心。时至20世纪30年代，榨油业仍比较兴盛。

① 时人研究表明，荫城镇在京汉铁路开通后，每年约有50车（每车20吨）铁货用骡驮或小车运至邯郸车站，经火车运销天津、奉天、张家口及京汉沿线一带，已成为邻近铁路车站的集镇。参见《邯郸县之经济状况》，《中外经济周刊》第190期，1926年11月27日。

② 庄维民：《近代山东市场经济的变迁》，第153页。

③ 庄维民：《近代山东市场经济的变迁》，第154页。

④ 《胶济铁路经济调查报告》（掖县），殷梦霞、李强选编《民国铁路沿线经济调查报告汇编》第5册，第517页。

⑤ 《胶济铁路经济调查报告》（掖县），殷梦霞、李强选编《民国铁路沿线经济调查报告汇编》第5册，第522页。

⑥ 《胶济铁路经济调查报告》（桓台县），殷梦霞、李强选编《民国铁路沿线经济调查报告汇编》第6册，第197页。

"油坊，多在索镇，资本大者及万元，小者千元以上，普通者约四五千元，多系商营，农户营业者甚少。出品为豆油豆饼。豆油一部销于当地，余则由乌河小清河运往济南，转销蚌埠者较多，青岛仅少数。……盛时邑中油坊约八十余，年来油之销场滞涩……故日见衰退。今仅存六十家，俱萧疏异常。"到1933年时，有油坊30家"集于此地"。[①] 1935年前有油坊28家，"年产豆油豆饼，为数甚巨"。[②] 尽管如此，榨油业仍在索镇日益衰落的工商业中占有重要地位，"粮业油业撑持市面，尚不十分萧疏"。在100多家大小商号中，有油业30家，粮业12家，杂货业17家，布业、铁业、药业各四五家不等，合计全年交易总值应在百万元以上。1933年前，全镇有人口约2000户，12000余人。[③] 1935年前有人口1600户，"市廛之盛，过于县治"。[④]

皇（黄）庄镇在三河县城南10公里，乾隆年间已设有集市，"每逢五十日大集，三八日小集"。[⑤] 到1917年前，皇（黄）庄以南百余村居民"皆于农暇之余，以织土布为业，而黄庄为其销售之聚处"。其商业"稍形繁昌"。其中以布业最盛，全镇共有富有德、富有成、郁文堂、日新永4家布店，每月收土布3万~4万匹，"约皆销售于本地，及京北一带，出口者，为数甚少"。[⑥] 1937年前，皇（黄）庄已与香河县渠口镇、宝坻县新集镇形成鼎足之势，"均以土布业著称"。皇（黄）庄一带"女半学织，杼柚之声不绝于耳，一遇集期，抱布贸丝者踵趾相接，邑南十年九潦，人无冻馁者，胥恃此耳，布商收买畅消于古北口外，逐渐发达，民生日裕"。[⑦] 织布所用纱线由布庄供给，每集所交易土布达3000匹。全镇共有商号40余家。其中布店11家，以永泰和、富有义、聚盛德、裕兴等家营业较盛。此外还有粮业3家，杂货粮业3家，铁业2家，药业3家，饭馆

---

① 《胶济铁路经济调查报告》（桓台县），殷梦霞、李强选编《民国铁路沿线经济调查报告汇编》第6册，第184~185、194页。
② 黄泽苍：《分省地志》（山东），中华书局，1935，第158页。
③ 《胶济铁路经济调查报告》（桓台县），殷梦霞、李强选编《民国铁路沿线经济调查报告汇编》第6册，第194~195页。
④ 黄泽苍：《分省地志》（山东），第158页。
⑤ 乾隆《三河县志》卷6《乡间》，第15页。
⑥ 《第三区（顺天平原）报告书》（三河县），《直隶省商品陈列所第一次调查记》，第6页。
⑦ 民国《三河县新志》，《中国地方志集成》河北府县志辑33，上海书店出版社，2006，第306页。

业 2 家。① 有人口 287 户，2066 人，其中铺户 57 户，420 人；普通户 230 户，1646 人。②

在辛集、兴隆、张秋等工商业集镇中，辛集镇位于束鹿县城西北 9 公里，为德州至石家庄间陆路必经之地。在清朝乾隆年间已是商贾云集的大镇，清末民初时皮毛贸易十分兴盛。1917 年前，该镇年产股皮 15 万余块，皮胶原料 50 余万公斤，此外还出产毛织绒、棉织绒、毛毯、毡栽绒等制造品。但商业却"半属空虚，商务及工业日有退步之势"，主要原因之一是该镇货物"原赖陆车以运输，无舟楫与汽车之便利。今则均由汽车输送。而该镇距铁路远甚，是以运输之大利，均被汽车夺去"。③ 1920 年前后商号中有大小皮店 25 户，毛店 4 户，花行 4 户，车行 4 户，每逢农历四九日有集市，全镇有人口 1040 户。④ 1928 年时，由于地理、交通以及战争的影响，辛集商业又有所衰退。全镇商号 500 余家，人口 10000 余人。⑤ 到 1937 年前，辛集工商业又有所恢复，全镇有商号 700 余家，交易以各种工业品为主。⑥

兴隆镇（兴隆街）在华北非铁路沿线集镇中具有一定的代表性和特殊性。该镇所在地清代被设为禁区。民国后，为解决满族人的生计，北京政府将清东陵长城以北陵区开禁，许可采伐林木，垦荒种地。于是，北京、天津等商民开始来此开设林木采售局和店铺，很快形成集镇，取名兴隆山，后改称兴隆镇。⑦ 当时兴隆商业以木材交易为盛。据记载，1920～1924 年，兴隆境内年均木材交易收入达到 80 万～90 万银元。同时开始形成集市贸易，以农历一、三、六、八为集日（三、八日小集，一、六日大集）。外销产品以木材及农副土特产品为主，输入品以生活日用工业品为主。1921 年时有大小商号 58 家。到 1930 年兴隆县建立时，大小商号增加

---

① 《北宁铁路沿线经济调查报告》（三河县），殷梦霞、李强选编《民国铁路沿线经济调查报告汇编》第 2 册，第 17～18 页。
② 民国《三河县新志》，《中国地方志集成》河北府县志辑 33，第 117 页。
③ 《第六区（中部平原）报告书》（束鹿县），《直隶省商品陈列所第一次调查记》，第 10～11 页。
④ 青岛守备军民政部鐵道部『調査資料第二十輯周村德州及德州石家莊間並石家莊滄州間調査報告書』出版時間不詳、135～138 頁。
⑤ 《调查报告第四编工商》，第 17、181～183 页。
⑥ 《河北省束鹿县地方实际情况调查报告》，《冀察调查统计丛刊》第 2 卷第 4 期，1937 年。
⑦ 遵化县志编纂委员会编《遵化县志》，河北人民出版社，1990，第 10～11 页。

到 117 家，其中较大商号（本金千元以上）有 57 家。1933 年 12 月有居民 1056 户，4260 人。①

张秋镇在明清时期为运河沿线商业大镇，"河上官商船只云集，帆樯如林；市肆楼房栉比，百货云屯；商民往来，肩摩毂击，俗有小苏州之称"。有著名商号 40 余家。清末漕运停止，海运兴起后，张秋镇"日见萧索"。民国初年以后，张秋镇虽然出产毡衣、毡帽、毡鞋、毡靴等比较有名，但"因惨遭匪祸，加以农村破产，商业凋零已甚"。② 这种状况一直持续到 1937 年前。张秋镇不仅失去县域内重镇的地位，而且退出了华北地区重要集镇之列。③

除以上集镇外，1937 年前华北地区有一定代表性的集镇还有葛沽、牛栏山、赊旗等交通运输枢纽型集镇，大尹村等工矿业集镇和虎头崖、石臼所、古北口、邦均、信安、河西务、龙王庙等工商业集镇。④ 这些集镇多数都出现了不同程度的衰退。

二 非铁路沿线集镇兴衰变动的特征

所谓特征，是指某一事物（或一类事物）所独有的或者特别突出的情况。通过对此事物（或此类事物）与他事物（或他类事物）的比较，可以获得对其特征的更清晰的认识。因此，下文将从铁路沿线集镇与非铁路沿线集镇比较的视角，通过对集镇工商业规模、产业结构、人口数量、整体发展态势等多项内容的考察，揭示非铁路沿线集镇兴衰变动的特征。

在无更详细统计资料可用的情况下，集镇工商业行号的数量和规模⑤便成为衡量集镇工商业规模的重要指标。就工商行号数量而言，在铁路沿

---

① 兴隆县地方志编纂委员会编《兴隆县志》，新华出版社，2004，第 4～5、165、482 页。
② 阳谷县地方史志编纂委员会《阳谷县志》，中华书局，1991，第 38～39、143～144、186 页。
③ 就前者而言，警政机构、商会和自治机关的设置应为重要体现。就后者而言，1937 年前《中国通邮地方物产志》等史料中的记载可为之佐证。
④ 其中，虎头崖、石臼所等集镇也兼具交通运输枢纽型集镇的属性，但由于其典型性远不如羊角沟、龙口等突出，故本文将其归为工商业集镇。
⑤ 设于集镇的集市涵盖范围、赶集人数、交易规模等，亦能从一个方面反映集镇的规模，但对于这一时期华北集镇所设集市的涵盖范围、赶集人数、交易规模等缺乏比较可靠的统计数据，故本文暂不对其进行讨论。

线集镇中，石家庄1937年前有商号2500余户，[①] 唐山约有商号300家，驻马店有商号1500户，周村约有工商行号2200家。长辛店有商号220余家，有较大商号近130家，塘沽有商号100余家，张店有重要工商行号57家，泊头有67家，道口有32家。平地泉1931~1936年有各种店铺1000余家。而在非铁路沿线集镇中，工商业行号较多的龙口1933年前后仅有商号400余家，1937年前虽然有所恢复，亦仅有700家，辛集镇1928年前有工商行号500家，1937年前增至700余家。羊角沟1933年前后仅有商号180余家，1935年前减少至140~150家。胜芳由1922年前的700余家减少至1928年前的二三百家，沙河镇1933年前后有商号200余家。其余赊旗、张家湾等运河沿线大镇和大尹村、索镇等手工业集镇的商号数量不仅普遍少于前述铁路沿线集镇，而且呈现减少之势。

就后者而言，从《北宁铁路沿线经济调查报告》《胶济铁路经济调查报告》等中保留的统计数据中可以看到，在交易总值方面，铁路沿线的秦皇岛仅土产粮业、火柴、棉花三个行业合计已超过310万元，坊子全年交易总额为304.5万元，辛店车站附近全年交易总值400余万元，张店全年交易总值540余万元。而非铁路沿线集镇中，除龙口交易总值达到1564.8万元，次于石家庄外，羊角沟全年交易约300万元，少于辛店和张店，仅与坊子相当。沙河镇全年交易约110万元，索镇100万元，牛栏山全年交易总值为27万余元，皇（黄）庄除布业外，不足7万元，明显少于秦皇岛、坊子、辛店、张店等铁路沿线集镇。在主要行业方面，由于土产粮业和杂货业占有重要地位，因此分别列为表1和表2。

表1　1933年前后华北铁路沿线与非铁路沿线部分集镇土产粮业状况比较

集镇名称	是否铁路沿线	商号家数	资本额（元）			全年交易总额（万元）
			最高	最低	普通	
秦皇岛	是	28	5000	500	1000	50.0
长辛店	是	10余家	二三千	数百	—	40.0~50.0
开平镇	是	23	10000	200	2000	30.1
清河镇	是	10余家	1000	400	—	约16.0

---

① 李惠民：《近代石家庄城市化研究（1901~1949）》，中华书局，2010，第94页。

集镇名称	是否铁路沿线	商号家数	资本额（元）			全年交易总额（万元）
			最高	最低	普通	
辛店	是	3	—	—	—	19.0
龙口	否	75	20000	5000	10000	230.0
羊角沟 *	否	20	20000	10000	15000	80.0
邦均	否	13	7000	400	—	6.6
牛栏山	否	5	2500	200	1000	3.3
皇（黄）庄	否	3	3000	500	—	2.0

* 含寿光县城在内，但县城所占比例很少。

资料来源：《北宁铁路沿线经济调查报告》（相关各县）、《胶济铁路经济调查报告》（相关各县），参见殷梦霞、李强选编《民国铁路沿线经济调查报告汇编》第1~3、5~6册。

表2　1933年前后华北铁路沿线与非铁路沿线部分集镇杂货业状况比较

集镇名称	是否铁路沿线	商号家数	资本额（元）			全年交易总额（万元）
			最高	最低	普通	
秦皇岛	是	10	10000	1000	3000	25.0
坊子	是	45	10000	1000	2000	45.0
长辛店	是	20余家	2000	二三百	—	12.0~14.0
开平镇	是	14	7700	50	1500	14.6
杨柳青	是	30	5000	200	—	11.0
塘沽	是	18	500	300	—	7.0
龙口	否	80	30000	5000	15000	650.0
羊角沟 *	否	74	2000	200	800	14.0
牛栏山	否	7	3000	500	—	7.6
邦均	否	10	1500	300	—	5.0
皇（黄）庄	否	3**	1000	150	—	2.3

* 含寿光县城在内，但县城所占比例很少。

** 兼营粮业。

资料来源：《北宁铁路沿线经济调查报告》（相关各县）、《胶济铁路经济调查报告》（相关各县），参见殷梦霞、李强选编《民国铁路沿线经济调查报告汇编》第1~3、5~6册。

综观表1和表2可知，除龙口和羊角沟等少数集镇外，牛栏山、邦均、皇（黄）庄等非铁路沿线集镇的土产杂粮业和杂货业在商号数量、资本额、全年交易总值等方面，普遍少于秦皇岛、长辛店、开平等铁路沿线集镇。这应是 1937 年前华北非铁路沿线集镇兴衰变动的一个重要特征。

集镇与普通村庄的一个重要区别在于非农产业的发展，而非农产业的发展又会带来集镇产业结构的变动，因此，集镇产业结构变迁也能从一定程度上反映集镇的兴衰变动。在华北铁路沿线具有一定代表性的集镇中，石家庄、张店、泊头、秦皇岛、塘沽、驻马店、周村等虽然都是"商重工轻"的产业结构，但均有一定数量和规模的近代企业。石家庄 1937 年前有确切职工数字的近代工厂达到 18 家。[①] 张店于 1919 年开办了由日商经营的铃木丝厂，"安装缫丝机及 1100 马力的发电机组，开始电力、汽力、机械生产"，有工人 700 余人。[②] 泊头的永华火柴公司 1937 年前有资本 20 万元，年产火柴 24 万罗（1934 年前产额），是当时"平津区"十家火柴厂之一。[③] 秦皇岛的耀华玻璃公司，是当时东亚最大的采用"弗克法专利生产线"制造玻璃的工厂。1937 年前有资本 250 万元，工人 900 余人，年均生产玻璃 48 万箱。[④] 塘沽于 1916 年成立久大精盐公司，1927 年建成永利制碱公司。驻马店于 1917 年创办了元丰蛋厂，到 1935 年前后蛋厂已有永丰和信孚两家。周村 1925 年前后已有机器缫丝厂 4 家，缫丝机 510 台，蒸汽锅炉 7 座，年产桑丝 21 吨，经洋行转销欧美各地。[⑤] 同为铁路沿线集镇的唐山、焦作、长辛店、阳泉、枣庄等集镇，则或呈现"工重商轻"的产业结构，或近代工业占据突出地位。其中，唐山主要设有开滦矿务局、京奉铁路唐山制造厂、启新洋灰公司、华新纺织公司唐山工厂、德成面粉公司等规模较大的近代企业。焦作 1937 年前开设有福中总公司及其附设的发电厂、修理厂，中原煤矿机器厂，铁路部门设立的机车厂、机器厂、修车厂等近代企业。长辛店在京汉铁路开筑后成为北段存车厂、修车厂、材料所工厂、铁路见习所的所在地。阳泉 1937 年前主要有保晋公

---

① 李惠民：《近代石家庄城市化研究（1901～1949）》，第 146～147 页。

② 山东省淄博市张店区志编纂委员会：《张店区志》，中国友谊出版公司，1991，第 297 页。

③ 李洛之、聂汤谷编著《天津的经济地位》，南开大学出版社，1994，第 74 页；实业部中国经济年鉴编纂委员会《中国经济年鉴》，商务印书馆，1934，第 568 页。

④ 《北宁铁路沿线经济调查报告》（临榆县），殷梦霞、李强选编《民国铁路沿线经济调查报告汇编》第 3 册，第 521 页。

⑤ 淄博市志编纂委员会编《淄博市志》，中华书局，1995，第 1171 页。

司、保晋铁厂等近代企业。枣庄近代工矿企业以中兴煤矿及其附设的电机厂较为重要。

与铁路沿线集镇相比，在非铁路沿线集镇的产业结构中，近代工业所占比例极少，或曾经有过近代企业但业已停办。如龙口"原有火柴公司一处，因捐税繁重，出品滞销，于民国二十年宣告歇业，迄无赓续者"。① 胜芳镇曾经设立的机器磨房"因受天津面粉，及外来面粉影响，以至歇业"。② 另一家玉兴栈铸锅厂则"依旧式房屋营业"，"纯系人工制造"。③ 大尹村曾于1910年设立了益记及协成元两家织布工厂，其中益记还曾进行工场扩建和设备更新改造，添置电动织布机，新建附属发电厂、木工厂、铁工厂，增设锅炉房、机动磨面机等，工人一度达到900余人。④ 但最终前者于1921年停工，后者于1927年歇业。此外，羊角沟、赊旗、索镇、张秋等集镇尚未创办过近代企业。由此，近代工业在产业结构中所占比例微弱，就成为这一时期非铁路沿线集镇兴衰变动的又一个重要特征。

工商业的发展，尤其是近代工业的兴起，对集镇人口的增长及职业构成的变化具有重要意义。地处铁路沿线的石家庄、张店、秦皇岛、塘沽、唐山、长辛店等集镇不仅人口增长较快，而且工商业者尤其是近代产业工人占有一定比例。其中，石家庄1928年的6万人中，有铁路工厂工人2400余人，大兴纱厂工人3100余人，合计约占人口总数的9%；其他工人3500人，约占6%；各类商人22000人，约占总人口的37%；工商业人口占总人口比例达到52%。⑤ 1936年前居民中有60%～70%从事工商业，30%～40%经营农业，工商业人口超过农业人口。⑥ 张店1933年前后约有工商业者3500人（即张店车站镇人口），其中铃木丝厂职工应占有相当比

① 《胶济铁路经济调查报告》（黄县），殷梦霞、李强选编《民国铁路沿线经济调查报告汇编》第5册，第460页。

② 《调查报告第四编工商》，第59页。

③ 《调查报告第四编工商》，第385页。

④ 《第六区（中部平原）报告书》（饶阳县），《直隶省商品陈列所第一次调查记》，第4页；饶阳县地方志编纂委员会编《饶阳县志》，方志出版社，1998，第296页。

⑤ 《各县工商调查（石家庄）》，《大公报》1928年9月29日，第8版；《调查报告第四编工商》，第242～243页。

⑥ 江沛、熊亚平：《铁路与石家庄城市的崛起：1905～1937年》，《近代史研究》2005年第3期。

例。秦皇岛 1937 年以前有人口 6200 余户，33900 人。① 其中，耀华玻璃公司有工人 900 余人，约占 3%。另外，作为近代产业工人的码头工人在总人口中的比例，多时达到 35.6%，少时也在 19.5% 左右。② 塘沽 1927 年时有居民约 5000 人。③ 其中久大精盐公司 1927 年时有工人 500～600 人，永利制碱公司有工人 500 余人，合计占塘沽人口总数的约 20%。唐山 1937 年前的 77800 余人口中，有开滦煤矿唐山矿工人 5750 人，启新洋灰公司 3221 人，瓷窑工人 655 人，京奉路制造厂 3824 人，小工厂纺织工人 2054 人，其他工人 3403 人，合计 18907 人，④ 约占总人口的 24%。长辛店 1937 年前的 18281 人（含他往者 120 人）中，十分之七八为京汉铁路机车厂工人。

与此同时，在非铁路沿线集镇中，龙口 1933 年前后的 8805 人中，工人仍以手工业工人为主。羊角沟 1935 年前的约 6000 人⑤中，没有近代产业工人。辛集 1928 年时的 1 万余人中，有工人 500 余人，商人 1780 人，⑥ 合计约占 23%。索镇的 12000 余人口和皇（黄）庄的 2066 人口中，手工业者和商人占有一定比例，但也没有近代产业工人。

比较之下可知，铁路沿线的唐山、石家庄、秦皇岛等工商业大镇人口达到数万甚至 5 万以上，且近代产业工人占有一定比例；焦作、长辛店等有人口万人，近代工人占有较大比例；塘沽、张店等亦有人口数千和数百近代产业工人。而非铁路沿线的龙口、辛集、羊角沟、索镇等大镇仅有人口数千至万余，且以手工业者和商人为主。其余皇（黄）庄等镇则仅有人口数百至一两千不等。这表明，人口数量相对较少，传统手工业者和商人占有较大比例，是这一时期华北非铁路沿线集镇兴衰变动的另一个重要特征。

然而，以上个案的比较虽然能够展现非铁路沿线集镇的某些特点，但

---

① 伊藤武雄『冀東地區十六箇縣縣勢概況調查報告書』冀東地區農村實態調查班、昭和十一年、344 頁。
② "Decennial Reports 1902－1911（CHINWANGTAO）"，中国第二历史档案馆等：《中国旧海关史料（1859－1948）》第 155 册，京华出版社，2001，第 166 页；"Decennial Reports, 1912－1921（CHINWANGTAO）"，《中国旧海关史料（1859－1948）》第 156 册，第 131 页。
③ 林颂河：《塘沽工人调查》，北平社会调查所，1930，第 35 页。
④ 《唐山工人之最近数目》，《矿业周报》第 308 号，1934 年 10 月 28 日。
⑤ 《羊角沟纪略》，《关声》第 12 期，1935 年。
⑥ 《调查报告第四编工商》，第 181～182 页。

并未反映其在整体发展态势上的特征。鉴于此，下文再依据有限资料做一些相对整体性的比较。

集镇的商号数量（往往包含工商业行号在内）是反映集镇整体态势的一个重要指标。若以商号 100 家以上为大集镇，50～99 家为中集镇，50 家以下为小集镇，[1] 则可将 1912 年 25 个集镇和 1933 年前后 350 个集镇的商号统计数据整理成表 3。

表 3　1912 年和 1933 年前后华北铁路沿线与非铁路沿线不同商业规模集镇百分比

集镇规模	铁路沿线集镇				非铁路沿线集镇			
	1912 年		1933 年前后		1912 年		1933 年前后	
	集镇数	百分比（%）	集镇数	百分比（%）	集镇数	百分比（%）	集镇数	百分比（%）
大集镇	5	38	28	19	5	42	15	7
中集镇	5	38	20	14	4	33	19	9
小集镇	3	23	98	67	3	25	170	83
合　计	13	99 *	146	100	12	100	204	99

＊因百分比计算时四舍五入，故合计数未必等于 100%。

资料来源：《国内商会统计》，赵宁禄主编《中华民国商业档案汇编（1912～1928）》第 1 卷，第 70～104 页；《直隶各商务分会》，《天津商会档案汇编（1903～1911）》，第 192～282 页。关于河北省各县地方实际情况调查报告，见《冀察调查统计丛刊》第 1～2 卷，1936～1937 年；《北宁铁路沿线经济调查报告》（相关各县）、《胶济铁路经济调查报告》（相关各县）、《陇海全线调查》（各县调查），参见殷梦霞、李强选编《民国铁路沿线经济调查报告汇编》第 1～7 册；等等。

尽管表 3 中 1912 年和 1933 年前后商号数量的统计口径和统计对象不同，但其百分比变化似仍能反映这一时期铁路沿线集镇和非铁路沿线集镇的变化趋势，即前者趋向于"两极分化"，后者趋向于"金字塔"结构。

在人口方面，若以人口 5000 以上为大集镇，3000～4999 人为中集镇，3000 人以下为小集镇，则可将 1920 年 71 个集镇和 1933 年前后 288 个集镇的人口统计数据整理成表 4。

---

[1]　本文划分大集镇、中集镇和小集镇时所依据的商号数量和人口数量，是以相关调查中的数据并结合各县有代表性的集镇的商号和人口数量为标准。

表4　1920年和1933年前后华北铁路沿线与非铁路沿线不同人口规模集镇变化

集镇规模	铁路沿线集镇				非铁路沿线集镇			
	1920年		1933年前后		1920年		1933年前后	
	集镇数	百分比（%）	集镇数	百分比（%）	集镇数	百分比（%）	集镇数	百分比（%）
大集镇	24	50	29	16	14	61	9	8
中集镇	9	19	31	17	3	13	21	19
小集镇	15	31	118	66	6	26	80	73
合　计	48	100	178	99	23	100	110	100

　　资料来源：林传甲《大中华直隶省地理志》《大中华山东省地理志》《大中华河南省地理志》，武学书馆，1920；林传甲《大中华京兆地理志》，中国青年出版社，2012；白眉初《中华民国省区全志》（京兆特别区、直隶省、山东省、河南省），1924~1925。关于河北省各县地方实际情况的调查报告，见《冀察调查统计丛刊》第1~2卷，1936~1937年；《北宁铁路沿线经济调查报告》（相关各县）、《胶济铁路经济调查报告》（相关各县）、《陇海全线调查》（各县调查），参见殷梦霞、李强选编《民国铁路沿线经济调查报告汇编》第1~7册；等等。

　　尽管表4中1920年和1933年前后人口数量的统计对象个数也不相同，但其百分比变化似亦能反映这一时期铁路沿线集镇和非铁路沿线集镇的变化趋势，即虽然两者均出现由"两极分化"向"金字塔"结构转变的趋势，但到1933年前后，前者大、中集镇所占比例较为接近，后者大、中集镇所占比例仍有不小的差距。

　　产业结构也可以作为反映集镇整体态势的一个指标。1937年前华北以近代煤矿为中心的工矿业集镇虽然发展十分迅速，但在铁路沿线集镇中所占的比例很小。华北的纺织、面粉等近代企业除集中于北京、天津、济南、青岛等大中城市外，仅在石家庄、唐山等少数大规模集镇分布较多；秦皇岛等重要集镇仅有1座大型近代企业；驻马店、漯河等大镇亦仅有数座小规模的近代企业。与此同时，大多数规模较小的铁路沿线集镇与非铁路沿线集镇一样，并未成为近代企业的主要分布地。①

　　综合以上两方面分析可知，在整体发展态势上，铁路开通后仅有少数铁路沿线集镇的近代工商业发展较快，人口增长迅速，一些非铁路沿线传

---

　　①　参见《北宁铁路沿线经济调查报告书》《胶济铁路经济调查报告》《陇海全线调查》等调查资料及相关各县地方志。

统大镇呈现衰退之势。其余大批铁路沿线和非铁路沿线的小集镇在产业发展、人口数量与职业构成等方面的变化并不明显。易言之，到1937年前，无论是非铁路沿线集镇，还是铁路沿线集镇，均呈现"差异化发展"[①]和"两极分化"趋向。只是由于非铁路沿线有代表性的集镇在总体上出现衰退，其"两极分化"趋向反而不如铁路沿线集镇明显。这应是非铁路沿线集镇的兴衰变动不同于铁路沿线集镇的又一个重要特征。

上述个案和相对整体性的比较分析表明，1937年前华北有一定代表性的非铁路沿线集镇，尤其是沿河分布的张秋、赊旗、胜芳、索镇、龙王庙等，在总体上处于衰退状态。这与铁路沿线的驻马店、漯河、泊头等传统集镇的迅速发展和石家庄、唐山、秦皇岛等新兴集镇的崛起形成了十分鲜明的对比。非铁路沿线重要集镇的衰落又会对周边乡村社会变迁产生重要影响。

三　非铁路沿线集镇兴衰对乡村社会变迁的影响

所谓乡村社会变迁，在近代华北应指以产业结构、社会结构、社会文化变迁为主要内容，以集镇的发展为重要表现形式，以农民的现代化为核心，由传统社会向近代社会过渡的过程。[②]集镇自身的兴衰变动及其影响下的周边乡村社会变迁，是近代华北乡村社会变迁的两项重要内容。

集镇兴衰作为近代华北乡村社会变迁的一项重要内容，直接体现了乡村产业结构的变迁、社会结构的变动和社会文化的嬗变。在产业结构方面，当集镇迅速崛起时，工商业行号迅速增加，近代工矿企业随之创办，从而使近代工商业成为乡村产业结构的重要组成部分。在1937年前的华北地区，不仅铁路沿线的石家庄、唐山、秦皇岛、焦作、塘沽、周村等集镇设有一定数量的近代工厂，而且龙口、大尹村等非铁路沿线集镇在其发展

---

① 所谓"差异化发展"是指事物在发展过程中所呈现的不同发展状态。集镇的"差异化发展"是指集镇在人口规模、商业规模、内部空间结构、外部形态等方面呈现的不同发展状态。

② 彭恒军等已经指出："现代化过程中农民在产业、地域间的流动与转移和社会身份的转换，即传统农民走向现代产业工人的过程，是现代化过程中更为根本的方面。"因此似可以认为农民的现代化是乡村社会变迁的核心。关于彭氏等人观点，参见彭恒军主编《乡镇社会论——农业工业化与新型工资劳动者研究》，人民出版社，2001，第13页。

的鼎盛时期也一度建有近代工厂。这些工厂在集镇的分布，使其产业结构中的非农成分和近代色彩日益增多。当集镇日益衰退时，不仅工商业行号数量减少，而且往往会导致近代企业关闭，从而使得集镇产业结构中的非农成分减少，近代色彩减退。典型者如大尹村1927年前曾设有益记及协成元两家织布工厂，但到1937年前，已衰退为"镇中巨商已多半倒闭，其现有商业勉强支持，然究其实况，能免逐年亏累者，亦寥若晨星，至于工业，则仅余铁锅工厂一家矣"。在社会结构方面，当集镇迅速崛起和发展，尤其是创办大中型工矿企业之后，近代产业工人和商人便成为重要的社会阶层。在这一时期的华北地区，不仅石家庄、唐山、焦作、长辛店、秦皇岛、塘沽等铁路沿线集镇出现了一定数量的近代产业工人和转运、煤炭、棉花、杂货等各类商人，而且在发展较快的龙口等非铁路沿线集镇，工商业者也是重要的社会阶层，"职业分配，以工商为最多，约占总人数四分之三强"。^① 与之相反，当集镇日益衰退时，其工商业者也会相应减少。在社会文化方面，以教育为例，当集镇迅速崛起和发展时，学校数量随之增加，学校规模相应扩大。如石家庄1913年仅有1所非企业创办的初等小学，1937年前时，除企业职工教育外，还有2所扶轮小学校，2所铁路员工子弟学校，2所非企业所办学校，36所非企业所办小学和1所中学。唐山1902年时创办了第一所新式小学，到1937年前已有铁路扶轮学校1所，其他小学10所左右，以及2所中学和1所大学。^② 而当集镇日益衰退时，其教育发展速度亦相应减缓。如张秋虽然早在1898年就将安平书院改为张秋小学堂，成为阳谷境内最早创办的新式学校，但直到1936年时，有据可查的学校仅有"阳、寿、阿共立小学"1所（其前身即张秋小学堂）。索镇直到1916年才设立县立第二高等小学校，到1937年前仍仅有小学1所，学校数量不仅远少于石家庄、唐山、焦作等工矿业和工商业大镇，而且少于同处桓台县境内的铁路沿线集镇张店。形成这种局面的一个重要原因，应在于集镇部分教育经费来自工商业者所交捐税、津贴等。如1922年前后文安县胜芳镇高等小学学款包括胜芳镇草捐全年洋800元，油捐全年京钱400吊，干果行津贴每年洋80元，猪肉行津贴每年洋48元。苏桥高等小

---

① 《胶济铁路经济调查报告》（黄县），殷梦霞、李强选编《民国铁路沿线经济调查报告汇编》第5册，第477页。

② 袁荣修、张凤翔等纂《滦县志》卷8《教育》，1936年重修本，第22、24~27页。

学校学款包括苏桥镇四家斗行每年津贴洋 280 元，干鲜行每年津贴洋 80 元，船板行每年津贴洋 30 元，瓜菜行每年津贴洋 40 元。[①] 因此，当这些集镇商业出现衰退之势时，捐税和牙纪收入必然减少，从而影响到集镇教育经费的投入。

正如有学者所指出："集镇的第一个经济性功能是为农民供给农产品及生活用品买卖上的便利。……一个乡区的手工艺品若在品质上及数量上到了能够外销（即运销到外地去）的程度时，也要经过区内的集镇为媒介，才能作成大宗的买卖。"[②] 因此，集镇作为乡村非农产业尤其是店铺聚集地和集市所在地，其兴衰必然会影响到周边乡村产业结构的变迁。据时人调查，1937 年前小麦地带农产品出售时，地点为本村或邻村者占 17%，市镇占 43%，县城占 35%，遥远市场占 5%；购买者中，居间商占 53%，消费者占 32%，农民占 15%。[③] 显而易见，"小麦地带"包括华北地区在内，而"市镇占 43%"和"居间商占 53%"则印证了集镇是周边地区农副产品销售时的"媒介"。因此，当集镇迅速发展时，周边乡村的农业和手工业也会随之发展；当集镇走向衰落时，周边乡村的农业和手工业也会受到影响。典型者如 1936 年前高阳土布业衰落后，作为土布重要集散中心的莘桥和青塔布市亦随之没落，布业交易中心转移至高阳县城。"从前为莘桥、青塔布庄织手工，往返较近，赚钱也多，自布业衰落后，须往县城领线交布，不但往返路远，而且工资日减。"[④] 巨鹿县土布业在 1931 年后发生变化。"最明显的是农人家里机子停了，市上土布不多见了。每集布最多的时候，也不过八九百匹，并且还不敢断定能否卖出。而且因为大布店闭门的有十之三四，远道的客人也不来了。"[⑤]

集镇非农产业的发展尤其是近代工商业的兴起，为周边乡村居民在地理空间上的流动和职业转换提供了契机。在铁路沿线地区，石家庄、唐山、秦皇岛、焦作、枣庄等工矿业大镇的部分铁路工人和煤矿工人、码头

① 陈桢等修、李兰增等纂《文安县志》，台北，成文出版社，1968 年影印本，第 1238 ~ 1239 页。
② 杨懋春：《近代中国农村社会之演变》，台北，巨流图书公司，1980，第 62 ~ 64 页。
③ 章有义编《中国近代农业史资料（1927 ~ 1937）》第 3 辑，三联书店，1958，第 309 页。
④ 章有义编《中国近代农业史资料（1927 ~ 1937）》第 3 辑，第 652 页。
⑤ 章有义编《中国近代农业史资料（1927 ~ 1937）》第 3 辑，第 651 页。

工人等新兴职业群体及其他从业者来自周边乡村，如枣庄中兴煤矿大多数工人出身农民。"工业发达有使乡村人口集中工业区域作工的趋势，这是一种通例，中兴工人，自然也不能逃到例外。"① 河南省"临近车站之农村，其副业较偏僻农村为多，在车站当脚夫车夫，做小生意，均彼辈之最大出息"。② 在非铁路沿线地区，集镇也是周边乡村人口的重要流入地。如1913年前枣强县卷镇商务分会中，总理为枣强人，会董分别来自枣强、冀县、南宫、衡水等县。1917年前新安县安新镇商会会长、副会长及会董中，绝大多数来自新安本县。③ 在这些从业者中，应有一部分来自集镇周边乡村。因此，当集镇工商业衰落时，周边乡村的人口流动和居民职业的转换也会受到影响。"农民还有什么维持生活的办法呢？除了想一点小本经营之外〔各（如？）贩卖蔬菜、瓜果之类〕就再无其他谋生之道了。但是这样的业务，绝容纳不了广大的贫农和中农，于是便开始闹着相对的人口过剩。"④ 在1934年前山西忻县奇镇，因"年来绥、察的商业不振，各商号倒闭者时有所闻。一般商人因商号倒闭而失业，失业以后又不得不回到故乡（山西忻县奇镇）从事耕作；然因土地有限，所以一般回乡的商人多为无业的游民"。⑤ 在非铁路沿线集镇尤其是日渐衰落的集镇周边的乡村，上述现象绝非个案。

集镇不仅是周边乡村的非农产业集中地和农副产品的集散地，而且是其教育中心。在一般情况下，集镇往往会成为高等小学、完全小学或模范小学的所在地。"县政府在每一个比较大而重要的集镇上设立一所模范小学。而集镇周围的农村中，则只有村民自己由私塾改造成的半新的村小学。……村民之愿意其子弟受较好教育者，便将他们送到集镇的模范小学去读书。"⑥ 例如，华北铁路沿线的宛平县清河镇1931年前有高等小学1所，被称为"镇校"，其学生中有23.7%来自周边村庄。1923年时，静海

---

① 施裕寿、刘心铨：《山东中兴煤矿工人调查》，《社会科学杂志》第3卷第1期，1932年。
② 张厚昌述《豫省农民生活之所见》，陈伯庄：《平汉沿线农村经济调查》，交通大学研究所，1936，第47页。
③ 天津市档案馆等编《天津商会档案汇编（1912～1928）》，天津人民出版社，1992，第501～503页。
④ 章有义编《中国近代农业史资料（1927～1937）》第3辑，第897页。
⑤ 章有义编《中国近代农业史资料（1927～1937）》第3辑，第482页。
⑥ 杨懋春：《近代中国农村社会之演变》，第63～64页。

县唐官屯的"县立第三高初两级完全小学校","除唐官屯本镇外，方圆二三十里农村的学生也来此读书"。① 此类现象显然并非铁路沿线集镇所独有。例如，山东省汶上县1934年前后的6所完全小学，"城内就占有四个，其余一处在二区，一处在九区，其他各区要升学的初级小学毕业生，非得到城里来不可"。当汶上县因受水灾损失严重时，"县款收入锐减"，济宁长官公署有意"下令取消学校三分之一"，从而使乡村教育受到影响。②

综上所述，作为乡村地区的经济、社会、文化中心，集镇的兴衰对乡村社会变迁具有重要意义。当集镇迅速发展时，会带动周边乡村的产业结构变迁、社会结构变动和社会文化嬗变，从而加速周边乡村社会由传统向近代变迁；当集镇日渐衰落时，又会延缓周边乡村的产业结构变迁、社会结构变动和社会文化嬗变，从而迟滞周边乡村社会由传统向近代的变迁。

四 结论

在铁路开通前，华北地区已有周家口、朱仙镇、赊旗、道口、清化、泊头等一批重要工商业集镇。铁路通车后，随着铁路运输业迅速发展，设有铁路车站和临近铁路车站的驻马店、漯河、泊头、张店、彭城等传统集镇加速发展，石家庄、唐山、焦作、秦皇岛等新兴集镇迅速兴起。而在同一时期的非铁路沿线地区，除龙口、兴隆等少数集镇外，羊角沟、沙河镇、辛集镇以及沿河分布的河西务、张秋镇、龙王庙、胜芳、赊旗等众多集镇出现了不同程度的衰退。由于集镇往往是周边乡村地区的经济、社会和文化中心，因此在其兴衰变动之间，周边乡村社会也会发生变迁。由于铁路沿线集镇与非铁路沿线集镇的发展趋向不同，其周边乡村社会变迁也出现了不同的面相。但就总体而言，非铁路沿线集镇周边乡村的产业结构变迁、社会结构变动和社会教育文化嬗变的速度明显慢于铁路沿线集镇周边乡村。

在1937年前的华北地区，集镇的兴衰变动固然深受开埠通商、政局变动、制度变迁等诸多因素的影响，但也与铁路运输业的兴起和发展密切相

---

① 唐官屯镇志编修委员会编著《唐官屯镇志》，中州古籍出版社，2014，第572页。
② 廖泰初：《变动中的中国农村教育——山东省汶上县教育研究》，燕京大学社会学系，1936，第51页。

关。铁路不仅在驻马店、漯河、泊头、石家庄、唐山、焦作、张店、秦皇岛等沿线集镇的发展和崛起中扮演了重要角色，而且通过与运河、驿路等传统交通方式的合作与竞争，将其影响扩大到非铁路沿线地区。尽管地处运河沿线的河西务、张秋镇、龙王庙、胜芳、赊旗等集镇的客货出入并不直接经由铁路，但铁路仍能通过引发交通地理格局变动而对其兴衰产生影响。就此而言，铁路仍然是影响非铁路沿线集镇兴衰变动及其周边乡村社会变迁的一个重要因素。

　　"要想富，先修路"，一语道出了交通运输在区域社会变迁中所扮演的重要角色。但1937年前华北非铁路沿线集镇的兴衰变动及其影响下的周边乡村社会变迁又确乎表明，铁路既能加快一个地区的经济发展和社会变迁，也能延缓一个地区的经济发展和社会变迁。因此，在探讨铁路与区域社会变迁关系时，既要关注铁路"可以促进一地方经济之发展"的现象，更要重视"亦可减削一地方原有之工商繁荣"的情况。[1] 在利用交通因素推动区域社会变迁时，必须充分发挥铁路、公路、高速公路、高速铁路、水运等不同交通方式的特点，形成布局和层次结构合理的交通体系，从而推动区域社会协调有序发展，避免再走一个地区的发展以另一个地区的衰退为代价的老路。

作者：熊亚平，天津社会科学院历史研究所

（编辑：任吉东）

---

[1] 《胶济铁路经济调查报告》（长山县），殷梦霞、李强选编《民国铁路沿线经济调查报告汇编》第6册，第394页。

开埠后烟台商业的演变[*]

支 军

内容提要：外力楔入，开埠后烟台商业向近代化转型。作为山东第一个对外开放的通商口岸，烟台对外贸易骤增，土特产品出口和洋货进口悉由此集散，成为山东直接与国际贸易相连的贸易中心。近代交通运输业的发展，改变了市场分布的传统格局，逐步形成多层次市场结构体系。新型资本和劳动关系的出现，新的经营模式运用，新式商业行业的涌现，新式企业的创办，表明了商人也开始了近代转型。

关键词：近代城市　商业格局　烟台

1861 年烟台开埠后，成为山东第一个对外开放的通商口岸。几十年来一直是北方地区洋货进口和土货出口的重要集散地，洋货大量涌入，对外贸易骤增，吸引商人资本向烟台汇聚，"各路巨商云集，顿添行铺数百家"，^① 出现了经销洋货的新式商业。同时，一些旧式商业也在向新式商业演变。商人资本的聚集，新型资本和劳动关系的出现，新的经营模式的运用，显示了商人开始近代转型。

一　开埠后对外贸易的发展

烟台海运发展较早，历史上芝罘等常作为物资转运港口。至明时，港口活动中心由芝罘湾移向南部的西南河口一带，"过往船舶，皆泊于芝罘

---

　* 本文为山东省社会科学规划研究项目"变与不变：胶东商帮的近代转型"（编号：15CLSJ08）的阶段性成果。

　① 《郭嵩焘日记》第 1 卷，湖南人民出版社，1981，第 254 页。

岛南，岛长十余里，西南沙埂一道，连于陆地，俗名西沙湾，相传为秦始皇辇道，岛上古墓，坏土颓然，俗呼康王坟"。[①] 渔民和商户为求吉祥，在西南河口东侧建海神庙。雍正年间，将之扩建为天后宫。围绕天后宫，形成了一条以"烟台"命名的街道，有商号二三十家，这是烟台境内的第一条商业街道。嘉庆十五年（1810），重修扩建"天后宫"，民众称之为"大庙"，逢出海和收泊，在此虔祀天后，祈佑平安，报答神庥。天后宫也成为消闲集会游玩之所，场中货摊杂陈，无所不备，三教九流，无奇不有，小饭馆、小戏园、落子园、评书场及其他杂耍，如变戏法、拉大片、相声双簧、医卜星相等，均聚集该处，每日游人如梭，非但下层社会商民众多，即中上阶层人士，亦有涉足其间者。[②] 庙前大街成为商贸活动场所，并逐渐形成东西一里有余的、为商民开设行栈之所的商业街市，这条商业街是北大街原始基型，时称"大街"，是烟台最早的商业街。

道光年间，外地难民和工商业者陆续进入烟台，往来贸易船舶大量增加。围绕海上贸易活动，兴起了商业和加工业，逐渐形成以大庙为中心的粮、鱼、盐等贸易集市。商贾为方便经营，开始从摊商过渡到筑店铺、建住宅。当地居民为船帮和集市贸易服务，也开始开办匠工、纺织等手工作坊及饭店、客栈等。店铺房舍大幅增建，正规的大店铺已不鲜见。作为南北货物中转贸易集中地，烟台地缘优势更加突出，停泊烟台的商船数量逐年增多，并出现了船帮，如宁波帮、广州帮、潮州帮、关里帮等。而且，据《清文宗实录》卷287记载，有广东商人，欲在烟台买地，盖造公所。虽未得成，但也可见往来之密切。还有外国商船走私径航至烟台者。据统计，咸丰九年（1859），福山县海口税收大幅增长，总额为12123余两，占山东沿海14州县海口总税收额的28.67%。[③] 这个时期，福山取代胶州成为山东最重要口岸，而又以烟台为最，"当烟台未开口岸时，航海商舶，凑集颇盛，本非散地荒陬可比，且地当南、北洋之中，上顾旅顺，下趋江浙，均一二日可达"。[④] 正

---

① 张相文：《齐鲁旅行记》，《东方杂志》第7卷第2期，1910年。

② 刘精一：《烟台概览》，烟台概览编辑处，1937年铅印本，第209页。

③ 交通部烟台港务管理局《近代山东沿海通商口岸贸易统计资料（1859~1949）》，对外贸易教育出版社，1986，第235页。

④ 《许景澄条陈海军应办事宜折》，《山东近代史资料》第3分册，山东人民出版社，1961，第51页。

如郭嵩焘考察后所称，"海船收泊避风最便，故烟台一口，遂为商船之所辐辏"。但此时烟台尚无行户，"闽广船至，必投所相知者，乃揽以为客，为之代觅售主。买卖两边，各得行用二分"。①

清政府为加强对山东沿海贸易的管理，于咸丰九年在胶东各海口设立税局，"福山之烟台为一局，而以宁海戏山各口、文登、威海各口附之"，"黄县之龙口为一局，而以掖县海庙各口、蓬莱天桥各口、昌邑下营口附之"，"荣成之石岛为一局"，"即墨之金家口为一局，而以女沽、青岛、海阳、乳山各口附之"，"胶州之塔埠头为一局"。② 可见，烟台已超过胶州等海口，成为山东沿海最重要的港口市镇。正如英国人所言："将近三十年来，它和渤海湾的其它几个港口一起，成为欧洲与中国商品的巨大贸易中心。""在天津条约签订之前，烟台的贸易已表明它是一个重要之地，人们已经充分地知晓这一点。"③

1861 年烟台正式开埠，之后对外贸易得到快速发展。从海关进出口对外贸易记录看，贸易额呈逐年增长的发展态势。从 1905 年前烟台海关进出口贸易总净值来看，由 1863 年的 3823085 两，增长到 1905 年 39131384 两，增幅很大，增长了近 10 倍。从 1864 年到 1894 年，烟台进出口贸易总额由 6270299 芝罘两（1 芝罘两约等于 1.044 海关两）增长至 15347853 海关两，其中洋货进口净数由 1580065 芝罘两增至 5796467 海关两，土货进口总数由 2758547 芝罘两增至 6569738 海关两。④ 从 1861 年开埠到 20 世纪初，烟台作为当时山东唯一的开放港口，腹地范围广阔，山东各地的土特产品出口和洋货进口全由此集散，成为山东直接与国际贸易相连的最大贸易中心。而且，烟台"实占东洋贸易港之中心"，成为欧洲杂货输入东北各地的必经之处，"向安东、大连、牛庄等处运送"。⑤

进口货物品种，主要有棉布、鸦片、棉纱、五金、煤、煤油、火柴、粮食、糖等。烟台最初的进口商品中鸦片占了较大比重，1864 年 1402 担，

---

① 《郭嵩焘日记》第 1 卷，第 254 页。
② 光绪《增修登州府志》卷 20《杂税》，1881 年刻本。
③ 英国驻烟台领事馆：《1865 年烟台贸易报告》，《英国国会文书》第 7 卷，转引自丁抒明《烟台港史》，人民交通出版社，1988，第 22 页。
④ 《近代山东沿海通商口岸贸易统计资料（1859~1949）》，第 5~7 页。
⑤ 郑千里：《烟台要览》第 7 篇《贸易》，烟台要览编纂局，1923 年铅印本，第 1 页。

1874 年增至 4476 担，其价值占洋货进口的第一、二位。"吸烟之人，在在皆是"，烟台一地有烟馆 135 家。① 此后，鸦片输入有所减少，1892 年进口 311 担，仅占进口总值的 5% 以下。棉纱棉布等纺织品一直是进口洋货的大宗商品，在进口贸易中占有重要地位。棉布进口最初规模较小，1863 年仅 12.8 万匹，在广大农村仍以土布为主，1872 年进口棉布增至 108 万匹。棉纱最初每年不过进口千余担，多者不过 3000 余担。19 世纪 80 年代后开始成倍增长，1890 年达 10.6 万担，占进口总值的 20% 以上，成为仅次于棉布的大宗进口洋货。1898 年棉纱进口达到 24.5 万担，价值甚至超过了棉制品，居进口洋货价值的首位。1903 年进口英国、日本等棉纱 14.9 万担，此后以输入国内棉纱为主，1920 年占 88.74%。进口旧铁为主的五金，1864 年约 2 万担，到 1898 年增到 22 万担，是排在棉制品之后的大宗洋货。1906 年进口金属达 23.5 万担，其中旧钢铁占 80%。煤油进口主要来自美国，1874 年 10 万加仑，1888 年增至 44.4 万加仑，1901 年达到 879.8 万加仑。②

在商人的直接参与和推动下，传统农副产品、初级加工品及手工制品开始转变成为商品，商品化程度不断加深，成为主要的出口货物。1895 年以前，烟台商品输出种类达 100 多种，其中最重要的产品包括豆类及豆饼、茧绸、粉丝、草帽辫、花生、花边等。

豆类和豆饼 1867 ~ 1876 年占出口比重 50% 以上，1869 年达到 52.34%。1872 年出口豆饼 73 万担，1875 年达到 106.7 万担；同期豆类出口的数量分别为 48.7 万担和 28.7 万担。1876 年后东北的豆货直接从营口出口，不再经过烟台，烟台出口数量减少，1900 年豆饼出口为 115.9 万担，豆类为 6.5 万担、豆油为 4500 担。豆货出口一直维持在占出口总值的 20% 左右。③ 1903 年烟台出口豆饼 119.3 万担，价值 194.5 万海关两，分别占全国的 17% 和 18.4%。

蚕丝、丝绸等也是大宗出口商品之一。1875 年出口各类生丝和蚕绸分别为 381 担和 1083 担，1884 年分别为 11765 担和 1981 担，到 1900 年达到

① 孙祚民主编《山东通史》下卷，山东人民出版社，1992，第 503 页。
② 《近代山东沿海通商口岸贸易统计资料（1859~1949）》，第 136 ~ 137 页。
③ 《近代山东沿海通商口岸贸易统计资料（1859~1949）》，第 137~138 页。

23115 担和 2588 担。① 19 世纪末丝和茧绸占出口比重的 50% 以上。1903 年出口蚕丝 1.7 万担，价值 315 万海关两，从 1910 年后每年保持在 2.5 万担以上，1915 年达 39 万担，价值 6015 万海关两。20 年代后出口数量减少，一般在 2 万担左右。1934 年后出口又有所增加。用柞蚕丝织成的茧是烟台具有代表性的出口商品，并在全国占绝大多数。1915 年烟台和青岛出口的茧蚕占全国总量的 83.5%。②

花生也是出口土产之大宗。1891 年，烟台花生的出口量为 2250 担，1903 年增至 174093 担，花生仁的出口量为 53295 担。此后，花生的出口量减少，花生仁的出口量则大幅增加。1910 年花生仁出口量增加至 177273 担，比 1903 年增加了 2 倍多。1911 年还出口了 329 担花生油。③ 花生出口贸易的扩大，使得烟台、青岛等地以经营花生出口贸易为主的土产商号大量出现，商人们奔走于城市与乡村之间，收购花生、花生油以供出口，如 1922 年收获带壳花生 56837 担，1931 年更达到 186433 担。④

草帽辫的出口数量很大。掖县的沙河镇素有编织草辫的传统，光绪年间开办了第一家辫庄"中和"号，在河南商丘、安徽亳州、山东平度等地设立分庄。1890 年分立为"乾和兴""乾和盛""乾和顺""乾和昌"四个字号。在"中和"辫庄的带动下，沙河、珍珠一带的商人纷纷开办辫庄，较有名的辫庄如湾头的"东昌荣"、大张家的"恒盛泰"等十几家。各大辫庄还在烟台、青岛、上海、天津等地建立辫行，进行草辫交易。烟台、青岛的辫行几乎全部为掖县沙河镇商人所开。"草辫庄立于外商各行之间，于生产地除经行收买外，又多设分号。分号之营业，大抵如草辫行，其或专派人直接农民，以收买其货。其与外商交易，平日藉往来之周旋，以揽买卖，如遇外商定大批之货，则承办之。由外国来定货之函电，即去信问生产地之分号，或有来往之各行，待回信后，斟酌情形，即与洋行立定单。"⑤ 在草辫业的鼎盛时期，辫行每年草辫营业额可达五六百万海关两。

---

① 《近代山东沿海通商口岸贸易统计资料（1859～1949）》，第 137～138 页。
② 《近代山东沿海通商口岸贸易统计资料（1859～1949）》，第 187～189 页。
③ 《近代山东沿海通商口岸贸易统计资料（1859～1949）》，第 138～139 页。
④ 李文治主编《中国近代农业史资料》第 2 辑，三联书店，1957，第 207 页。
⑤ 姚贤镐编《中国近代对外贸易史资料（1840～1895）》第 3 册，中华书局，1962，第 1547 页。

出口量非常大，1872 年 15184 担，1880 年 33368 担，占全国该产品出口数量的 68%，其价值占烟台出口总值的 32.8%。1877～1893 年草帽辫占出口比重的 24% 以上，1887 年出口 65696 担，价值 214.5 万海关两，占烟台土货出口总值的 38.8%，烟台成为全国最大的草帽辫输出港。[①]

花边、发网和粉丝的出口也很大。烟台、栖霞、招远、荣成、海阳等地是花边的主要产区。到 1922 年，烟台、招远一带花边业最盛，所产花边多销于英美法等国。1933 年，山东省共有花边经营业户 139 家，其中仅烟台一地就有花边庄 110 家。[②] 1911 年花边出口价值 6 万海关两，1915 年达 29.3 万海关两，占全国出口花边总额的 97.7%，1918 年出口增加到 94.4 万海关两，占全国总额的 96%。以后随着天津出口量的增加，烟台出口量在全国的比重下降，1922 年出口 143.9 万海关两，占全国 24.1%，20 世纪 20 至 30 年代每年出口花边价值在 60 万至 80 万海关两。发网业出口也很大，"山东发网工业，始于宣统元年，时欧西妇女，习尚以发网为饰，欧美客商，遂有携带发网式样，来山东青岛、济南、烟台等地，劝民仿造编结，贩运国外"。[③] 胶东发网全部供出口，出口国家"以美国为最大，德国次之，法国、日本、英国又次之"。[④] 发网出口 1914 年价值近 2 万海关两，1920 年达到 285.9 万海关两，1923 年出口 290 万海关两，占全国出口总值的 60.15%，1925 年后出口量下降，每年不足百万两，占全国的 50% 左右，30 年代后略有回升。粉丝也是重要的出口商品。粉丝的主要产地是龙口附近的招远、黄县、掖县、蓬莱、栖霞等县，因多在龙口集散，故称为龙口粉丝。烟台和龙口的粉丝出口占全国的 70% 以上，20 世纪前后以烟台出口为主，1915 年达 27.5 万担，价值 279.7 万海关两，占全国的 80.03%。龙口开埠后成为主要的粉丝出口口岸。[⑤]

在对外贸易中，胶东商人起着重要的作用。开埠早期，大部分进口洋货从国外运到上海或香港后再经过当地的批发商或行商收购，通过轮船或

---

① 《近代山东沿海通商口岸贸易统计资料（1859～1949）》，第 170～171 页。
② 民国实业部国际贸易局编《中国实业志·山东省》，台北，宗青图书公司，1934，（辛）135 页。
③ 《中国实业志·山东省》，（辛）117 页。
④ 《中国实业志·山东省》，（辛）122 页。
⑤ 《近代山东沿海通商口岸贸易统计资料（1859～1949）》，第 139、196～197 页。

沙船等运往天津和烟台。出口也是这样，集中在天津和烟台的商品海运到上海或香港再出口国外。这是因为开埠早期商品经济和市场还不发达，销售市场和原料提供等还没有对外商形成长期稳定的吸引力，港口设施、汇兑、结算等条件还不完备。烟台港绾毂南北，山西、河南、天津、上海、南方数省、东北各地和英日等国出入之货，咸取道于此，可谓"舟车辐辏，商贾云集，媲列通商五口之一"。但与外国的直接贸易所占比重不大，一般只占贸易总额的 20%～30%，其余多是国内各港口之间的埠际贸易。在进口贸易中，直接从国外进口的洋货，最初占洋货进口的 15% 左右，1878 年为 7.54%，以后有所增加，1891 年占洋货进口净值的 21.62%，土货直接出口占出口总值的 10%～20%。据统计，烟台与上海港的货物流通很发达，"上海港先进的码头设施、畅旺的货源以及发达的金融汇兑业务，对烟台商人产生了极大的吸引力，使上海成为烟台主要的洋货输入港"，同时是最大的土货输出港。1882 年，经由上海港销往北方沿海口岸的进口货值为 11416175 海关两，其中烟台 2320901 海关两，排名第二。1892 年，有 6000 匹本国机织布经上海运往烟台。1893 年烟台港进口货总值，直接从国外进口的"仅居十之三成，其七成则系由上海进口"，同样，出口土货"运往各口者，上海一埠已占过半"。①

二 交通与市场扩展

开埠后，烟台交通运输业有了很大发展。"商业港埠发达之主要条件，为便利之交通及丰饶之腹地。交通便利，可以缩短生产地与消费地之距离与时间，减低运费，便利商品之集合及分散。腹地为商埠，背后之经济地域商埠之经济价值，全恃与腹地关系之密切，两者缺一，即不能发达为一有价值之商埠。"② 据 1890 年 6 月刊行的日本《官报》所载《芝罘之商业习惯及例规》记载："山东省是东、南、北三方到处有海运之利。特别本

---

① 山东省地方史志编纂委员会编《山东史志资料》第 2 辑，山东人民出版社，1984，第 31～32 页；《领事许士 1882 年度上海贸易报告》，李必樟编译《上海近代贸易经济发展概况：英国驻上海领事贸易报告汇编（1854～1898）》，上海社会科学院出版社，1994，第 633 页。

② 刘精一：《烟台概览》，第 219 页。

港（芝罘）是本省东北嘴最突出之所在，因方便大小船舶的停泊，所以往来船舶靠港者，经常有百艘以上。……一年中从江南来航、名为沙船者有三百余艘，宁波船三四十艘，广东船十余艘，福州船五六艘，从盛京运来物品者有三千余艘，和直隶船百余艘，合计不下三千四五百艘。"① 可见，到1890年时烟台航运已有很大发展。但直到1900年，航运业大都为洋行所执。时郑观应作为轮船招商局帮办在沿海考察，就曾亲见太古、怡和洋行的轮船北上后多停靠烟台、天津、营口装卸货物，营口新昌油行经理郭渔笙向其解释："怡和、太古每礼拜有船一来一往，来船多绕烟台，去船多绕大连，盖烟台有进口货，大连有出口货，如营口货不多，必绕大连配载。"②

1900年后，在清政府推广新政、振兴实业的号召下，轮船公司的组织开始出现。1901年6月，合资成立顺义公司，航线为安东、天津、大连；1903年3月，商办振飞公司成立，航线为大连、龙口；1904年成立小清河轮船公司，航线为济南、杨家沟、天津；1905年成立仁汉轮船公司，航线为营口、仁川；1906年8月成立毛合兴，航线为秦皇岛、威海、龙口；1910年相继成立了泰记轮船公司、靖安轮船公司、宁福轮船公司、北海公司等。在这些轮船公司中，1905年创办的烟台政记轮船公司，是山东省规模最大的民营轮船公司，资本4万元，位于顺泰街。初以"胜利轮"一艘航行华北各线，后业务渐盛，更开中国南北洋、日本、朝鲜及南洋航线。"凡吾国至日本，分南北二大道。南省各地，以上海为出发之地。北省各地，以芝罘为出发之地。自芝罘动身可买船票至神户，由神户换坐火车到东京"，"计路程十日"。③ 至1910年已有轮船15艘，共13571吨，改组为股份有限公司，资本1000万元，天津、大连、上海、汕头、厦门、香港、广州等地设分公司，北洋、南洋、长江三线都有船只航行，但均系不定期。④

---

① 转引自松浦章《清代帆船东亚航运与中国海商海盗研究》，上海辞书出版社，2009，第11页。

② 夏东元编《郑观应集》上册，上海人民出版社，1988，第1037页。

③ 章宗祥：《日本游学指南》，岭海报馆，1901年铅印本，第27页。

④ 参见汪敬虞编《中国近代工业史资料》第2辑下册，科学出版社，1957，第912页；陈真等编《中国近代工业史资料》第1辑，三联书店，1961，第38~53页；《中国实业志·山东省》，（辛）597页。

此后，烟台民营轮船公司继续发展，相继成立了很多公司：1913 年合资创立新益轮船公司，1916 年创立的鹿玉轩和交通轮船股份有限公司（1918 年改为交通轮船股份无限公司），1921 年创立海天轮、海宁轮、胶东轮船公司、陶子英等公司，1922 年创立利通轮船股份有限公司，1923 年创立太乙轮船公司，1926 年创立惠海轮船公司。到 30 年代，创立如惠通行，航线为大连、营口、天津、上海、泉州、广东等；怡隆船行，航线为安东、上海、青岛、西口、龙口；还有一些主营本地航线的如利城行、北方行、川记轮船行等民营轮船公司。① 据调查，1927 年时山东共有 7 家民营轮船公司，其中烟台占 6 家、威海 1 家。1929 年山东 4 家民营轮船公司，烟台占 3 家，有轮船 25 艘，共 25471 吨。1934 年，山东 9 家轮船公司，烟台占 8 家。1935 年山东 8 家轮船公司全部为烟台所占，② 有轮船 24 艘，共 46000 吨。另外，还有永源船行、怡隆船行、川记轮船行三家，设立时间难以确定，大致在 30 年代。

以近代交通工具为特征的新的商路网络，在很大程度上改变了市场分布的传统格局。随着商人资本的汇聚，城市贸易的活跃，从城市到乡村、土货与洋货、农产品与工业品的双向流通，商业资本向近代形态转变，逐步形成多层次市场结构体系。进出口市场与内地市场有着极为密切的联系，在其影响下，商品流通、商路网络、商人投资方向发生变化，也使烟台与腹地联系更为密切，形成了不少新的商路，如烟潍贸易线等。新商路进一步加深了沿海与内地的联系，又使沿路许多城镇成为新的集散市场。如烟潍贸易线的货运，使沿路特产区出现沙河镇等专业市场。

烟台对腹地福山、蓬莱、黄县、掖县、平度、招远、莱阳、海阳、牟平、文登、荣城等城镇商品流通的影响力与日俱增，烟台城市的商品集散功能得以增强。一方面，周边腹地向烟台提供出口产品。如黄丝和野蚕丝来自宁海、文登、栖霞、青州、荣城等地，豆饼产自栖霞、掖县、福山、莱阳、平度等地。腹地出现了家庭手工业的商品化和中心市场，草辫、丝

---

① 严中平等编《中国近代经济史统计资料选辑》，科学出版社，1955，第 118 页；张玉法：《中国现代化的区域研究——山东省（1860～1916）》，台北，中研院近代史研究所，1987，第 482 页；杜恂诚：《民族资本主义与旧中国政府（1840～1937）》，上海社会科学院出版社，1991，第 477～500 页；《中国实业志·山东省》，（子）108～110 页。

② 《民国山东通志》第 2 册，台北，山东文献出版社，2002，第 1565 页。

织、发网、花边等行业兴起，产地出现了集中化和专业化的现象，如丝绸产地市场集中于栖霞等地，沙河沿岸镇则形成了山东最大的草帽辫市场。另一方面，烟台进口的货物也通过稠密的市场网络运到周边城镇。由内地各县镇的批发商、杂货商自烟台用民船或大小车驮骡将货物运至各市集，再分销到各地的市集，胶东各县"所有商品，泰半在烟台采购"。据海关统计，97%的进口货物在烟台腹地经济圈内销售。数量最多、交易额最大的是杂货、客栈、进出口、绸缎布匹业，另外经营粉丝出口的 25 家商店，年交易额达 350 万元，粮食、煤炭和行栈业的年交易额均超过了 200 万元，总共年交易额达 7000 余万元。[①]

从城市到乡村，从港口到内地，既有产地集市，也有中间市场，更主要的是形成了中心市场。福山、黄县、莱阳、掖县、文登、海阳等城镇为产地集市，农产品和手工业品以这里为起点向上流动；潍县、周村、羊角沟、沙河等，成为一定范围内土洋货的集散中心；而烟台则是进出口贸易的中心和最大的土洋货集散市场，并与国际市场接轨。这是一个多层次的市场结构。即以腹地市场而论，胶东半岛各地均有固定的日期开市，称为赶集或大市，多为旬日市，以每旬二日集为主，如福山 11 个市集中有 9 个每旬二日集，蓬莱 9 个市集中有 8 个每旬二日集，黄县 11 个市集中有 9 个每旬二日集，招远 13 个市集全为每旬二日集，掖县 13 个市集中有 12 个每旬二日集，平度 17 个市集全为每旬二日集，牟平 12 个市集中有 10 个每旬二日集，文登 11 个市集中有 9 个每旬二日集，荣成 7 个市集中有 5 个每旬二日集，海阳 10 个市集中有 8 个每旬二日集，栖霞 14 个市集全为每旬二日集，莱阳 12 个市集全为每旬二日集，即墨 10 个市集全为每旬二日集。[②]

陆路，西经福山、栖霞、莱州、昌邑等州县至潍县，再沿鲁中山地北麓的东西交通大道，直至济南。东可达荣成、文登，南则到莱阳、海阳，经高密可达胶州，北可至掖县、登州。1866 年整修烟台至黄县的道路，即所谓"烟黄大道"。1919 年山东省政府制定了《修治山东水陆道路计划概要》，开始修建公路，修筑了烟台至潍县的公路干线。由烟台至潍县可以

---

① 胶济铁路管理局车务处：《胶济铁路经济调查报告》分编第 2 册福山县，文华印刷社，1934，第 14~15 页。

② 刘素芬：《烟台贸易研究（1867~1919）》，台北，台湾商务印书馆，1990，第 132~133 页。

用大车运输，潍县到济南则有官路相连，从而使烟台—潍县—周村—济南一线成为山东最繁忙的陆运商路。潍县成为烟台与腹地交通最大的中转枢纽，烟台华商大都在潍县设有代理处。① 1924 年成立烟潍汽车公司，一次购置汽车 40 辆，公司总部初在潍县，后迁至烟台。到 1926 年该公司有营运汽车 115 辆，年收入达 60 万～70 万元。1927 年公司被山东督办路政总局接收，改为官督商办。从烟台到潍县的这条官道，20 世纪时修筑为近代化规模的省路，成为胶东连接内地的主要贸易通道。

水路，近可达山东沿海各县，远可至上海、福州、宁波、厦门等地，向北连接天津、营口。铁路修通前，小清河是烟台与济南、周村等城镇之间的主要水运渠道，常年活跃在小清河上的船舶达 3000 只。进口到本地的大部分商品由平底中国帆船运往大清河，在离该河口不远的地方换载，即换到吃水浅的当地船上，运往内地的许多市场。1887 年，清政府组织疏浚小清河，自济南的黄台桥至寿光县的羊角沟，凡 250 余公里。其后内河商轮、民船运载客货，每由烟台出海经过蓬莱之天桥口、黄县之龙口、掖县之虎头崖，抵羊角沟，换乘小船，取道小清河，直抵济南城东关外之黄台桥。羊角沟由原先寥落数十家、谋微利营生的小市镇，发展成百货交集、舟楫林立的货物中转地。海船转运之杂货、木料等物咸集于此，道旁堆积如山，河下船只停泊长约 1.5 公里。因其"东走烟台，西达济洛"的地缘优势，内地货物多先汇于济南，再由小清河运抵羊角沟，后改装海船运南北各口，而沿海口岸的货物则可循此运达济南等内地。依靠羊角沟中转贸易，烟台市场流通范围扩大到小清河流域。"由海路到羊角沟的货物卸船后，再装一种平底船，溯小清河而上约二百华里到达索镇后，再用牲口运到周村。"② 另外，潍河、胶莱河、大沽河等水道亦可资利用。

几十年间，烟台通过小清河、烟黄大道及黄县与济南间的官路、烟潍大道等水陆通道，与山东省的主要中心城市潍县、周村及济南等建立了经贸联系，烟台成为渤海北岸、山东半岛贸易圈的核心城市。从环渤海地区的范围内看，山东、华北和辽宁三个经济区域的商品市场和网络

---

① 《中国实业志·山东省》，（壬）62 页。
② 青岛档案馆：《帝国主义与胶海关》，档案出版社，1986，第 56 页。

基本形成了依靠近代与传统相结合的交通运输，由沿海城市、集散中心、农村城镇等组成的多层次、多等级、多类型的商品流通网络和以国内外市场为对象的土货和洋货并存、生活资料与生产资料并重的多元的商品流通结构。①

海外市场也有所拓展。胶东距离朝鲜较近，长期以来与朝鲜仁川等地贸易往来频繁。《中朝海陆贸易协定》（1882 年）签订后，胶东商人更是接踵而至，在汉城、麻浦和仁川等地从事商业活动。以烟台商人为主体的胶东商人旅日行商，集中在大阪、神户，以行栈商人居多，与旅日侨商声气互通，以设立"外庄"（站庄）的方式，从事日货进口和山东的土产出口。20 世纪 10 年代，在大阪有北帮商号 27 家，其中山东帮商号 17 家，经营棉布、棉纱、火柴、杂货的采购输出及丝织品的出口等。"烟台有实力的华商或在日本大阪川口派驻外庄，自行接洽贸易业务；或委托旅日华商行栈代理购销，由行栈行使代理商的职责。1902 年前后，在日本长崎、神户、横滨、函馆以及朝鲜仁川设立分号或代理店的烟台商栈有大成栈、西公顺、同和成、同豫源、丰裕盛、震盛兴、成和昌、洪顺源、盛建隆、展太滋等。……在大阪派驻外庄的商号有益生东、中盛栈、长盛东、同大和、双盛泰、阜丰兴、万盛栈、万顺恒等，其中双盛泰、万顺恒都是当时烟台最著名的大商栈。……输往烟台的日本商品，十有八九是由这些侨居日本大阪、神户的山东商人经办。"②

三　从传统到近代：商人的转型

作为近代山东开埠最早的口岸城市，烟台享有"山东工商之先进"的盛誉。洋货大量涌入，对外贸易骤增，刺激吸引着沿海地区商人资本向烟台汇聚，蓬、黄、掖、潍、胶县等地的商人资本，离开栖息地，向烟台聚集，出现了经销洋货的新式商业。与此同时，一些旧式商业也在向新式商业转化。"是时轮船之所至，山东一省唯烟台。而迄西两千余里无闻焉。故是时烟台商务，西可由陆以过济之西，北可由帆船而达于金复安东诸

---

① 张利民：《近代环渤海地区经济与社会研究》，天津社会科学院出版社，2002，绪论。
② 庄维民、张静：《谁掌握着贸易主导权：清末山东对日贸易中的日商与旅日华商》，《东岳论丛》2005 年第 6 期。

处，号称极盛。迨至民国，出口外洋土产日增，商业日趋发达。"① 商人资本的聚集，新型资本和劳动关系的出现，新的经营模式的运用，显示了胶东商帮开始向现代化转型。

（一）从事新式商业行业

"道光之末，本埠犹未通商，其进口货物不过粮石与粗杂货而已，间有营油饼业者，然亦寥寥。"而"设立海关后，于是油饼业日增，粉干之业亦日盛，而其他草帽辫由沙河至埠出洋极盛，时达三百余万两，其本埠商家则以行栈为最巨，代管船卖买货物，而扣其用业者盖不下数十家焉"。② 据《海关十年报告》统计，1882 年经营杂货行、油房、客栈等的商人及小商贩共 15380 人，占总人口的 47%；1891 年，各类商号店铺、油坊等 1660 家，从业人数 9620 人，客栈 50 家，从业人数 260 人；③ 1901 年，商店、油坊增加到 1780 家，从业人数达 13000 人，客栈发展到 310 家，从业人数 1100 人。④ 到 1933 年，烟台大小商号已达 3500 家，其中洋商约百余家。⑤ 一般商业如经营刺绣品及织造品的庄号、渔行、水果行、干粉行、绸布庄、杂货行、杂粉行、花生行、茶叶行等 417 家，资本 1749943 元，年营业额 33285465 元。⑥ 其中花边、发网行多达 117 家，水产行 81 家，杂货行 65 家，水果行 56 家，土产行 39 家，布行 30 家，杂粮行 29 家，粉丝行 18 家，花生行 16 家，最少的是茶叶行，只有 4 家。⑦ 特种商业如新兴行业报关业、经纪业、保险业等很发达。开埠之初，报关行有 6 家，后增至 30 余家。1928 年组织报关行业同业公会，1933 年报关行有 16 家。⑧ 保险业肇始于宣统年间，有洋行代理火险，到 1921 年兴盛，1929 年代理火险的有 15 家，并订同业规章，统一收费标准。据 1933 年调

---

① 民国《福山县志稿》卷 5《商埠志》，1931 年铅本。
② 民国《福山县志稿》卷 5《商埠志》。
③ *Decennial Reports on Trade*，1882 - 1891，Chefoo，转引自庄维民编《近代鲁商史料集》，山东人民出版社，2010，第 8 页。
④ *Decennial Reports on Trade*，1892 - 1901，Chefoo，转引自庄维民编《近代鲁商史料集》，第 9 页。
⑤ 《胶济铁路经济调查报告》分编第 2 册福山县，第 14 页。
⑥ 《中国实业志·山东省》，（丁）62～64 页。
⑦ 《中国实业志·山东省》，（壬）61～62 页。
⑧ 《中国实业志·山东省》，（壬）13～14 页。

查，以代理保险言，华商 8 家，洋商 20 家，共计 28 家；以其代理之原公司或总公司而论，华商 12 家，洋商 51 家，共计 63 家，洋商势力，由此可见。① 水险事业全部在洋商之手，火险多为华商，其他人寿保险、汽车保险等，也开始兴办。烟台为山东经纪业最发达的商埠，到 1933 年时共有 473 家。② 行业总数达到 50 多个。

行栈资本日益发达。行栈商是大宗商品交易的媒介，在商品流通中起着重要的作用。胶东势力最大的行栈最早是由黄县、掖县、潍县、即墨等地商人建立起来的。行栈商在烟台通称为外庄家，又称行店或大店，其最大特点是设有供客商洽谈贸易的宽敞铺面和存放货物的仓栈，并能为前来交易的外地客商提供食宿。外庄家虽以中介为业，但各有其自营本业，并赖此业以确保其在中介业的地位。"商家则以行栈为最巨，代客船卖买货物而扣其佣，业此者盖不下数十家"，③ 因洋行不得进入内地买卖，"故其时外人势力限于通商口岸而止，洋货由通商口岸以入内地，土货由内地以运至通商口岸，必经华商之手"，④ 行栈职能扩大到代办保险、提供中介、代为购销、向客商信用放贷，并参与商品的运输等。烟台的货物交易，除小摊商贩外，凡大宗买卖都须经行栈之手进行，货主双方直接进行买卖的情况较少。他们在各级市场广设行号和收买庄，采购土货和批发洋货。据 1919 年前后的调查，当时烟台行栈商在 300 家以上，占同期商号总数的 1/10 左右，分布于杂货、丝绸、棉纱布、粉丝、花生、谷物、花边、发网、铁器、水果、水产、豆货、洋杂货等诸多行业。⑤ 其中黄县、掖县、潍县等地商帮实力最大，仅资本额高达 100 万两的商号就有水产商"大成栈"、油商"双盛泰"和"万顺恒"等 3 家，100 万两以下 10 万两以上的有 8 家，10 万两以下 5 万两以上的有 15 家，共计 26 家，资本总额达 600 余万两。⑥

传统行业结构发生变动，新式外向型的花边、发网业渐次兴起。1900

---

① 《中国实业志·山东省》，（壬）28~29 页。
② 《中国实业志·山东省》，（丁）64~65 页。
③ 民国《福山县志稿》卷 5《商埠志》。
④ 民国《胶澳志》卷 5《食货志》，1928 年铅本。
⑤ 庄维民：《近代山东行栈资本的发展及其影响》，《近代史研究》2000 年第 5 期。
⑥ 庄维民：《近代山东市场经济的变迁》，中华书局，2000，第 246~247 页。

年后，从腹地运转来的丝和丝织品的大量出口，促使缫丝业迅速发展起来。投资商在烟台开设作坊，使烟台成为山东缫丝业的重要生产基地。所谓"烟台之商务，以缫丝为大宗，即沿海百余里内之市镇，亦莫不以缫丝为恒业，缫丝房之大者，往往安车一二百架或数十架不等"，"人烟辐辏之区，车声聒耳，比比皆然"。① 这个时期兴办的缫丝企业主要有：1901 年成立的华泰，丝车 200 台，建筑费 5 万两，机器价 2 万元，缫丝机 538 台；1902 年成立的益丰，规模也很大。② 1903 年，有机器矿丝局 3 家，手工矿丝局 16 家，工人 5500 名。到 1908 年，手工矿丝局增至 38 所，矿工达 17000 名。"烟台一埠，近两年来，矿丝工厂，已由数家增至四十余家；而缫丝工人，已由数千聚至两三万。"③ 1911 年，缫丝厂达 40 家，工人 14000 名，年产丝 14000 担；矿丝坊 43 家，规模较大者有录昌泰等。④ 手工缫丝工场数量多、规模大，大多数缫车 300 架以上，工人 350 名以上，其中最大的"永记"号有缫车 679 架，工人 879 名，年出丝 679 担。⑤

（二）从传统银钱业转向近代金融业

随着贸易的发展，外商或在烟台设立办事机构、代理分行，或开办各种专业性较强的洋行，经营土洋货贸易。至 1864 年时，烟台已有滋大、清美、宝顺、怡记、鲜妍 5 家洋行。嗣后，洋行大势涌进，金融机构突破旧时汇兑庄、银号、钱庄，烟台成为山东洋行最集中的城市。1889 年日本开辟直通烟台的航线后，日商涌入烟台开设行号，如三井、岩城、滕田、大森等洋行，经营进出口、船舶、煤炭、桐木、杂货等业务。在烟台设立的外国洋行，1891 年有 11 家，1901 年发展到 26 家，1902 年发展到 43 家，其中日商洋行增加了 16 家，总数达 26 家。⑥ 欧美开设的有益斯、太古、和记、政记、士美、美孚、滋大等洋行，涉及银行、保险、船运、贸易等方面。到 1911 年，洋行总数 29 家，其中日本 13 家、英国 4 家、美国 4 家、

---

① 转引自安作璋主编《山东通史》近代卷，山东人民出版社，1994，第 602 页。
② 杜恂诚：《民族资本主义与旧中国政府（1840～1937）》，附录。
③ 彭泽益主编《中国近代手工业史资料》第 2 辑，中华书局，1962，第 359～361 页。
④ 《中国实业志·山东省》，（辛）98 页。
⑤ 彭泽益主编《中国近代手工业史资料》第 2 辑，第 362 页。
⑥ *Decennial Reports on Trade*，1892－1901，1902－1911，Chefoo，转引自庄维民编《近代鲁商史料集》，第 9、10 页。

德国4家、法国2家、俄国2家。① 洋行进入后，传统的商业行业限制开始被打破，传统的金融组织开始转变。洋行等外国商业组织在烟台发展迅速，经营业务范围也在不断扩大，包括航运、保险、贸易、金融代理等。洋行凭借雄厚的资本和享有条约所赋予的通商税则特权，在土货直接出口和洋货输入方面形成垄断。如和记洋行发展到20世纪初成为华北最著名的英国企业，被视为烟台经营航运和保险业最主要的公司，而且是烟台唯一一家经营出租车业务的洋行，拥有一支现代化的车队和宽敞的库房。和记、仁德、三井等8家洋行垄断了绢绸贸易；益斯洋行也是在烟台的最大洋行之一，与和记、三井等洋行一起控制了草辫出口；美孚洋行控制了煤油输入；仁德、永和、敦和等控制了花边业；仁德、克隆、敦和、汇昌、百多、泰和、立兴洋行控制了发网业；② 尤以仁德洋行为盛，在山东进出口业及委托代理业包括一般商业，皆居首位，而且拥有印刷厂及外文报纸《芝罘日报》，20世纪初资金积累已达五六万两银，在济南、青岛均有分支，职员200余人、工人300余人，在烟台商业中占有十分重要的地位。③ 洋行之外，华资银行也有所发展。1910年、1911年，大清银行和交通银行在烟台分别设立了自己的分行。之后，中国银行、山东银行、上海商业储蓄银行等亦在烟台设立分行，形成中外银行并存的局面。

传统的金融组织有钱庄、银号、汇兑庄、放账庄、钱铺、兑换店、商社及兼营等，主要以经营汇兑业务的汇兑庄、钱庄为主，"其势力所及，远达东三省"。④ 如黄县，银钱汇兑业极为发达，1909年城内钱庄多达136家，主营与东北地区的汇兑业务。而烟台在开埠初期，主要开设信贷庄，作为当地的货币贷放商。进出口贸易的快速发展促使银钱业开始发达，至1901年，银钱业达28家之多，其中大的钱庄资本上百万。如"谦益丰"钱庄有资本100万银两，"顺泰号"资本150万元。为稳定金融市场，政

---

① *Decennial Reports on Trade*，1902 – 1911，Chefoo，转引自庄维民编《近代鲁商史料集》，第10页。

② 庄维民：《论近代山东沿海城市与内地商业的关系——以烟台、青岛与内地商业的关系为例》，《中国经济史研究》1987年第2期。

③ 宋玉娥：《英商仁德洋行》，烟台市政协文史资料委员会编印《烟台市文史资料》第1辑，1982年，第31~41页。

④ 《中国实业志·山东省》，（癸）32页。

府于 1906 年将银钱业置于商会控制之下，只有商会担保才准发行银钱票，许多小钱铺只得歇业。在"结帐"上，除银钱业进出口商外，一般仍按旧历三节（端午、中秋、年节）结算；"交易媒介"，银钱业之支票本埠中交两行之钞票现洋；"市集"，银钱业之钱业公会中有早午二市，杂粮业等其余各业，概于每晨在大庙中成市，每逢三八成集，为附近乡民之市场。①

烟台作为胶东金融的重心，境内钱业以汇兑庄发展最早，汇兑庄大都系骡马店演变而来，兼营银洋汇兑，势力达东三省。据日本学者上田贵子的研究，近代东北的商会成员中以山东籍和河北籍商人占多数，在研究的 207 个商会中，属山东籍贯的会员共有 744 名，其中黄县籍 255 人、蓬莱籍 142 人、掖县籍 118 人。在东北经商的山东籍商人中，又以蓬莱、黄县、掖县三地为数最多。② 东三省的山东商人每年汇入的款项，均经汇兑庄以"老头票"或卢布合成大洋，汇回山东，数额达 4000 万元之巨。汇入钱款既多，烟台银钱庄吸收存款，而银钱业益发达。③ 每年新开设的银钱号很多，1901 年共有 28 家，而从 1912 年到 1928 年新开设 33 家，1929 年到 1938 年新开设 52 家。④ 1931 年后，"烟台金融向之流通于大连者，今多流通于本省"，⑤ 合资的钱庄有义泰、志信等 56 家，一般规模较小，以汇兑维持。⑥ 胶东各地以经营汇兑业务为主的汇兑庄、钱庄数目不断增长。到 1932 年，掖县由本地人经营的大小钱庄先后有 61 家。莱阳的水集，钱庄业最盛时达到 30 多家。在银钱业发展的兴盛时期，以票号和钱庄为中坚的旧式银钱业商人资本，其势力在商界占有举足轻重的地位。

新式银行业的崛起给传统银钱业带来很大冲击，有资金和经营实力的钱业商人迫于经营环境的变化，因时应变，改变旧的经营模式，引入新式银行业的某些经营手法，开始向新式银行业的经营模式转变。同时，商业资本和民间资金也大量从旧式钱庄中抽离，转而投于新式银行。到 1935 年，烟台仅存 26 家钱庄，资本总额约为 42.7 万元。"盖此时银行业在山东

---

① 《中国实业志·山东省》，（乙）136 页。
② 〔日〕上田贵子：《山东帮于东北的情况》，蒋惠民主编《丁氏故宅研究文集》，华文出版社，2005，第 73～74 页。
③ 《中国实业志·山东省》，（癸）1 页。
④ 山东省地方志编委会：《山东省志·金融志》，山东人民出版社，1996，第 216 页。
⑤ 民国《潍县志稿》卷 24《实业志》。
⑥ 《中国实业志·山东省》，（癸）84～88 页。

已有相当发展，钱业为维持其金融势力计，不得不成立较钱庄为大之银号，以与之抗衡。"① "银号"的产生，是传统银钱业蜕变的最突出的表征。烟台的"福顺德""恒聚栈"等规模较大的汇兑庄都发展成为银号，兼营汇兑和存放款业务。据调查，1932 年山东省共有钱庄（含银号）686 家，资本总额为 547 万余元，其中烟台（包括福山县）银钱业数量最多，共有67 家，黄县（含龙口）次之，共有 61 家。以资本额而论，黄县为 69 万余元，仅次于济南，居全省第二位；烟台（包括福山县）59 万元，青岛 52 万元，威海卫 30 余万元。② 随着银号资金力量的增长和经营规模的扩大，有的银号则发展成为初具规模的银行，主营存放款业务，汇兑成为附属，从而开始了从传统金融向近代金融组织的蜕变。

（三）创办新式企业

20 世纪初，清政府行新政，山东地方政府也制定了鼓励创办实业的办法，提倡国货振兴实业成为时尚，吸引绅商投资企业。甲午以还，"为外人兴业时期，亦为华商觉悟时期"，"卧榻之侧他人酣睡之声既起，中国商人亦渐悟利权之不可放弃，有起而集股开厂者矣"。③ 胶东商帮在资金积累的基础上，投资设厂，兴办实业。棉织业、面粉业、火柴业、罐头食品业、钟表业、酿酒业、烛皂业、精盐业、电业等一批近代工业开始兴起，其中有的还颇具特色，开中国风气之先。

"中国商智未开，商力较微，而各国莫不藉商战以争利于中原，商务一端，在我已有不能自支之势。居今日而思补救，固非招致外埠华商维持商务不可。"④ 基于这种认识，从 1892 年开始，爱国华侨张振勋秉持"致强之道以富国为先，理财之原以经商种植为要"的理念，⑤ 在烟台筹备试办、奉旨奏准开办张裕酿酒公司。张振勋自备资本，购齐器物，设立公司，祈望"将来大著成效，渐推渐广，所以与中国自有之利益者在此，所

---

① 《中国实业志·山东省》，（癸）25 页。
② 《中国实业志·山东省》，（癸）25 页。
③ 杨铨：《五十年来中国之工业》，申报馆编《最近之五十年——申报馆五十周年纪念》，上海书店出版社，1922，第 3 页。
④ 汪敬虞编《中国近代工业史资料》第 2 辑下册，第 996 页。
⑤ 张振勋：《奉旨创办酿酒公司记》，中国史学会编《洋务运动》（七），上海人民出版社，1961，第 581 页。

以挽历年外溢之利权者亦在此，其于国计民生，裨益岂有穷哉！"① 张裕酿酒公司，是我国近代唯一的体系完整的葡萄酒企业和当时远东最大的一家葡萄酒公司，蜚声海内外，在国际上影响深远，致使"舶来品所受影响殊巨"。1912 年 8 月孙中山途经烟台时，曾前往张裕酿酒公司参观，盛赞张裕公司"不亚于法国之大厂"，在品尝了张裕的葡萄佳酿后，欣然题写"品重醴泉"，以此褒奖。1915 年，张裕酿酒公司在美国召开的"庆祝巴拿马运河开航太平洋万国博览会"上有四种葡萄酒同时获得金奖，被外人誉为"中国科学文化进步的标志"。

民国初年，"我国制造时钟厂极少，所有者大半集中于山东之烟台，烟台朝阳街朝阳胡同之宝时厂，为我国造钟业空前之第一家"。② 1915 年 7 月，威海人李东山在烟台投资设立中国第一家钟表工业宝时造钟厂，掖县人唐志成担任厂长和技师，1918 年制成第一批座钟。中国人自己能造钟表，使当时中国人很自豪。冯玉祥有诗赞道："无论钟，无论表，大家都说外国物件好，到烟台，看钟厂……装置既辉煌，机件又灵巧，谁说国货没有洋货好！"20 年代，"宝"字钟远销海内外。到 30 年代，宝时钟厂所雇用的技术工人和学徒已超过 200 人，年产量也已达到 3 万台，产品行销广东、福建、上海、河南、东北等地。之后，在宝时造钟厂技术的支撑下，钟表制造公司（1915）、烟台永康造钟工厂（1927）、盛利造钟厂（1929）、永业造钟厂（1931）等相继创办。烟台钟表业的发展达到鼎盛，"烟台时钟，销路极广，南达上海、福州、广州、厦门、香港，北销天津、胶东，西南销郑州、济南、南京、汉口、杭州，而永康厂出品，更销南洋群岛"。③ 宝时钟表厂的另一个开创之功，就是钟表制造技术的传授。宝时钟表厂培养出的大批技工，不仅在烟台参与或开办钟表厂，还到全国其他地方开办钟表厂，促进了烟台乃至整个中国钟表业的发展。

也有从事与进出口贸易相关行业者，1908 年胶东商人创建了"信丰"公司，成为从事直接对外贸易的开拓者。其目的在于促进地方产品进入国际贸易，特别是手工产品和其他产品向国外直接出口。公司成立初期，未找到合适的海外渠道，经营状况艰难。到 1914 年公司业务扩展到发网，产

---

① 张振勋：《奉旨创办酿酒公司记》，《洋务运动》（七），第 582 页。
② 《中国实业志·山东省》，（辛）680 页。
③ 《中国实业志·山东省》，（辛）684 页。

品供应纽约和伦敦的一流百货公司。后来不断发展壮大，在北京、上海、天津甚至阿根廷的布宜诺斯艾利斯等地设立了分公司，在世界其他地方也有代表处，成为中国较早的跨国公司之一，在烟台的华商企业中拥有极高的威望，在银行界及商业界都有极高的口碑。①

（四）创建商人组织

不论是按地区籍隶组织的商帮，还是在行业内形成的商帮，往往较为松散，帮内商人有很大独立性。使一帮或数帮商人集合在一起，并有固定议事联系之处的商人组织是会馆。会馆之设，在于"以敦亲睦之谊，以叙桑梓之乐，虽异地宛若同乡"。如"顺治间胶、青、登商"，在苏州全秦馆西建有"东齐会馆"。② 在不断发展中，会馆逐渐形成"祀神、合乐、义举、公约"等功能。③

随着商业发展，会馆兴起。"会馆是同乡人士在京师和其他异乡城市所建立、专为同乡停留聚会或推进业务的场所，狭义的会馆指同乡所公立的建筑，广义的会馆指同乡组织。"④ "会馆一般由大商行的代表组成商董会，商董为六到八人，商董们按月轮流担任会长。因为董商会很少举行，会长便成为实际上的管理者，但事实上最重要的商行却掌握着领导权。"⑤ 如潮州、福建、宁波等地的商人先后在烟台创设潮州会馆、福建会馆和宁波会馆。以潮州会馆及福建会馆历史最久，建筑亦宏壮。潮州会馆，成立于1867年，系广东省潮州船帮兴建，为海船来烟台时凭依之所，现已毁。福建会馆建于1884年，至1906年始竣工，其工程之大，时称鲁东第一工程，由福建船商集资建造。现存具有闽南风格的建筑，内均供有天后圣母像，婉约精致。会馆所在，亦为烟台传统商业中心，不仅为诸帮船商、贸易商提供祀奠聚会场所，而且便于同籍同业商人联合、洽谈生意，在商业上起着联络乡谊、聚会议事、洽谈商务、贮放商货的纽带作用。

---

① 〔英〕阿美德（A. G. Ahmed）：《图说烟台（1935~1936）》，陈海涛、刘惠琴译注，齐鲁书社，2007，第64~66页。

② 顾禄：《桐桥倚棹录》卷6《会馆》，中华书局，2008，第324页。

③ 上海博物馆图书资料室编《上海碑刻资料选辑》，上海人民出版社，1980，第359页。

④ 何炳棣：《中国会馆史论》，台北，学生书局，1966，第11页。

⑤ 彭泽益主编《中国工商行会史料集》下册，中华书局，1995，第627页。

胶东商人外出行商，同样有会馆之设。如在天津有山东登莱旅津同乡会，"山东旅津同乡会（即山东会馆）分为两个组织，即山东旅津同乡会和山东登莱旅津同乡会。山东登莱旅津同乡会：清光绪甲午战后，天津烟台辟为通商口岸，海上交通顿时发达，山东登莱二州商民纷纷北来经商，以经营饭馆及客货栈业为主"。① "山东登莱旅津同乡会，该会是由山东登州府、莱州府同乡组织成立的……以经营饭馆业、粮业的为多。为加强互助团结，互相支持，就在光绪年间成立登莱同乡会，馆址在南市。"② 据1936年《天津商会同业公会会员登记表》③ 和山东同乡会的记录资料，在所登记的1675名在津商人的籍贯分布中，来自福山147人、掖县121人。从会员等级看，胶东商人不仅商人会员人数多，而且在商店会员中占有较高的比例。甲级76名商店会员中福山籍商人最多，占总人数的31%，掖县、蓬莱和威海等地会员人数也达到了总人数的14%。乙级22名商店会员中，福山籍会员占据44%。丙级83名商店会员中以掖县籍、福山籍会员人数所占比例最高，分别为20%、19%。④ 这些同乡会或会馆，既是维系血缘地缘的所在，也是敦睦谊、联感情、互相谋福利的场所。

随着商品经济的发展，会馆自身的特点和局限性不能适应商业交往和竞争的需要，由此产生了一种跨乡籍、行业的新兴商人组织——商会。"商会者，所以通商情，保商利，有联络而无倾轧，有信义而无诈虞，各国之能孜孜讲求者，其商务之兴，如操左券。中国历来商务素未讲求，不特官与商隔阂，即商与商亦不相闻问。"⑤ 1904年初颁布的《商会简明章程》，规定各省凡是商务繁富之区，不论都市、商埠，都要设立商会。胶东各地开始改组或设立商务总会及分会。1914年，北洋政府农商部改订《商会法》60条，公布《商会法实施细则》，确立了商会组织的基本原则。商会法与施行细则颁行后，胶东原有商会相继进行了改组，未设会的县也成立了商会。"各地商业，俱有商会组织，各业间各商家间之排难解纷，

---

① 中国人民政治协商会议天津市委员会文史资料研究委员会编《天津文史资料选辑》第56辑，天津人民出版社，1992，第168页。
② 《天津文史资料选辑》第56辑，第187页。
③ 天津市档案馆等编《天津商会档案汇编（1928～1937）》，天津人民出版社，1996，第375～438页。
④ 王静：《略论民国旅津山东商人行业分布》，《历史档案》2010年第4期。
⑤ 《商部劝办商会酌拟简明章程折》，《东方杂志》第1卷第1期，1904年。

及与地方政府之接洽事项，为其主要职务。至调查各地商情，领导商人贸易，以促进本地商业之发展者，尚未尽其功能。各地商会，大都每县一所，设在县城，各村镇亦有以商业发达而另设商会或分会者。各业间尚有同业公会，属于商会，受其指导。各业之有公会组织，而交易额较大者，大致可分棉纱绸布、杂货、食粮土产、油、酒、药材、银钱、转运、旅馆饭庄、煤炭等项，实为境内主要贸易。"①

较早的商会性质组织是1901年成立的烟台大会，在天后宫有固定的办公地点，其职责在于统一商品价格，供商人议事、洽谈买卖，并形成了金融、土洋货等业的交易场所，每日将成交状况和价格印成行情表，分发全市商店，作为当天的标准。1904年改组为商务总会，1920年注册成为烟台总商会，后改称商会，负责全埠的工商事务。烟台商会从一成立起就不仅作为工商界的领导者和保护者，而且作为地方势力的代表组织和参与城市的治安、行政、教育等事务，成为城市自治的载体。1915年烟台总商会注册入会商号为650家。20年代末，入会商号增至2186家，其中缴纳会费1~2元的店铺商1437家，缴纳会费4元的中等店铺514家，缴纳会费8元、有一定资本实力的商号120家，缴纳12~24元的大商号105家。②

商会职责，即集合商界，切磋商情，联络行帮，协调关系，仲裁争讼，处理纠纷。如烟台商会章程规定，凡铺户商号，有事关商业、银钱、货物账目，出现商务纠纷，可呈请商会，酌议办理，以免涉讼。30年代一位旅居烟台的外国人经过近两年的实地考察后认为："中国商会最有用的功能，或者最主要的作用和能力，就是它所具有的仲裁能力。注重自己名誉的中国人，一般都不愿轻易将他们之间的争执诉诸公堂，寻求法律判决。中国人的商业活动和商业交往，可以看到，更多的是依靠风俗习惯，而不是现代意义上的法律规定。因此，行业协会或商会所组织成立的一些仲裁机构，在中国商人之间的商业交往关系中，在引起冲突争议时，就起到了非常重要的作用。"③ 同时，商会参与市政管理，"在调整政府和百姓

---

① 《胶济铁路经济调查报告》总编（下），第2页。
② 〔日〕青岛守备军民政部：《东北山东踏查报告》（1920年）、烟台总商会：《山东烟台总商会民国十六年并十七年份报告书》（1929年），转引自庄维民《近代山东商人资本地域分布结构的变动及影响》，《齐鲁学刊》2000年第4期。
③ 〔英〕阿美德：《图说烟台（1935~1936）》，第34页。

之间关系上有着非常重要的作用。在一些城市中，以烟台为例，商会就参与了当地社会治安等一些政府的职责工作"。如烟台商会，1916 年在北马路筹建烟台公立市场，1930 年又建成新世界商场。而且街道的管理，也以商会负责为主。烟台商务总会奏定章程，兼理巡警局、工程局、涤净局事务，以卫市面，而清街道。其目的是保护商情，振兴商业。为了能使晚上商务畅通，巡警局章程规定："烟台大小街巷，所有已经设立之门面、铺户，均须安设路灯，以期洁净。倘有黑暗不洁净者，罚该号小洋二角。每夜路灯以点至通宵为止有不遵者，加倍议罚。"此前，烟台街道还未有路灯之安设，路灯的装备，不仅使商务在晚上得以进行，而且使城市生活更为丰富。对临街店铺的装修拆盖，也有明确规定："凡各铺户重修门市房屋及拆盖沿街木棚等项，皆须来局报明，派人查察有无侵占街道，于来往行人果否有碍，查明方许修盖，不报者查出科罚。"另外，为确保街道清洁，巡警局章程规定："各铺户之臭水桶，须早晚抬至海边，如有倾倒在街面，经巡兵查出议罚。"这些管理以"议罚"为主，但烟台为通商码头，五方杂处，只"议罚"还不够。烟台商务总会设涤净局负责处理街道垃圾："无使粪土垃圾堆积道旁，致秽气四达。按月由各铺户抽捐，大户六百，中户三四百，小户一二百不等，所捐之款仍归大庙公会疏存。"工程局则负责街道路地沟，"按月由各铺户酌拟抽捐，所捐之款归涤净公司管理，每日将地沟用洋灰修理，使臭水易于流通"。[1] 可见，烟台商会"这一组织实际承担着大量的对当地工商业发展具有重大影响的社会职责"。[2]

作者：支军，山东工商学院

（编辑：熊亚平）

---

[1] 《烟台商务总会》，《历史档案》1996 年第 4 期。
[2] 〔英〕阿美德：《图说烟台（1935～1936）》，第 34～35 页。

清前中期亳州的商业*

徐俊嵩

内容提要：清朝定鼎后，社会长期稳定。凭借便利的水陆交通，亳州的社会经济在清前中期有了长足的发展，逐渐成为皖北地区重要的商业城市，时人称之为“小南京”。亳州商业的发展主要体现在四个方面：一是康熙二十年，中央在亳州设立分税口，该口成为凤阳关辖下较早设立的分税口之一；二是亳州的商税、牙税税额都居省内前列；三是亳州的街巷数量增长迅速，商品专业化程度高；四是亳州城内商贾云集，会馆林立，呈现一片繁荣景象。

关键词：清前中期　亳州　商业城市

亳州地处安徽西北部，黄淮平原南端，三面与河南交界，素有“南北门户，吴豫咽喉”[①] 之称，境内有涡河和淝水流经，是淮河水陆交通枢纽。明至清初，亳州长期隶属凤阳府。雍正二年（1724），亳州升为直隶州，下辖太和、蒙城二县。雍正十三年（1735），亳州由直隶州降为散州，后改属颍州府。亳州城建于宋真宗祥符年间，明宣德十年（1435）指挥周广将土城改为砖城并加修女墙，弘治年间加修城楼、角楼各四，城铺楼 54 个。雍正和乾隆年间的三次大规模修葺，基本奠定了亳城的基础：东西广二里二百余步，南北袤二里一百余步，周九里余，高一丈五尺。[②] 因形如

* 本文在写作过程中，曾得到博导许檀先生、邓亦兵副研究员以及硕导陈瑞研究员的指导，特此致谢。

① 乾隆五年《亳州志》卷 1《疆域志上·城池·街市》，《复旦大学图书馆藏稀见方志丛刊》(21)，国家图书馆出版社，2010，第 224～226 页。

② 乾隆三十九年《亳州志》卷 1《城池》，《故宫珍本丛刊》第 103 册《安徽府州县志》第 3 册，海南出版社，2001，第 29 页 B～30 页 A。

卧牛，亳城也被称为"卧牛城"。目前，关于清代亳州的商业，仅少数学者有所论及，但较为简略。① 本文拟在前人研究基础上，进一步揭示清前中期亳州的商业发展实况。

一 清初的渐次恢复与发展

历史上，亳州素以军事重镇为世人所熟知，其军事地位远胜于经济地位。迨至明清，亳州逐渐发展为交通枢纽型城市。依靠便利的水陆交通，尤其是涡河的航运，亳州的商业迅速发展。志书中对其优越的交通条件每每言及，也足见时人对交通重要性的充分认识。如亳州与"豫州接壤，山陕通衢，是往来商贾、四方宾客毕集之地"；②"亳州为中州门户，南北交途，东南控淮，西北接豫，涡河为域中之襟带，上承沙汴，下达山桑。百货辇来于雍梁，千樯转输于淮泗；其水陆之广袤，固淮西一都会"③ 等。

明代时，亳州已是"商贾辐辏鳞集"的繁华都市，自城西北关及义门沿河一带，"楼舍攒拱联络，动计百家入境，望之弘敞巨丽，殊绝百城"。④ 明末，"因水旱灾告及兵燹之余，百姓逃亡，田地荒芜"，亳州的社会经济遭到巨大破坏，明时近7300顷的耕地在清初已有73%成为抛荒地。⑤

清朝定鼎后，社会长期安定，亳州的社会经济得到了迅速恢复和发展，方志称其"工商交作，词讼简少，俗尚礼义，视昔为盛"。⑥ 社会的稳定、水陆交通的便利，使亳州不但成为"五方之产不期而毕会，南北所需取给于立谈"⑦ 的通都大邑，而且成为安徽、江苏、河南等省的商品集散

---

① 王鑫义：《淮河流域经济开发史》，黄山书社，2001；陈瑞：《清代淮河流域商业重镇亳州境内的徽商——以乾隆、光绪〈婺源县志〉为中心的考察》，《中国地方志》2008年第12期；张光华：《清代亳州的社会救助体系》，《阜阳师范学院学报》（社会科学版）2011年第6期；李强：《明至民国时期亳州交通与商业发展》，《阜阳师范学院学报》（社会科学版）2012年第5期。

② 王鸣：《重修永清桥碑记》，乾隆三十九年《亳州志》卷12《艺文》，第281页A。

③ 光绪《亳州志》卷1《舆地志·形胜》，《中国地方志集成·安徽省府县志辑》第25册，江苏古籍出版社，1998，第56页B。

④ 嘉靖《亳州志》卷1《田赋考》，嘉靖四十三年刻本，第52页。

⑤ 《田赋考八》，顺治《亳州志》卷1，顺治十三年刻本，第50页。

⑥ 《版舆图二·风俗》，顺治《亳州志》卷1，第18页。

⑦ 光绪《亳州志》卷1《舆地志·郡邑》，第48页B。

地，极大地便捷了商品的流通和长途贩运。

因地处扬州和豫州水陆交通要道，亳州备受富商大贾青睐，繁荣景象不下南京，因而又有"小南京"之称。亳州的花卉种植在明清两代十分兴盛，其中以牡丹和芍药为最，文人墨客在赏玩之余也留存了许多脍炙人口的诗作。早在嘉靖时，亳州"环城十里之内百果杂植，蓊蔚葱菁，名园四出，奇葩艳林多所未睹，春夏之交灿若锦屏，周匝所最佳者如牡丹王家红、佛头青，芍药之莲香、白观音……"①明代时亳州已是牡丹的栽培中心，亳州牡丹擅名海内，除了药用外，观赏牡丹也很多，像"御衣黄""集翠蕊珠"等都是全国闻名的佳品。牡丹的种植带来了丰厚的经济效益，因而种植规模十分庞大。徐乾学有诗曰："谯城连延三万户，北枕涡流跨城父。……惟有巍峨元（玄，避讳）武门，舟车络绎通商贾。"②牡丹之外，芍药的种植也极可观。清人刘开有诗云："小黄城外芍药花，十里五里生朝霞。花前花后皆人家，家家种花如桑麻。"③芍药的种植已与桑麻无异，可见其种植之广泛，规模之大也可以想象。亳州的芍药种类繁多，花也大于他处，为亳州带来了极大的经济效益。据清代诗人周光邻称，"谯阳（亳州）芍药最盛，花时论担而售，计十钱可得百余朵"。④

花卉的种植既直接增加了经济收益，也带动了相关产业的发展，促进了亳州商业的繁荣。早在康熙年间，文人钮琇对亳州商业的繁盛就有这样的描述：

> 亳之地为扬豫水陆之冲，豪商富贾，比屋而居，高甍大甂，连墙而集。花时则锦幄如云，银灯不夜，游人之至者，相与接席携觞，征歌啜茗，一椽之僦，一箸之需，无不价踊百倍，浃旬喧宴，岁以为常。⑤

---

① 嘉靖《亳州志》卷1《田赋考》，第55页；《土产》，顺治《亳州志》卷1，第88页。
② 徐乾学：《支园牡丹歌》，乾隆三十九年《亳州志》卷12《艺文》，第323页A。
③ 刘开：《借陈丈晚香任砚香至城东观芍药复作长歌》，光绪《亳州志》卷18《艺文志》，第513页B。
④ 周光邻：《芍药》，光绪《亳州志》卷18《艺文志》，第508页B。
⑤ 钮琇：《觚賸》卷5《豫觚·牡丹述》，上海古籍出版社，1986，第89页。

钮琇道出了交通之于亳州的重要性，也点出了花卉种植对亳州商业的促进作用：每值花期之际，四方游人往来如织，宴乐赏玩，昼夜不息，极大地刺激了亳州的消费，城内物价一时因之飞涨。钮琇的描述虽不免有些溢美之词，但也能在相当程度上反映当时亳州的繁盛景象。

正是基于亳州商业的迅速发展，税收也越发可观。康熙二十年，清政府在亳州设立税口。该口是凤阳关辖下较早设立的分税口之一，直到咸丰初年才因兵燹而废。[①] 亳州口有上下二关，上关在仁和街，征落地税；下关在张家桥，征货船税，都在涡河北岸附近。[②]

二 清中期的继续发展

清中期，亳州的商业继续发展，更胜清初，尤其是涡河近城北一带，更是"商贾百货所聚集"。[③] 亳州商业的发展，既表现在居于全省前列的商税、牙税[④]税额上，也表现在街市数量的持续快速增长上。

1. 清代亳州的商税、牙税

亳州口是凤阳关下重要的分税口之一。清初凤阳关仅有正阳和临淮二关，乾隆时期凤阳关收税口已增至 11 处，包括正阳大关，临淮、怀远、盱眙、亳州四大口，新城、涧溪、长淮、蚌埠、符离、睢河六小口。

亳州是淮河水陆交通枢纽，也是淮河沿线南北货物的重要集散地之一，往来商货络绎。亳州口负责征收过往水旱商税，无论大小商船及陆贩货物，均按旱贩则例征收。在别口报税的货物，本口不重征；在本口发卖的货物则征收落地税；他口只征船料税的，本口照货征税。[⑤] 据乾隆

---

① 光绪《亳州志》卷 6《食货志·关権》，第 135 页 B。
② 道光《亳州志》卷 19《食货志·关権》，《中国方志丛书》华中地方安徽省第 664 号，台北，成文出版社，1985，第 785 页。
③ 王鸣：《重修永清桥碑记》，乾隆三十九年《亳州志》卷 12《艺文》，第 280 页 A。
④ 此处的商税、牙税与今日之商税、牙税并非同一概念。今日的牙税属于商税的一种，后者包括前者；亳州的方志中，商税、牙税都是杂课的一种；乾隆《江南通志》中，商税、牙税、田房税、花布牛羊税、典税等，也都是杂税的一种，商税和牙税属于并列关系。本文的商税、牙税即属后者。
⑤ 乾隆《户部则例》卷 77《税则·凤阳关》，《故宫珍本丛刊》第 285 册，海南出版社，2000，第 261 页 A。

年间的税则统计，亳州口征收衣物、食物、用物和杂货四类商品，其中衣物11种，食物11种，用物27种，杂货13种，共计各色商品四五百条。①

亳州的商品以药材、铁货为主，兼以南北杂货。亳州是重要的药材集散地之一，这从亳州境内会馆的经营行业也可看出（参见表3），境内及邻近府州的药材也经由亳州中转。据李刚研究，山陕商人除了将西口药材贩运到亳州外，还大量贩卖亳州特产亳芍、亳菊、柔白、瓜蒌、槐米、二丑等名贵药材到西部各地。② 铁货主要由山西的泽潞地区输入，如明末山西阳城商人李思孝专以贩铁为业，在开封、周口、亳州、曹州等地皆有铺户，有资产数十万两。③ 乾隆年间，山西潞安府长治县八佾镇，"该镇居民共五百余户……多在安徽贸易"，④ 在亳州经商的当也不在少数。杂货的一条重要渠道是从江苏回空粮船捎带，"向来河南货物由颍河、涡河舟运至此（长淮集）上岸，陆路至浦口发往苏杭，亦有苏杭绸缎、杂货由浦口起，旱至长淮雇船运赴颍、亳、河南等处"。⑤

亳州口的税收尚无明确记载，仅可从一些资料中窥其大略。据康熙《大清会典》记载，康熙二十五年凤阳关定额79839两，其中包括正阳关、临淮关原额及加增额共3万两，还包括康熙二十年并征亳州、盱眙税课41115.83两。⑥ 亳州的商业地位无疑超过盱眙，税收自然也应该高出盱眙，保守估计亳州的税收应在2万两以上。

乾隆年间两江总督高晋奏称，"该关（凤阳关）共设税口十一处，内正阳一处为大关，临淮、怀远、盱眙、亳州四处为大口，新城、涧溪、长淮、蚌埠、符离、睢河六处为小口……新城等处六小口止赖凤属之宿州、虹县及泗州等处本地米豆出口，纳税原属无多"。⑦ 乾隆年间凤阳关税务卓尔岱指出，"凤阳关各处小口每年约收银八九万两不等……惟正阳

---

① 乾隆《户部则例》卷77《税则·凤阳关》，第261～266页。

② 李刚：《陕西商帮史》，西北大学出版社，1997，第402页。

③ 张正明：《晋商兴衰史》，山西古籍出版社，2002，第24页。

④ 故宫博物院编《史料旬刊》第3册第28期《秦功德案》，北京图书馆出版社，2008，第583页。

⑤ 乾隆《凤阳县志》卷3《舆地志三·市集》，第13页。

⑥ 康熙《大清会典》卷34《户部·关税》，《近代中国史料丛刊》第3编第72辑第715册，台北，文海出版社，1990，第1597页。

⑦ 《两江总督高晋折》，乾隆三十八年二月二十八日，中国第一历史档案馆藏《宫中档朱批奏折》。

大关每年约收银二十万两上下"。① 据此我们大致可以推断，凤阳关的税收主要来自正阳大关及四大口，六小口的税收十分有限，正阳大关在乾隆年间的税收每年在 20 万两上下，四大口每口年均征银当在 2 万两上下。

根据以上材料，亳州口的税额在康熙时已经达到 2 万两，乾隆时期是凤阳关税收的最高期，因而亳州口的税收应该超过 2 万两。当然，税口所征税额仅能在一定程度上反映亳州商业的发展，商人的偷漏及官员的侵吞都会严重影响税额。

除了国家在亳州设立的关税分税口外，亳州的地方商税和牙税税额也居全省前列，属于安徽经济比较发达的地区之一。表 1 是依据《大清会典》以及部分安徽方志整理出来的清前中期安徽部分州县商税、牙税情况一览。

表 1 清前中期安徽部分州县商税、牙税情况一览

单位：两

朝代 地区	康　熙		乾　隆		嘉　庆		道　光	
	商税	牙税	商税	牙税	商税	牙税	商税	牙税
怀宁	137.025		137.025				142.545	
宣城	146.418		146.418	256.35	141.695	256.35	141.695	
芜湖	96.160		96.160		96.160			
定远	110.195		110.195					
阜阳	商麹（曲）税银 451.6		商麹（曲）税银 451.6					128.7
寿州	407.255		407.255	174.6		174.6	381.563	174.6
亳州	114.616		114.616	961.3				698.3
盱眙	商税地契银 94.94		商税地契银 94.94					
安徽		5394		8030.76		8444.1		

注：表中所选州县，皆为安徽省商税、牙税税额居前列的州县。其中，阜阳的商税也较高，但因是商曲税合计，故无法得知其确切的商税税额。

资料来源：康熙《江南通志》卷 18《田赋》；乾隆《江南通志》卷 72《食货志·田赋》；道光《安徽通志》卷 58《食货志·杂课》；康熙至道光年间部分安徽方志。

---

① 《庐凤道兼管凤阳关税务卓尔岱折》，乾隆二十九年十月二十二日，台湾故宫博物院编辑委员会编《宫中档乾隆朝奏折》第 23 辑，台北，台湾故宫博物院，1982，第 38 页 A。

清代，安徽的商税和牙税基本实行定额制，除部分州县外，不同时期的商税和牙税基本保持不变（其他未列入的州县也是如此）。二税的相对稳定，使我们较难从动态上考察不同时期各州县商业的发展变化实况，仅能提供一个相对的参照数据。

寿州是凤阳关大关正阳关所在地，从商税来看，其商税高达400余两，居安徽省第一（二）位，[①] 远高于其他各州县。即便是省治所在地的怀宁以及安徽的另一税关城市芜湖，都与之相差甚大。亳州的商税尽管与寿州相去甚远，但与其他各州县差距较小，仍是省内商税较高的州县之一。

牙税是政府对牙人牙行这些市场贸易的中介商所征的税收，是商品经济发展的重要指标之一。就牙税来看，亳州的牙税在乾隆年间额征961.3两，占整个安徽省的12%，是同期寿州的5倍多，是宣城（安徽省牙税额第二）的3.7倍。亳州的牙行在雍正年间开始定额，共1400余家，分上中下三则纳税，"上则完税八钱，中则完税七钱，下则完税六钱"。[②] 由于牙行实行定额，乾隆朝的牙帖数和牙税额与雍正朝完全一致，因而乾隆朝的牙帖量和牙税额无法如实反映亳州商品经济发展的实况。但毋庸置疑的是，乾隆时亳州商业的发展程度已经远超此前。"乾隆四十三、四、五及四十九、五十二并嘉庆三年，节被黄水成灾，城关四厢集场多被冲没，牙户逃亡；嘉庆十八九及二十四、五年复又连遭水灾，逃亡更甚……逃亡牙户三百九十三名"，[③] 以致道光时该州实收牙税银仅698.3两，减少了27.4%。亳州牙税的大幅减少，并非其自身商业经济发展的停滞或衰落，而主要是水灾所致。

亳州商业的繁盛，远远超过与之平行的各散州以及一些府治，即便是省治所在的怀宁县，其商业状况都与亳州相去甚远。在安徽的市场网络体系中，芜湖、正阳这两大中央税关所在的城市无疑是居于最高层级的流通枢纽城市，亳州则发展成为仅次于它们的地区性商业城市。

2. 亳州的街巷

清前中期，亳州的街巷数量较清初也有了大幅度的增长。以下是根据清代亳州方志整理出来的亳州各区街巷数量，参见表2。

---

① 阜阳的税收数据是商税与曲税合计，因而无法判断其商税的税额是否超过寿州。
② 道光《亳州志》卷19《食货志·杂课》，第786页。
③ 道光《亳州志》卷19《食货志·杂课》，第786~787页。

表 2　清代亳州各区街巷统计

位　　置	乾隆五年	乾隆三十九年	道光五年	光绪二十年
城中	24	50	56	56
北关	33	32	57	57
河北		19	40	14
城治沟西	／	／	13	5
南关外	1	4	5	5
东关外	3	3	5	5
西关外	1	2	4	4
亳州（合计）	62	110	180	146
增长率（%）	100	77.4	190	135

资料来源：乾隆五年《亳州志》卷 1《疆域志上·城池·街市》；乾隆三十九年《亳州志》卷 1《城池·街巷》；道光《亳州志》卷 9《舆地志九·街巷》；光绪《亳州志》卷 2《舆地志二·街巷》。

由表 2 可知，乾隆五年，亳州已有街巷 62 条，其中城中 24 条，北关、河北共 33 条，东关外 3 条，西关外 1 条，南关外 1 条。乾隆三十九年，亳州的街市增加到 110 条，其中城中 50 条，北关 32 条，河北 19 条，东关外 3 条，南关外 4 条，西关外 2 条。道光五年，亳州的街巷数量高达 180 条，达到历史最高，其中城中 56 条，北关 57 条，河北 40 条，东关外 5 条，南关外 5 条，西关外 4 条。如果以乾隆五年的街巷基数为 100 计算，乾隆三十九年已达到 177，道光五年则增长到 290，其增长速度可见一斑。

街巷因商业的发展而设立，亳州的街巷在布局上也鲜明地体现了这一特征。亳州城内主要是官绅聚居区，也是亳州的行政中心。亳州的商业在很大程度上是依靠涡河的航运发展起来的，北关和涡河北岸是经济最繁荣的地区。北关是主要商业区，店铺、会馆林立，街巷也多是以行业和商品命名的专市；河北则主要为农副产品交易市场。地理上的集聚一方面降低了商品的价格，能更好地满足居民的需求；另一方面又减少了运输成本，为商品的中转批发提供了便利。

亳州在乾隆以前就形成了专门性的商品街市："北关以外列肆而居，每一街为一物，真有货别队分气象，关东西，山左右，江南北，百货汇于斯，分亦于斯。"① 如乾隆三十九年，北关外大街上的商品中，衣帽类有白

---

① 乾隆三十九年《亳州志》卷 10《风俗》，第 202 页 A。

99

布街、帽铺街，竹器有竹货街、爬子巷、筛子市、席市，纸张有纸坊街，瓷器有瓷器街，药材有花子街（亳州称白芍为花子），牲畜有牛市、猪市街、羊市，此外尚有姜麻街和干鱼街。① 这些商品既满足本地市民的日常消费，又可供中转批发，商品来自附近州县以及湖广、江浙、河南等省。与乾隆初年相比，30多年内，亳州的街市数量增加了近1倍，数目惊人。到了道光五年，亳州的街巷数量高达180条，几乎是乾隆五年的3倍，专业街市也增加了许多，瓷器市、姜麻市、猪市和驴市都增加到2处。②

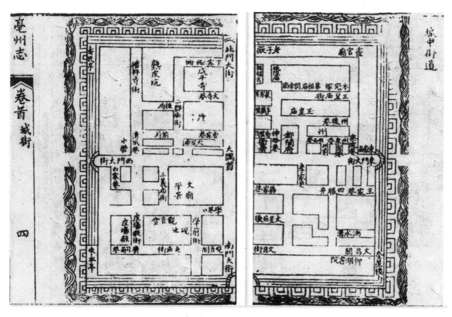

图1　乾隆三十九年亳州街道

图片来源：乾隆三十九年《亳州志》卷首《图》，第13页B～14页A。

三　商人与会馆

亳州居民多勤于农桑，少事工商，"商贩土著者什之三四，其余皆客户"。③ 外商既多，自然"集百货之精"，居民耳濡目染，因而服食器用也

---

① 乾隆三十九年《亳州志》卷1《城池·街巷》，第32页A。
② 道光《亳州志》卷9《舆地志九·街巷》，第293～318页。
③ 乾隆三十九年《亳州志》卷10《风俗》，第202页A。

夹杂五方的习俗。[①] 亳州作为江北的一大都会，[②] 交通极为便利，商业极其发达，汇集了安徽、山陕、江西、浙江以及福建等省商人，其中尤以徽商和山陕商人居多。[③] 这些商人人数众多，行业各异，实力雄厚，并且多建有会馆。表3是据方志资料整理出的各省商人在亳州所建会馆的情况。

表3　亳州主要会馆情况一览

会　　馆	位　　置	兴建时间	商帮及经营范围
山陕会馆（关帝庙）	北关涡河南岸	顺治十三年（1656）	山陕商人　药业、铁业
徽商会馆（朱文公祠）	北关外门神街	康熙八年（1669）	徽商　药业、竹木、文房四宝
宁池会馆（金龙四大王庙）	北关外火神庙街	乾隆五十八年（1793）	宁国、池州二府客民　药业
闽商会馆（天后宫）	北关外爬子巷	乾隆元年（1736）	福建汀邵客民
楚商会馆（禹王宫）	天棚街		药业
药商会馆（三皇庙）	铁果巷西	雍正十年（1732）	药业
江西会馆（许真君祠）	打铜巷	乾隆五十八年	江西客民　药业
染商会馆（葛仙祠）	永和街	咸丰元年（1851）	染纺业
江宁会馆	河北		江宁商人　药业
旌德会馆	城西北三十里		旌德商人　药业
浙江会馆（自在园）	城东二里	道光五年（1825）前	绍兴商人　药业

注：部分商帮经营行业据1996年亳州市地方志编纂委员会编《亳州市志》补入。
资料来源：根据乾隆五年、三十九年《亳州志》，道光《亳州志》，光绪《亳州志》整理。

亳州的安徽商人主要有徽商、宁池商人，其中以徽商人数最多，财力最为雄厚。徽商在宋元时已开始在淮河流域经营，明代婺源商人查一樽，"商亳之荆山……岁歉，待公举火者奚啻百家"。[④] 清代则有更多的徽商来到亳州经营，这些商人中许多还有功于地方，得以跻身方志中人物传的义

---

① 乾隆三十九年《亳州志》卷10《风俗》，第202页A。

② 孙维龙：《重修咸平寺碑记》，乾隆三十九年《亳州志》卷12《艺文》，第278页B。

③ 关于亳州的徽商，主要有以下成果：卞利《徽商与明清时期的社会公益事业》，《中州学刊》2004年第4期；王裕明《明代前期的徽州商人》，《安徽史学》2007年第4期；陈瑞《清代淮河流域商业重镇亳州境内的徽商——以乾隆、光绪〈婺源县志〉为中心的考察》，《中国地方志》2008年第12期。

④ 《婺源查氏族谱》卷尾1《行实》，光绪十八年刻本。

行一类人。① 如"曹金祖，号碧潭，清源人，客亳州；詹一滨……弱冠商亳，稍获赢赀，与胞兄一淳均半经营，无吝色。康熙四十八年亳大饥，钱米周赈约五百金；次年亳疫，施棺二百余具、席数百，掩埋无算；詹至中，卢源监生，少孤，家贫，长商于亳"。② 黄天仪，名维玑，"先世自歙迁亳……盖六世于兹矣"，是侨居亳州的歙县徽商后裔。乾隆丙子（1756），亳州大饥，"出所储粮二千余石，减市价十之一，豆饼二万片……亦减价以市"，③ 贫民得济尤众。"詹轸元，（婺源）庐坑人，少孤贫，远贾于亳。"④ 再如程箕昌，"国学生，起家于亳"；⑤ 詹隆桢，"中岁贾于谯，赀稍裕，喜施与……道光壬癸间，亳荒，捐千金助赈，全活多人"。⑥ 亳州三障庵旁所建义冢，系徽州人詹湟与其子良毓买地所置。⑦ 再如婺源查世祈，"服贾江北……亳之会馆、义冢皆赖以经营"。⑧

亳州的外商以山陕商人居多。如临汾商人杨昌年，生于康熙六十一年（1722），"业商于亳州"。⑨ 除了只身来亳经营者外，有些晋商甚至举家迁入，如亳州郭氏。其"先世本山西沁水县籍，明正德间有名璟者迁亳，遂世为亳州人"；郭氏遭太平天国之乱后，家道中落，郭莹山只得与弟玉珫"弃儒而贾以事生计"。⑩ 亳州的大关帝庙（即山陕会馆）就是由山西、陕西药商所建。据乾隆三十二年（1767）《重修大关帝庙碑记》记载，大关帝庙建于顺治十三年（1656），"首事王璧、朱孔颖，皆籍系西陲，西行

---

① 王裕明认为徽商在淮河流域一带从事商业经营活动的历史可追溯至宋元，尤其是元末。参见王裕明《明代前期的徽州商人》，《安徽史学》2007 年第 4 期。陈瑞对清代亳州境内婺源籍的徽商进行了考察，参见陈瑞《清代淮河流域商业重镇亳州境内的徽商——以乾隆、光绪〈婺源县志〉为中心的考察》，《中国地方志》2008 年第 12 期。
② 道光《徽州府志》卷 12《人物志·义行》，第 1201 页 B、第 1205 页 B、第 1208 页 B。
③ 乾隆三十九年《亳州志》卷 8《人物》，第 170 页 A。
④ 乾隆《婺源县志》卷 33《人物十·义行三》，《中国方志丛书》华中地方安徽省第 677 号，第 1515 页。
⑤ 光绪《婺源县志》卷 34《人物十·义行三》，光绪九年刻本，第 4 页。
⑥ 光绪《婺源县志》卷 35《人物十·义行八》，第 26 页。
⑦ 光绪《亳州志》卷 4《营建志二·寺观》，第 120 页 A。
⑧ 《婺源查氏族谱》卷尾之 4《行实》。
⑨ 《杨氏历世实录》，临汾《杨氏家谱》，乾隆十四年。
⑩ 民国《亳县郭氏宗谱》卷 3《艺文·江苏候补知县郭君莹山家传》。

于亳，求财谋利，连袂偕来，亟谋设会馆，以为簪盖之地"。① 山陕会馆地处商业繁荣的北关咸宁街，北临涡水，南依城郭，占地 3200 平方米。会馆建筑秀丽，雕绘精绝，有钟鼓二楼、大殿、戏楼、山门等，仅山门外山陕药商进献的一对铁旗杆就高 16 米，重 1.25 万余公斤，足见昔日山陕商人之豪富。此外，亳州的一些庙宇也曾得到西商的资助。如岳王庙在北关太平桥南，建于康熙十六年（1677），乾隆三年（1738）由山西凤台县商人所开商号董全兴续修。② 亳城东南郊 0.5 公里处的白衣律院修于顺治初，乾隆二十五年（1760）山西富商董继先捐资修建环殿经楼、藏经楼及厢房等。③

此外，亳州尚有福建、江西和江宁等处商人，但其事迹较少，仅有会馆留存。如"天后宫在北关外爬子巷闽商会馆"；④ "许真君祠在打铜巷，旧志云在猪市巷，改名万寿宫，乾隆五十八年江西客民建为会馆"。⑤ 嘉庆十八年，亳州遭遇黄灾，知州李尧文在城内设二处粥厂，其中一处便设在河北江宁会馆。⑥

嘉庆十八年九月，亳州暴发大水，不但城墙被冲坍 29 丈，而且"黄水冲坏仁和、顺和二街，漂没两岸并附城民舍数十万间"，⑦ 灾情极其严重。为了赈济灾黎，从中央到地方，从官员到商人、市民都积极投身于赈灾活动。其中，涉及商人捐款的仅有龙兴号德中盐店；捐粮的商户较多，有典商 7 家，董全兴、李沛兴、刘和合、牛全顺、牛全高、武衡茂、晋统昌、董恒昌、薛万泰各号以及玉成、交泰、中和各钱店。⑧ 此次赈灾涉及盐商、典商、钱商和董全兴等 9 家商号。这些商号中，董全兴是山西凤台县商人所经营，其他商号是何省商人开设则不得而知。

---

① 转引自侯香亭、梅开运《花戏楼》，政协安徽省亳州市委员会文史资料研究委员会编印《亳州文史资料》第 5 辑，1992，第 116 页。
② 乾隆三十九年《亳州志》卷 3《坛庙》，第 56 页 B。按，嘉庆十八年（1813）亳州的救灾中，有董全兴商号的捐粮，它最迟在雍正年间已经来亳经营，由此可知董全兴商号在亳州存在的时间较长。
③ 光绪《亳州志》卷 4《营建志二·坛庙》，第 115 页 B。
④ 乾隆三十九年《亳州志》卷 3《坛庙》，第 57 页 A。
⑤ 光绪《亳州志》卷 4《营建志二·坛庙》，第 113 页 B。
⑥ 光绪《亳州志》卷 6《食货志·蠲赈》，第 151 页 A。
⑦ 道光《亳州志》卷 40《杂志一·祥异》，第 2134 页。
⑧ 道光《亳州志》卷 20《食货志·恤政》，第 832 页。

　　除了地域性的商人会馆外，还有一些行业会馆。亳州的药商会馆位于铁果巷西面，雍正十年（1732）由药商修为会馆。① 亳州盛产药材，是全国著名的"四大药都"之一，药材也是亳州的大宗商品之一。顺治时，亳州的药材就有27种之多，道光时增加到44种，且不包括花类和草类。② 据乾隆《户部则例》记载，亳州口的旱贩杂货税则中，仅药料就有近130则，即近130种药材需要征税。③ 亳州人称白芍药为花子，乾隆五年刊刻的《亳州志》中，亳州的街市已有花子街，这是以白芍为主要商品的专业性街市。④ 商人在选择最优经营地的时候，通常是以利润最大化为导向，亳州丰富的原料以及便利的交通，大幅度降低了原料采买和运输成本，这也是亳州能成为明清时期重要的药材集散地之一的主要原因。

　　汉族商人外，还有一些少数民族商人在亳州经商。据资料记载，现在的亳州市仅清真寺就有十几座，其中最早的北京寺始建于元至正年间（1341～1368）。⑤ 逮至乾隆五年，亳州街市中已首次出现礼拜寺街。⑥ 道光五年，亳州又出现另外二处清真街巷：大街西，"西北曰礼拜寺"；河北大街，"东门通大河曰清真巷"。⑦ 礼拜寺街、清真街、清真巷主要是回族、维吾尔族的聚集地，可以推测乾隆以前已有不少回族、维吾尔族的商人在亳州经商；至嘉道时，又有更多的少数民族商人进入亳州。

结　语

　　清前中期，在稳定的社会环境下，亳州凭借便利的水陆交通条件，商业较明代有了长足的发展，成为淮河沿线重要的商业城市和商品流通集散地，也成为安徽境内重要的地区性商业城市。亳州商业的发展主要体现在：亳州口是凤阳关下重要的分税口之一，地方商税居于全省前列，牙税

---

① 光绪《亳州志》卷4《营建志二·坛庙》，第113页A。
② 《土产》，顺治《亳州志》卷1，第87页；道光《亳州志》卷21《舆地·土产》，第849～852页。
③ 乾隆《户部则例》卷77《税则·凤阳关》，第264页B～265页A。
④ 乾隆五年《亳州志》卷1《疆域志上·城池·街市》，第226页。
⑤ 陈乐基主编《中国南方回族清真寺资料选编》，贵州民族出版社，2004，第265页。
⑥ 乾隆五年《亳州志》卷1《疆域志上·城池·街市》，第225页。
⑦ 道光《亳州志》卷9《舆地志九·街巷》，第305、310页。

额更是全省之首；乾嘉道年间，亳州的街巷数量增长迅猛，并较早地形成了一物一街的专业化格局；亳州城内会馆林立，富商大贾云集，呈现一片繁盛景象。随着商业的发展，亳州的城市功能完成了由军事城市向流通枢纽型经济城市的转变。清代亳州商业的发展，改变了亳州的城市面貌，加速了居民区和商业区的分化、商品专业化格局的形成，丰富了城市物质文化和精神文化，使亳州成为皖北地区举足轻重的商业城市和商品流通枢纽。

作者：徐俊嵩，山西财经大学晋商研究院

（编辑：张献忠）

资金短缺困境下的清末民初民族工业*

——以景德镇江西瓷业公司为中心的考察

詹伟鸿

内容提要：甲午战后，英、德、日等国逐渐扩大对中国瓷器的倾销，以景德镇为代表的中国传统制瓷业面临前所未有的压力。有识之士提出了仿制西瓷，以保卫瓷业固有利权的设想。江西瓷业公司是清末民初政府扶持传统瓷业工业化转型的主要代表，规模较大但创办历程曲折漫长。自光绪二十二年起，历经多任大员兴办均告失败，最终在光绪三十四年成立，但开工仅半年就陷入困境，随后迅速走向衰亡。本文回顾了江西瓷业公司从创办至衰败的历程，并指出清末民初政府财政匮乏及企业缺乏有效融资渠道是其创办艰难及迅速衰败的根本原因。清末民初时期，由于中国资本市场刚刚兴起，民众对机器大工业发展没有信心，要想通过招股集资来获得较大数额资本非常困难。

关键词：江西瓷业公司　清末民初　民族工业　瓷业利权

"瓷都"景德镇制瓷技术世界知名。传统景德镇制瓷都是手工生产，甲午战后，随着西方机器制瓷技术趋于成熟，洋瓷生产成本大大降低并逐步扩大对中国的倾销，以景德镇为代表的中国传统瓷业面临前所未有的压力。此后，晚清政府和有识之士掀起了一股仿制西瓷，以塞漏卮，保卫瓷业这一"中华固有之美利"的浪潮。江西瓷业公司①就是清末民初政府扶

---

*　本文是笔者到复旦大学历史系做访问学者期间写成。写作过程中曾获得朱荫贵教授的悉心指导和帮助，特此致谢。

①　全称应为"商办江西瓷业有限公司"，但各类文献包括瓷业公司自己一般写为"江西瓷业公司"或"瓷业公司"，本文亦从之。在商办江西瓷业有限公司之前，由张之洞、柯逢时、胡廷干提出并创办的瓷业公司，文献则有"瓷器公司""磁器公司""瓷业公司""景德镇瓷（磁）器公司""江西瓷器公司"等多种表述，本文一律写为"景德镇瓷器公司"或"瓷器公司"，以示区别，便于理解。

持传统瓷业工业化转型的主要代表。

目前，对于江西瓷业公司这一近代瓷业发展中的重要典型，主要见诸一些通俗性、通史性简述，其中还有许多不符史实之处。经济史学界由于"大多把注意力集中到那些大烟囱工业，很少研究手工业"，[1] 加之瓷业公司创办过程曲折复杂，获得完整史料较为困难，因此，关于江西瓷业公司的研究几乎是空白。[2] 本文利用清末民初报刊、时人著述有关江西瓷业公司文献和《江西瓷业公司第四届报告书》，结合鄱阳县档案馆、江西省档案馆档案，穷究相关文献档案，拟对江西瓷业公司起源、创办过程变迁、创办艰难及迅速衰败原因做出研究，并力图通过此个案进一步探究清末民初民族工业发展艰难的原因，以期抛砖引玉，求教于方家。

一　商办江西瓷业公司成立前的种种努力

甲午战后，瓷器市场持续低迷，且有逐渐被外瓷攘夺之势。不少开明士绅提出改进制瓷技术、仿制西方瓷器，扩大销路，以保利权的设想。[3]

光绪二十二年（1896）正月，两江总督张之洞上《江西绅商请办小火轮瓷业及蚕桑学堂折》。主张创办瓷器公司，仿制西式瓷器。他的设想是：

> 现拟集股兴办，惟成本巨而运费多，必须官为扶持乃能兴鼓舞，拟请除中式瓷器经行关卡仍照例完税抽厘外，其有创造洋式瓷器统归九江关出口，援照烟台制造外洋果酒之例，暂免税厘数年，数年以后，如销广利倍，再按海关进出口税则及内地厘金办法酌量征收，并援制造果酒之例，准于江西一省，定限十五年，只准华人附股，不准

---

① 许涤新、吴承明主编《中国资本主义发展史》第2卷上册，人民出版社，2005，第5页。
② 除彭泽益编《中国近代手工业史资料》（中华书局，1962）有少许江西瓷业公司史料外，经济史研究中有关江西瓷业公司的研究几乎是空白，但江西瓷业公司却是近代瓷业发展中的一个重要典型，对其研究有重要意义。一是公司成立时间早，若从光绪二十二年张之洞上奏成立瓷器公司算起，则是近代最早瓷器公司；二是规模大，相对于近代湖南、福建、四川、广东、山东、河南等地近20处瓷器公司而言，江西瓷业公司规模较大；三是景德镇是瓷都，原有清御窑厂，江西瓷业公司的发展变化与官方、与御窑厂有密切关系，它为研究近代瓷业发展中的官商关系提供了独特视角。
③ 《论商本于工》，《申报》1895年12月19日，第1版。

另行设局。①

张之洞提出了兴办瓷器公司的设想，并提出派人去西方考察瓷业，研究洋人习性，仿制西式日用瓷器，免税数年，限江西省一省专利十五年等措施。此提议得到光绪帝和总理衙门同意。但当清政府把此事交给江西巡抚德寿办理时，却遭到了拒绝。德寿同年五月上《为查明江西景德镇窑厂，早有仿照西瓷贩运出口，历系照章完厘，现据江西绅商兴办西瓷，自应仍照华瓷章程，按抽护验各厘未便减免折》，折中写道：

> 是西式瓷器实为瓷厘大宗，虽江西各厘卡历年查照华瓷按篮件大小酌收厘数，并未立有西瓷名目，而实为向来厘局一大进项……嗣后西式瓷器应完厘金必至全免，启此漏卮年亏十余万两之收数，何能当次重咎，即或准该绅商另制新式西瓷，遵照奏案免厘三年，既恐广帮诸商籍口同为西瓷，将向有厘金相率抗缴，又虑奸徒混朦隐射难以剖别，转辗筹思，诸多窒碍。②

德寿认为景德镇早有窑厂仿制西方瓷器，而且产量还不小，最重要的是，西瓷瓷厘是财政一个重要来源，每年共计可得银十余万两，倘予以免税，是财政一大损失。而且他还担心，仅仅免收景德镇产西瓷的厘税，广帮诸商会以同为西瓷相率抗缴厘金，还有许多本来贩卖华瓷瓷商通关时会借口西瓷不予缴税，将给通关管理带来很大不便。就此请求仍照原来办法，无论华瓷西瓷，均一律照章纳税，德寿的意见得到光绪帝支持。由此，创办瓷器公司的第一次提议就此搁浅。

张之洞创办瓷器公司提议搁浅后，国外特别是日本制瓷技术不断改进，光绪二十五年（1890），日本成功试验用煤代替柴作为烧制瓷器燃料，大大降低了瓷器生产成本。③洋瓷凭借低廉价格逐步扩大向中国的倾销，景德镇瓷器市场面临持续萎缩的压力。为保住利源，扩大市场，清政府又把开办瓷器公司的提议重新提上日程。光绪二十八年，护理江西巡抚柯逢

---

① 张之洞：《张文襄公全集》第1集，中国书店，1990，第784页。
② 中国第一历史档案馆编《光绪朝朱批奏折》第101辑，中华书局，1996，第554页。
③ 《陶瓷器烧料之新法》，《湖北商务报》第22期，1899年，第11页。

时派张祖笏、李禣煌总办瓷器公司。① 光绪二十九年五月四日,护理江西巡抚柯逢时上《为开办景德镇瓷器公司派员经理以振工艺而保利权折》,主张开办瓷器公司。他对此事的看法是:

> 然中国之（瓷器）销数日绌而外洋之浸灌日多,揆厥所由,实缘窑厂资本未充,不能与之相竞。……于是年复一年,利日以微,货日以窳,其行销内地者,即通都大邑亦少精制之品……然而工匠之精能者,至今实未尝乏也。……经臣周咨博访,查有湖北候补道孙廷林,器识宏通,办事精审……当即电调来江,即经委办瓷器公司,筹拨银十万两,以为之创,余由该道自行集股。据称已得五万金,于三月间,在该镇建设窑厂,招集工人,专造洋式瓷器,必精必良,约计秋间,即可出货。②

柯逢时看到,甲午战后,《马关条约》允许洋人直接在华投资设厂,当时已有洋人多次企图在景德镇设厂制瓷,为避免利权丧失,成立瓷业公司势在必行。再者,从创办瓷器公司可行性角度分析,景德镇瓷器生产仍有技术和人力资源方面相对优势。"工匠之精能者,至今实未尝乏也","他项工艺,收效难期,不若因期固有者而扩充之,为事半而功倍也"。柯逢时认为景德镇瓷器"愈趋愈下,岁不及半","实缘窑厂资本未充,不能与之相竞"。故此,他提议官商合办瓷器公司,并派湖北候补道孙廷林实际着手开办。柯逢时还吸取张之洞提议创建瓷器公司遭到德寿否决的教训,在奏折中明确指出,此次兴办瓷器公司"所有章程,均循商例,应完厘税,一律抽收,且不敢援专利之条,致为商人所疑沮"。③

但柯逢时奏办的瓷器公司创建并不顺利,主要原因是资金不到位。柯逢时在上奏后次月即接到调任广西巡抚命令,七月十九日启程离开江西。④原来筹拨官款十万两的计划没有落实。另外,瓷器公司总办孙廷林筹集商股也很不顺利,不得已中途停止。此事的因由和后续事项《商务官报》中有所记载:

---

① 《抵制洋瓷》,《选报》第 36 期,1902 年。

② 《光绪朝朱批奏折》第 101 辑,第 561 页。

③ 《光绪朝朱批奏折》第 101 辑,第 561 页。

④ 殷应庚著、黄健整理《柯逢时年谱》,《江汉考古》1989 年第 1 期。

故公司房屋窑位虽已建筑，迄未开工，而孙道又因差在鄂，势难兼顾，亦禀请销差，声明原奏所拨江西官款十万两并未核发，仅由藩司经发皖省瓷土公司订购祁门土不①先付之价银一万两，自招商股五万，亦仅筹集三万，一面自行咨照股东，一面将所建房屋窑位酌量变价退还原股本银。②

柯逢时官商合办瓷器公司计划中途辍止后，继任几位江西巡抚也有兴办景德镇瓷器公司计划，但大多不了了之，其主要原因仍是资金难以筹足。几位继任江西巡抚中，胡廷干在赣时间最长。胡廷干曾有集官商股本30万创办瓷器公司的计划，但因未能筹齐股本而放弃，③还有过收回原来官商合办景德镇瓷器公司，改归官办，成立瓷业公局的想法。1906年《北洋官报》曾对此事有过报道：

> 赣抚胡中臣前派李观察嘉德往景德镇考查瓷业改良，观察于去腊回省销差，详细面禀，已集股五万两，闻现拟将孙廷林所设公司改为公局，归官买回，因此，李观察拟不日前往九江，立约缴价，即为定局云。④

光绪三十二年（1906），南昌教案发生。三月十二日，胡廷干因处理南昌教案不力而被撤职，创办瓷业公局计划最终仍未施行。

清末江西农工商矿务局总办傅春官在光绪三十四年（1908）九月著有《江西农工商矿纪略》一书，其中对江西瓷业公司这时期的创办过程有如下记载：

> 二十九年十二月，禀经前署抚夏咨送，商部三十年接准咨复，饬按公司律更正，又经电复，以瓷器公司设于未定商律以前，故条款未能尽合，章程久定，更改不易，其时孙道回鄂委办要差，且远在宜昌，恐难兼顾，改派候补道蒋辉接充，会同本局司道及各绅，集股筹

① "不"应念"dun"，景德镇瓷器生产俗语。祁门土不，即指祁门生产的瓷土块。
② 曾铸：《候选道曾铸等禀本部文为江西瓷业公司改归商办事》，《商务官报》第8册，1907年，第8~9页。
③ 《江西瓷器公司》，《申报》1905年3月2日，第4版。
④ 《立约购回瓷业公司》，《北洋官报》第933期，1906年，第8页。

办。三十一年四月，又准商部咨催，蒋道考察之后，股本已否筹足？章程已否改良？屋已否布置妥恰？如其开办有日，应令遵章来部注册，经前抚宪胡以饬，据蒋道迭次禀称，前赴景镇调查情形，随往上海考查办有成效之各公司章程，病体纠缠，一再辞差，自应另行遴员接办，先行咨复。嗣于八月，改委候补道李嘉德接办，因未筹有切实办法，迄未咨报。①

综上看出，从光绪二十二年之后的两江总督到后来清廷商部和历任江西巡抚都非常关心瓷器公司的创建，但历经十年之久，几经周折还是没能创办起来。

二 商办江西瓷业公司建立

光绪三十二年，新任江西巡抚吴重憙以创办瓷器公司应以筹款为第一要义，饬令李嘉德赴沪招集商股。② 1906 年 6 月，瓷器公司总办兼洋务局江西补用道李嘉德抵沪入住棋盘街成康号。③ 时任上海道瑞澂曾在九江担任广饶九南兵道，并督办过九江关税兼管景德镇窑场事务，处理过三十年（1904）窑户聚众滋事。李嘉德到上海后就瓷器公司如何筹款，是否要申请专利，手工生产或机器生产等事商晤于上海道瑞澂，瑞澂表示：瓷器公司拟不请专利，但需改为商办。并主动提出由他来办理瓷器公司招商事务，"总之允澂办一切，当遵商部章程，不允，则毋庸议"。④ 7 月 31 日，瑞澂收到李嘉德和江西农工商矿务局总办傅春官两份来电，均表示江西巡抚同意由瑞澂办理瓷器公司事务，请他速拟章议办。⑤

随着瑞澂的介入，江西瓷业公司成立步伐大大加快。瑞澂自己以身作则，入股三万于筹办中的江西瓷业公司，⑥ 还先后找到时任上海总商会总

---

① 傅春官：《江西农工商矿纪略》卷 6《饶州府浮梁县》，光绪戊申年九月石刊本，第 7 ~ 8 页。

② 傅春官：《江西农工商矿纪略》卷 6《饶州府浮梁县》，第 8 页。

③ 《沪城官事》，《申报》1906 年 6 月 14 日，第 17 版。

④ 《沪道复江西李观察电（为瓷业公司事）》，《申报》1906 年 7 月 27 日，第 17 版。

⑤ 《李傅两观察复沪道电（为办瓷器公司事）》，《申报》1906 年 7 月 31 日，第 4 版。

⑥ 《专栏：景镇瓷业公司之恐慌》，《申报》1912 年 3 月 9 日，第 6 版。

理曾铸、协理朱葆三、董事陈润夫等人，邀集入股。8月2日，瑞澂收到赣抚来电，咨催江西瓷业公司办理情况，希望他速行照办，俟商招妥，拟章禀候农工商部核定。8月3日，瑞澂复电南昌汪少翁，请他代向江西巡抚表示，既然敢担任招商，就必能召齐商股且可振兴江西瓷业公司。① 八月九日，瑞澂找到来上海办事的张謇，请他入股筹办中的江西瓷业公司，张謇同意。②

这里需要回答这样一个问题，为什么上海道瑞澂要主动承担为江西瓷业公司招商这原本不是分内的任务呢？他又为何要改变原来历任江西巡抚官商合办甚至官办瓷器公司的决定，改为商办呢？光绪三十三年江西瓷业公司向农工商部申请注册的《禀文》是这样叙述的：

> 瑞澂以前在浔关任内管理窑厂，与瓷业情形当时会加考察，每念江西以瓷业为大宗，又为民间日用之要品，旧规渐失，制作日窳，而近来外瓷输入渐多……该公司旧章原定官商合办，官商隔阂故多疑阻，若依公司办法，不如改归商办较易有成，李道嘉德甚题其议，回江后，遂以所见陈于台府。③

瑞澂在给江西巡抚的电文中则表述道："澂敢担任招商者，原因有友治瓷多年，素所研究于商情，必能联络且可振兴。"④ 经过瑞澂的积极介入，瓷业公司迅速筹集到发起人认购股款，光绪三十三年初，商办江西瓷业公司发起人曾铸、张謇、袁蔚章、陈作霖、许鼎霖、朱佩珍、樊棻、瑞澂等八人联名向农工商部禀文，申请将原官商合办瓷器公司更名为商办江西瓷业有限公司。在改归商办禀文后，附有一份瑞澂起草的《商办江西瓷业有限公司章程并缘起》专件及其《附说》。稍后，光绪三十四年《商务官报》第1册还刊有《江西磁业公司办事章程》。这些公司《章程并缘起》

---

① 《补录上海道瑞致南昌督练公所汪观察（为瓷器公司事）》，《申报》1906年8月3日，第4版。
② 《张謇全集》第8卷，上海辞书出版社，2012，第634页。
③ 《候选道曾铸等禀本部为江西瓷业公司改归商办事》，《商务官报》第8册，1907年，第8~9页。
④ 《补录上海道瑞致南昌督练公所汪观察（为瓷器公司事）》，《申报》1906年8月3日，第4版。

《附说》《办事章程》详述了瓷业公司创办历程及办事依据，是瓷业公司的纲领性文件。为更好地说明公司性质及进行分析，笔者节录其中的主要内容如下。

《章程并缘起》规定：公司定名为商办江西瓷业有限公司，原有官办章程一概作废。发起人公举康达①为瓷业公司经理。公司先招集股本银20万元，公司制造处暂拟设立江西景德镇，即用官办原有房屋。其从前建造费用，当由本公司与原办事人磋商，从减认缴归公。《附说》及《办事章程》规定：公司附设试验场一所，考求本国制造失传之古品，再证以日本及西洋陶制学说，派人出洋考察，购买机器，开办陶业学堂；公司设白话报馆一间；仿外国公司附设银号一所；邀请本地工商组织陶瓷工商总会一所，其开办经费由公司垫借；应呈请颁行特别办法，创建一瓷业特别裁判所。

光绪三十三年四月，两江总督端方奏改江西瓷业公司为商办。② 1907年6月8日，开始以"商办江西瓷业有限公司"为名在《申报》头版刊登招股广告。③ 随后，公司决定扩充股本，增加20万至40万，股本扩充申请得到江督批准，④ 随后农工商部批准。⑤ 光绪三十四年五月，公司正式开工生产。⑥ 六月，公司得到农工商部正式批准立案，并填给执照。⑦

从光绪三十四年五月公司开工至宣统二年，江西瓷业公司办得较有成效。按照经理康达计划，"系一面发扬国产，期竞争于国外市场；一面抵塞漏卮，以挽回国内权利。故设总厂于景德镇珠山之上，注重恢复康乾古制……设分厂于饶州鄱湖之滨，专仿东西新法"。⑧ 在景德镇的公司总厂，

① 康达（1877~1946），原名特璋，祁门礼屋村人。光绪二十三年（1897）拔贡，因关注新学被光绪破格任命为内阁中书，戊戌变法失败后被贬。光绪二十九年参与创建中国茶瓷赛会公司。光绪三十年赴日本留学，考察瓷业，后加入同盟会。

② 朱寿朋：《光绪朝东华录》第10册，台北，文海出版社，2007，第5653~5654页。

③ 《奏定商办江西瓷业有限公司广告》，《申报》1907年6月8日，第1版。

④ 《江督批准扩充江西瓷业》，《申报》1907年8月30日，第12版。

⑤ 《批江西瓷业公司呈》，《商务官报》第20册，1907年，第9页。

⑥ 《江西瓷业公司小启》，《申报》1909年3月6日，第10版。

⑦ 《批江西瓷业公司禀·商办江西瓷业有限公司准予注册由》，《商务官报》第17册，1908年，第5~6页。

⑧ 黄立：《江西瓷业公司第四届报告书》，《实业杂志》第2卷第2号，1921年，丛录第10页。

用景德镇传统方法制瓷，但讲求产品质量。工艺上力求寻仿失传精良技艺，研发各种新釉料配方，高薪聘请画师。在生产形式上，第一次在景德镇瓷业中实现了规模化工业生产，"不惟烧做并举，即窑业各种行色，亦靡不经营，集工人艺徒于一厂，约七百余人，纲举目张，规模宏大"。[①] 改变了景德镇传统瓷业生产长期形成的分业分工、烧做两别、名目殊别甚多而不能兼营的模式。

在饶州分厂，公司购置基地，建设厂房，研制煤炭窑炉技术，花7000多元，聘请日本芝田、黑田两窑业技师参与设计，多次试验，安设新式德国倒焰式回环炭窑一座，[②] 配有从德国进口的火表。公司积极研制机械模型压坯铸坯出品，自制铜板印花，刷花亦已仿制成功。还派遣4名学生去日本有田陶业学堂学习瓷器新法。并于宣统元年（1909）在饶州分厂设立陶业学堂一所，以培养陶瓷技术人才。[③]

公司聘请一些绘瓷名家参与瓷器绘制，并注重题材、技术、款式创新，公司产品销路甚广。宣统元年四月，公司获颁关防一颗，文曰："奏办江西瓷业公司关防。"[④] 由于江西瓷业公司开办前二年的卓越表现，农工商部上奏请奖，公司获得勋章，经理康达获内翰四品顶戴，以示鼓励。[⑤] 宣统元年六月，公司第一次发放股息，[⑥] 宣统元年十月二十二日，借用苏州农工商局为会场开第一次股东会。[⑦] 宣统二年，公司生产的瓷器参加南洋劝业会获得头等奖，在各国商埠赛会，均得优等奖。[⑧]

---

① 黄立中：《江西瓷业公司第四届报告书》，《实业杂志》第2卷第3号，1921年，丛录第14页。

② 《康国镇为瓷窑被拆损失不资恳请如华县长前许分两层办法合并赔偿以恤商艰而维实业由》（1936年），鄱阳县档案馆馆藏鄱阳县国民政府档案，卷宗号：1002-934。此窑系中国近代新式煤窑鼻祖，后北洋时期北平农商部工业试验所及各产瓷区所筑新窑，皆取法于此。1935年被鄱阳县长华洸拆毁，当时奉令在鄱阳城建筑碉堡，因为缺乏砖料，拆卸瓷窑，用来建碉堡。

③ 《江西瓷业公司呈报陶业学堂开办一年并请由北洋续拨常年经费文并批》，《北洋官报》第2442册，1910年，第5页。

④ 《农工商部奏为江西商办瓷业公司请给关防折》，《华商联合报》第19期，1909年，第5～6页。

⑤ 《商部拟奏请奖励江西瓷业公司》，《华商联合报》第4期，1909年，第1页。

⑥ 《江西瓷业公司第一届发息广告》，《申报》1909年7月3日，第1版。

⑦ 《商办江西瓷业公司定十月二十二日开股东会》，《申报》1909年11月24日，第1版。

⑧ 黄立中：《江西瓷业公司第四届报告书》，《实业杂志》第2卷第5号，1921年，丛录第3页。

三　商办江西瓷业公司迅速衰败

虽然江西瓷业公司前两年办得较有成效，但实际自光绪三十四年冬，即正式开工仅半年后，公司就面临资金短缺问题。公司原拟筹股40万元，经理康达的规划也是按40万元股本设计的，但后来发现实收股本只有13万元左右，"以十余万之实力，支持四十万之规模，改良工作又复兼程并进，搁积甚多，暗耗颇为不少"。① 公司资本运转失灵。

康达改良瓷业之心过于急迫，在公司发展上，过于冒进。为挽回景德镇瓷器日益窳败的印象，他执迷于"外人喜古式，内地好新奇的瓷业家通论"，公司景德镇总厂前期曾花费巨资，聘请名家，寻访失传釉料制法，研制各种新釉料配方，原料烧作极其考究，不计成本地生产仿古美术瓷，并在《申报》等报纸大打广告，这批制作精良的瓷器确为公司产品树立良好口碑，但后面销行不广（因仅供富者玩赏），导致资本阻滞，运转不灵。

光绪三十四年冬，公司饶州分厂开工建设时就已经出现资金短缺情况。在资金不够而股本又收不上来的情况下，为建设饶州分厂，康达就向票号和银行借款，康达经瑞澄介绍和担保向上海合盛元票号借规银37000两，向浙江兴业银行借规银1280两。② 借款主要用于建设厂房，购买机器，筑造窑炉，派学生出洋学习和研发新式煤窑等制瓷技术。康达吸取景德镇本厂失败教训，在饶州分厂积极研制西方硬质瓷器和陶器生产技术，③

---

① 《江西瓷业公司合并御窑之先声》，《中华国货月报》第1卷第2期，1915年，第122～123页。若含后期各类救急官款3万，截至1921年，则瓷业公司共收股本近16万元。
② 瓷业公司向合盛元票号借款不少于规银37000两，具体数目不详。《江西瓷业公司第四届报告书》记载合盛元票号倒闭时存有瓷业公司借票37000两，除还款外实际还欠1万余两，因瑞澄在合盛元票号有存款，1913年合盛元票号倒闭，将瓷业公司借票抵偿瑞澄之子国润章，国润章几经追偿，未果，将瓷业公司告上法庭，经瓷业公司上海股东及律师调解，将瓷业公司上海分销处作价抵偿国润章。详见《江西瓷业公司第四届报告书》（《实业杂志》第2卷第5号，1921年）及《抵店声明》（《申报》1913年12月22日，第4版）。
③ 这是康达吸取景德镇总厂前期生产仿古艺术瓷失败教训后的举措，西方硬质瓷器和陶器即现在普通日用餐具、茶具，如果能成功用机器制造，则可降低成本，作为生活用瓷，是很有市场利润的。

不幸的是，待试验已成，发现公司资本已经到无法正常周转的地步，不敢实行制造。^① 到宣统二年，瓷业公司不得不向官府寻求帮助。康达找到大股东瑞澂，当时的瑞澂已经是湖广总督，于公于私电请赣抚冯汝骙，冯当即表示同意，拨银2万两，1万两入官股，1万两为放息之款。^② 但这样的临时救助，终究有限，公司仍急需补充资金。

1911年辛亥革命爆发，公司经理康达参谋光复之役，战事紧张，加之公司两厂遭受兵匪盘踞，奔走政府之间以解围困，导致青光眼复发失明。^③ 康达退养祁门后，景饶两厂再遭兵匪围攻，盘踞数日，厂房蹂躏，瓷器被毁、账本丢失。公司设在汉口、九江、南昌等地分销处及瓷器损毁。1912年，瑞澂在江西瓷业公司3万元股份被江西省没收，公司被查封。经景德镇商务总会呈请江西督军李烈钧请求维持瓷业后发还，公司启封，瑞澂所执瓷业公司股票作废，3万元作为官股入股。^④ 1912年7月21日，瑞澂在上海去世。^⑤ 由于工厂遭到破坏，生产停顿，又无资金支持，瓷业公司只能向江西政府请求资金救济，江西李烈钧政府时期曾有短暂少量资金接济瓷业公司，二次革命后取消。^⑥ 1913年，公司饶州分厂停办，景德镇本厂亦收缩经营。^⑦ 江西政府救济停拨后，1913年，康达向江西省财政司申请向民国银行抵押贷款10万英洋。申请中叙述道：

> 惟现国际商界恐慌之时，欲筹巨款，实非易事，再四思维，不得不乞维持于公家，然当此财政困难之时，何敢援政府补助之条干求非分，惟乞体念商艰，特别息借，拟以景饶两厂之房屋及一切窑厂不动

---

① 《江西瓷业公司之经过谈》，《申报》1914年5月16日，第6版。
② 《赣抚接济瓷业公司之原因》，《申报》1910年4月17日，第12版。
③ 舒仁峰、李宁：《民族实业家康达》，《景德镇文艺》2012年第3期。按，作者舒仁峰、李宁为康达后裔。
④ 《专栏：景镇瓷业公司之恐慌》，《申报》1912年3月9日，第6版。
⑤ 《专栏：前鄂督瑞澂死》，《台湾日日新报》1912年7月23日，第5版。
⑥ 南京临时政府时期江西政府资助瓷业公司的具体数目不详，但按《江西瓷业公司第四届报告书》（《实业杂志》第2卷第3号，1921年，丛录第13页）记载，官款合计不超过6万，除去清朝赣抚冯汝骙拨款2万，瑞澂股票3万元作为官股入股，还有交通部资助试验电瓷的经费，估算只有几千元。
⑦ 黄立中：《江西瓷业公司第四届报告书》，《实业杂志》第2卷第3号，1921年，丛录第13页。

产作抵，向民国银行息借英洋十万元，分五年支取十年归清，至于息率若干及分期交款之数目及一切条件统俟与银行面订。[①]

此时正值"二次革命"爆发，政府财政枯竭，借款没有成功。康达双目失明，无力管理经营。1914 年后，公司协理为求管理简便，将公司生产改为包工办法，公司制品质量日趋低劣，声誉败坏。值得注意的是，北洋政府时期，虽然财政困难，但仍有人提议恢复清御窑厂，刚开始只是空谈而已，但到了 1915 年，随着袁世凯一步步走向复辟，恢复御窑厂工作被重新提上日程。"兹经九江关督兼陶业监督郭保昌之建议，决就御窑基础改办，而国瓷工厂，遂得以成立焉。并闻此事之成立，并不隶于财部，而直接于总统者。资本拟定五十万元。"[②] 既然商办无力维持，看到这一机遇，康达想将江西瓷业公司与御窑厂合并，官商合办或改为官办瓷业公司。"闻此办法已得一部分股东之赞同，则不久将见诸实行矣。"[③] 但这一计划随着"洪宪王朝"的覆灭最终没有实行。

1918 年，公司经理康达以双目失明不能履行职务为由请辞经理，获多数股东批准。股东会选举江朝宗为继任经理。[④] 1919 年 7 月，公司发生火灾。"承租窑炉的杨鼎复因窑坯坠落，不戒与火，延烧窑屋及柴楼、蓬房、画室、储瓷各房，以数十年经营缔造之厂屋，半付焚毁。"[⑤] 从此公司一蹶不振。1921 年，江朝宗任命黄立中为公司经理，[⑥] 虽也有招股改良之计划，未能实行。30 年代后，公司由康达长子康国镇经营，但公司经营一直萎靡不振。1949 年被人民政府接收，在原址基础上建立了新中国第一个国营瓷厂——建国瓷业公司，[⑦] 后更名为景德镇市建国瓷厂。

---

① 《本报讯》，《申报》1913 年 5 月 28 日，第 7 版。
② 《江西——景德镇国瓷工厂成立纪》，《国货月报》（上海）第 1 期，1915 年，第 11～12 页。
③ 《江西瓷业公司合并御窑之先声》，《中华国货月报》第 1 卷第 2 期，1915 年，第 122～123 页。
④ 《江西瓷业公司之过去及未来》，《银行周报》第 2 卷第 1 期，1918 年，第 24 页。
⑤ 黄立中：《江西瓷业公司第四届报告书》，《实业杂志》第 2 卷第 4 号，1921 年，丛录第 16 页。
⑥ 黄立中：《江西瓷业公司第四届报告书》，《实业杂志》第 2 卷第 2 号，1921 年，丛录第 9 页。
⑦ 《为将景市江西瓷业公司官僚资本问题处理情形呈核备案由》（1950 年），上饶市档案馆馆藏浮梁专属办公室档案，卷宗号：1041－2－3。

四　江西瓷业公司创办过程艰难及迅速衰败原因分析

江西瓷业公司创办过程艰难漫长，从光绪二十二年正月张之洞上奏创办官商合办瓷器公司起，到光绪三十三年六月商办江西瓷业公司正式得到农工商部批准成立，历时十一年半之久。资本性质变迁，过程漫长坎坷。瓷业公司创办后，其真正有影响力办厂时间仅在清末二三年，随后迅速走向衰败。何以一个在当时具有相对优势①且政府又加以扶持的瓷业公司成立如此艰难，而衰落却如此迅速呢？归纳起来，主要有以下三个方面原因。

第一，清末民初政府财政匮乏和企业缺乏有效融资渠道。公司创办时缺乏资金，成立后碰到的主要问题还是缺乏资金。晚清政府财政赤字严重，江西政府更是到了入不敷出的境地。② 光绪二十二年，江西巡抚德寿反对创建瓷器公司，主要目的是不想失去西瓷瓷厘这一重要的财政来源。自二十九年护理江西巡抚柯逢时再次上奏创办瓷器公司到三十二年瑞澂提议商办瓷器公司前，清政府一直有"官商合办"或"官办"瓷器公司的计划，却一直迟迟建立不起来，其主要原因仍是财政匮乏，官款迟迟不能到位，商款亦不能筹齐。瓷业公司创办起来以后，碰到的主要问题仍是缺乏资金。自光绪三十四年冬，即公司正式开工仅半年后就面临资金紧张。工厂建设初期，各方面建设用钱颇多，原定招股20万元，经理康达盘算后认为不够，提议追加股本至40万元，并在沪上各大报纸大打招股广告，最后实收股本仍只有13万元左右。开工以后，各项工作兼程并进，都急需用

---

① 相关资料和研究显示，截至甲午战前，不同于中国传统的纺织业、制茶业等手工业，由于原料和生产工艺的独特性，加之此前英、德、日的机械制瓷技术不是很成熟，瓷业仍具有相对优势，海关贸易出口中仍占有较大数额。详见杨端六编著《六十五年来中国国际贸易统计》（国立中央研究院，1931）第四表出口货第三部窑业类、中国第二历史档案馆、中国海关总署办公厅编《中国旧海关史料》（京华出版社，2001）陶瓷类商品贸易数据及江西省轻工业厅陶瓷研究所编《景德镇陶瓷史稿》（三联书店，1959，第262页）的有关论述。

② 晚清江西财力，本已库空如洗，庚子赔款又摊派114万两，摊派占岁入的18.5%，在各省岁入比例中最高。1901年，江西巡抚李兴锐在《筹偿还赔款事致外务部》（中国第一历史档案馆《庚子事变清宫档案汇编》第11卷，中国人民大学出版社，2003，第52页）奏折中直言："江西库款，久已入不敷出，近年奉拨饷需洋债，罗掘俱穷。"

款，无奈之下，只能向沪上票号银行借款，好在当时大股东瑞澂有权有势，还能从票号、赣抚获得少量资金应急周转。辛亥革命爆发，工厂遭受兵匪破坏、销售处被毁、瓷器被抢，鄱阳分厂被迫停办。经理康达突然失明但仍没有放弃，企图收拾残局，重整再来，无奈当时政府财政极度匮乏，虽有资助，仅是杯水车薪。失去瑞澂权力后盾的康达无权无势，申请银行抵押贷款无门，又无法通过其他渠道获得资金，想抓住机会同御窑厂合并最后也没能成功。种种努力失败之后，工厂只能不断收缩经营，1919年公司遭遇大火，焚烧过半，从此一蹶不振。

第二，清政府经营瓷业思想保守和时局动荡。甲午战后，民用工业方面，总的趋势是招商承办，改归民营。[1] 但晚清政府经营瓷业的思想仍十分保守。在整个瓷业公司兴办过程中，清政府一直企图"官商合办"甚至要"官办"，[2] 直到后来实在筹不到钱才不得不改为"商办"。此外，清政府还明文规定瓷业公司严禁洋人入股，[3] 这无疑进一步加剧了资金筹集的难度。时局动荡也是瓷业公司迅速衰败的重要原因。公司于光绪三十四年开工，历经三年的基础建设，各项工作本已有所成绩，孰料革命爆发，工厂遭受兵匪破坏，瓷器被毁，账簿遗失。公司发展两个关键人物——大股东瑞澂和经理康达亦双双跌入人生谷底，公司从原来的"模范瓷厂"到了生产几近停顿的状态。

第三，企业前期经营过于冒进，内部管理不善。经理康达没有遵循循序渐进的稳健经营方针，公司前期曾在景德镇总厂不计成本地生产仿古美

---

① 许涤新、吴承明主编《中国资本主义发展史》第2卷上册，第639页。

② 自光绪二十九年清御窑厂逐渐废弃后，清政府似乎有创立一个瓷业行政管理部门的需要，此时，江西瓷业公司不但要成为引领当时瓷业的模范工厂，更要有类似原御窑厂兼管瓷业和景德镇地方事务的职责。这在历届巡抚创办瓷器公司奏折和瓷业公司《禀文》及《附说》中表述得非常清楚。一个商办瓷业公司，却不单单以盈利为目的，反而兼有许多行政管理、社会管理、瓷业教育等方面的职能，甚至连公司生产产品的花色、式样按照供给人群的不同都有明文规定。

③ 张之洞创办瓷器公司折中写道："只准华人附股，不准另行设局。"甲午战后，有洋人看到景德镇瓷器的利润，"屡思来此设厂制造"，却被柯逢时以瓷器是"中华固有之美利"，须自保利权而"随宜拒绝"。从笔者查询到的资料看，清末其他瓷业公司创办过程中都有不许洋人入股的规定。如光绪三十年，由华侨陈日翔、林辂存创办的华宝制瓷公司，农工商部在给其饬令中特别指出要"专收华股，勿俟附搭洋股"。光绪三十年，官商合办的钧窑瓷业公司在其章程中也明确规定，"各绅商等皆可入股，但不得参入非本国之人"，"不准私售非本国人，如有此项情弊查出，将股票凭证作为废纸"。

术瓷，后发现销售不好导致资本坐滞。在本厂没有取得较大利润的前提下，鄱阳分厂仍要借款开工建设，在各大商埠建销售处，参加各类展览，展柜装饰豪华，进行瓷业新技术研发，使公司本来资金紧张的局面进一步恶化。另外，工厂内部管理也颇为混乱，监工管理问题不少，工人随意懒散，生产浪费严重。公司遭受兵灾后，会计失职，账目未立即清理追查。

综观江西瓷业公司创办艰难而迅速衰败的这段历史，笔者认为既有必然原因，也有偶然原因，既有根本原因，也有一般原因。根本原因是清末民初政府财政匮乏和企业缺乏有效融资渠道所导致的资金短缺，这也是瓷业公司创办艰难及创办后迅速衰败的必然原因。清政府经营瓷业思想保守、企业前期经营过于冒进及内部管理的混乱是一般原因，时局的动荡是偶发原因，但这些原因都进一步加剧了瓷业公司资金筹集的困难，使得瓷业公司创建更显艰难，创建之后衰败更加迅速，重建更加难上加难。

那么，究竟是什么原因导致企业筹集资金如此艰难？清末民初民族工业企业的资金是不是都难以筹集？或者说瓷业公司仅是一个例外？为了更好地说明这个问题，我们不妨扩大考察面，看看当时其他企业资金筹集的情况，并把问题深入一步分析，探究清末民初时期民族工业企业筹资难的根源到底在哪里。

清末规模较大、利用机器进行生产的另一瓷业公司典型是湖南醴陵瓷业公司。进士熊希龄创办醴陵瓷业公司走的是先办瓷业学堂，再设瓷业公司的步骤。因此，瓷业学堂的兴办至关重要。但瓷业学堂常年经费长时没有着落，湘抚庞鸿书、岑春煊对于学堂请款要求每每置之不理，岑春煊甚至在瓷业学堂设立后，授意厘金局向瓷业公司索取18000金的股票。无奈之下，熊希龄商请萍潭铁路局，想从该路段铁路乘客客票加抽以充学堂常年经费，但此事前后历经两年，被督办铁路大臣盛宣怀先是百方腾闪，继以种种借口加以拒绝，学堂到了倒闭的边缘。[1] 同时期另一民族工业的典型是晚清状元张謇创办的南通大生纱厂。经济史学者朱荫贵《从大生纱厂看中国早期股份制企业的特点》一文详细叙述了大生纱厂招股集资所经历的种种艰难曲折。大生纱厂前期，招股困难导致的资金不足始终是最突出和最困难的问题，多次使得大生纱厂到了夭折边缘，成为近代民族工业集

---

① 周秋光：《熊希龄与醴陵瓷业补论》，《湖南师范大学社会科学学报》1990年第2期。

资难的典型。①

由此看来，江西瓷业公司的集资难绝非个案，恰恰是清末民初民族工业集资难的一个缩影。何以此时期民族工业筹资会如此艰难呢？

学术界认为，晚清兴办的民族机器大工业若从性质划分可大致分军用和民用两大类。军用企业均为官办，资金由政府拨付，产品由政府调拨，在此暂且不论。就民用工业而言，有能力兴办民用企业的人若按经办者身份划分，可细分为两类，一类是有职有权的官员，他们可以通过职权奏拨或借拨官款，解决兴办企业所需资金的问题，待办有成效后再筹还官款或招商承办。像漠河金矿、电报局等企业均如此。在这种企业中，官员对企业的命运往往有着决定性的影响。另一类能筹集资金兴办近代企业的人则属有洋务经验，自身又广有资财的买办商人。买办商人长期周旋于洋人和洋行间，熟悉西方事物，在多年的买办生涯中又积攒了巨额财富，在兴办近代企业的过程中，特别是在招股集资方面有着其他人不可替代的号召作用，往往通过"因友及友，辗转邀集"的方式，就能筹集到巨额资金。轮船招商局开办半年后由买办商人唐廷枢和徐润取代原沙船主朱其昂，上海机器织布局改用郑观应代替前道员彭汝琮后，招股局面迅即改观即是这样的例证。②

分析晚清当时的实际，兴办企业若想从资本市场获得资金无非通过以下途径：①获得官款支持；②向传统金融机构钱庄、票号和刚兴起的新式银行借款；③通过发行股票、债券募集资金；④企业自身吸收社会储蓄；⑤向洋商和洋行借款。在晚清动荡的局势下，如非有权有势的官员又非买办，想通过招股集资获得较大数额资本创办企业确实非常困难。政府自身财政赤字严重，兴办者无职无权根本无法获得官款支持；股票和新式银行刚刚兴起，且刚经历了"上海股票风潮"；与洋商洋行没有交集同样很难获得贷款，有些行业清政府还禁止洋商入股。唯有向钱庄票号贷款或者企业自身吸收社会储蓄，但想在企业创立之初而未获得利润的情况下得到社会认可并获得资金仍是非常艰难的。

---

① 朱荫贵：《从大生纱厂看中国早期股份制企业的特点》，《中国经济史研究》2001 年第 3 期。

② 朱荫贵：《从大生纱厂看中国早期股份制企业的特点》，《中国经济史研究》2001 年第 3 期。

中国近代机器大工业的兴起若从洋务运动算起，至清末不过30余年，中国民间兴起第一次兴办实业的高潮实开始于甲午战后，当时不要说普通民众，即使是一般的官僚、地主、商人这些传统社会的"有钱人"对工业发展都没有清楚的认识，更谈不上信心。资本的本性就是追逐高利润、避免高风险。钱庄票号的资本，无论其来源如何，性质都是高利贷资本，他们投资于工业，难免与经营典当、钱庄等投机性业务进行衡量。从资金回报率和资金安全的双重角度衡量，在1895~1914年动荡的大背景下，与把资金投入"先天不足、后天难调"的近代机器工业企业，在购买机器、建筑厂房、进行技术开发等方面风险颇多，回报周期长且收益率不高的"不靠谱"行业相比，原来放高利贷和"卖贵买贱"的商品投机显然更有保障。

研究表明，中国金融资本与工业发生较为密切的关系，并在工业资金的融通上获得较大成绩，占据相当地位，是从第一次世界大战开始的。[①]原因是民族工业在此期间发展迅速，特别是纺织业和日用品化学工业获得较快成长，工业生产利润迅速增加，甚至赶上和超过商业利润。研究还显示，即使是到20世纪30年代，民族工业通过融资和自身储蓄获得的借款存款与公司自有资本的比例，仅为1/3，而且借款往往与公司自有资本成正比，公司规模越大、自有资本越充实，获得借款就相对更容易。自有资本较小的公司要想获得借款，仍然十分困难。[②]

五　结语

甲午战后，瓷业被认为是中国传统手工业仅剩不多还带有相对优势的行业，瓷器被当时国人称为"唯一能够同洋货抗衡的土货"，面对洋瓷的不断涌入，晚清政府和有识之士掀起了保卫瓷业利权、仿制西式瓷器的浪潮。江西瓷业公司是清末民初政府扶持传统瓷业工业化转型的主要代表。瓷业公司的创立历经多任大员兴办均告失败，商办瓷业公司最终成立后却迅速地走向衰亡。通过分析江西瓷业公司艰难创办及迅速衰败的整体历

①　陈真：《中国近代工业史资料》第1辑，三联书店，1957，第766页。
②　王宗培：《中国公司企业资本之构造》（1942年5月），转引自陈真《中国近代工业史资料》第4辑，第59~71页。

程，笔者认为清末民初政府财政匮乏和企业缺乏有效融资渠道导致的资金短缺是根本原因。通过个案的拓展发现，瓷业公司融资难绝不是个案，而是大多数清末民初民族工业企业面临的共同问题。由于中国民族工业缺乏资本原始积累，在向外集股寻求资金时，处于清末民初动乱的背景下，资本市场刚刚萌芽，人们对新办机器大工业企业的前途仍然没有信心。如果创办者不是有权有势的官员或者买办，要想通过招股集资获得较大数额资本创办企业就会非常艰难。

清末民初被认为是我国民族工业发生和发展的时期，传统手工业向机器大工业过渡需要企业有稳定和充足的工业资金投入作为保证，否则很难完成这一艰难"蜕变"。政府财政有力支持和企业有效融资渠道的拓展则是实现这一过程的保障和现实基础。缺乏这样的保障和基础，传统手工业向机器大工业的过渡必然困难重重，难以获得成功，江西瓷业公司的失败原因固然非止一端，但从根本上说决定性的因素仍然在于资本难筹，这个根本原因激化和引发了其他因素，从而导致这家企业难以建立和建立后迅速失败。从这个意义上看，江西瓷业公司的失败正是民族资本企业集资难导致生存困难的一个典型案例。

作者：詹伟鸿，景德镇陶瓷大学思政部

（编辑：任吉东）

警察与近代城市公共卫生管理[*]

——以北京^{**}为例

李自典

内容提要：在近代北京，随着城市化进程发展，公共卫生管理成为城市管理的一项重要内容，而公共卫生管理体制的构建与警察制度建设密不可分。警察参与公共卫生管理，从卫生宣教到卫生监督，再到实施违规处罚，一系列的举措对保证城市公共卫生的质量、防患疫病等起了一定的作用，但其中也存在敷衍了事，工作不力，以及卫生设施建设与行政管理发展不同步，管理不尽人意等问题。总结这些经验与不足，对解决当今城市公共卫生监管问题仍有借鉴与反思意义。

关键词：警察　公共卫生　近代　北京

"公共卫生"，从字面意义上讲指社会的、公众共同的卫生状况。关于"公共卫生"的具体概念，至今尚无被普遍认可的权威解释。在本文中，对城市"公共卫生"问题的探讨主要是从城市管理的角度，阐释通过政府、警察及社会民众共同努力，改善公共环境卫生、公共食品卫生、公共饮水卫生，灌输个人卫生知识，培养良好卫生习惯和文明生活方式，

---

* 本文系国家社会科学基金后期资助项目"城市管理者：近代北京警察研究"（项目号16FZS040）、北京市社会科学基金研究基地项目"近代北京治安防控管理研究"（项目号15JDLSC003）以及教育部人文社会科学重点研究基地重大项目"民国日常生活"（项目号13JJD770017）的阶段性成果。

** 关于北京的称谓，在清朝和北洋政府时期，"北京"与"京师"互通，1928 年 6 月南京国民政府开始统治全国后，改"北京"为"北平"，故本文采北京、京师、北平混用，专指南京国民政府统治时期称北平，泛指称北京。

促进医疗卫生事业发展，加强对传染病的防治，促进人民身体健康等内容。城市公共卫生状况展示了一个城市的形象，同时卫生事务又与民众生活息息相关，因此城市卫生事业是关乎城市生存与发展的一项基本内容，也是关乎城市近代化发展进程的重要因素，开展城市公共卫生管理工作有着重要的意义。有关近代城市公共卫生的研究，以往学者取得了一定的成果，[①] 但既有研究对警察在近代城市公共卫生管理中的作用重视不够，而警察实际上与近代城市公共卫生事务管理有着密切的联系。因此，本文拟以北京为例，着重从警察入手，探讨警察在近代城市公共卫生管理中的作用，对其积极性与局限性试做分析，不足之处，请方家指正。

一 近代北京公共卫生管理体制的构建

近代意义上的城市卫生管理机构的设置起源于清末新政时期，自一开始就与警察制度的建设缔结了密切关系。1905 年巡警部成立，下设直属机构有

① 相关著作可参见何江丽《民国北京的公共卫生》，北京师范大学出版社，2016；杜丽红《制度与日常生活：近代北京的公共卫生》，中国社会科学出版社，2015；范铁权《近代科学社团与中国的公共卫生事业》，人民出版社，2013；彭善民《公共卫生与上海都市文明（1898~1949）》，上海人民出版社，2007；何一民主编《近代中国城市发展与社会变迁（1840~1949）》，科学出版社，2004；等等。相关文章可参见任吉东《近代中国城市粪溺的治理——以天津为例》，《经济社会史评论》2017 年第 1 期；王瑶华、章梅芳、刘兵《身体规训与社会秩序——近代中国公共卫生和身体“革命”视野下的口腔与牙齿》，《上海交通大学学报》（哲学社会科学版）2016 年第 1 期；王少阳、杨祥银《中国近代公共卫生教育探究——以美国医学博士毕德辉为视角》，《郑州大学学报》（哲学社会科学版）2015 年第 5 期；刘岸冰《近代公共卫生管理制度在上海的移植》，《南京中医药大学学报》（社会科学版）2015 年第 1 期；杜丽红《近代北京公共卫生制度变迁过程探析（1905~1937）》，《社会学研究》2014 年第 6 期；任云兰《近代天津租界的公共环境卫生管理初探》，《史林》2013 年第 5 期；刘桂奇《近代广州公共卫生事业的发轫》，《历史教学》（高校版）2010 年第 1 期；曹丽娟《清末北京公共卫生事业的初建》，《北京中医药》2010 年第 10 期；李忠萍《“新史学”视野中的近代中国城市公共卫生研究述评》，《史林》2009 年第 2 期；彭善民《公共卫生与城市现代性——1898~1949 年的上海》，《江西社会科学》2007 年第 3 期；何小莲《传教士与中国近代公共卫生》，《大连大学学报》2006 年第 5 期；等等。学位论文有李忠萍《近代苏州公共卫生研究（1906~1949）》，博士学位论文，苏州大学，2014；朱慧颖《近代天津公共卫生研究（1900~1937）》，博士学位论文，南开大学，2008；杨雪《西安市公共卫生事业发展探究（1932-1949）》，硕士学位论文，陕西师范大学，2016；林靖《近代厦门的公共卫生：以卫生检疫、粪污处理及自来水事业为中心》，硕士学位论文，厦门大学，2007；杨红星《留美医学生与近代中国公共卫生事业》，硕士学位论文，苏州大学，2006；等等。

五司十六科，其中警保司内设有卫生科，负责考核医学堂的设置，医生考验、给照，并管理清道、防疫，计划及审定一切卫生、保健章程。① 这是中国第一个专管公共卫生的机构。在北京，内外城巡警总厅专管京师地面内政、司法、公安事务，其下设三处：总务处、警务处、卫生处。卫生处掌清道、防疫，检查食物、屠宰，考验医务药料，并管理卫生警察事。卫生处下设清道、防疫、医学、医务四股，分别掌理卫生事务。其中，清道股掌清洁道路、公厕，运送垃圾，禁止居民倾泼秽物污水等事。防疫股掌预防传染病、种痘，检查病院、兽疫、屠场、食店事。医学股掌医学堂、病院情况，调查医生、药品、书籍，统计生死人数事。医务股掌救治疾病，稽查厂场卫生，制造药品事。② 1906 年实行官制改革，巡警部改为民政部，原巡警部基本上缩编为警政司，另专设卫生司，由原巡警部警保司卫生科扩并而成，负责核办防疫、卫生，检查医药，设置病院、医学堂等事项。③ 京师内外城巡警总厅下仍设卫生处，负责卫生警察事宜，下设两科，凡清道，防疫，检查食物、屠宰，考验医务、药料等事皆归其管理。④ 1910 年，为了防止鼠疫蔓延，京师还特别成立了卫生警察队，专门负责疫病预防及公共卫生事务。

在北洋政府时期，民政部改为内务部，下设卫生司为全国卫生行政主管部门，主要负责传染病、地方病的预防，种痘及其他公众卫生事项，车船检疫事项，医师和药剂师业务的监察事项，药品检验和卖药营业检查事项，卫生组织和医院的管理事项，其下设四科。⑤ 卫生事务管理开始具有脱离警务的建制倾向，但实际上大量具体的卫生管理工作仍由各级警察机关承担。1913 年，京师内外城巡警总厅合并为京师警察厅，下设卫生处负责道路清洁，保健防疫，医术化验。卫生处下辖第一、二、三科及内外城官医院。此时期协助警厅办理卫生的，还有市政公所的卫生科及这两个机关所管的几个医院，只是市政公所在公共卫生等市政管理诸方面"不过兼及，并非主要政务"，市政管理主要由京师警察厅负责。⑥ 后因疫症的蔓

---

① 李鹏年、朱先华、秦国经等编著《清代中央国家机关概述》，黑龙江人民出版社，1983，第 263 页。
② 李鹏年、朱先华、秦国经等编著《清代中央国家机关概述》，第 265 页。
③ 中国第一历史档案馆编《清代档案史料丛编》第 9 辑，中华书局，1983，第 280 页。
④ 《清代档案史料丛编》第 9 辑，第 281 页。
⑤ 韩延龙、苏亦工等：《中国近代警察史》上册，社会科学文献出版社，2000，第 328～329 页。
⑥ 白敦庸：《市政举要》，大东书局，1931，第 12 页。

延，政府于 1919 年在北京设立了中央防疫处，主要从事对传染病的细菌学研究和进行各种生物制品的生产。① 此外，还设立了卫生试验所，专司化学检查。1925 年 5 月，中央防疫处以地方办理公共卫生为防疫之根本，商准京师警察厅在内左二区设立试办公共卫生事务所，分卫生、保健、防疫、统计四科，工作范围主要包括环境卫生稽查、疾病医疗、卫生教育、传染病管理、生命统计等项目，归警厅管辖。② 1926 年，京师警察厅以事务所成绩尚佳，销去"试办"字样，并筹拟推广。

南京国民政府成立后，起初改原北洋政府内务部为内政部，下设卫生司负责管理卫生行政事宜。1928 年 2 月，中央卫生会成立，由内务部总长兼任会长，卫生司长兼任副会长，主要负责审议关于公众卫生及兽畜卫生事项。③ 1928 年 11 月，专设卫生部，内设总务、医政、保健、防疫、统计五司。同年 12 月，国民政府公布了《全国卫生行政系统大纲》，规定省设卫生处，市县设卫生局，各大海港及国境冲要地设海陆检疫所，④ 意图建立一套独立、专门的卫生行政建制。在 1928 年 10 月内政部呈准颁行的《各级警察机关编制大纲》及 1929 年 10 月公布施行的《首都警察厅组织法》中都曾一度解除了警察管理卫生事务的职责。但由于在市、县两级普设卫生局的条件尚不具备，已设卫生局的地方在卫生执法中也常需警察机关协助，因此，卫生与警政并未能完全分离。在随后颁布的《县组织法》和《市组织法》中又相继重新赋予了警察机关以掌理防疫、公共卫生及医院、菜市、屠宰场、公共娱乐场的设置与取缔等事项的职责，⑤ 并逐渐形成了一个专业的警种——卫生警察。1931 年 4 月，卫生部又并入内政部，改称卫生署，下设总务、医政、保健三科。1940 年，卫生署又独立出去，卫生行政建制至此始告完成。抗战爆发后，各警察机关因无暇顾及卫生事务，卫生警察逐渐销声匿迹。

国民政府时期，首都南迁，北京在 1928 年改名为"北平"，设为特别

① 邓铁涛、程之范主编《中国医学通史》近代卷，人民卫生出版社，2000，第 347 页。
② 《京师警察厅试办公共卫生事务所概要》，北京市档案馆藏，档案号：J181－18－18179。
③ 王康久主编《北京卫生志》，北京科学技术出版社，2001，第 57 页。
④ 邓铁涛、程之范主编《中国医学通史》近代卷，第 338 页。
⑤ 内政部年鉴编纂委员会编《内政年鉴》第 2 卷民政篇，商务印书馆，1936，第 865、871 页。

市。北平市政府进行大幅度重组，下设财政、土地、社会、公安、卫生、教育、工务和公用八个局。京师警察厅改组为北平特别市公安局，卫生局负责公共卫生，接管了以前属于警察的责任。卫生局接管卫生工作之后，警察机关不再兼办卫生事务，但如果有需要，仍会给予一定的配合协助。此外，在北平还设立了京师公共卫生委员会，会长由市政督办兼任，副会长由京师警察总监及市政会办兼任。该会专司筹划审订京都市地方公共卫生改良事项，由市政公所京师警察厅分别执行，对京都市公共卫生勤务方法人员资格各项条规及经费用途，有审议监察之权。分总务、卫生、防疫、医务、统计五股。① 1930 年 2 月，卫生局被裁撤，原所管事务交由公安局管理，公安局复又增设卫生科，下设三个股，管理北平城的卫生事宜。1932 年 7 月，卫生科缩编为卫生股，隶属公安局第二科。1933 年 11 月 1 日，北平市政府成立卫生处，下设四科。1934 年 7 月，卫生处扩建为北平市卫生局，下设秘书室及四科，外部组织有 3 个卫生区事务所及 7 个医药保健单位，分别掌管医药及卫生行政各项事宜。此外，还组成"北平市学校卫生委员会"管理学校卫生。1928 年后，京师警察厅公共卫生事务所更名为北平市第一卫生区事务所，之后 1933 年和 1935 年分别在西单宏庙胡同和东单钱粮胡同相继设立第二和第三卫生区事务所，它们的职能大体相同，负责区内的卫生防疫工作。可见，北京城市卫生事务自清末直到 20 世纪 30 年代初一直由警察机关负责，直到卫生局确定下来才开始由专门的卫生行政机关管理。对此，时人曾言："三十余年来，北平市的公共卫生事务，总是由警察机关办理的，至今日市公共卫生与公安局乃完全脱离关系，为求行政效率计，吾人应认为这是一件极合理的设施。"② 至此，近代北京城市卫生的一整套行政管理体制基本形成。

二　卫生管理法规章程的制定

自清末至 20 世纪 30 年代初，北京城市卫生事务主要由警察机关负责，为保障卫生管理工作的顺利开展，政府制定了大量的卫生法规，其中较为

---

① 方石珊：《中国卫生行政沿革》，《中华医学杂志》第 14 卷第 5 期，1928 年 10 月，第 44 页。

② 姜春华：《北平警政概观》，出版地不详，1934，第 17 页。

明显的一个特征即是卫生法规与警察法一脉相连。例如，1908 年 4 月公布的《违警律》、1915 年 11 月公布的《违警罚法》以及 1928 年 7 月颁行的《违警罚法》，都专列第八章为管理卫生的规定。这些法规全国通行，北京自然也适用。

在北京，政府制定的专门关于具体卫生事宜的法规还有许多种，其中清末时期，1908 年 4 月 30 日，民政部颁布《预防时疫清洁规则》，规定："各街巷不得堆积尘芥污秽煤灰及倾倒泔水与一切不洁之物。该管厅区应酌量地方繁简，预定日期派巡官巡长监督居民扫除户内一次，不行扫除者，当劝导之。"① 1909 年闰二月初八日，内外城总厅会订《改定清道章程》，规定："各区逐日派巡官或巡长一名、巡警四名轮住清道夫住所，经理一切事物。关于清道事务各区巡逻守望长警均有稽查报告之责。"② 同月还订立了《内外城官医院医官勤务规则》《管理饮食物营业规则》《巡警住所及身体衣服清洁简则》等法规，其中 26 日内外城总厅会订《清道执行细则》，规定："清道事务以总厅为监督机关，以各区为执行机关。各区于所辖境内清道事务得命巡官长警妥慎经理。巡官长警承区长区员之指挥命令经理清道事务，对于清道夫役有督催干涉之权。"③ 同年 3 月 14 日公布《限制倾倒脏水规则》，4 月 25 日民政部立案《各种汽水营业管理规则》和《管理各种汽水营业执行细则》，6 月 13 日订立《厅区急救药品使用法》，7 月 29 日公布《管理浴堂营业规则》，8 月 26 日内外城总厅会订《内外城官医院章程》。1910 年二月初六日制定《管理粪夫办法》，同月，内外城总厅会订《管理种痘规则》，规定："凡开局种牛痘者须赴巡警官署呈报，俟批准后始行开种。所有种痘处所无论善堂或医生均应受巡警官吏之检查。"④ 三月初十日制定了《管理牛乳营业规则》，4 月 20 日内外城总厅会订《卫生处化验所章程》及《卫生处化验所办事规则》等。

北洋政府时期，京师警察厅于 1913 年 11 月 14 日公布《京师警察厅改订管理清道规则》，29 日发布《管理清道土车规则》。1914 年 11 月 16 日

① 内城巡警总厅卫生处编纂《京师警察法令汇纂》卫生类，京华印书局，1909，第 33 页。
② 田涛、郭成伟整理《清末北京城市管理法规（1906～1910）》，北京燕山出版社，1996，第 5 页。
③ 《京师警察法令汇纂》卫生类，第 15 页。
④ 《京师警察法令汇纂》卫生类，第 15～16 页。

发布《管理清道器具细则》。1916 年 7 月，京师警察厅再次公布《管理饮食物营业规则》，规定："凡下列各项饮食物不准售卖：（一）牛羊猪鸡鸭及其它禽兽等之病死或朽坏者；（二）鱼虾及其它水族之陈腐者；（三）各种瓜果蔬菜之坏烂或不熟者；（四）浆酪饮料之陈腐及污秽不洁者；（五）酒品之加有毒质药料如信石鸽粪之类者；（六）过宿之生熟食品其颜色臭味皆恶者。"① 1916 年，内务部颁布《传染病预防条例》，1918 年 1 月颁布《检疫委员设置规则》《火车检疫规则》《防疫人员奖惩条例》《防疫人员抚恤条例》等法规，这些卫生防疫法规条例通用全国。

到国民政府时期，1928 年 9 月 18 日公布《传染病预防条例》，1930 年 9 月 18 日卫生部再次修正公布。1928 年 10 月内政部公布《传染病预防之清洁及消毒方法》，同月 30 日公布《传染病预防条例施行细则》。卫生部成立后也制定了一系列卫生法规，如《稽查卫生事项规则》《卫生处化验所化验规则》《医药室规则》《取缔公私立医院规则》《取缔医生暂行规则》《取缔药摊执行细则》《取缔阴阳生规则》《暂行取缔产婆规则》《公修沟渠简章》《管理理发营业规则》《拟定娼妓健康诊断所规则》等。同时，北平市政府还制定了大量卫生专项法规，例如 1929 年 5 月 1 日，府令核准《北平市卫生局管理饮食店铺暂行规则》。同年 7 月 28 日，府令核准《北平市管理粪厂暂行规则》，规定"粪厂应遵照卫生局规定灭蝇办法及使用消毒药剂"。② 同日，北平市府令核准《北平市管理公厕规则》，规定"厕所建筑之处其周围须离开水井营造尺一百五十尺以外"。③ 1930 年 3 月 25 日，府令公布《北平市饮水井取缔规则》，规定"市内现有供饮用之水井经卫生局化验水质确系不良并无法修改时得令改凿或封闭。井水化验每三个月由卫生局举行一次，随时公布，但遇发生传染病时得临时行之"。④ 4 月 18 日，府令核准修正《北平市卫生局取缔秽物秽水规则》，规定"住铺各户门前附近应随时各自扫除，保持清洁。住铺各户门前遇有他人倾倒

---

① 《管理饮食物营业规则》，《大公报》（天津）1916 年 7 月 25 日。
② 北平市政府参事室编《北平市市政法规汇编》卫生类，北平市社会局救济院印刷组，1934，第 57 页。
③ 《北平市市政法规汇编》卫生类，第 57 页。
④ 《北平市市政法规汇编》卫生类，第 44 页。

秽物或便溺者得送各区署罚办"。① 5 月 6 日府令核准《北平市公安局各区署办理清洁奖惩暂行规则》，对各区署职员及巡官长警办理清洁事项进行奖惩做了具体规定，其中奖励包括"提升、进级、加薪、记功"四项，惩戒有"停职（斥革）、降级、罚薪、记过"四项。② 1934 年 3 月 28 日，府令公布《北平市污物扫除暂行办法》，5 月 19 日府令修正《北平市药师及药剂生注册给照规则》，规定"药师或药剂生领有部颁证书欲在本市执业者，应向卫生主管机关请求注册并发给药师或药剂生执照方得执业"。③ 同年 5 月 28 日府令公布《北平市户外清洁规则》，规定"凡在户外制造贩卖或处理物品可就地产生污物者，制造或贩卖人须自备适宜器具收集之"。④

诸多的卫生法规，内容关乎防疫、环境清洁、饮食营业、医药医务等公共卫生问题，对卫生标准、警察监督、检查卫生的方法均有较为具体的说明，这在一定程度上将北京城市卫生管理工作纳入了法制化轨道，为警察管理京城卫生工作提供了明确的指导原则，是维护城市环境卫生、保障民众健康的一项必要举措。

三　警察管治城市卫生

近代北京城市卫生管理到 20 世纪 30 年代一直由警察机关负责，在警察管理北京卫生事务时期，其负责的范围比较广泛，包括环境清洁、保健、防疫、医药化验等诸多方面，与民众日常生活息息相关，因此，为达到有效管理的目的，沟通好政府与民众间的关系，警察作为政令的执行者，采取了卫生宣教、卫生稽查、开展卫生运动等多种举措管治城市卫生问题。

首先，开展卫生宣教活动。卫生事务与民众息息相关，管理城市卫生离不开民众的支持与配合，因此，警察在实际执行任务时，着重开展了卫生宣传教育活动。警察机关多次发布示谕通告，将各种卫生方面的规定尽量用简明的语言告示于众，旨在让民众了解政府的意图，自发形成卫生意识，进而自觉讲求卫生，推动整个城市公共卫生事业的发展。这方面的事

---

① 《北平市市政法规汇编》卫生类，第 55 页。
② 《北平市市政法规汇编》卫生类，第 60 页。
③ 《北平市市政法规汇编》卫生类，第 35 页。
④ 《北平市市政法规汇编》卫生类，第 54 页。

例很多，例如在环境卫生方面，据《大公报》载，1905年9月，外城巡捕西分局出示一则白话告示："京师为首善地方，城内关外，大街小巷，应当干净齐整，大小铺面住户军民，更当合力齐心，打扫门外街道。……卫生二字，就是保养身体性命，可见打扫街道一事，是生死相关的。你等见了此谕，全要痛改前非，大街上的铺面，各街衢里住户，各将自己门前天天收拾干净，积下灰土等类，断不许在门口乱倒，本局自有土车，按时挨门传唤，如有不遵的，查出一定受罚。"① 1906年11月，警察厅为注重卫生起见，将白话告示排印多张发给各区，派令警兵到处传送，以期家喻户晓。② 在时疫防治方面，北京警察机关一再刊布示谕。据载，1911年1月，为防止入冬以来黑龙江等处发生的鼠疫传播到京，内外城巡警总厅除分饬内外城官医院配制预防及消毒药品外，还出示晓谕示仰居民人等知悉，嗣后如或有此种疫病发生，或所患病状近似此项疫症者，速即呈报内外城官医院，以便随时诊察。③ 1916年8月17日，京师警察厅吴总监特发通告于各区，称："近日迭据报告，患染猩红白喉死者已有数起，虽由厅区竭力消除毒秽，而在各人亦须防范，防范之法首在清洁，幸勿轻忽视之，庶免疫病传染。"④ 1926年8月，时值上海一带发生急性霍乱，京师警察厅为防疫起见，刊印布告如下："……本厅为保卫人民健康，对于清洁防范各法，屡经切实诰诫……倘人民能遵照本厅历次诰诫，认真奉行，自能免除此种灾疹，兹再将浅而易行各条列后，务各严行自卫，俾免触感疫疠。"⑤ 布告之后，附列各项简易健康浅说，包括院宇清洁法、厕圈清洁法、沟渠清洁法、宿舍空气流通法。1932年4月18日，北平市公安局为预防天花，号召民众接种牛痘，特发布告一则："……本局为预防传染保护民众健康起见，特呈请市政府筹拨专款，仍照上年成例，普种牛痘以遏病源，除派员分赴各处施种外，并委托市内各公私立医院及医师代为施种，不取分文，合行将各医院地址及施种时间公布周知，务望各界民众特别注意，自公布

---

① 《外城巡捕西分局白话告示》，《大公报》（天津）1905年9月6日。
② 《饬讲卫生》，《大公报》（天津）1906年11月15日。
③ 《警厅防疫之示文》，《大公报》（天津）1911年1月19日。
④ 《警厅预防传染之通告》，《大公报》（天津）1916年8月18日。
⑤ 《警厅布告防疫》，《北京日报》1926年8月5日。

之日起就近前往各医院免费种痘，事关健康，幸勿观望自误，特此布告。"① 在饮食卫生方面，警察机关也干预很多，发布了许多传单告示。如1919 年 8 月，警察厅为通告人们注重卫生以防毒菌传染起见，特将防范诸事开列周知："一、本年时疫毒菌多是由饮食而入，凡一切入口物品须先煮沸方可食用。一、菜蔬瓜果未经煮熟者不可食用。一、饮料必须煮沸，不可饮用冷水。一、非熟水所制之冰不得加诸饮食物之内。一、凡陈宿腐烂之物不可食用……"② 通俗易懂的卫生告示将卫生常识公之于众，涉及民众日常生活的诸多切实层面，这种宣教成为警察管治卫生的先期准备，为进一步深入管理卫生事宜奠定了基础。

为向民众宣传注重卫生事宜，除发布告示通告外，卫生管理部门还采取了印发各种卫生宣传品，开展卫生知识展览，进行卫生讲演等多种措施。1915 年，成立了北京市卫生陈列所，常年展出卫生知识宣传图片、模型等，自 1915 年至 1934 年，平均每年 5 万 ~ 15 万人参观。③ 1926 年 5 月 12 日至 29日，北京市第一次卫生运动大会在中山公园召开，大会在东城、西城、南城、北城设分会场，通过讲演、表演、音乐、跳舞等多种形式，进行了以卫生保健为目的的宣传。④ 1929 年 6 月 16 日至 19 日，北平市卫生清洁运动大会举行，事前由卫生局会同公安局筹备自治办事处，组织卫生清洁运动大会筹备委员会，共同筹备。内分展览、出版、交际、纠察、游艺、医务、文书、会计、庶务等股，分工筹划，颇为积极。⑤ 此外，1934 年起，由北平市卫生局卫生教育股组织指定医务人员定期到学校进行卫生谈话及卫生防病演讲。

可见，近代北京城市卫生宣传事务主要由警察机关组织进行，到卫生工作有了专门负责的机关后，警察的作用依然存在，因为警察接近民众，对于民众的卫生协同指导，对于各大街小巷的清洁，虽不能全代民众去做，但可作为一个模范，有利于引导一般市民养成爱整洁的风尚。⑥

---

① 北平市政府秘书处编印《北平市市政公报》第 145 期，1932，第 1 页。
② 《警厅防疫又通告》，《大公报》（天津）1919 年 8 月 16 日。
③ 北京市地方志编纂委员会编《北京志·卫生卷·卫生志》，北京出版社，2003，第 194 页。
④ 《北京志·卫生卷·卫生志》，第 123 页。
⑤ 《北平清洁运动会第一日　昨在天安门开会　会毕游行　今明日中山公园举行展览》，《大公报》（天津）1929 年 6 月 17 日。
⑥ 北平市政府公安局编辑处编印《警务旬刊》第 42 期，1936 年，第 2 页，北京市档案馆藏，档案号：J181 - 1 - 382。

其次，进行卫生稽查。丰富多样的卫生宣教活动为警察实际管理京城卫生事务做了铺垫，对增强民众的卫生意识有一定启发作用，但只希求通过宣传来达到治理卫生的目的还是不够的，因为视宣传为具文的情况不可避免。对此，报端也时见报道，如1903年4月报载，"数日前有巡捕借口洋人传谕令各街巷每日九钟泼街一次，刻下除大街由巡捕按段经理尚未懈怠，其余各小巷又如故态"。① 1905年1月，《大公报》又载："京师城内外各大小街巷便溺狼藉，每当春夏令臭味逼人，行人均须掩鼻，于地方卫生向有损害。上年肃邸任工巡局时，曾出示晓谕，至今仍不少改。前月五城地方设柳筐于大小巷口，禁止在外便溺，仍视为具文。"② 诸如此类的情况切实存在，因此，除开展卫生宣教外，警察在巡逻时还开展卫生稽查，切实注意查禁各种于卫生有害的事宜，并积极为讲求卫生进行一些建设工程，以达到京城清洁美化的目的。

在环境卫生方面，清朝末年，京师内外城巡警总厅负责清道事务，建立了一支清道队伍，各区的巡官长警负责监督管理清道夫役的工作及市区卫生事宜。这套由警察管理环卫的体制后来在民国时期也延续使用。清扫路面，疏通沟渠，清除市内垃圾等是清道夫役的任务，也是城市环境卫生的重要内容，警察除督催清道夫役认真工作外，还要进行卫生稽查，对违规者严惩。例如，据报载，1907年9月17日，内城巡警左分厅第八区禀解在街倾倒秽水不服拦阻的李奎祥一名，遵照新章罚钱五百文呈纳完案。③ 1916年8月，内务部特饬令京师警察厅通传内外城各区署，务须极力清洁道途，自8月1日起，每日每区特派值日巡长巡警各一名，稽查各巷清洁事宜，以专责成。④ 1927年2月28日，京师警察厅重申前令："仰各该区署严饬各路段长警随时注意，无论何项广告保单等类均应指导粘帖限定地点广告牌之上，不准再于其它各处任意张贴，如不服制止，即扭区罚办，其各处已贴之各种广告及墙壁上涂写之各种不规则文字统限期三日查明，

① 《泼街具文》，《大公报》（天津）1903年4月22日。
② 《示禁便溺》，《大公报》（天津）1905年1月12日。
③ 《内城巡警左分厅报告每日收发事件、收审案件的日报（之一）》（1907年2月至1908年正月止），中国第一历史档案馆藏，全宗37-2，案卷37。
④ 《内务部注重道途清洁》，《大公报》（天津）1916年8月2日。

一律刷除，倘查有仍疏纵情事，定惟该管长警是问。"① 可见，关乎市容的环境卫生稽查工作是警察的一个重要任务，尽力履行好职责是警察的责任，否则也要受到苛责。此外，禁止行人沿街任意便溺也是警察进行卫生稽查的一项事务，为此，警察机关还派工添造厕所多处，如据报载，1923年5月，京师警察厅因近来女界交际既繁，出游时多，街市上尚乏女厕，殊极不便，故令各区署分别繁简，酌修女厕五处至十处。②

在防治时疫传染方面，警察机关除刊布示谕进行防范宣传外，在实际上还做了多种努力，例如饬民发现疫病随时报告、派警消毒检查、发放卫生药品、设置隔离病院、专设卫生警察队服务等。据《大公报》载，1909年8月，警厅为防疫起见，特筹官款制成卫生药品十余种分送内外城各警区，如有患病者分别施给，以重民命。③ 为预防鼠疫，民政部还拟在北京各城设立隔离病院及防疫医院各两处，以免传染而重卫生。④ 1911年，民政部饬内外城总厅编练卫生队，检查一切防疫事宜，由部发给标章，书明卫生警察字样，分派各区按照卫生章程遵办一切。⑤ 1915年5月，内务部总长为防止春令瘟疫发生，除下令迅速成立防疫病院外，还通饬内外警察署二十区对卫生事宜尽力警戒。⑥ 1916年2月24日，京师警察厅吴总监特交卫生处，为预防发生时疫，"应于公同卫生详加注意，如道途之修理，食物之检查，及公同处所之稽查，妨碍卫生物品之取缔等项，即应严督各区署认真办理"。⑦ 此外，1934年冬季，卫生局呈准市政府拨款举办了预防白喉、猩红热运动，饬属院、所为市民免费检查及预防注射。⑧ 卫生局接管卫生工作之后，警察机关不再兼办卫生事务，但如果有需要，仍会给予一定的配合协助。

在食品卫生方面，警察的任务主要是监督经营食品的商贩，对有不合卫生的食品严予取缔。以《大公报》报道为例，1918年5月10日，警察

---

① 《令各警察署》，《京师警察公报》1927年3月1日。

② 《增设妇女厕所　每区五处至十处》，《大公报》（天津）1923年5月6日。

③ 《警厅之注重卫生》，《大公报》（天津）1909年8月13日。

④ 《是诚防疫紧要之法》，《大公报》（天津）1911年1月26日。

⑤ 《防疫事宜之汇志》，《大公报》（天津）1911年2月4日。

⑥ 《朱总长注意春令瘟疫》，《大公报》（天津）1915年5月2日。

⑦ 《警察厅注意公同卫生》，《大公报》（天津）1916年2月25日。

⑧ 吴廷燮等纂《北京市志稿》民政志，北京燕山出版社，1989，第251页。

厅督查处因前门外各饭铺以及营业摊售卖的食品率多不讲卫生，殊与食者有害，故呈请总监通令各区对于售卖食品的铺摊务应严加取缔，以重卫生。① 这月23日，警察厅重申前令，催饬各区署认真取缔不遵令讲求卫生的商贩货摊，倘有不遵者即行带区罚办。② 1919年6月29日，京师警察厅特饬内外城各区署各将街市售卖的食物随时注意检查，倘有不良之品或隔宿之物，人民食之有碍卫生，易生疾病者立即停止售卖，并饬卫生科将此项旧章严加取缔，以重卫生免致疾病。③ 食品卫生关乎大众民生，警察注重对食品卫生的检查监督，既是履行工作职责，也是现代警察为民服务精神的直观表达。

概而言之，在近代北京城市公共卫生管理过程中，警察扮演了一个重要的角色，警察机关在负责管理城市卫生事业时期，把城市卫生工作视为很重要的一项职责，无论是以张贴告示等多种宣传方式提示民众注意环境卫生，还是在实际管理中加强卫生稽查、对有违卫生的行为进行处罚，取缔不合卫生的生产经营活动，努力创建卫生设施等方面，都做出了积极的努力，取得了一定的成效，也积累了一定的经验。对此，报纸也曾有报道，经过巡警认真整顿，北京城市环境卫生有了一定改善，各大街巷任意便溺者稍少。④ 在卫生防疫方面，"北京警察对于防止虎疫事宜办理异常认真，成效卓著，经巡警晓谕，居民皆不露食物于外加以盖藏，复注意一切卫生，故北京能免此恶疫"。⑤ 另外，警察在管理卫生过程中也不免有敷衍了事、工作不力的现象，这在报端也时有披露。如1906年12月，有报道称："内城警厅以各衢巷秽土甚多，颇于卫生有碍，前已饬令街道局督率夫役逐加扫除，用意极善。惟局员视为具文，每日率领夫役十余名见有污秽之处则草草数寻即为了事。官事之敷衍比比皆是。于此足觇一斑。"⑥ 卫生设施建设与行政管理进展不同步，管理卫生不尽如人意也是一个现实的问题，如1905年9月，报纸报道"外城工巡局禁止便溺，并

---

① 《取缔各市肆食品》，《大公报》（天津）1918年5月11日。
② 《警察厅取缔货摊》，《大公报》（天津）1918年5月24日。
③ 《取缔不良之食品》，《大公报》（天津）1919年6月30日。
④ 《卫生局善政》，《大公报》（天津）1906年2月24日。
⑤ 《京师警察防疫得力》，《晨报》1919年9月11日。
⑥ 《饬修街道》，《大公报》（天津版）1906年12月17日。

有罚章，诚为善举，然告示张贴太少，亦不多设厕所，一旦便溺即行议罚，亦似过激，恐文明国不如是也。"① 这些报道指出了警察管理卫生工作中的弊端，为以后改良提供了警示。探究近代北京城市卫生管理中存在诸多不足的原因，除警察工作不力的因素外，市民环境卫生意识水平参差不齐，且当时北京管理卫生的机关分歧，事权散漫而不统一，缺少专门人才负责管理，并且经济状况贫困，这一切决定了北京的公共卫生要想在短时期之内有惊人的进步，自然是不可能的。② 无论如何，警察在近代京城卫生管理中做了一定的积极努力，其作用不可忽视，当然，警察工作不力的问题也不可小觑，总结历史经验与不足，对推动今天城市公共卫生管理的科学发展有一定的借鉴与反思意义。

作者：李自典，北京联合大学应用文理学院

（编辑：任吉东）

---

① 《禁止便溺》，《大公报》（天津）1905 年 9 月 5 日。
② 李文海主编《民国时期社会调查丛编》社会保障卷，福建教育出版社，2004，第 341 ~ 343 页。

"合作下的反抗"：沦陷时期天津律师的生存环境与策略*

王　静

内容提要：抗战爆发后，选择留在沦陷区的民众面临抵抗与否的抉择，其中亦包括律师。在生存与道德的夹缝中，大多数律师以法律为手段，在与日伪政府"妥协合作"的过程中以保障民权为己任，体现了沦陷区律师的凝聚力和民族气节。通过对天津律师活动的分析，可了解到在抗日战争大背景下，沦陷区民众的抵制和抗争以及他们所表现出的抗日民族心态和立场，与"根据地""大后方"一样，也是中华民族集体抉择的一部分。

关键词：沦陷时期　天津　律师

作为近代北方重要的工商业城市，沦陷后的天津成为日军以战养战的军事基地。除了部分逃离的民众外，大部分人选择留在沦陷区。他们为什么选择留下？他们又是如何通过自己的方式去生存和抗争？本文以沦陷区的天津律师为切入点，分析其所思所行，对沦陷区民众的生存做一了解。

一　留下还是撤离：沦陷区律师的选择

卢沟桥事变后，平津地区人心惶惶，律师或辗转至后方参加抗日活动，或转移他处另谋出路，还有一部分则留在沦陷区。

首先，选择留在沦陷区的律师，特别是普通律师面临一定的生存压

---

* 本文为天津市哲学社会科学规划项目"一个新崛起的城市中间阶层——近代天津律师群体研究"（JZL11－008）的阶段性成果。

力。比如在业务渠道拓展方面,抗战前律师们普遍以报纸、广播电台作为个人业务推广宣传的媒介。天津沦陷后,在伪天津新闻管理所的严格审查下,大部分报纸停刊、广播停播。到1943年秋,仅剩《庸报》《新天津画报》《天津妇女》3种报刊。更重要的是,大量报纸的停刊也使律师丧失了对大众舆论力量的利用。1933年,天津律师曾对《益世报》发表的有损律师名誉的言论发起大规模的抵制活动,并最终取得了胜利。① 但天津沦陷后,在日伪政府的管制下,报纸完全丧失了"文人论政的本来面目",②律师也因此失去了舆论宣传的凭借。此外,为了应付日伪政府,民众对日籍律师的需求大大超过了对中国律师的需求,特别是一些政商名人纷纷聘请日籍律师担任法律顾问,像天津的志成货栈、广仁堂就聘请国际法律事务局竹内信为常年法律顾问,中国律师业务受到了较大冲击。

其次,沦陷区律师面对道德质疑的舆论压力。罗斯考拉曾认为,"规范化的社会制度已预设了道德准则,并且详尽地规定了此准则指导下的正确行为"。③ 在抗日战争中,没有比保护国家和民族利益更高的道德准则了,在此道德准则下,除了甘心附逆于日伪政府的通敌者,大部分与日伪政府消极合作且没有彻底投敌的普通律师也饱受大后方的道德质疑。"(对沦陷区人心)如是非黑白,一视同仁,则不仅对忠贞善良之同胞,为一种奇酷的虐待,抑且无异阻人从善,奖人为恶,自堕道德法纪之纲。"④

在道德和生存的夹缝中,一些律师之所以仍然留在沦陷区,其中原因有三。

一是国民政府无力保护民众撤离到大后方。1913年3月,天津律师公会在河北黄纬路咸安里27号成立。经过20余年发展,到抗战前,公会会员从最初的3人发展到1936年的609人,甚至在1933年会员人数曾高达860人,一度居华北律师公会之首。⑤ 卢沟桥事变后,日军长驱直入,天津

---

① 该事件起因于1933年6月15日《益世报》"语林"栏目的一篇《妓女律师医生》时论,该文声称,"律师实逢人之恶又长人之恶者也……越是阔的律师越该杀"。之后,天津律师公会对该报进行经济制裁。

② 张季鸾:《归乡记》,《季鸾文存》第2册附录,大公报出版社,1946,第8页。

③ Teemu Ruskola, "Legal Orientalism", *Michigan Law Review*, October 2002, p.225.

④ 《论收复民心》,《民国日报》1945年11月26日。

⑤ 《天津律师公会会员录》,《天津市各机关汇集全录》,天津市档案馆,档案号:J250-1-1-142。

即将沦陷。逢此骤变局势，国民政府在"事前并无撤退良方"的情况下仓促做出平津两地撤退之决定。在天津律师面前有三条道路选择：一是撤退到大后方；二是留在沦陷区避入租界；三是离开天津自求出路。当时受限于政府资金的短缺，根据国民政府撤退纲要草案，除了一些重要机构，比如南开大学政府予以保护撤退外，其他政府机关人员、工商界人士只能自寻出路撤离，① 一时间"武官无力守土，文官无力保民，弃职逃走"。② 甚至有的地方"公务员的欠薪都被扣下来，更谈不到遣散费，教育局又把全城教师储蓄会的款子一齐带跑了"。③ 在此情形之下，天津"数百相识之同业（律师）被中央遗弃"，④ 随政府撤退到大后方已然是不可能之事实，大多数律师要么选择离开天津自谋出路，要么只能留在天津过着居无定所的生活。⑤

二是大后方缺乏容纳沦陷区民众生存所需的空间和资源。抗战爆发后，沦陷区的民众不论是"冒死而从事地下工作者"，还是消极躲避战乱者，到湘桂川滇陕等大后方省份都是心之所向。但事实上，大后方根本无法容纳更多的沦陷区民众。就工商业而言，抗战初期在国民政府的扶持下，沿海大批工厂内迁，大后方工商业一度呈现繁荣景象。但大后方各省工业基础薄弱，原料不足以供应现代工业所需，再加上交通阻塞、产品销路滞销，工厂资金周转不畅，导致大量工人失业。⑥ 同时商业投机猖獗，物价不断上涨，资金和货物集中在少数人手中，大众无以谋生，"大多数民众衣食不足，面黄肌瘦，尤其许多无家可归的难民、灾童感到生活压迫，难以为计（继）"。⑦

三是相对安全的租界成为律师躲避战乱的避风港。沦陷前，将近40%的天津律师主要活动于河北大经路市府中心一带。沦陷初期，天津租界因地位

---

① 岳南：《李庄往事：抗战时期中国文化中心纪实》，浙江人民出版社，2005，第13页。
② 《申请复职》，《天津市地方法院及检察处》，天津市档案馆，档案号：J44-3-288-833。
③ 黄旅：《从沦陷到光复 祖国给人民的是什么》，《大公报》（上海）1946年12月30日，第10版。
④ 《申请复职》，《天津市地方法院及检察处》，天津市档案馆，档案号：J44-3-288-833。
⑤ 《申请复职》，《天津市地方法院及检察处》，天津市档案馆，档案号：J44-3-288-833。
⑥ 李炳焕：《八年来大后方之工商业》，《银行周报》第30卷第1~2期，1946年，第9~11页。
⑦ 梁尚勤：《大后方经济建设印象纪要》，《合作前锋》第1卷第20、21、22期，1939年，第98~99页。

特殊且代表着英法等国的利益，而且当时英法两国在外交上尚未与日本公开对抗，同时日方也需要英法在军用物资运输上给予协助，所以相较于华界警察局动辄"出动警察五千余人，保甲人员三万五千余人，在各主要道路交口值勤警备"，对可疑者"随时可以检查盘问以至搜查住宅"①的状况，英法等租界相对安宁。因此大部分律师避入租界以求生存，比如到1941年，在英租界设立事务所的律师达到55人，法租界也有31人。

综上，一方面，国民政府事前（天津沦陷前）无撤退良方，事后无救济良策；另一方面，大后方资源的匮乏使得一些律师"逃入后方而受饥寒之苦者有之，遣子弟入后方至今尚在后方乞食无法归来者有之"。②加上租界的安全，大部分律师选择留在天津。

选择留在沦陷区的律师要面对的直接问题是，如何在沦陷区日伪政府下求生存。有的"以律师得业掩护地下工作，虽名为律师暗便为地下工作"③的积极抗战者，像胡毓枫律师经常与法商学院校进步青年接头，参加中共地下党组织的各种活动，而且以律师身份作掩护，到津北王庄、双口、渔坝口等地宣传抗日救亡。最后被人投毒害死，年仅40岁。④有的"自堕其人格，看了人家的'眼前富贵'就生羡慕之心，半途失节"。还有一些游走于社会边缘的"黑律师"，利用律师身份"拉案子不问事件大小，给钱就干，办起事来不问青红皂白，有缝就钻，通过'巧立名目、制造假证、串通威胁'"等手段榨取委托人钱财。⑤

与上述态度不同，更多的律师还是选择了法国历史学家霍夫曼称之为日常妥协合作的方式。⑥也就是大多数身处沦陷区的普通民众在日常生活

① 黄秀丹、张晓维：《天津五次"治安强化运动"》，天津市文史研究馆编印《天津文史丛刊》第6期，1982，第153页。
② 《申请复职》，《天津市地方法院及检察处》，天津市档案馆，档案号：J44-3-288-833。
③ 《关于律师登录事项》，《朱道孔法律事务所》，天津市档案馆，档案号：J45-1-1-1076。
④ 中国人民政治协商会议天津市北辰区委员会文史资料研究委员会编印《北辰文史资料》第11辑《北辰人物》，2006，第101页。
⑤ 朱道孔：《解放前黑律师劣迹种种》，中国人民政治协商会议天津市委员会文史资料研究委员会编《天津文史资料选辑》第37辑，天津人民出版社，1986，第199页。
⑥ 关于沦陷区民众与占领军的合作关系，法国历史学家霍夫曼将之细分为三种，涉及普通民众的日常妥协合作、投敌者的合作主义以及国家合作。高宣扬主编《欧洲评论》第1辑，同济大学出版社，2010，第398页。

中，建构一套自己的行为准则，用以协调道德与政治上的两难，以获得生存的一种策略。下文将对律师的生存策略做一具体分析。

二 避祸租界：天津律师的不合作态度

天津沦陷初期，大部分律师避入租界。尽管当时日租界"安全，但有血性的中国人实在羞于得到那个安全"，[①] 这在日本人看来是"不顺应大势"的态度，[②] 其原因就在于英法等国租界的存在。

首先，除了安全的考虑，租界为律师解除了"受家庭老小生计艰难之累"[③] 的后顾之忧。一是七七事变后，英法等国的治外法权为律师执业提供了法律依据。根据华洋司法规定，凡是租界内不涉及西方人的民刑事案件，皆由中国政府审理，天津租界因无特区地方法院，因此一般涉及中国人的案件必须移交地方法院审理。当时英法美等国承认的是国民政府，因此，律师可"凭借中央遗留之中国法律，保障并非自己沦陷之中国民权，以为明日之抗战"。[④]

二是租界为律师执业提供了丰富的客源。为躲避战乱人们涌入租界，像"法租界人口最近增加了数倍以上，多数是来自乡间的有产者，由市区迁入租借地的富户也不少"。[⑤] 一方面，租界有产者的增多为"附庸于社会生活之业务"的律师提供了客源，律师事务因之日趋繁盛；另一方面，租界人口的增多刺激了租界房地产业务的活跃，这也为律师代理房产诉讼开辟了客源。比如李洪岳与王芝邮在今滨江道基泰大楼开设的宗正联合事务所，专以代理房产买卖的相关业务为主。业务的繁荣使得天津律师人数从沦陷初期的 20 余人增长至 240 人左右。[⑥]

其次，租界成为抗日活动的聚集地。天津沦陷后，民众抗日民族主义高涨，并以租界为中心形成了一股反日敌后势力。当时在英法租界里开展

---

① 赵捷民：《沦陷后的天津》，《今日评论》第 1 卷第 13 期，1939 年，第 18~19 页。
② 万鲁建编译《津沽漫记——日本人笔下的天津》，天津古籍出版社，2015，第 186 页。
③ 《申请复职》，《天津市地方法院及检察处》，天津市档案馆，档案号：J44-3-288-833。
④ 《申请复职》，《天津市地方法院及检察处》，天津市档案馆，档案号：J44-3-288-833。
⑤ 赵捷民：《沦陷后的天津》，《今日评论》第 1 卷第 13 期，1939 年，第 18~19 页。
⑥ 《天津律师公会会员录》，《天津市各机关汇集全录》，天津市档案馆，档案号：J250-1-1-142。

抗日活动的组织有华北人民抗日自卫委员会、抗日杀奸团等，同时还有铁路、电话等业职工的反抗和普通民众对日军的不断袭击，特别是以肃奸暗杀为手段的反日行动，几乎每月总会发生数起，如王竹林、程锡庚等亲日派先后被刺杀。租界频繁的抗日活动，加剧了日本与英法租界当局的矛盾。在此情况下，日军先后对英法租界实行封锁，逼迫英法租界当局让步，在英法强硬的态度下，双方一直谈判到第二次世界大战爆发。

租界的安全和相对繁荣为战乱中的律师提供了一个避风港，同时租界里风起云涌的抗日活动以及英法暂时对中国的支持也让其意识到"敌人的弱点，能够在抑制中忍耐，将来成为收复大地的战士"。[①]

三　以公会之力量：妥协合作下的求生存

第二次世界大战爆发后，偏安于租界一隅的天津律师面临的形势发生了变化。首先是租界司法权的丧失。天津沦陷后，日军组建了"天津治安维持会"作为天津市临时政权机构，并下设"天津高等法院"和"天津地方法院""两院"司法组织隶属"维持会"，受其直接领导。如前所述，最初英租界当局承认的是国民政府之司法制度，但随着国际形势的变化，英法等国在欧洲战场节节败退，导致英法对日态度由强硬变为退让。英为谋求其在中国及亚洲的利益，与日本进行妥协，并签订《英日初步协定》。该协定要求英国放弃"亲蒋反日"政策，承认日本在天津的既定政策，并将控告有恐怖行动或参加恐怖组织的中国人引渡至日伪政权控制下的天津地方法院审理。

其次日军加强对华北的法西斯统治，策划"治安强化运动"，以自首和策动告密的方法来瓦解华北反日力量，并在天津实行"清乡"政策。天津因"五方杂处，人情诡谲，一般地痞流氓对于素有嫌怨及被敲诈不遂者，每向官厅投递匿名函件，捏词陷害，征诸往事，数见不鲜"。沦陷后，一些投机求荣之辈"煅炼罪名向日本军事机关投函诬陷者尤伙，人人谈虎色变，咸具戒心"。[②] 一时间，人人自危。

---

① 赵捷民：《沦陷后的天津》，《今日评论》第 1 卷第 13 期，1939 年，第 18~19 页。
② 《呈防止诬告办法请核转日本特务机关查照施行以保良善》，《河北省高等法院天津分院及检察处》，天津市档案馆，档案号：J43 - 行政 - 123 - 149。

租界不再是避风港。在此情况下，天津律师不得不依靠公会力量与日伪政府周旋，以保周全。天津律师公会成立于1913年，本着"律师之人数既多，各不相谋，不特意见参差，难收声气应求之成效，抑且漫无统系，无规矩准绳之可循，极其所至，流弊严生，殊非法律设置律师制度，用以保护诉讼当事人权利之初旨"，① 天津律师公会不断壮大，到20世纪30年代会员人数已达860人。天津沦陷后，尽管大部分律师因日军封锁无法正常参与公会活动，但公会的主要成员，如会长和各评议员等利用租界之庇护，暂借各会长之寓所与日伪政府周旋，以维持会务。

1938年2月18日，天津律师公会鉴于告密之风盛行，以"此风不戒，社会治安大受影响"为由，为"除暴安良，维持法律效力起见"，从法律的角度拟定三项办法，集体向天津地方法院请愿。其中包括：匿名告发函件概置之不理；具名告发者先传讯告发人，倘无其人即以匿名信视之，若有其人，令其具结负诬告责任，再传集原被双方，于短期间内送交法院，依法核办；如告发现行犯，扭送宪兵或特务机关者，即将原被双方暂行扣留，于短期内送交法院核办。为使"宵小知所敛迹，诬告之风可息，善良民众受惠多矣"，② 经过律师公会多方奔走，最终该提议得到了地方法院和日军部的批准。

除了以法律维护民众生命安全外，天津律师公会也利用其社会影响力营救被捕会员。早在1931年天津事变后，天津律师公会会址就被日赤柴部队所属之津田少尉队兵80余人占用，并以武力胁迫众会员和职员离开公会。其间日军以"本会后院小屋内发现发霉且锈迹斑斑不堪使用之刺刀一把"为借口，诬蔑公会"藏匿二十九军之罪名"，并捆绑拘押雇员夫役若干人。在会长李洪岳和公会多方运作下，并向日军部解释，"会所地址原为前直隶省长兼二十三师师长王成斌之公馆，在他居住之前也屡有驻兵，该刺刀应系该时遗物"。被押雇员才得以最终释放。③

---

① 张守顺：《律师规范》（1935年10月），转引自朱英、魏文享主编《近代中国自由职业者群体与社会变迁》，北京大学出版社，2009，第45页。

② 《呈防止诬告办法请核转日本特务机关查照施行以保良善》，《河北省高等法院天津分院及检察处》，天津市档案馆，档案号：J43-行政-123-149。

③ 《呈为会所驻兵遗失器物》，《河北省高等法院天津分院及检察处》，天津市档案馆，档案号：J44-行政-247-40-1。

作为日本侵略的重要兵站基地，为了协助日军筹划"大东亚圣战"资金，日伪政府在天津实行经济统制与掠夺以实现其以战养战之目的。比如"临时政府"通过涨物价搜刮钱财，其责令市营自来水管理处改定水价，普通用水由每千加仑 1.2 元增为 2.9 元；责令天津交通股份有限公司改定车票价，由每一路线定价 0.5 元改为 2 元；电车票价由 0.06 元增为 0.2 元等，民众生活消费指数不断升高。① 为保障会员生活，公会认为，当前律师"收取公费最高额之限制现已不适用，且官吏薪金以及其他有给职之报酬均随经济状态屡有增加，倘律师公费仍按多年以前之限制而不予变通，实不免相形见绌"。② 之后，公会出面与河北高等法院检察处协商，最终达成"以公费之最高额暂行增加一倍，待经济状况恢复常态即行取消"③ 的意见。

律师公会还协调与日伪司法部门关系，为律师争取执业空间。会见权是律师合法权利之一，但日伪时期律师在看守所的会见权却受到种种限制。一是看守所对律师的不合作态度。沦陷时期看守所在管辖上属于天津地方法院，而天津律师公会隶属天津地方检察厅监督，双方分属两个部门管辖，因此看守所对于律师进行的侦查问询工作难免会有抵触心理，自然会在会见、通信、传递信息等方面有所难为律师，甚至会用敌对的目光审视与看守所打交道的律师，不利于前期犯罪嫌疑人和被告人辩护权利的实现。二是狱吏的不合作态度。看守所本是为收押被告人，而非为服刑人员所设，因此不可有害及生命身体之事。但是天津之看守所，"人犯竟有长饿二三日，或食不得饱情事"。④ 因此，每当律师会见当事人时，"因人大都满面愁苦，辄以双眼斜视狱吏，作扪胸欲诉冤屈状，而狱吏亦若深恐囚人有所言，怒目示骇止意"。⑤ 三是看守所缺乏必要的会见室。律师"每日

---

① 中共天津市和平区委宣传部、和平区地方志编委会办公室编印《血与火的记忆：天津市和平区人民抗日斗争史话》，2005，第 73 页。

② 《关于律师薪金》，《天津市地方法院及检察处》，天津市档案馆，档案号：J44 - 2 - 171 - 129753。

③ 《关于律师薪金》，《天津市地方法院及检察处》，天津市档案馆，档案号：J44 - 2 - 171 - 129753。

④ 天津市地方志编修委员会办公室、天津图书馆编《〈益世报〉天津资料点校汇编》（1），天津社会科学院出版社，1999，第 489 页。

⑤ 《附录二》，《法学丛刊》第 2 卷第 8 期，1934 年，第 35 页。

到看守所接见在押人犯多达数百人，如此之众因为缺少天棚遮蔽酷日而站立在露天之下，如果遇上刮风下雨，大雨倾盆之下数百人无处可挡"。① 鉴于以上原因，为了辅助法治及维护人道起见，也为了更好地开展业务，律师公会曾三次向会员及各界劝募慈惠费以及演唱义务戏以筹措资金，为看守所修建浴室、为犯人购买棉衣棉被及必要药品。

四　以法律为武器：利用合法身份伸张正义

抗日战争爆发后，为抵御外辱，民众通过各种方式和渠道支援国内抗战，义无反顾地参战抗日。对于身处沦陷区的天津律师而言，"欲保护国权，已被中央南去之官员带走；欲保国土，及国土上所有物已被日寇侵占"。② 在此形势下，他们坚守"既为天津一分子，即有天津一分责"的民族气节，坚守民族底线，虽然"忍辱出庭，以图苟延而待中央营救"，③ 但在其执业实践中"凭借中央遗留之中国法律，保障并非自己沦陷之中国民权，以为明日之抗战"。④ 即使面临"一经出头代理得胜，则代理律师或被殴打，或被敌宪兵逮捕，或被残杀"的生命威胁，仍怀着"如无冒险之律师出庭保障民权，一任敌家之残害，津门百余万民众无焦类矣"⑤ 的理想信念，勉强挣扎以尽匹夫之责。

作为律师，保障当事人权益、纾解民困是其进行法律活动的出发点，也是其保障民权以尽匹夫之责的根本。天津律师保护当事人之权益，在日伪统治下的天津司法机关伸张正义，主要通过三种途径。

一是以代理人身份处理与当事人相关的经济问题。尽管处于日伪统治下的天津商业日渐萧条，但对于一些大银行、大公司，业务越大，则纠纷越多，且事事牵涉法律问题。⑥ 因此，处理经济问题是沦陷区律师的主要

① 《律师公会捐助看守所》，《天津市地方法院及检察处》，天津市档案馆，档案号：J44 - 行政 - 247 - 89 - 1。
② 《申请复职》，《天津市地方法院及检察处》，天津市档案馆，档案号：J44 - 3 - 288 - 833。
③ 《绅商李星北等为成立维持国权国土会致天津商务总会函》，天津市档案馆、南开大学分校档案系编《天津租界档案选编》，天津人民出版社，1992，第109页。
④ 《申请复职》，《天津市地方法院及检察处》，天津市档案馆，档案号：J44 - 3 - 288 - 833。
⑤ 《申请复职》，《天津市地方法院及检察处》，天津市档案馆，档案号：J44 - 3 - 288 - 833。
⑥ 包天笑：《钏影楼回忆录续编》，香港，大华出版社，1973，第112页。

业务之一。如金银首饰同业公会会员同义金店为避免因停业而造成债权等方面的纠纷，特请张恩寿律师代理该号出兑以及承兑人之续租等法律事宜。①

二是通过正常法律途径协商解决。《庸报》是"日本军部直接支撑"②下的一份报纸，由于其军方背景，不仅日发行量高达 4 万份以上，③ 在津门影响力极大，而且老百姓绝对没有停订之权力，否则便要吃官司，④ 老百姓对其是敢怒而不敢言。1938 年，《庸报》经济栏目刊登"奸商操纵面粉市场"的消息，并暗讽米业公会及其两位董事，有损个人名誉以及公会名誉。为了消除对米业公会的不利影响，夏彦藻律师向天津庸报馆发函，希望以息事宁人之意，由报馆出面澄清以正是非。⑤

三是利用合法身份支持抗日行为。张务滋是天津著名律师，同时也是燕达中学校长，该校的成立是为了解决不愿在敌伪所办学校教书教师的工作问题。⑥ 张务滋任校长期间，除了解决教师工作外，还在学生中介绍有关抗日的图书，抵制奴化教育，并积极介绍青年学生到大后方升学。张务滋的爱国行为引起了驻津日军的怀疑，日军文教部甚至将张务滋传讯批捕，讯问该校经费来源及教员名单。⑦ 还有律师公会理事张士俊律师，在多种身份的掩护下，出资护送学生、技术人才及其家属 800 余家人大后方，并掩护中华民族解放先锋队（"民先"）成员让其到家中避难。⑧

总之抗战期间的天津律师，面对艰难的局势和重重的困难，心有家国，坚守在沦陷区以尽匹夫之责，保持了抗日的民族气节。

天津沦陷后，作为日军的华北兵站和物资基地，日军为加强其统治

---

① 《为送同义金店分拨及兑字事与张律师的往来函件（附分拨及兑字）》，《天津市商会》，天津市档案馆，档案号：J128 - 3 - 8370 - 13。

② 问征：《沦陷后的天津报纸》，《战时记者》第 2 卷第 3 期，1939 年，第 20 页。

③ 中国人民政治协商会议全国委员会文史和学习委员会编《文史资料选辑（合订本）》第 49 卷，中国文史出版社，2011，第 139 页。

④ 问征：《沦陷后的天津报纸》，《战时记者》第 2 卷第 3 期，1939 年，第 20 页。

⑤ 《为庸报登文毁损本会名誉等事致市商会的函（附夏律师函庸报报纸）》，《天津市米业公会》，天津市档案馆，档案号：J128 - 3 - 8352 - 30。

⑥ 叶成林：《抗日战争时期沦陷区人民的斗争》，团结出版社，2015，第 155 页。

⑦ 天津市地方志编修委员会编著《天津通志·审判志》，天津社会科学院出版社，1999，第 135 页。

⑧ 周进、常颖、冯雪利、乔克编著《地火燃九城：抗日时期中共北平地下斗争》，北京联合出版公司，2015，第 34 页。

和镇压反日力量，先后扶持亲日派在津成立日伪天津市地方治安维持会、日伪天津特别市公署以及日伪天津特别市政府，天津完全处于日本的控制之下。在此形势下，留在沦陷区的天津律师在生存与道德的钟摆下，心理呈现较大的复杂性和矛盾性。其中有的投敌，有的斗争，但更多的则选择了"妥协合作"。在"妥协合作"中，随着局势的变化，沦陷区律师对日伪政府的态度经历了从最初的不合作到"妥协合作"，再到合作抵制的变化。

其间，天津律师以租界为中心，坚守民族底线，以"凭借中央遗留之中国法律，保障并非自己沦陷之中国民权，以为明日之抗战"[1] 为原则，通过公会集体力量和个人社会影响力，为保障民权而努力。也正是在这种信念的支持下，在面对战后国民政府的甄审时，天津律师群体代表大多数沦陷区人民集体发声，"眼见饱受八年惨劫之余，又继续遭停职处分"，[2]以此抗议国民政府对收复区敌伪各级学校和机关进行的甄别审核。天津律师以"忍辱负重、保障民权、消极抵抗"等话语向政府表明了身处沦陷区的律师，有"以法律以为明日之抗战"的善斗姿态，和"我们（收复区人民）需要的是抚慰，是鼓励，是督促，是指导，而不是惩罚，不是歧视，不是摈弃"[3] 的立场态度，以及"国士衰时见"的民族气节。所以与忠贞的大后方民众相比，选择留在沦陷区的民众同样也是中华民族集体抉择的一部分。[4]

作者：王静，天津社会科学院

（编辑：张利民）

---

① 《申请复职》，《天津市地方法院及检察处》，天津市档案馆，档案号：J44-3-288-833。
② 《申请复职》，《天津市地方法院及检察处》，天津市档案馆，档案号：J44-3-288-833。
③ 《我们的呼声》，《华北日报》1945年11月6~11日，转引自北京市档案馆《解放战争时期北平学生运动》，光明日报出版社，1991，第10页。
④ 汪朝光：《战争与人——抗战研究的多样化主题和路径》，《抗日战争研究》2016年第2期。

有此江山有此楼：抗战时期中日围绕黄鹤楼的记忆之争与权力重构*

赵　煌

内容提要：江南三大名楼之一黄鹤楼，因历史机缘，不仅是一座城市的地标，更成为一个不断被阐释和改写的文本。王朝兴亡和名人造访，为这个文化文本不断注脚。抗战爆发后，拥有众多典籍资源的黄鹤楼被国民政府用作构建集体记忆和激发民族主义的场所。武汉陷落后，日本为实现长期占领，又对黄鹤楼构建起来的记忆标准进行消解，然而效果却不大明显。中日之间围绕黄鹤楼展开的记忆之争，显示了权力无孔不入的特点，揭示了记忆存在一种"操纵机制"。权力通过强化、消解甚至是创造出某种记忆来强化民众的集体记忆，从而推进民众对政权合法性的认同。

关键词：黄鹤楼　集体记忆　权力重构

　　黄鹤楼，其一千年来的屡兴屡建与王朝更替交相呼应，为不断造访的名人游客寄托古今之情提供了深厚的文化资源，成为抒发家国情怀的记忆场所。抗战爆发后，民族危机空前严重，黄鹤楼所蕴藏的民族意识价值受到重视，国民政府开始利用黄鹤楼作为宣传官方记忆和唤醒民众民族主义意识的场所。与此同时，黄鹤楼也一直受到日本的关注。有意思的是，与德国轰炸华沙城市象征美人鱼广场，旨在摧毁波兰人的集体记忆不同，日本在进入武汉前就发布了《进入武汉三镇要领》，明确列出保护黄鹤楼一事。武汉陷落后，为证明统治的合法性和获得沦陷区民众的身份认同，日本通过多种方式对黄鹤楼的价值标准进行重新"构建"。那么，历史中的

---

　　*　本文系"武汉市 2016 年黄鹤英才（文化）计划"资助项目的阶段性成果。

黄鹤楼有关集体认同的文化资源是如何形成的呢？抗战期间，国民政府又是如何利用黄鹤楼来激起民众国家意识。武汉沦陷后，日本是以何种方式对黄鹤楼的价值标准进行重新"构建"的，且效果如何呢？中日之间围绕黄鹤楼展开的记忆之争向我们展示了记忆是如何成为政治权力角逐的资本。通过对隐藏在黄鹤楼背后的记忆进行分析，可以探究权力的微观运作模式，有助于我们从一种新的视角去认识抗战历史。基于对以上问题的考虑，本文就此试做一初步的探讨。

一　黄鹤楼的表象化与身份认同

从现存资料看，黄鹤楼最早兴建于三国时期。据《元和郡县图志》记载，公元223年，江夏为驻军之所，"城江夏以安屯驻地也"，"西临大江，西角因矶为楼，名黄鹤楼"。① 由此可以看出，黄鹤楼最早是用来瞭望的军事哨楼，主要功能还是军事功能。唐代以来，王朝统一兴盛，黄鹤楼得江山之险，亦得江山之利，不仅是军事要塞，更是舟楫必经的交通要道，因风光秀丽成为官商巨贾、文人骚客竞相造访的风景胜地。黄鹤楼的军事功能开始逐渐向观光功能转变。造访者的吟诗作赋，又在不自觉地为黄鹤楼重构着新的景观。在这种背景下，同江南其他名楼一样，黄鹤楼自有成名之作。

> 昔人已乘黄鹤去，此地空余黄鹤楼。
> 黄鹤一去不复返，白云千载空悠悠。
> 晴川历历汉阳树，芳草萋萋鹦鹉洲。
> 日暮乡关何处是？烟波江上使人愁。②

因崔颢的诗，黄鹤楼成为寄托乡愁、怅古忧今的文化地标。唐代以后，由于时局动荡，特别是受外族冲击，乡愁被提升到家国情怀的高度，黄鹤楼被注入了更多的民族内涵，"乡"已不单单指故乡，而更多体现为对民族和国家未来的关注。南宋时期，身在抗金前线的岳飞登临黄鹤楼有

---

① 李吉甫：《元和郡县图志》第27卷，中华书局，1983，第644页。
② 冯克诚、田晓娜主编《四库全书精编》集部，青海人民出版社，1998，第437页。

感，写下了著名的《满江红——登黄鹤楼有感》。

> 遥望中原，荒烟外、许多城郭。想当年、花遮柳护，凤楼龙阁。
> 万岁山前珠翠绕，蓬壶殿里笙歌作。到而今、铁骑满郊畿，风尘恶。
> 兵安在，膏锋锷。民安在，填沟壑。叹江山如故，千村寥落。何
> 日请缨提锐旅，一鞭直渡清河洛。却归来、再续汉阳游，骑黄鹤。[1]

处在历史交会点中的黄鹤楼，一方面是对故土繁华景象的印证，另一方面又与"铁骑满郊畿""千村寥落"形成强烈对比，同时满足了对未来收复中原后，"再续汉阳游，骑黄鹤"的期许。被表象化的黄鹤楼成功实现了时空转换，成为沟通过去、现在和未来的桥梁，对民族的认同获得一种永恒价值。

如果说黄鹤楼在宋代体现的是民族意识开始觉醒的话，那么到了近代，随着西方列强入侵，在国家面临内忧外患的情况下，对民族的认同更多地表现在社会精英对民族现代性的探索上。1894 年，康有为登临黄鹤楼，有感于时局，写下了《登黄鹤楼》一诗。

> 浪流滚滚大江东，鹤去楼烧矶已空。
> 巫峡云雨卷朝暮，汉阳烟树带青红。
> 万家楼阁随波远，百战江山扼势雄。
> 极目苍天帆影乱，中原万里对西风。[2]

"中原万里对西风"，甲午战争时期的中国，其对手是经过欧风美雨西化了的日本。虽然黄鹤楼因火灾而名胜不在，但拥有丰厚文化资源的黄鹤楼，早已成为超越历史时空的文化文本。处在这一特殊历史时期和空间的黄鹤楼，被赋予了探索民族现代化道路的意义，成为到访者反思传统和在资本主义全球化背景下本民族应如何走向现代的追问场所。1927 年春，在大革命即将失败的前夕，途经武汉的毛泽东登上黄鹤楼，作《菩萨蛮·黄鹤楼》一词。

---

① 唐圭璋主编《全宋词》上册，中州古籍出版社，1996，第 860 页。
② 上海市文物保管委员会文献研究部编《万木草堂诗集——康有为遗稿》，上海人民出版社，1996，第 59 页。

> 茫茫九派流中国，沉沉一线穿南北。烟雨莽苍苍，龟蛇锁大江。
> 黄鹤知何去？剩有游人处。把酒酹滔滔，心潮逐浪高！[1]

"黄鹤知何去"，鹤去楼空的景象成为诗人抒发苍凉低落心情的载体，同时诗人的造访与追问又在丰富和重构着黄鹤楼新的文化景观。黄鹤楼成为探索革命走向的一个场所和时空坐标，成为新民主主义革命整体叙事的一个有机组成部分。

黄鹤楼起初因崔颢的名篇成为寄托家愁之地，但随着民族忧患的加深，在争取民族独立和振兴的话语背景下，黄鹤楼成为思考民族未来的场所。历代造访者不仅在历史时空中与先行者产生呼应，而且为自己赢得身份认同提供了一个真实存在的空间。"文化文本的目的则是为了获取，为了毫无保留的身份认同。它能为读者提供一种活跃的中介，让读者与文化文本产生认同，同时通过文化文本赢得和保证自己的认同。这些文本不仅能供人阅读，引起思考，还能为灵魂提供场所。"[2] 悠悠千载的黄鹤楼是一个不断被创作的文化文本，成为历代造访者阅读、思考和获得情感体验的场所。它超越了时空，与造访者之间形成认同，历代造访者有关国家和民族前途命运的忧愁，构成了对民族认同的连续性建构。这种建构没有因历史朝代上认识的差距而中断，反而因造访者的不断阅读和体验，民族认同得以层砌累建，不断强化。

二 国民政府对黄鹤楼官方记忆的塑造

保护名胜古迹，传承固有文化，借以证明统治继承的合法性，这一点国民政府在建立伊始就意识到了。1928年南京国民政府公布了《名胜古迹古物保存条例》，以法律条文的形式对名胜古迹古物进行分类界定，对损毁古迹古物行为的惩处也都做了详细规定。武汉作为首义之地，革命遗迹众多，"武汉腹心之地，首义之区，先贤辈出，胜迹代传"，[3] 保存古迹自

---

[1] 人民文学出版社编辑部编《中国革命领袖诗词》，人民文学出版社，1995，第5页。
[2] 〔法〕雅克·勒高夫：《历史与记忆》，方仁杰、倪复生译，中国人民大学出版社，2010，第140页。
[3] 《武汉市市政委员会指令》，《武汉市市政公报》第1卷第3号，1929年，第37页。

然受到格外重视。同年，武汉市名胜古迹保存委员会成立，在成立的备文中明确指出了委员会成立的目的，"以保存名胜古迹，所以保存固有之文化"，因此保存名胜古迹对保存文化，进而维护统治合法性意义重大。作为武汉地区的名胜黄鹤楼自然成为重点保存的对象之一。1929 年，《武汉市政公报》刊载了市政委员会核拨 600 余元修理武昌警钟楼（清末黄鹤楼遭火焚毁，后在原址上建警钟楼，民国时多以警钟楼误代为黄鹤楼）的训令。①

1937 年南京陷落后，国民政府虽已宣布迁都重庆，但大部分机关留在了武汉，武汉实际上成为领导全国抗战的中心。这一点，日本心知肚明，认为攻下武汉是终结战争的最好机会，②于是加紧了对武汉的围攻。在保卫大武汉呼声日益高涨的背景下，政府意识到，要想巩固领导地位，把民众凝聚在抗战的旗帜下，就必须发掘历史遗迹中的民族主义，利用与民族主义有关的景观符号，向民众灌输民族意识，推进民众的国家认同。

为达到利用黄鹤楼推进民众的国家认同的目的，政府首先将作为公共空间的黄鹤楼融入群众活动中。国民政府军事委员会政治部第三厅成立后不久，就在黄鹤楼等地开展了声势浩大的抗敌宣传活动。1938 年 4月，第二期抗战扩大宣传周开始，第四日在黄鹤楼前举行了美术歌咏火炬游行大会开幕式。会上郭沫若做了报告，强调举行美术歌咏火炬游行大会的意义在于"保障我们已得的胜利，并进而求得更大的新的胜利"和"万众一心，有钱出钱，有力出力，并抱定以死报国决心，以达到打倒日本帝国主义，收复一切失地目的"。③郭沫若已经意识到在黄鹤楼前举办美术歌咏火炬游行大会的价值。通过对黄鹤楼这一空间的纪念和仪式化，可以建立一种国家认同机制，利用这个机制鼓励民众为民族独立做好随时牺牲的准备。黄鹤楼不仅仅是一处文化景观，还是打败侵略者、获得胜

---

① 《令工务局：据公安局呈送修理武昌警钟楼估单饬审核》，《武汉市政公报》第 1 卷第 2期，1929 年，第 59 页。

② 〔日〕防卫厅防卫研究所战史室编《武汉会战资料汇编》第 1 册，东晓、陈刚译，武汉出版社，2012，第 125 页。

③ 《抗战扩大宣传周》，武汉市档案馆、武汉市政协文史学习委员会编印《武汉文史资料》第 3、4 辑合辑，1990，第 316 页。

利、推进民众对国家认同的见证者，已成为象征民族独立解放和国家富强的载体。

另外，活动仪式上的刻意安排也是强化民众国家意识和民族主义的重要手段。如现场歌咏人员合唱了《义勇军进行曲》《救亡进行曲》《大刀进行曲》等爱国救亡歌曲。黄鹤楼作为人们抒发国破家亡和坚持抗战情感的公共空间，得到了进一步拓展。而接下来的队伍游行，又采用党旗、国旗、大会会旗作为前导，随后为总理遗像的游行布局。这种布局表明了本次活动的意图，即民众要在党国的领导下，精诚团结，共同抗敌，直至胜利。

这次美术歌咏火炬游行大会吸引了众多民众，"汉阳门一带交通为之阻塞"。[①] 列队游行时，"沿途观者如堵"。从这次宣传效果来看，借名胜之地来宣传民族主义、激起民众国家认同的目的显然是达到了。"一般民众，对于第二期抗战之形势及意义，经此宣传周之举行，皆有深刻之认识。"[②] 仪式化的活动，丰富了黄鹤楼所承载的意义。黄鹤楼作为代表民族主义的实物，被进一步表象化。官方也由此成功地把黄鹤楼引入公众意识中。民众在参与活动的同时，通过黄鹤楼这一媒介，分享和储存了官方构建的政治记忆。这种记忆构成对国家和民族认同的基础。如《武装了黄鹤楼》一文中有这样的表达：

> 老的少的男的女的，挤涨了黄鹤楼。他们得意的谈论，大声的吼……我们只管唱啊，我们只管吼，我们要唱到敌人讨饶，我们要吼到敌人发抖，我们要唱到敌人屈了膝，我们要吼到敌人磕下头，我们要在这唱和吼里，产生下中华民族的独立自主……黄鹤楼虽然是翻造过的，可仍然是砖瓦和木头！你们不用怕吧！你们不用愁！我们正要把砖瓦唱成铁块，我们专会把木头吼成石头！黄鹤楼头的大众画家们，成为了今天共有的荣光……全副的武装，不仅仅是衣裳，画布成了组织民众的会场，画笔成了消灭敌人的刀枪……我们从他们的手底

---

① 《黄鹤楼上歌声嘹亮美术歌咏火炬游行会参加万余人观者如堵》，《申报》1938 年 4 月 11 日。

② 《第三厅在武汉活动概况》，武汉市档案馆、武汉市政协文史学习委员会编印《保卫大武汉——纪念武汉抗战六十周年专辑》，1998，第 149 页。

下，看见了将领们的英俊雄姿，看见了弟兄们的刚强模样，看见了日本帝国主义的残暴，看见了被难同胞的凄凉，他们把今日的黄鹤楼头，布成了昨日胜利的台儿庄。①

"我们正要把砖瓦唱成铁块"，"把木头吼成石头"。其中，"我们"与"黄鹤楼"之间产生了身份认同，黄鹤楼是"我们"民族精神的象征，同时"我们"还强化和巩固了这一认同，即"我们"要在黄鹤楼下"产生下中华民族的独立自主"。而在黄鹤楼前举办的画展，则充分发挥了图像在政治动员中的隐喻作用。油画用表现主义的描述手法，让参观者感受到战争的残酷，进而产生了对坚持抗战人士的敬仰之情和取得抗战最后胜利的决心，为民众在参与民族记忆构建的过程中提供了想象空间。

除举办活动外，政府还加强了对黄鹤楼景观的改造，以满足向民众灌输民族主义和强化国家认同的需要。教育部第一社教工作团在黄鹤楼装设了收音机，每日按时开启，供一般民众收听战事消息及各种讲演等。黄鹤楼已然成为向民众宣传抗战和进行民族主义教育的固定场所。②

作为风景名胜的黄鹤楼，在现代化国家日益形成和民族危机日益加深的背景下，政府希望利用其空间的纪念意义和民族主义资源来达到巩固统治和推动民众对国家认同的目的。为达到目的，当局不仅多次举行大型活动，还对黄鹤楼景观加以改造。由此，黄鹤楼成为推进国家认同和维系官方记忆连续性构建的重要场所。但是，随着抗战形势恶化和武汉沦陷，这种记忆的连续性很快被打破。日本势力迅速介入其中，并对道德标准进行重新"构建"。黄鹤楼所蕴藏的集体记忆成为政治权力争夺的工具和目标。

三 日本对黄鹤楼记忆的解构

黄鹤楼，因崔颢名声在外，随着唐诗而为日本人所熟悉。晚清至民国初期，一股"中国热"在日本兴起，大批日本学者、作家甚至政客纷纷来华游历。芥川龙之介、内藤湖南等人都登临过黄鹤楼，所著的《中国游

---

① 安娥：《武装了黄鹤楼》，《文艺月刊》第1卷第11期，1938年，第232页。
② 《社教工作团组巡回宣传队分赴各路放映电影并在武汉通衢装设收音机》，《申报》1938年4月16日。

记》和《燕山楚水》在日本国内引起了巨大反响，扩大了黄鹤楼在日本国内的知名度，黄鹤楼成为日本窥探中国的一个窗口。

黄鹤楼，也一直是日本军方关注的对象。早在进入武汉前，日本就颁布了一系列命令，要求入城军队做好文物古迹的保护工作，在颁布的《进入武汉三镇要领》中要求部队在"用于保养的必要的文化设施"上做好标示，并在随后附上的《武汉三镇要保护建筑物一览表》中明确标明了黄鹤楼及其所在位置。①

日方如此热衷于保护黄鹤楼等中国文化古迹，其意图值得玩味。南京陷落后，武汉作为国民政府控制几个为数不多的大城市之一，自然受到日本的格外关注。在 7 月 15 日召开的五相会议上，日本决定以武汉会战为契机，建立一个新的"中央政府"。② 10 月 24 日，即武汉陷落前夕，日本军方向"进城"部队发布《进入武汉时军参谋长的注意事项》，其中明确指出了攻占武汉的意义和意图："武汉之地是目下皇军力洗刷战尘的最佳地点和下一步作战的策动根据地，将来可作为长期永久的部队驻扎地。更是新生支那的政治、经济、文化中心。"③ 陷落后的武汉，将成为日本发动新的战争的根据地和傀儡中央政府的文化中心所在地。正是在这种特殊的定位下，为达到长久占领的目的，"保护文化遗迹和纪念空间"、争夺城市记忆、继承和维系政治遗产与统治的合法性就显得十分必要。所以，日本军方要求"特别要注意各种文化设施的保护，防止贵重的文物诸资料的散失"，因为"这是皇军的本质"。

武汉沦陷后，对于作为武汉文化地标的黄鹤楼，日本自然清楚其重要性及利用价值。"纪念空间具有塑造记忆的功能，而社会记忆又是民族或国家认同的重要资源，可以为统治者提供合法性来源。"④ 对黄鹤楼背后蕴含的道德标准进行重新"构建"，不仅可以瓦解民众旧有的集体记忆，还可以重塑新的社会记忆，从而增进民众对伪政权的"国家认同"。为此，日本采取了构建"政权合法性来源"、塑造"中日共同归属感"和"泛亚洲主义化"等多种手段，以解构抗战初期国民政府利用黄鹤

---

① 《武汉会战资料汇编》第 1 册，第 247 页。
② 《武汉会战资料汇编》第 1 册，第 147 页。
③ 《武汉会战资料汇编》第 1 册，第 250 页。
④ 陈蕴茜：《纪念空间与社会记忆》，《学术月刊》2012 年第 7 期。

楼构建起来的集体记忆。

首先，黄鹤楼被用作证明伪政府合法性来源的依据。武汉沦陷后，黄鹤楼被日军设为军事禁区，并长期霸占。为了扶持伪湖北省政府，日本驻军和伪湖北省政府办理移交手续。1942 年 7 月 10 日，"友邦当局为实现中日基约精神起见，决将武昌黄鹤楼交还省政府"。① 收回黄鹤楼的"壮举"，自然是"复国"后争取独立富强的体现，成为伪政权重要的合法性来源。

其次，还成为制造中日之间产生共同归属感的工具。为此，日伪鼓吹黄鹤楼不仅仅是中国的，还是东亚的。黄鹤楼是东亚的文化遗产和精神象征。1941 年，伪中日文化协会武汉分会邀请了武汉日伪各机关长和文化界名流一起举办了武汉名胜古迹保存运动座谈会，成立了"武汉胜迹保存运动委员会"，讨论通过了列入保存名单的三镇名胜古迹 128 处，黄鹤楼名列其中。会上庄泗川致辞，阐明了此次会议的目的："以期共襄进行保存国粹，复兴东亚文化之前途实赖之。"② 以黄鹤楼为代表的名胜古迹，构成了"复兴东亚文化"的基础。黄鹤楼就这样成为中日共有的身份认同和文化基础。10 月，该会举行第一次武昌胜迹巡展大会，并到黄鹤楼参观游览。通过凭吊古迹的方式，黄鹤楼被日伪纳入"中日复兴东亚文化"的共同基础。

最后，黄鹤楼还被"泛亚洲主义化"。在亚洲走向现代化的语境下，黄鹤楼被看成促进中日之间关系特殊化的载体。日本认为，黄鹤楼所蕴藏的民族主义不应是狭隘的。它是中日"携手推动东亚走向现代文明"，"共同摆脱"欧美帝国主义对亚洲奴役的见证。早在武汉沦陷前，日本就制定了《支那新中央政府建立指导方案》，意图以沦陷后的武汉为中心建立一个新的"中央政府"，在该方案第 4 款中提出，"尊重汉民族固有文化特别是日支共通文化，复活亚洲精神文明"。③ 作为中日民众共同知晓的黄鹤楼，自然是"复活亚洲精神文明"的最好载体。吉田东祐来到武汉登临黄鹤楼后，面对眼前景象，就产生了亚洲人的身份认同。"长江流域上一定出现中国人从未梦想到的许多伟大工业都市。但为实现这样时代，首先必须完成中国的革命任务——独立自主。当独立自主彻底实现，国家资本建

---

① 夏武全、韩玉晔：《品读黄鹤楼》，武汉出版社，2013，第 128 页。
② 徐明庭：《老武汉丛谈》，崇文书局，2013，第 211 页。
③ 《武汉会战资料汇编》第 1 册，第 150 页。

造长江沿岸工业化的时候，则亚洲人的亚洲这句话，方能有真正的意义。"① 吉田东祐站在黄鹤楼上，面对此景产生此情，感受到日本只有完成"中国的革命"，"帮助"中国实现"独立自主"，推进长江沿岸工业化，"亚洲人的亚洲"才有实现的一天。在此语境下，黄鹤楼成为日本"帮助"中国实现"独立富强"见证之地和构建"亚洲认同"的象征。

不仅如此，以黄鹤楼为隐喻的"亚洲复兴"，还被伪国民政府当作使命加以歌颂。1943 年，在汪伪国民政府成立三周年之际，伪汉口市国民党党部编排《黄鹤楼》曲目，并组织代表团赴南京参加"庆祝大典"。其中，伪汉口特别市政府特别强调了自身政权的"合法性"，认为自己是三民主义的"忠实实践者"，是辛亥革命的"精神继承和传承者"，"义旗首革命"，"周命又维新"。随后，伪政府说明了此次赴南京参加庆典的目的，即"踏上前贤足迹，负起复兴重任，齐心戮力兴亚赋同仇"。② 黄鹤楼中蕴藏的民族主义上升为一种"亚洲主义"，黄鹤楼成为担负起"复兴亚洲"，"共同抵抗"欧美帝国主义对亚洲侵略的符号。

那么日本对黄鹤楼记忆的改造效果如何呢？虽然目前有关资料相对缺乏，难以求证其改造的效果。但从一些蛛丝马迹中还是可以看出日本并未达到预期目的。从宣传报道来看影响不大，自武汉沦陷以来，有关黄鹤楼方面的宣传报道没有增多。通过《申报》和全国报刊索引数据库对黄鹤楼1938～1945 年的报道进行大数据搜索（见图1），我们可以看到，有关黄鹤楼的报道总体上呈下降趋势，主要集中在 1938 年、1941 年等几个年份。这主要是因为，1938 年正值武汉会战双方交战时期。此时黄鹤楼等武汉文化地标成为中国宣传抗日和日本"夸耀武功"的载体。而到了 1941 年前后，伪中日文化协会利用黄鹤楼作为宣传"中日文化共同基础"的工具，使得这一时期有关黄鹤楼的宣传开始增多。尽管日伪利用黄鹤楼做文章，但从当时报道的内容来看，借黄鹤楼抒发国破家亡感慨和收复失地决心的报道占多数，日伪的目的并未达到。

黄鹤楼为中日民众所共知，具备了构建"中日共同身份认同"的基础，但日本对黄鹤楼的价值重塑并未达到预期目的。造成这种结果的原因

---

① 〔日〕吉田东祐：《武汉旅情》（三），《申报》1944 年 12 月 14 日。
② 徐旭阳：《湖北国统区和沦陷区社会研究》，社会科学文献出版社，2007，第 513 页。

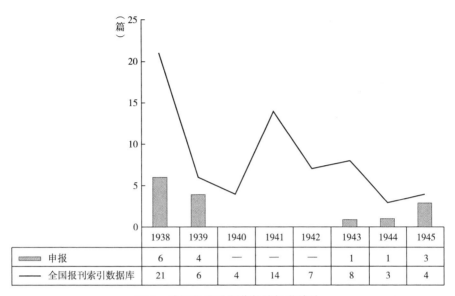

图 1　武汉沦陷时期黄鹤楼报道统计

资料来源：相关数据由笔者检索《民国时期期刊全文数据库（1911～1949）》和《申报》数据库统计所得，其中剔除戏曲《黄鹤楼》的相关报道。

是多方面的。其一，日本虽然扶持了傀儡政府，并有意将武汉打造为"新支那中央政府"的政治、经济、文化中心。但是国民政府西迁后，并未放弃利用黄鹤楼这一有力资源来塑造国民集体记忆和民族主义。由教育部审查委员会通过的《血溅黄鹤楼》，[①] 以及陈铨所著的《黄鹤楼》[②] 在大后方不断发行。以黄鹤楼为宣传对象的大众传媒激发和强化着民众的集体记忆和对国家的身份认同。这从一定程度上消解了日本对黄鹤楼记忆的构建。其二，黄鹤楼中缺乏日本元素，使其难以在中日之间产生共同的归属感。黄鹤楼在日本民众中的知名度很高，还被提升到东亚文化遗迹的高度。虽然黄鹤楼的"交还"也为伪湖北省政府的合法性来源提供了支撑，但这也进一步坐实了黄鹤楼是中国独有的文化遗迹，日本与黄鹤楼之间并不存在必然的内在逻辑联系，让日本坐享黄鹤楼所承载的文化意义，中国民众难以接受。其三，"泛亚洲主义"缺乏依据。增进中国对亚洲的认同，"共同"从欧美列强中"解放"出来，以此解构中国的民族主义是日本的一贯

①　教育部民众读物编审委员会编《血溅黄鹤楼》，正中书局，1939。
②　陈铨：《黄鹤楼》，商务印书馆，1940。

做法。1938 年 8 月 12 日，英国的《泰晤士报》就报道了日本政府力图通过提醒中国平民英国曾侵略中国来增加中国民众对亚洲的认同感。[①] 但是，1942 年 1 月，中、美、英等国签订了《联合国家共同宣言》，反法西斯同盟已形成。中国已和欧美等国结盟，日本作为侵略者成为共同的敌人，此时利用黄鹤楼来"推进亚洲复兴"，进而对抗欧美列强的做法显然难以让人信服。

四　结语

黄鹤楼因诗人造访和吟唱，累积了丰厚的文化资源。因王朝兴衰与吟唱中的国家情怀为其做注，黄鹤楼已然成为攸关国家命运的空间符号。真可谓"有此江山有此楼"。千百年来，黄鹤楼的造访者因黄鹤楼为其提供一个相互认同的空间，其时代的差距得以消解。造访者既通过造访与前任造访者形成呼应，产生身份认同，又在对黄鹤楼进行着新的表象化，构建着新的景观，为后人凭吊提供了感知对象。黄鹤楼就是这样不断被解读、被认同，民族情感得以跨越时空，不断被强化。

南京沦陷后，武汉实际成为国民政府的大本营。作为文化地标的黄鹤楼，自然为广大民众所知晓。黄鹤楼蕴含的民族主义资源可以被用来激起民众的爱国主义情绪，进而推进对国家的认同，这不得不引起国民政府的重视。为此，国民政府有意在黄鹤楼下举行大型活动，充分发挥其公共空间作用，以达到参与民众记忆构建的目的。不仅如此，国民政府还通过直接改造的方式重塑黄鹤楼景观，以满足向民众灌输民族主义的需要。这些做法也确实达到了预期目的，一些民众从黄鹤楼中获得了民族主义的情感体验。尽管效果明显，但这种连续性构建随着武汉的沦陷很快被打断。

为争夺集体记忆以及证明统治的合法性，日本势力迅速介入其中，并对黄鹤楼中的道德标准进行"构建"。黄鹤楼不仅被"打造"成统治合法性来源的象征，还被用作使中日之间产生"共同归属感"和激起中国民众"泛亚洲主义"情绪的工具。然而，在外族入侵和世界反法西斯联盟的双重语境下，日本的解构不可能获得成功。黄鹤楼依旧是中华民族独立和抵

---

① 〔英〕蓝诗玲：《鸦片战争》，刘悦斌译，新星出版社，2015，第 331 页。

图 2　身负骨灰之日军（前第三人）路过黄鹤楼

资料来源：《身负骨灰之日军（前第三人）路过黄鹤楼》，《中国抗战画史》，1947，第 210 页。

御外侮的象征。《中国抗战画史》杂志就曾刊出一幅日本占领武汉时的照片（见图 2），照片上日军列队经过黄鹤楼。有意思的是，编辑特别注明标题为《身负骨灰之日军（前第三人）路过黄鹤楼》。这张照片清晰地传达了这样的信息：国土虽然被日本侵占，但黄鹤楼必将见证侵略者的败亡和国家的独立。巧合的是，就在抗战胜利后不久，一位登临者站在黄鹤楼上目睹了日军残敌待遣的景象，"刺目尚余丧宅犬，日寇败兵在待遣"。① 历史竟以这种奇特的方式彰显了黄鹤楼的国家意义。

中日围绕黄鹤楼塑造出的不同价值观，影响和改造着民众记忆，这说明记忆存在某种操纵机制。"集体记忆不仅是一种征服，它也是权力的一个工具和目标，对记忆和传统进行支配的争斗，即操纵记忆的争斗。"② 对

---

① 李冠礼：《胜利还都舟经三镇登黄鹤楼有感》，惠州市惠城区政协文史资料委员会编印《永不忘却：纪念抗战胜利六十周年》，2005，第 451 页。

② 〔法〕雅克·勒高夫：《历史与记忆》，第 111 页。

黄鹤楼记忆的操纵，正是权力运作模式的体现。正如福柯所言，规训是一种行使权力的轨道，它包括"一系列手段、技术、程序、应用层次、目标"。规训的方式使"权力的效应能够抵达最细小、最偏僻的因素，它确保了权力关系细致入微的散布"。① 因此，记忆同样也毫无例外地被权力纳入规训范围。然而，权力发挥出的效应只有通过被统治者才得以体现。首先，权力是"一个永恒处于紧张状态和活力之中的关系网络"，它的战略位置综合效应"是由被统治者的位置所展示的，有时还加以扩大的一种效应"；其次，权力在实施时"不仅成为强加给'无权者'的义务或禁锢，它在干预他们时也通过他们得到传播"。② 权力依靠被统治者所处的位置得以强化和传播。所以，尽管权力可以通过强化或者消除某部分记忆，甚至是创造出某种记忆的方式来支配历史前进的方向，但这种改造能在多大程度上获得成功，取决于民众和被接受者的反应。

从中日对黄鹤楼记忆的争夺来看，民众接受的程度同官方记忆与个体记忆重合的那一部分呈正相关关系。"在历史的再现中，历史密度是用来衡量某个事件是否值得记忆的标准，事件要为人们所记得，养成历史的一部分，就必须在文化上被体验为重要的。"③ 黄鹤楼从文化层面来说，更多的是一种家国情怀和民族情结，个人记忆中，黄鹤楼多是国家象征和时局的见证之地，因此日本的改造注定是失败的。

作者：赵煌，武汉市社会科学院

（编辑：许哲娜）

---

① 〔法〕福柯：《规训与惩罚：监狱的诞生》，刘北城、杨远婴译，三联书店，1999，第 242 页。

② 〔法〕福柯：《规训与惩罚：监狱的诞生》，第 29 页。

③ 〔丹麦〕海斯翠普：《他者的历史：社会人类学与历史制作》，贾士蘅译，中国人民大学出版社，2010，第 129 页。

水与城：山东诸城城市水环境演变

古　帅

内容提要：通过实地调查访问，并结合对历史文献资料的梳理，对诸城城市发展过程中几个重要时期的水环境进行了复原与分析。东武故城的水源多来自井水，迁建后的南城受扶淇水灾的威胁增大；北魏至宋时期，沧湾成为城内雨水汇集地，且于扶淇河东修筑堤堰以防水灾；明清民国时期，扶淇河成为诸城城市的主要水源地，同时形成沧湾—城壕沟—猪市湾—扶淇河这一城市排水系统；人民共和国成立后，扶淇河受到严重污染，三里庄水库成为诸城城区的重要水源地。诸城城市水环境的历史演变在山东半岛地区具有典型性。

关键词：诸城　城市水环境　扶淇河

今诸城市最早起源于古东武邑，汉初在此置东武县，后又迁城于古城子岭①下，形成后世所谓之"南城"。北魏永安年间置胶州时，在南城的基础上拓建"北城"作为州治，奠定了宋元明清时期诸城城市的基本空间格局。②在城市发展的过程中，水环境的变迁无疑会对城市产生重要影响，或者说城市及其水环境在相互作用的过程中不断塑造着对方，使城市成为一个多因素综合作用下的地理实体。在诸城城市的发展过程中，其水环境是怎样的？发了生哪些变化？其影响因素又是什么？鉴于此，本文在分析历史文

---

① 位于今诸城市城区东南部的古城子所在地，具体位置为今东武古城小区及其附近。
② 古帅、王尚义：《密州城市历史地理的初步研究》，《城市史研究》第 32 辑，社会科学文献出版社，2015，第 85～98 页；古帅、王尚义：《明清以来诸城城市空间格局及其演变》，《地方文化研究》2015 年第 6 期。

献资料的基础上，结合实地调查，尝试对诸城城市水环境的历史变迁过程进行初步探索。

诸城市位于山东半岛南部、泰沂山脉与胶莱平原的交界处，属胶莱平原南部的潍河平原，地势南高北低，东南部为起伏较大的低山丘陵，县境中部向北系一片波状平原①，境内河流多由南向北流，潍河为境内最大的河流，自西南而东北贯穿全境。潍河在境内支流众多，组成叶脉状水系。首先需要明确一个概念，这里所说的"城市水环境"包含的对象很广，

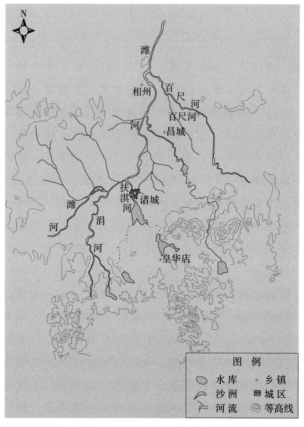

图1　诸城及其附近的地形与河流

资料来源：山东省人民委员会底图编制办公室绘印《中华人民共和国山东省地图集》（1963，第120～121页）中的"诸城县五莲县"图。

---

① 诸城县地方史志编纂委员会编印《诸城县概况》，1984，第3～4页。

不仅包括城市内部及其附近的天然水域状况，还包括与城市居民的生产生活密切相关的人工水域以及城市水患、城市居民用水环境等。

一 明代以前的城市水环境

据明万历《诸城县志·古迹》记载："古城，在今县治城东南门外里许高岗之上，址周约五六里，东北、东南、西南三面城角犹隆然圮而不夷。独西北角一面尽为雨水冲成沟壑，无复遗址。土人从来称为'古城'，莫知何城也。……窃意此城三代时所筑，其全枕高岗，未知何以。或时遭洪水，民畏下而就高欤？未可知也。此城或敝隘难居，因于西侧岗下复筑今城，仍袭名东武，并为琅邪郡国之所，而此城遂为古城欤？"①

上述引文中的"古城"在《水经注》中亦有记载②，我们可称之为"东武故城"。很明显，至明代，住在东武故城附近的居民，都已不能说出此城的由来。至于最初为什么选在此地建城，后来为什么又转移至"岗下"重新筑城，虽然明代士人给出的答案只是一种猜测，但在一定程度上确也有其道理。故城选址在今古城子所在的高岗之上，既有利于避免洪水的威胁，又有利于军事上的防守。至于后来为什么又于岗下另建新城，是不是由"敝隘"所致，笔者不敢肯定，或许我们能从考古调查中获取有用的信息。据对诸城市博物馆馆长韩岗先生的访问，其在 20 世纪 70 年代对东武故城考察的过程中发现不少深井，③ 在近年来房地产开发过程中，亦在古城子发现很多深井，这在一定程度上反映出当时居民的用水状况，即城内居民的用水多取自井水。可见，舍东武故城而于岗下另建新城，很可能与取水困难有关。

据康熙《诸城县志》记载："南城者，西汉所筑，故东武县城也。"④

---

① 《古迹》，万历《诸城县志》卷 8，明万历三十一年刻本。

② 据《水经注》卷 26《潍水》部分记载："（潍水）东北过东武县西，县因冈为城，城周三十里。"此处的"冈"与前引文中的"岗"均指古城子岭。

③ 笔者于 2017 年 5 月 27 日 17 时 21 分又通过手机联系了诸城市博物馆馆长韩岗先生，并就古城子岭这些深井的年代问题向韩岗先生请教，韩岗先生的回复是："古城子岭上的古井很多，目前发现最早的为西汉早期，曾在井内出来的一件陶器上有'东武市'印记，最晚为宋元时期。"

④ 《城池》，康熙《诸城县志》卷 1，清康熙十二年刻本。

西汉时期，东武故城由古城子所在的高岗上迁移至岗下，新建的城池被后世称作"南城"。南城具体选址于何地？又有着怎样的水环境？我们可以先看看今天诸城市老城区①的地形。老城区地形总的特点是东高西低、南高北低，② 古城子所在地为全城最高处，向西一直延伸至扶淇河，向北也顺着缓坡不断延伸。而南城的选址就在古城子西一里左右，为地势较为平缓的地带。虽然南城所处地形较为平坦，但由于距古城子所在高岗仍较近，城内地势依然呈东南高、西北低的特征，这样城内积水遂易汇集至城西北角。同时，迁至岗下的东武城③，其地下水资源可能有所增加，打井取水亦变得更为便利，但由于距离扶淇河更近，遭受水患的威胁亦随之加大。

北魏永安二年（529）是诸城城市发展过程中具有转折意义的一年。据《太平寰宇记》记载："州理中城，后魏庄帝永安二年筑以置胶州。"④此处所谓的"中城"，即后世所谓的"北城"⑤，它是在南城⑥的基础上向北扩建而成。南城"南枕微岗，北原临平野"⑦，看来北城正是建于南城之北的平野之上。更令人惊喜的是，我们在康熙《诸城县志》中找到了关于南、北城内微地貌细致而形象的介绍。据记载："南门内外，正枕岗上，地形南高北下，城中雨水尽向北流。或云：南城之趾与北城颠齐。虽未度

---

① 今天的诸城市城区已拓展至扶淇河以西，向北延伸到潍河以北，而老城区的范围大致在今诸城市东关大街以西，北关路以南，西关街以东，老城墙以北。其中老城墙仅残留西南角一段，位于今诸城市区如意花园小区西北角附近。

② 这一地势特征从下文所引康熙《诸城县志》的相关史料中亦能反映出来。

③ 此处东武城指汉代位于东武岗下的东武县城，在汉代曾作为琅邪郡治。而下文所说北魏时期的东武城，其范围有所扩大，包括了拓建后作为胶州州治的北城。

④ 《太平寰宇记》卷24《河南道·密州》。

⑤ 据《城池》（康熙《诸城县志》卷1）记载："北城，州理中城也。原为东武县北关厢平地。后魏拓跋氏据有琅邪之地，于永安二年将此北关筑东、西、北三面城垣，城门东、西有二，城北面无门。居中置胶州治，而东武治在南城之内。遂撤去东武北城，南北合为一城。"

⑥ 《太平寰宇记》卷24《河南道·密州》有记载："外城，即汉东武县也。"元人于钦《齐乘》（《宋元方志丛刊》第1册，中华书局影印本，1990）中亦有"密州城理有中外二城，外城，汉东武城；中城，后魏筑"的记载。这样看来，北城和南城分别对应中城与外城。对于此处的中城、外城二城，清人叶圭绶在其《续山东考古录》（山东文艺出版社，1997）中还有不同的解释，因已超出本文的研讨范围，故不再附议。

⑦ 《城池》，康熙《诸城县志》卷1。

其必然，而高下之形，昭然见焉。"① 这也就更印证了前述诸城老城区的地势特征，即南城南高北低、北城海拔高度与南城最北边持平，② 而这一特征又对后世诸城城市的积水与排水产生重要影响。

经北魏扩建后，东武城在形态上呈"凸"字形，南城面积比北城大。值得注意的是南城西北角，即南北二城"凸"字拐弯处，这里地势较为低洼，城内雨水大部分汇集于此，遂形成城内一大水景——沧湾。据诸城市地方文史专家任日新先生研究："两次建城须大量用土，用土则就地取材，城周深而宽的护城河，就是筑城用土而形成的。可是南北二城之间却无壕沟痕迹，其大量用土则取自沧湾，因此就成了低洼的大湾。"③ 任日新先生还得出了"可见湾之成，始于汉魏间，距今已有近两千年的历史"的结论。本文认为，这是一种较为合理的推测，但对"南北二城之间却无壕沟痕迹"，不敢苟同。④ 在传统时代，城壕不仅具有重要的军事防御功能，更是城内居民排水的重要渠道。对于建于高岗之上的东武故城，其有无城壕我们暂不能判定，但迁至岗下缓坡的南城，由于地势趋于平坦，就地取土筑城遂具可能，沧湾很可能就是在这样的背景下形成的。至宋代，苏轼知密州期间所作《望江南》云："试上超然台上看，半壕春水一城花。烟雨暗千家。"⑤ 虽然诗文中多有夸张的成分，但也从侧面描绘了古城当时的景象，其中"半壕春水"很可能就是指城壕之水。至于北魏至宋时期的城壕是否连续、贯通，不得而知。康熙《诸城县志》记载："邑城东南，地高，城无壕，门外亦无吊桥。"⑥ 据此可推测，北魏至宋时期的东武城城壕很可能也不连续，这还是与城区东南高、西北低的地势特点有关。

---

① 《街巷》，康熙《诸城县志》卷1。

② 我们认为除非受到较为严重的自然灾害（如地震、滑坡等）或较大规模人类活动的影响，地形这一自然地理要素才会发生明显的变化，直到今天，诸城市老城区的总体地势仍未发生较大改变，只不过在填平原城壕修筑道路后（东、西城壕被填平后分别成为今诸城市和平街、东关大街的一部分），北部城区东西两侧的地势有所下降。

③ 任日新：《沧湾小考》，《诸城文史集萃》，潍坊新闻出版局，2001，第875页。

④ 至于南、北二城之间是否有城壕，应根据汉代修筑南城时的时空背景来看，由于暂未查到相关史料，故而不论。但可以肯定的是，北魏置胶州后的东武城（隋代以后可以称为诸城县城），南、北二城已合为一体，所以，如果原汉代东武城（南）有城壕的话，其北城壕定会北移。

⑤ 苏轼：《望江南》（春末老），张志烈、马德富、周裕锴主编《苏轼全集校注》第9册，河北人民出版社，2010，第151页。

⑥ 《祥异》，康熙《诸城县志》卷9。

作为城市水环境的一个重要方面，城市水患问题亦是我们不能忽略的。由于史料记载的缺乏，我们已难以窥探汉至隋唐时期东武城（诸城县城）的水灾状况，但这并不意味着城市水灾不存在。正如前文分析，从古城子岭上西迁后，东武城受扶淇河水灾的威胁增大，更何况扶淇河众多支流交汇的地点距离南城很近。苏轼知密州时期的诗文为我们提供了一些线索。

苏轼在《满江红》（东武南城）一词的序文中提到："东武会流杯亭，上巳日作。城南有坡，土色如丹，其下有堤，壅郏淇①水入城。"② 流杯亭，即南禅小亭，这里所说的城南之"坡"，诸城市地方史专家邹金祥先生认为系一高埠，高埠与古城子所在的东武岗相连，王尽美纪念馆就坐落其上，"其下有堤"，当为"坡"西之下。③ 因扶淇河流经城南，对古城的威胁主要集中在城的南面、西南面和西面，故"新堤"当为连接高埠沿河北伸，系一南北走向的顺河堤，即防止扶淇水灾威胁古城的屏障。从"新堤"的称呼，似也能看出东武先辈们修建河堤以防水患的历史之久远。

除修筑河堤外，苏轼在《再过超然台赠太守霍翔》一诗中也表达了对密州城市水利的美好愿景，诗最后云："郏淇自古北流水，跳波下濑鸣玦环。愿公谈笑作石埭，坐使城郭生溪湾。"④ 埭，即土坝，石埭即石质堤坝，古人往往在江河水流湍急处设埭。这首诗是苏轼在元丰八年（1085）十月赴登州途中经过密州时所作，此诗的末句，既可看作苏公对时任密州太守霍翔的一个寄托，又可理解为对密州城市水利建设的一个宏大愿望，即在扶淇河和密州城之间建造一个石坝，不仅能减轻扶淇河水灾对城市的威胁，还能使"城郭生溪湾"。时任密州知州的霍翔，曾任驾部员外郎、知都水监及提举疏浚汴河。所以，在苏轼看来，修建这样一个石坝，对霍翔来说应该没什么问题，但不知什么原因，筑坝的美好愿景在当时并未实现。虽然石坝未能筑成，但至少说明当时的地方官员已经认识到扶淇河水

---

① 郏淇，即扶淇河。
② 苏轼：《满江红》（东武南城），张志烈、马德富、周裕锴主编《苏轼全集校注》第9册，第151页。
③ 邹金祥：《为官一任，造福一方——苏轼官密治绩杂谈》，转引自李增坡主编《苏轼在密州》，齐鲁书社，1995，第421~441页。
④ 苏轼：《再过超然台赠太守霍翔》，张志烈、马德富、周裕锴主编《苏轼全集校注》第5册，第2899页。

灾的严重性。可喜的是，拦截扶淇河的大坝终于在人民共和国成立后筑成，由此形成的三里庄水库成为今天诸城城区人民休闲娱乐的好去处，更令苏轼想不到的是，三里庄水库已成为今天诸城城区居民饮用水重要的水源地。

二 明清民国时期的城市水环境

至明初，省密州，密州州治变为诸城县治。洪武四年（1371），在南城设立守御千户所，守御千户伏彪负责修城。修葺好的城池，"城周九里有三十步，高二丈有七尺，下厚三丈有六尺，上厚视下减三之二。池深一丈有五尺，阔三丈"。① 那么，这一时期诸城县城的水环境又是怎样的呢？我们从以下四个方面来看。

（一）城市主要水体

除宽阔的城壕外，明清民国时期诸城县城内或附近的水体主要有沧湾、狮子湾、猪市湾等。自北魏扩建北城以来，沧湾一直是城内最为低洼的地方，每至多雨季节，南、北城雨水则齐汇入沧湾。至于沧湾之名，很可能在明代就有了。② 据乾隆《诸城县志》记载："漾月楼，在县治西南沧湾上，址尽废，县人臧尔令于天启初年建也。"③ 建成后的漾月楼，成为置身沧湾观景的平台，更使沧湾成为城区人们休憩赏景之佳处。据乾隆《诸城县志》记载："郭街西直对后营有巷，南抵狮子湾，湾上有石狮子，故名。"④ 据此可知，狮子湾位于县城西南角不远处。⑤ 至于狮子湾形成于何时，我们认为明清时期进行了多次修城，狮子湾的形成很可能与修城取土有关，其面积大约与沧湾相当。猪市湾早已消失于记载，至于其形成时间，我们也难以考知。据诸城市地方文史专家王先贵先生回忆，猪市湾在

① 《城池》，康熙《诸城县志》卷1。
② 据《古迹》（康熙《诸城县志》卷8）记载："沧浪书院，在西市超然台迤西南。成化七年，知县阎龠创建。"
③ 乾隆《诸城县志》志8《古迹考》，清乾隆二十九年刻本。
④ 乾隆《诸城县志》志7《建置考·街巷》。
⑤ 在今天诸城市区乐都小区偏西南处。

今西关街与北关街交叉口西北角处，即今诸城市区金都小区南部，面积比狮子湾略小，大约为 1600 平方米大的水湾。1947 年之前，在沧湾北面约 60 米的地方，还有一面积约有沧湾 1/4 大的水湾，叫"城隍庙湾"。因其位于沧湾的北面，人们习惯称其为"后湾"。后湾位于今市政府礼堂大门前广场的中心。后湾为死水湾，水很脏很深。①

（二）城区生活用水

据记载："扶淇河，在（诸城）县西一里……城中人家日用饮食悉资此水，窭人汲之以卖云。"② 可见，在明代诸城县城的生活用水大多取自扶淇河。除扶淇河外，泉水也很可能是当时诸城城区居民生活用水的来源之一。据康熙《诸城县志》记载："古泉，在县东南门外古城内大路西侧。泉出东南沟崖之阴，眼巨而圆，为瓦甃形。余闻疑地中安能瓦甃？因暇日躬往，于崖上平地照泉，向东南丈余，令人掘之。深及四尺，见泉流用瓦筒接连，甃之，水从筒中西北流，注于沟阴之内。其泉源自东南发来，远近浅深殆不可测。料皆甃以瓦筒，故能疏通无滞。居人云：古城枕岗地高，土坚如石，凿井至三四丈不得泉，故古人疏甃远泉以资居民。然泉临深沟，沟崖常塌，瓦筒裂隙已及数丈，犹涓涓曾无已时。今则瓦断而泉涸矣。"③

上引史料实际上是一则对清初古城子泉水的实地考察简报，特别对先人如何疏引泉水"以资居民"进行了较为细致的分析。更难能可贵的是，该则史料中保存了对当地原住居民的采访记录，从其记录中可以看出，古城子地处高岗之上，土质坚硬，不易于凿井，故疏引远处的泉水以资生活所需。我们认为，这很可能是明代甚至明代以前古城子附近居民生活取水的重要来源之一。又据记载："东南门外，无关厢，川池多沟涧，民居七八家耳，不成街巷。正南门外，无关厢，因沟壑纵横无平地，难作民

---

① 王先贵：《沧湾与城隍庙湾的怪现象》，山东省诸城市文史委员会编印《诸城文史资料》第 19 辑，2014，第 160 页。
② 顾炎武撰《肇域志》，谭其骧、王文楚、朱惠荣等点校，上海古籍出版社，2004，第 599 页。
③ 《水》，康熙《诸城县志》卷 2。

居。"① 可见，东南门和南门外有泉水露出很可能与其地势高亢、沟壑纵横的地理环境有关，但由于泉水水量有限，再加上坍塌等对泉水的破坏，其地"难作民居"，民户稀少。

据乾隆《诸城县志》记载："两关（即西北关和西南关）巷之西出者各二，皆名打水巷。城中井皆卤水，水取之扶淇，四巷其汲道也。永安、镇海二门外无居人矣，皆有水泉，城中去扶淇远者汲之。"② 明清诸城县城有五门，南曰"永安"，东南曰"镇海"，西南曰"政清"，东北曰"东武"，西北曰"西宁"。虽然镇海门和永安门附近的居民距离古城子所在高岗不远，但毕竟泉水的资源承载力有限，所以扶淇河水最终成为城区的主要饮用水水源。从前面记载可知，城区居民赴扶淇河打水的巷道有四。据对古城的调查访问，至民国时期，从猪市湾向西有一打水巷。善人桥附近自明清以来一直是西关商业繁荣之地，人口密集，很可能从善人桥向西亦有打水巷分布。

上述泉水和扶淇河水均在城外，我们再看看城内。据前文所引，城中居民亦取井水，但城内井水含盐量大，不适宜饮用，事实也的确如此。据记载："巷（旧名'东巷'）之分中有东巷一，东北通懒水井，达于东北城门。"③ 懒水，即硬水，含盐量较大。民国至诸城解放前，由于战乱频繁，井水又一度成为城内居民的主要水源。就取水方式来看，多为肩挑、人抬和车推。民国时期，由于远离扶淇河水源地，人们取水不便，有些人开始在城里专靠卖水为生，1946 年在城里挑水买卖的就有120 人。④

（三）城市排水

据康熙《诸城县志》记载："墨水河，出县治外东南一里古城北沟及两崖间，众泉水进出，合而西北流，径东北关门外北流，仅足滥觞，稍旱即涸。遇夏月雨水大，北流数里，亦涣散无所委。"⑤ 可见，墨水

---

① 《街巷》，康熙《诸城县志》卷1。
② 乾隆《诸城县志》志7《建置考·街巷》。
③ 《街巷》，康熙《诸城县志》卷1。
④ 山东省诸城市城乡建设委员会编印《诸城市城乡建设志》，1987，第143页。
⑤ 《水》，康熙《诸城县志》卷2。

河是一条由古城子众多泉水汇聚后北流的季节性河流。在夏季多雨时节，其排涝作用亦较为明显。除墨水河外，还有泉水西流注入扶淇河，据乾隆《诸城县志》记载："扶淇之径县西也，有古城泉水西流径（经）南门外注之。"[1]

　　明清至民国时期，诸城县城内并无完整的地下排水系统。城内雨水大多汇入沧湾、狮子湾，部分雨水穿过城墙下涵洞外泄，排入城壕沟。[2] 南城积水大部分通过道路流入城西北部的沧湾，然后通过涵洞排入城壕；北城地势虽较南城低平，但其积水仍流入沧湾，然后排入城壕。据王先贵先生介绍，民国时期诸城县政府大院内有涵洞向外排水，沧湾与城壕之间的城墙下面有四个高约 1.5 米、呈长方形的涵洞，积水经此排入城壕。城壕内积水大部分向北流入潍河，也有部分流向猪市湾方向，最终排入扶淇河。据万历《诸城县志》记载："正德六年正月，齐彦名等攻破安丘县，复围攻诸城十余日。知县王绪、千户张勇、义勇丁纪竭力御之。预引扶淇河水注池，贼不能肆，解去，城得保全。"[3] 可见，城壕不仅可以排泄城内积水，战乱时期其对县城的防御作用也表现明显。民国时期，县城内部分街道以明沟排水，西关善人桥以东有一条长 15 米、宽 1.5 米、深 1.8 米的砖砌地下排水沟，石板盖顶，建于明代，是县城内最早的一条砖砌排水沟。[4]

（四）城市水患

　　据乾隆《诸城县志》记载："（明正德）八年（1513），秋大雨，潍水逆流，壅扶淇水入城门，坏庐舍无算，修城。"[5] 所谓"潍水逆流"，也就是由于河道的行洪能力差，潍河与扶淇河合流之水倒灌冲入县城。正如前文所说，诸城县城的水患多来自西边不远处的扶淇河。据记载："扶淇河，在县治西，源出雩泉，合朱盘、两河、注辅三河北流五里入潍。"[6] 朱盘河

---

① 乾隆《诸城县志》志6《山川考》。
② 诸城市水利志编纂委员会编印《诸城市水利志》第1部，2011，第196页。
③ 万历《诸城县志》卷9《兵火》。
④ 《诸城市城乡建设志》，第148页。
⑤ 乾隆《诸城县志》志2《总纪上》。
⑥ 《水》，康熙《诸城县志》卷2。

有两支："一出狼窝山东，西北流十二里；一出寨山阴，北流五里至焦家庄西合流。"[1] 塌山水有三支流，在两河村东北注入扶淇河。而注辅河"受众水凡六，势益阔，又西北二里，至红土崖，会于扶淇"。[2] 如此众多的支流齐汇扶淇河，尤其是在夏秋季节，各支流流经地区不仅降水量大，更常降暴雨，扶淇河沿岸也就难免发生水灾。更值得注意的是，扶淇河与其最主要支流注辅河的交汇点——红土崖[3]距离南城很近，更何况注辅河汇入扶淇河后北流的初始这段河流距离南城更近，这就更增加了南城遭受水灾的可能性。

三　1949 年以来的城市水环境

人民共和国成立以来，随着诸城古城墙被拆除，城区扩展至扶淇河以西。尤其是在 20 世纪 50 年代末，扶淇河以西地区纷纷兴建工厂，基本形成了一个以轻纺工业为支柱产业的工业地域。伴随着诸城城市空间的扩展，城市人口迅速增加，据统计，1949 年城区共有 2824 户、13186 人，至 1985 年增至 12368 户、57051 人。至 1987 年把杨家庄子等 17 个村庄划归城区，人口达到 18300 户、78086 人。[4] 随着人口的增加和现代化工业的发展，诸城城市水环境也发生了剧烈变化。下面我们分别来看。

（一）城市用水增加，多渠道开辟水源

解放初期，诸城城市的用水条件并没有得到改善。1949 ~ 1957 年，城区机关、企事业单位、居民相继打水井 71 眼。[5] 1958 年，为解决县城工人、居民吃水难的问题，县政府组织利用纺织厂内的水井作为水源地，在没有资金来源的情况下，试验开办自来水，但这次试验并未取得成功。1966 年 10 月，县政府组织进行了第二次安装自来水，这次取得成功，安

---

① 乾隆《诸城县志》志 6《山川考》。
② 乾隆《诸城县志》志 6《山川考》。
③ 红土崖即由今诸城市水利局所在地向南延伸的隆起高地。因土色呈红色，故名红土崖。
④ 山东省诸城市地方史志编纂委员会编《诸城市志》，山东人民出版社，1992，第 119 页。
⑤ 《诸城市志》，第 281 页。

装管道4000多米，日供水能力2000吨。[1] 由于县城工业和人口剧增，加之纺织厂水源不足、水井水质污染严重，1971年决定选新水源地，在扶淇河上游东岸新建了一眼密封水井。至1978年，因连年干旱，再加上工业用水年消耗量逐渐上升，县城用水又趋于紧张，又在扶淇河上游东岸新挖了一眼水井。至1980年，诸城城区自来水日供水量近6000吨，比1978年增长了2倍。随着扶淇河两岸工业的兴办和其他单位的废水排放，河水日趋浑浊，原有的水井受到严重污染。1980年，又在三里庄水库东、古城子东开始了自来水工程建设。

自人民共和国成立以来，诸城县境内陆续兴建了很多水库，其中比较大的有墙夼水库、三里庄水库、青墩水库等，其中对城区最重要的是三里庄水库。三里庄水库于1958年3月动工修建，10月竣工，总库容5434万立方米。[2] 其原设计主要是以防洪、发电和农田灌溉为主，现在，三里庄水库已经成为诸城城区供水的源地。三里庄水库的建成，最终实现了苏轼"愿公谈笑作石堨，坐使城郭生溪湾"的美好愿望，不仅基本消除了水灾对县城的威胁，更为城区打造了美丽的水景供人们休闲欣赏。

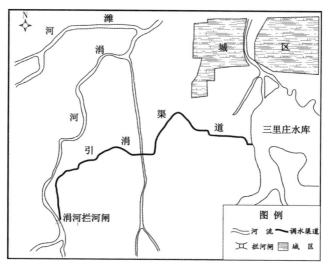

图2 诸城"引涓调水"线路分布示意

资料来源：《诸城市水利志》第1部，第94页。按，此处有改动。

---

[1] 《诸城市城乡建设志》，第146页。

[2] 卞成友：《三里庄水库建设始末》，《诸城文史资料》第18辑，2012，第78页。

不仅三里庄水库的功能在发生变化，"引涓调水"工程（见图2）的功能也有所改变。所谓"引涓调水"，即将涓河水调入三里庄水库。该工程始建于1965年，1968年被毁，1986年进行了修复，可浇灌沿渠村庄农田0.65万亩，每年可向三里庄水库调水1000万立方米。[①] 随着城区的不断扩大以及城市人口的迅速增多，三里庄水库供应城区用水的功能将变得更加重要。

（二）城内废水的排放与河道的整治

人民共和国成立初期，县城内的排水设施并无明显改变，府前街和阁街（即今兴华路城区路段的一部分）还是路面排水。至1963年，人民路西段的明排水沟改建为砖砌地下暗沟。1977年，市政排水工程建设有了新的发展，为排放城内的工业污水，对酒厂后污水沟及和平街中段城壕沟进行石砌覆盖。至1980年底，县城共沟通地下污水沟3.1公里，其中覆盖溢洪道135米。随着经济的发展和城区居民对环境要求的提高，至1987年，城区共开挖覆盖下水道18条，全长17.84公里，日平均排水2.85万吨，下水道服务面积2.5平方公里，占城区面积的55%。[②] 县城内的污水排放虽已基本得到治理，但车站以南溢洪道、种子站以西墨水河以及县工会以西城壕沟还未进行砌盖，猪市湾、狮子湾还未被填平，成为县城内的主要污染源地。随着对市容的进一步整治，无用的湾塘被充作垃圾处理厂，边填边整。[③]

随着城区的扩展，扶淇河早已成为城区的一部分，潍河也已穿城而过。对潍河和扶淇河的整治，已不仅仅是为了防止水灾发生，更关系到城区居民的饮水安全和良好生活环境的创建。1976年春，城关公社组织2.3万人全面治理扶淇河下游河段，采取"废弃老河道，开挖一条直通正北的新河道"的治理措施，用20天时间完成了3.5公里的开挖工程。河床宽100米，深5米，两岸筑堤，堤脚栽柳，坝顶修路。[④] 同年，县政府再次组织对潍河进行治理，"疏河筑堤、裁弯取直，河道清障、险工

---

① 《诸城市水利志》第1部，第93页。
② 《诸城市城乡建设志》，第150页。
③ 《诸城市城乡建设志》，第150页。
④ 《诸城市志》，第281页。

护砌"，河岸筑均高 6 米、顶宽 5 米的大堤，河堤上植树。促使 1976 年对潍河、扶淇河进行大规模整治的直接原因是 1974 年 "8·13" 和 1975 年 "8·14" 两次洪水。① 20 世纪七八十年代，虽然城区距潍河还有一段距离，但一旦出现排水不畅，将直接影响到扶淇河的排涝，进而危及整个城区的安全，② 故而早在 1958 年，就在潍河上修水库、建闸坝，以防洪灾。可喜的是，进入 21 世纪后，诸城市政府连续多次对潍河进行综合治理，至 2010 年底，共治理潍河两岸 42 公里，建成潍河水利风景区。潍河沿岸俨然成为今天诸城市的一道亮丽风景线，成为诸城人民游玩休憩的理想场所。

四　余论

对于一座城市而言，水源就是它的血脉。处理好水与城市之间的关系，努力打造良好的城市水生态，不仅关系到现代化城市形象的树立，更影响着城市的可持续发展。今诸城市区自汉初置东武县以来，如何处理水与城的关系一直是其面临的重要任务。在传统社会，由于城区的居民主要被限定在城墙之内和城关地带，城区人口数量有限，人们对城市水环境改造的需求和能力亦有限，城市的水环境主要在自然选择的过程中逐渐发生变化。比如，东武县从古城子岭迁移至岭下平缓地带就在一定程度上反映了人们对地形、水源等因素的自然选择。但这种选择对城市的发展来说并不完全是积极的，例如，迁建至相对平缓地带后的东武城受到水灾的威胁加重，就是城市水环境不利的一面。可贵的是，传统社会中地方士绅民众通过修城、筑河堤等措施，始终对城市的水环境进行积极的整治，尽管这种改变较为有限。

新中国成立以来，诸城城市水环境变化最为剧烈，这种变化是伴随着城市化和工业化发生的，主要表现为城市水源不足与水污染加重。在这种背景下，诸城市政府也采取了建设自来水井、修筑水库、疏通河道以及加固河堤等多种措施对城市水环境进行整治。虽然这种整治在城市环境美

---

① 《诸城市水利志》第 1 部，第 95 页。

② 在夏季，由于降水较为集中，加之潍河河道弯曲，行洪时水流湍急。

化、城市防洪等方面取得了较为显著的成绩，但我们认为，诸城城市水环境的隐患依然很大。这种隐患既有自然的因素，也有人为的原因。自然因素主要表现为诸城所处的鲁东南地区降水较多，降水集中程度大，再加上流经城区的潍河、扶淇河上游支流多，致使夏秋季节城区发生涝灾的可能性依然存在。如果我们将各自然因素对诸城城市水环境的影响看作来自外部的间接作用力，那么人为因素所导致的水污染则是城市内部影响水环境的直接原因。

诸城城区的水污染主要来自工业，其次是生活废水。水资源的更新具有周期性，对于诸城城区的水源而言，一旦受到污染，短时间内难以得到更新。① 这不仅直接导致城市供水不足，更对城区居民的健康造成严重危害。20 世纪六七十年代，扶淇河西岸相继建厂，成为诸城的工业地域，大量的工业废水排入扶淇河，城区的水源受到污染，自来水井工程也不断向扶淇河上游方向水质好、水量大的地带转移。但随着近十来年诸城市城市化的快速推进，诸城城区水源的紧张程度也进一步加剧，如果这种用水紧张局面和季风气候的不稳定性造成的持续干旱叠加在一起，届时城市水荒将不可避免。

三里庄水库建成后，诸城城区遭受水灾的威胁大大减轻，如今三里庄水库也已成为诸城市区的"水塔"。三里庄水库的建成，亦使扶淇河成为诸城城区的"内河"，如何打造扶淇河并使其真正成为城区的健康动脉，应该引起我们的关注。随着城市向外扩张和人们对城市环境要求的提高，各工业企业纷纷搬迁至城市外围，扶淇河以西地带也随之转变为又一重要的居民生活区，排入扶淇河的生活废水亦大为增加。如何减少生活污水的排放，防止河水富营养化，是目前治理扶淇河的主要任务。

随着诸城城市化的迅速推进，城市用水量亦随之大增，在未来的几十年内，三里庄水库的水源能否保证诸城城区用水，这是我们需要考虑的问题。目前，三里庄水库以南地区已经被政府批准为南湖生态经济开发区，保证三里庄水库及其上游支流水源不被污染，成为这一地区在经济发展过

---

① 对诸城城区河道来说，潍河拦河坝、三里庄水库等水利工程的建设，使流经城区的潍河、扶淇河的水流速度大为减慢，一旦有过量的污水排入，就极易产生水体富营养化等环境问题。

程尤其需要注意的问题。这一问题不仅关系到诸城市的整体形象，更关系到广大诸城人民的切身利益。

在实地考察的过程中，诸城市地方文化研究学会王先贵先生、诸城市博物馆馆长韩岗先生、原诸城市政协文史委主任王振全先生、诸城市超然台管理处乔云峰先生，以及诸城市水利局资料室的同志都给笔者以很大的帮助，在此表示衷心的感谢！

作者：古帅，复旦大学历史地理研究中心

（编辑：张献忠）

铁路对上海城市空间演进的推动
与阻碍（1897～1937）[*]

岳钦韬

内容提要：铁路对经济发展和社会变迁的影响除了体现在通车后的运输效应外，其设计、施工环节的当下及后续影响在不同的时段，对不同的对象也具有不同的效应。从上海的经验来看，在 1897 年淞沪铁路开工至 1937 年间，铁路对上海城市空间的影响基本停留在车站层面，在城市层面上不仅未能成为引导城市空间的发展轴，反而造成了比较严重的阻碍作用。

关键词：铁路路线　火车站　上海　城市空间

铁路对经济发展和社会变迁的影响除了体现在通车后的运输效应外，其设计、施工环节的当下及后续影响在不同的时段、对不同的对象也具有不同的效应。但总体而言，目前史学界对后者的研究在广度和深度上均较为有限，笔者认为这与当前中国铁路史研究多聚焦于运输效应而忽视工程建设①不无关系。

铁路建设的首要任务即为勘测路线，选择布置方案，这项工作"与工程造价以及日后养路、行车经费，皆有关系"。② 不仅如此，从沿线城镇的

---

  * 本文得到上海市哲学社会科学规划课题青年项目(2015ELS002)和上海高校高峰高原学科（上海师范大学中国史）建设计划的资助。

  ① 关于铁路史的研究综述，参见江沛《中国近代铁路史研究综述及展望：1979～2009》，徐秀丽主编《过去的经验与未来的可能走向——中国近代史研究三十年（1979～2009）》，社会科学文献出版社，2010；黄华平《中国近代铁路史探微》，合肥工业大学出版社，2015。

  ② 交通、铁道部交通史编纂委员会编印《交通史路政编》第 11 册，1935，第 3121 页。

兴衰到区域的变迁，都会受到不同路线及其车站布置所产生的影响，其中一个重要方面就是铁路与城市空间的互动演进。

城市空间是经济地理学、城市规划学、交通工程学领域的重要概念，其基本含义一般解释为从空间的角度探索城市形态和城市相互作用网络在理性的组织原理下的表达方式。① 交通基础设施和城市空间变迁，按照地域规模可分为三个层面——车站站区、所在城市、所在区域，这也分别对应了交通运输方式的节点、线路以及网络三大属性。车站站区层面，铁路促进周边土地的使用和开发，形成城市新的增长点；城市层面，铁路优化了资源配置，带动了城市产业与人口的发展，加速了城市空间的扩张。② 由于本文主要探讨铁路与城市空间的关系问题，因此对区域层面的网络问题不做分析。

一　火车站对城市空间扩展的推动

"铁路交通，关系城市之荣枯，而城市之荣枯，又足以影响铁路之营业。"③ 城市发展与交通运输无疑具有密切的关系。一般情况下，铁路作为引导城市空间演进的动力之一，对城市发展产生了积极的影响，但近代上海的情况又有所不同，其主要体现在车站与路线对城市空间影响的不同方面。

铁路通车后，火车站不仅是城市基础设施的重要组成部分，而且成为一个新的经济增长点，从而拉动城市空间向其所在的方向扩张，并逐渐形成以火车站为中心的城市次中心区域。1956 年，英国学者卡罗尔·米克在其经典著作《火车站》一书中认为，早期车站一般都建在城市的边缘，并对城市和区域的发展起到了巨大的促进作用。④ 当前城市规划学、经济地理学对此问题主要有以下四种研究路径：车站地区空间研究、车站地区的

---

① 顾朝林等：《集聚与扩散：城市空间结构新论》，东南大学出版社，2000，第 3 页。
② 参见武廷海《大型基础设施建设对区域形态的影响研究述评》，《城市规划》2002 年第 4 期；张凯、曹小曙《火车站及其周边地区空间结构国内外研究进展》，《人文地理》2007 年第 6 期；王丽等《高速铁路对城市空间影响研究述评》，《长江流域资源与环境》2012 年第 9 期。
③ 《上海市政府咨第 739 号据市中心区域建设委员会呈送市内铁道改进计划图说及参考刊物咨请查照由》，《上海市政府公报》第 60 期，1930 年 7 月 20 日，第 52 页。
④ Carroll L. V. Meeks, *The Railroad Station: An Architectural History*, Dover Publications, 1995.

土地利用研究、车站与地区经济发展研究、车站对周边地区社会影响研究。其中，土地利用和空间是研究关注的焦点，因为此二者是车站地区影响经济社会的主要根源。[1]

史学界关于车站与城市关系的专题著述尚不多见，一般都包括在对铁路和城市的总体研究中。[2] 本文对1897年淞沪铁路开工到1937年抗战爆发前这一时期上海各主要火车站在发展道路交通、吸引人口集聚、优化投资环境、提升土地价值、引导城市规划五个方面的情况加以分析，重点突出引导城市规划、提升土地价值等史学界较少关注的方面。

（一）发展道路交通

火车站作为一种交通基础设施，其最根本的功能是连接城市内外的交通。车站地区的空间形态一般为圈层状，不同圈层具有不同的功能。首先是"交通枢纽功能"，主要包括售票、候车、站台和集散大厅等车站内部设施；其次是"交通配套功能"，主要是指站前的集散广场和周边的联络道路；最后才是"城市功能"，即车站对发展城市工业、商贸、旅游、办公、居住等方面的功效。若以紧密程度进行排序，则交通配套功能一般情况下均大于城市功能。[3] 交通配套功能的直接影响就是车站周边城市道路的增加和公共交通的发展。

从北站周边地区（闸北、北站以南、吴淞江以北）历年的道路变化（参见图1）可以看到，直接服务于车站的道路不断增多，譬如虬江路、交通路、会文路、公兴路，界路（今天目东路）、北河南路（今河南北路[4]）、民德路等道路也在逐渐延伸。需要指出的是，该区域内其他道路的兴建并不是完全出于车站交通配套的需要，而是出于华界自我发展、抵制

---

[1] 张凯、曹小曙：《火车站及其周边地区空间结构国内外研究进展》，《人文地理》2007年第6期。

[2] 如郭海成《陇海铁路与近代关中经济社会变迁》，西南交通大学出版社，2011；丁贤勇《新式交通与社会变迁——以民国浙江为中心》，中国社会科学出版社，2007。城市方面的研究主要有：Chang Yin-hwa, *The Internal Structure of Chinese Cities 1920s-1930s: An Ecological Approach*, Princeton: Princeton University Press, 1982；苏智良主编《上海城区史》下册，学林出版社，2011，第10编第2章"新城闸北"。

[3] 张凯、曹小曙：《火车站及其周边地区空间结构国内外研究进展》，《人文地理》2007年第6期。

[4] 下文北山西路、北四川路的现名亦同此例，不一一注明。

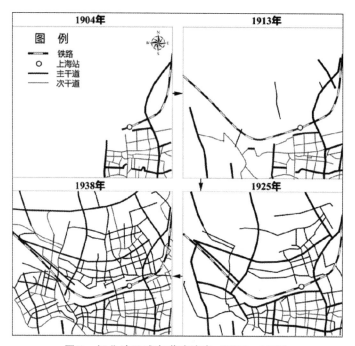

图 1　闸北地区城市道路演变（1904～1938）

资料来源：周振鹤主编根据《上海历史地图集》（上海人民出版社，1999）改绘。

租界的考虑，① 但华界的发展毕竟借助了车站的区位优势，因此车站在道路交通发展的过程中仍扮演着重要角色。

1908 年 3 月，上海第一条公共汽车路线（有轨电车）开通，4 月沪宁铁路通车，次年 2 月 1 日公共租界调整了电车路线，六条路线中有两条以北站为起点，分别通往外滩和静安寺。② 20 世纪 20 年代初，由北站始发的公交线路有四条，即英商电车公司的 5 路、6 路、7 路有轨电车，以及法商电车电灯公司的 5 路有轨电车。③ 到 1937 年 4 月，以北站为起点的公交线路增至六条，分别为英商电车公司的 5 路、7 路两路有轨电车和 14 路无轨电车，法商电车电灯公司的 5 路有轨电车，以及华商公司的 1 路、2 路两路公共汽车，居全市之首。

<hr />

① 参见张笑川《近代上海闸北居民社会生活》，上海辞书出版社，2009，第 1 章。

② 商务印书馆编译所编《宣统元年上海指南》，熊月之主编《稀见上海史志资料丛书》第 4 册，上海书店出版社，2012，第 212 页。

③ 商务印书馆编译所编《上海指南》，商务印书馆，1923，第 84～105 页。

（二）吸引人口集聚

在当前关于车站地区的空间对周边居民生活形式和生活质量的影响研究中，有学者指出车站地区集中了大量的服务设施，从而增加了实现日常活动的机会，因此吸引了人口集聚。[①] 历史也能证明这一点。根据 1928 年 11 月 30 日上海特别市公安局的户口调查，全市人口总数为 2712049 人，人口密度最高的区域在"闸北与公共租界及城厢与法租界接壤之处"，前者即为北站周边地区，平均每亩达 5.6 人。[②]

（三）优化投资环境

车站加强了城市和车站地区与外部人流、物流和信息流之间的联系，有利于城市工业、商业、物流业等各项产业的发展。而车站周边的投资环境最先得到改善，从而吸引各方前来投资。[③] 在学界较早采用 GIS 理念的台湾学者章英华绘制的商业分布图中，北站附近几乎没有相关商业分布（如旅馆和餐饮业），与历史事实不符，[④] 其原因可能是缺乏华界的相关记载。而根据苏智良等人的研究，1930 年北站地区已有较大的商店 86 家，[⑤] 但其来源为回忆资料。故笔者仅以各种资料、论著中比较统一的工厂分布情况作为例证。

图 2 显示，全市工厂除分布在吴淞江沿岸及公共租界东区（虹口、杨树浦）外，南北两站以及天通庵、日晖港两站周边也有诸多规模不等的工厂，而工厂的集聚最终形成了车站周边的块状工业区（如天通庵站西侧），或者两座车站间沿铁路伸展的带状工业区（如北站与麦根路货站间、南站与日晖港站间）。

---

① Jan Ritsema van Eck, Guillaume Burghouwt, Martin Dijst, "Lifestyles, Spatial Configurations and Quality of Life in Daily Travel: An Explorative Simulation Study," *Journal of Transport Geography*, Vol. 13, 2005.

② 《上海特别市市民分布图》，《上海特别市工务局业务报告》第 2～3 期，1928 年，插页。

③ Jianquan Cheng, Ian Masser, "Urban Growth Pattern Modeling: A Case Study of Wuhan City," *PR China Landscape and Urban Planning*, Vol. 62, 2003.

④ Chang Yin-hwa, *The Internal Structure of Chinese Cities 1920s – 1930s: An Ecological Approach*.

⑤ 苏智良主编《上海城区史》下册，第 839 页。

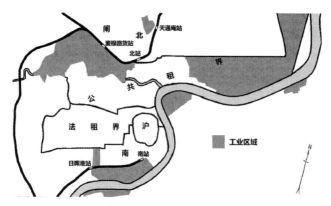

图 2　20 世纪 30 年代初上海市工业区分布

资料来源：张辉《上海市地价研究》，正中书局，1935。

（四）提升土地价值

大型交通设施与土地利用的关系非常密切，因为上述城市交通、人口、投资环境等各方面要素的改善，使车站周边的土地价值得到极大的提升。[1] 而近代上海的火车站在影响土地价值、推动土地价格方面也有着较为显著的功效，诚如《上海市地价研究》所言：

> 近年来公共租界西区、法租界新西区，越界筑路，逐渐接近铁道支站，运输更觉便利，地价必更趋高昂也。

这里的"支站"指的是两路联络线上的梵王渡、徐家汇两站。根据该书的统计，上述两站所在的法华区，拥有北站、麦根路货站、天通庵站的闸北区以及南站所在的沪南区的地价位居前三，即如该书作者所言，"华界火车经过沿路地价较高"。但他也清醒地认识到以下问题：

> 因上海商场中心与水陆联运地区在公共租界、法租界之故，遂使铁道运输之利益，未能特别见效于华界……铁路虽完全驶行

---

[1]　在当前的高速铁路研究中，国外学者在微观层面侧重关注高铁对房地产价值与土地利用的影响，比较注意考察交通需求的形成和如何用交通来引导土地利用。如 B. Snads, *The Development Effects of High – speed Rail Station and Implication for California*, Callifonia: University of California Press, 1993。

于华界，而皆与租界之越界筑路相贯通，其利便固无异于华界……虽华界火车经过沿路地价较高，而以华界全区面积论之，影响实微。①

笔者认为，造成"影响实微"的原因并非租界的交通优势，铁路路线的布置对城市空间的割裂以及在此基础上造成的对城市空间拓展的限制才是重要因素。

（五）引导城市规划

火车站具有引导城市规划的重要作用。在当前各地普遍兴建高速铁路车站的情况下，该议题正被城市规划学、经济地理学、交通工程学等学科广泛论证，② 近代上海也同样存在这一现象。

1926 年，公共租界交通委员会（Traffic Committee）提出了《上海地区发展规划》（*Regional Development of Shanghai*），③ 在功能片区划分上多以车站为界，如北站南部、西南部为工业区，其北部及东北部为商业区；南站以北为商业区，以南为既有的高昌庙工业区。另外，还在车站周边布设相应的片区，如由麦根路货站向南的沪西工业区、张华浜站东侧的航运区以及以炮台湾站为中心的吴淞港区。

南京国民政府成立后，上海特别市工务局从 1928 年开始规划全市干道系统，其中多条道路连接市内各铁路车站。第一，在市郊建造一条从宝山起，经杨行、胡家庄、大场、真如、北新泾、虹桥镇至沪杭甬铁路梅家弄站，终抵塘湾的"各镇间联络道路"；第二，建设统一路，北接四川路（与江湾区联络），南至南站，为"贯通全市南北之干路"；第三，海格路（今华山路）向北延伸，兴建曹家渡跨吴淞江的桥梁，并筑路直通真如站，"成为本市南北干道之一"。

随着 1930 年"大上海计划"这一城市总体规划的制订，围绕车站的

---

① 张辉：《上海市地价研究》，第 54～55、60、85 页。

② 参见张凯、曹小曙《火车站及其周边地区空间结构国内外研究进展》，《人文地理》2007年第 6 期。

③ 相关情况参见上海城市规划志编纂委员会编《上海城市规划志》，上海社会科学院出版社，1999，第 62 页；孙倩《上海近代城市公共管理制度与空间建设》，东南大学出版社，2009，第 72～75 页。

新一轮道路规划项目开始浮出水面。在市中心区域，规划建设军工路衔接淞沪铁路及其高境庙站的三民路（今三门路）和五权路（今民星路）。其中三民路规划宽 60 米，"为水陆联运唯一之大路"。① 京沪、沪杭甬铁路客运总站确定设于三民路西端，三民、五权两路成为该站"联络市中心区与虬江码头之干道"，中山北路则作为"联络新商港及旧市场与沪南车站之干道"。②

二　铁路路线对道路交通的阻碍

城市的发展必然伴随着城市交通的发达，随着公共汽车、自行车等道路交通工具的广泛兴起，铁路的交通效能渐渐受到制约，尤其是短距离的市郊运输功能逐步下降甚至被取代，所以此时的铁路对城市空间的促进作用不再显著。而当城市需要跨越铁路进一步发展的时候，其与铁路路线（并非车站）的矛盾，如破坏道路系统、阻碍其他交通工具行驶等，开始显现并日趋严重。因此，横亘于建成区的铁路常常被认为是阻碍城市发展的关键，即如时人所言："铁道之存在，固地方之利，今则反为发展之障碍。"③

近代上海的道路与铁路均采用平面交叉方式，没有一座立体交叉的跨铁路桥梁，截至 1936 年，市区内共有 45 处平交道（见图 3）。平交道不仅极易引发交通事故，④ 而且会使铁路对城市空间产生长期的负面影响。所以早在 1898 年淞沪铁路通车之际，工部局就要求由盛宣怀督办的铁路总公司或其他单位个人在建造铁路之前，必须向其提交方案以说明铁路与城市道路的关系如何处理，"是要在上面架桥还是平面穿过，以便工部局能看到公共权利将受到怎样的影响"。⑤

不过铁路最终没有通过租界，其负面影响转而在华界逐渐显现。1907

---

① 《上海市工务局业务报告》第 7~8 期，1930 年，第 48 页。
② 上海市政府秘书处编印《上海市市政报告》，1936，第 1 页。
③ 黄炎：《大上海建设刍议》，《工程》第 3 卷第 1 号，1927 年 3 月，第 35 页。
④ 部分平交道缺乏必要的栅栏等安全设备。如 1930 年 6 月 10 日，来往于江湾的华商公共汽车在淞沪铁路道口与火车相撞，死伤十余人。此类事故频频出现，兹不赘述。参见《昨晚江湾路上惨事　火车与公共汽车猛撞》，《申报》1930 年 6 月 11 日，第 15 版。
⑤ Shanghai Municipal Council eds., *Report for the Year 1898 and Budget for the Year 1899*, Kelly & Walsh, Limited, 1899, pp. 265 – 266.

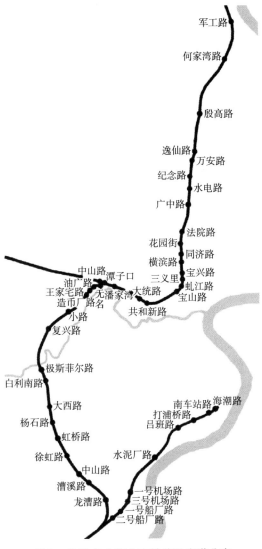

图 3　1936 年上海全市铁路平交道分布

资料来源：梅福强、侯彧华、张万久编《上海市铁路终点问题》，1947。

年 11 月，沪宁铁路局将闸北海昌公所至王家宅铁路沿线（今西藏北路铁路立交桥两端）两侧用铁丝围住，"往来乡民，颇称不便，且与闸北市面大有关碍"。① 这就是铁路阻碍闸北地区发展问题的起源。辛亥之后，闸北

---

① 《铁路公司阻碍道路》，《申报》1907 年 11 月 12 日，第 19 版。

这一"自治模范"城区的发展不断加速。① 到 1922 年，闸北铁路平交道已增至 9 条，由西向东分别为大统路、海昌路（后改称共和新路）、宝山路、虹江路、广东街（今新广路）、宝兴路、横浜路、宝山路底、江湾路。② 其中，"与闸北之发展上有重大关系"的宝山路平交道问题最为严重，诚如下文所述：

> 此栅门每日必有三十余次之闭塞，每次闭塞，虽久暂不等，约自一二分钟以至一二十分钟，然在此时内，南北往来，完全阻绝，此项交通，亦即停顿。因之北河南路口，与虹江路间之南段宝山路上，秩序时常紊乱，恒有无数车马行人，被其覆留，必伫立以待。③

当代城市规划理论普遍认为铁路路线分割了城市空间，导致被割裂的两部分缺乏有效的联系，并直接造成两部分城市形态特征的巨大差异。而近代在规划理论被上海地方政权广泛运用之前，就有时人认识到这种切割导致铁路以外地区（如闸北铁路以北地区）欠发达，并以此作为改建上述平交道的理由，这最早可以追溯到 1907 年沪宁铁路全线通车之前。

> 海昌公所起至王家宅……横被隔塞，非特行人绕越，诸多不便，且附近各处市面，顿形减色，闸北商场从此恐无兴旺之日（1907 年）。④

> 宝山路与共和新路……交通屡阻，遂致铁路以北市面，受其限制（1925 年）。⑤

> 路北之商务，远逊路南，致此之故，因铁路为之梗，使往还大感不便……铁道不啻鸿沟，使全区不通声气（1927 年）。⑥

1930 年 9 月，国民党中央政治学校第一期学生依所学专业被分派江

---

① 参见苏智良主编《上海城区史》下册，第 10 编。
② 《淞沪商埠督办公署关于闸北救火联合会函请转商路局放宽铁路各栅门卷》，上海市档案馆，档案号：Q208－1－54。
③ 周名赓：《整顿上海闸北交通之我见》，《申报》1924 年 4 月 5 日，"汽车增刊"。此处的"旱桥"指的是北站西端民德路人行天桥。
④ 《沪宁铁路公司掘沟筑围之交涉》，《申报》1907 年 11 月 23 日，第 5 版。
⑤ 《闸北市议员提议改良交通》，《申报》1925 年 12 月 8 日，第 9 版。
⑥ 黄炎：《大上海建设刍议》，《工程》第 3 卷第 1 号，1927 年 3 月，第 35 页。

苏、浙江两省及南京、上海等地开展实习，结束后撰写调查报告。其中，《上海市政府实习总报告：工务行政》对上述问题进行了更为精确的分析。首先，该报告认为，从闸北街区的区间距离来看，"自南至北，由密而疏，在铁道以南者，每区间约 90 公尺至 150 公尺。在铁道以北者，每区间约 180 公尺"，故铁路南北的发展差异显而易见。其次，基于此，闸北市政"不克充分发展之原因，不外二端"：一是"沪宁、淞沪铁道之横梗其中，交通上发生种种不便"，二是"南北道路除宝山路外，俱不能与租界道路直接接连"，因此应打通宋公园路至北西藏路，建设跨铁路的立交桥，再经租界与南市的肇周路衔接，另将宋公园路向北延伸至江湾以连通吴淞，最终将此路建成"全市之要道"。①

综上所述，时人对铁路阻碍城市道路交通的认识在不断深化，这成为 20 世纪 30 年代初上海市政府制订的"大上海计划"及其铁路改造专项计划的理论基础。然而，由于铁路土地属于国家特许的专项用地，地方政府往往面临这一制度性障碍而无法通过经济手段完成征收工作，而1937 年抗战的全面爆发彻底断送了大部分平交道和整个铁路路线布局的改造计划。②

三　车站选址与水陆连接问题

（一）车站的选址问题

从铁路车站选址的原则角度分析，在城市尚未繁荣时，各车站尤其是客运站理论上应设在市中心或者其附近，使来往乘客能享受旅行的便利，并应对汽车的竞争。此外，选址还需要考虑能否保持城市交通的畅通，并保证自身场地设备和后续发展的空间需求。

就地理位置和道路交通而言，上海两大客运站北站、南站的情况都比较合理。北站最初是作为淞沪铁路的上海站建成于 1898 年，该路总工程师

① 彭善承、宋孝颖、刘明顺等：《上海市政府实习总报告：工务行政》，南京图书馆编《二十世纪三十年代国情调查报告》第 225 册，凤凰出版社，2012，第 520～521 页。
② 参见岳钦韬《土地征收与"大上海计划"之铁路改造规划的中止》，《上海师范大学学报》2016 年第 4 期。

锡乐巴（Baurath Hildebrand）放弃吴淞铁路上海站原址（河南北路桥西北的天妃宫）选择此地即出于避开建成区和适应将来发展的需要。[1] 此后该站逐渐成为全市客运业务的中心站点，东距杨树浦、南距老城厢、西距梵王渡的路程大致相等，且紧邻租界及闸北华界城区，"行旅咸感便利"；南站地位虽然稍逊于北站，但也是南市老城厢一带的客货集散处。但从水陆联运的角度来说，南、北两站与黄浦江、吴淞江码头尚有一定距离，故存在一定问题。梵王渡站的选址亦考虑到附近多为住宅区，北面曹家渡、吴淞江一带则为工业区，因此沪杭甬铁路旅客在该站下车者也比较多，吴淞江往来客货亦于此站换乘、转运。

虽然上述车站的选址尚属合理，对近代上海城市空间的拓展也发挥了重要作用，但也存在以下问题，如这种作用主要体现在作为两路总站的北站，其余站点尚不明显。同时，由于北站临近公共租界，工部局在界路上设置铁栅栏作为警戒线，从而限制了该站各项功能的进一步发挥，对城市空间的正面影响也因此大打折扣。

货运车站理论上应设于最靠近货物来源地或仓储用地，以方便货物转运装卸并节省运费，而与水路之间的联系比客运站更为重要。最大的货运站为麦根路货站，该站毗连市中心工业、商业区，且紧靠吴淞江，建有两座船坞，可容纳120艘30吨的民船，故装卸、转运均非常便利。但该站空间有限，难以扩充；沪杭甬铁路日晖港站紧邻黄浦江深水航道，最初用以接纳来自水路的铁路材料。全路通车后该路货物也多在此站装卸，但该站码头仅为木质码头，且总体规模较小，到1937年抗战爆发时也未实施扩建或改造。[2]

（二）路线与港口的联系

上述阻碍城市道路交通只是其工程性影响的一个方面，其深层次的顽疾则是铁路未能与水运航道取得充分联络，黄浦江沿岸从杨树浦到南市高

---

[1] 原文如下："其上海旧站，固觉太小，况目下中西房屋林立，自不得不另择空旷之区以设车站。……要知数十年以后，轮轨所至，繁盛可知，彼时再欲推广站地，势若登天之难。"参见《中国铁路参赞兼总工程师锡乐巴致新闻报馆主函》（1898年7月29日），上海市图书馆，档案号：091878。

[2] 梅福强、侯彧华、张万久编《上海市铁路终点问题》，油印本，1947，第1、4～5页。

昌庙的主要港区均无铁路直接连通，以致铁路无法有效对接近代上海交通
领域中最为发达的港口航运；大型工业区的布置也无法选择在既有铁路沿
线上，从而导致两路货运业务徘徊不前，运输效能低下。

　　造成这一现象的原因，除了中方避免铁路进入租界之外，铁路建设与
管理经费的不足也是重要因素。两路虽然有麦根路、日晖港、张华浜三处
水陆联运车站及其附属码头，但其规模和吞吐量与黄浦江沿岸的码头不可
同日而语。[①] 而改变这一现状必须通过制订和实施大规模的铁路改造规划
才能实现。但由于租界的存在，三足鼎立的市政机构难以联合制订出一套
系统完整的城市总体规划。[②] 尽管从 20 世纪 20 年代末起，上海市政当局
就开始推行包括改造铁路在内的"大上海计划"，但近代中国铁路的国有
性质决定了地方政府无法单独实施其规划，而这一历史契机又因国内外政
治局势的干扰和战争的无情破坏而稍纵即逝，[③] 至 1949 年陷入城市交通系
统各个项目与城市空间"互相妨碍发展"的窘境。[④]

结　语

　　从理论角度而言，铁路与城市空间相互发展的过程大致有以下六个阶
段（见图 4）：①一条新建铁路（AB 线）在城市的外侧经过，开设为城市
服务的车站；②在站前形成新市区，并逐渐与原城市建成区连接，城市发
展突破城墙等既有边界，同时建起水陆联运码头，工厂、企业开始出现；
③城市工业进一步发展，为了运输之便，在铁路另一侧建设工厂，市区发
展跨越铁路，同时，新铁路线 C 接轨 AB 线，城市车站发展为区段站；
④城市规模迅速扩大，工业企业及仓储设施增多，在铁路（AB 线）左侧
随工业发展建立生活居住区，路线"切割"城市的局面形成；同时形成铁
路枢纽，并进一步吸引第三条铁路（D 线）与之接轨；⑤随着铁路枢纽作

---

①　梅福强、侯彧华、张万久编《上海市铁路终点问题》，页码不清。

②　《上海市交通计划图说明书　铁道计划之部》，上海市市中心区域建设委员会编印《上海
　　市市中心区域建设委员会业务报告（十八年八月至十九年六月）》，1930，第 15～17 页。

③　参见岳钦韬《租界扩张与近代上海铁路的关系述论》，《近代史学刊》第 14 辑，社会科学
　　文献出版社，2015。

④　上海市人民政府工务局编印《上海市都市计划总图三稿初期草案说明》，1950，第 15 页。

业量增加，为了增加通货能力和分流货车，建成枢纽联络线，在其上设站，进一步方便流通，城市规模进一步扩大，工业区的运输得到进一步加强和改善；⑥建成枢纽环线，形成混合型枢纽，城市规模会受到控制，并通过统一规划进行综合改造。①

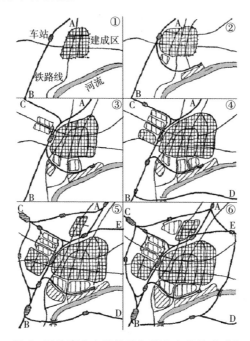

图4　理论意义上的铁路与城市空间演进过程

资料来源：张文尝《城市铁路规划》，中国建筑工业出版社，1982，第8页。

在上述理想状态下，无论是车站还是铁路路线，都能成为城市空间拓展的发展轴，都可以引导、促进城市空间的发展。但由于江南区域铁路路线的形成伴随英国、清政府、地方绅商等各方势力的博弈，上海最终成为淞沪、沪宁、沪杭甬三路汇聚的区域铁路枢纽；城市周边的路线也是在租界的扩张与中方的抵制过程中形成的，因此无法与主要分布在租界地区的港口、航道、大型工业区取得充分联络。② 后来又因局势多变，战争频仍，1909 年（沪杭甬铁路沪杭段通车）到 1937 年一直只有沪宁（包括淞沪）、

① 张文尝：《城市铁路规划》，第7~9页。
② 参见岳钦韬《中外抗衡与近代上海城市周边铁路线的形成》，《中国历史地理论丛》2015 年第 3 期。

沪杭甬两条铁路及部分支线，上海市政府的铁路改造规划也一直无法实现，所以战后的城市规划文件就已指出，由于上海只有两条铁路，"因此不能产生能与欧美各国同等的经济效果"。① 而铁路与城市空间演进的历程也因此出现次序上的显著差异，最终结果也与理想模型相去甚远。笔者根据前述各节的内容，将 1897～1937 年的次序和特征排列、概括如下：①淞沪、沪宁、沪杭甬三条新建铁路在城市的外侧经过，开设为城市服务的车站（1897～1908）；②主要车站前形成新市区，并逐渐与原城市建成区连接起来，但缺乏大型水陆联运码头，大中型工业区无法沿铁路布置，城市空间发展受限（1908～1937）；③中小型工商业在车站周边兴起，市区开始跨越铁路发展，路线"切割"城市的现象日趋严重（1908～1937）；④联络线建成，虽然也设有车站，但因远离市区，其触媒作用不甚明显（1916～1937）。

车站对其周边地区的空间发展带来了触媒作用，引发该地区新的发展和转型（主要体现在北站与闸北地区），从而促进了近代上海城市空间的拓展，这一点毋庸置疑。但在近代上海城市政权三足鼎立尤其是中方抵制租界扩张诉求下形成的铁路路线，不但与港口的联系非常脆弱，与大型工业区的关系也不甚密切，而且对城市道路交通的妨碍程度随城市的发展不断增强，最终限制了城市空间的扩展。

综上所述，本文认为，近代上海城市空间并未沿铁路线方向延伸、拓展，铁路对城市空间的吸附作用并不充分，因此铁路未能成为城市空间的发展轴。所以，铁路对近代上海城市空间的影响基本停留在车站站区层面，在城市层面不仅未能引导其发展，反而形成了较强的阻碍作用并一直延续到 20 世纪末。

作者：岳钦韬，上海师范大学人文与传播学院历史地理研究中心

（编辑：熊亚平）

---

① 上海市都市计划委员会编印《大上海都市计划总图草案二稿报告书》，1948，第 45 页。

旅陕印象：1920年代西安的
城市建设和社会生活

王　旭

内容提要： 西安地处内陆，和西方文明直接交汇的时间较晚，近代工商业、交通、新文化等城市文明要素的发展相对滞后。从长远的"历时态"看，西安的城市结构与功能处于逐步完善的变动过程之中。"都城时代"西安的城市图景与社会生活，在多个具象层面，已经得到许多积极有益的探索，而"后都城时代"特别是民国时期的西安城市研究，还可再探。1920年代，西安近代化的城市建设尚在初步进行中，社会生活亦处于新旧转轨之际。历史学家王桐龄旅陕后所著之《陕西旅行记》与《陕西在中国史上之位置》，有对1920年代西安的市政建设、文教事业、实业状况、交通设施、社团组织、民俗宗教、日常生活等多方面的记载。本文拟以此为基础，并与同时代其他有关资料互相参照，对民国时期西安的城市建设和社会生活做一窥探。

关键词： 西安　城市建设　社会生活　暑期学校　经世思潮

以都城存废作为界标，随着朝代兴衰革替，西安①的演进过程可分为前都城时代、都城时代、后都城时代。"都城时代"西安的城市图景与雄厚气质，给人以繁华、风雅和气象万千的宏观想象，令人心驰神往。基于浩瀚的资料和前人坚实的研究，在多个具象层面，特别是在城市地理与社会生活研究方面，已经得到许多积极有益的探索。相比而言，"后都城时

---

① 在不同的历史时段，西安有丰、宗周（镐京与丰京）、长安、常安、大兴城、京兆、西京等名称，为统一起见，均称西安，文内涉及之处不再做特别区分。

代"特别是民国时期的西安城市研究还比较薄弱，具有一系列可资再探的领域，深度上亦尚可开拓。

由于地理位置的缘故，陕西整体社会转型相对滞后于东部地区。西安地处内陆，与沿海沿边地区相比，和西方文明直接交汇的时间较晚，近代工商业、交通、新文化等发展相对滞后，直到民国 17 年（1928）才首次设市。在此之前，西安隶属于 1913 年所设之关中道。① 在孙中山的西北格局中，对西安的城市建设亦有所计划。② 1934 年陇海线延展到西安，西安的城市空间与产业结构再次整合。从长远的"历时态"看，西安的城市结构与功能处于逐步完善的变动过程之中。至抗战之际，西安城作为西北重镇，在战略上仍有其重要意义。

城市是人的具体活动在空间上的投射，凝固于特定空间的个体行为与此种多样性行为所具有的共时性特征，为我们探讨城市建设、社会生活乃至二者关联提供了可能性。总而言之，目下的学术情境中，历史研究的"触角"不断开拓，逐步从单一"事件史"的解释中解脱出来，相当数量的学者开始扩展视野，走向具有丰富范围和内容的社会史。③"地方学"抑或区域社会史的兴起，成为学术研究的"新宠"。晚近以来，伴随着城市结构和职能的逐步完善与成熟，城市建设为社会建设之要，而城市空间中的个体——"人"的日常生活之变易，亦是绕不开的命题。基于此，作为"后都城时代"——1920 年代的西安城市社会变迁与日常生活，具有深入体察的意义，也有必要进一步做多元化的探究。④

一　长安见闻：王桐龄与陕西之行

1924 年国民党"一大"召开和泰戈尔抵华后不久，全国形势纠葛不靖，政治权谋激变，军事冲突迭起，文化界争论不休，各地民众更是不

① 西安市档案馆编印《陕西经济十年（1931～1941）》，1997，第 6 页。
② 孙中山：《实业计划》，西安市档案馆编印《民国开发西北》，2003，第 1～9 页。
③ 王先明：《"区域化"取向与近代史研究》，《学术月刊》2006 年第 3 期。
④ 本文虽以《陕西旅行记》和《陕西在中国史上之位置》为考察中心，但作为对西安城一项暂时性和共时性特征的双重揭示，只有在不同材料的比对中才有可能获得充分的理解和认知。因此在可能的条件下，本文也选取大概同一时段的相关材料，作为参照和补充，以丰富讨论对象的内容。

安。因缘际会，地方军阀刘镇华在陕西势力稳固后，广邀各界名流入陕，传播新学术。前往陕西讲学的文化名流中，王桐龄位列其中。在此契机与背景下，引入我们要讨论的问题。

王桐龄（1878～1953），河北省任邱县赵北口村人，字峄山，号碧梧。① 历史学家，京师大学堂首批官费留学生之一，分至哲学科。② 1912 年获得东京帝国大学文学学士学位，是中国第一个在国外攻读史学而正式毕业者。曾任北京政府教育部参事，后任教于北京师范大学等多所高校。③ 王桐龄是中国通史编撰、民族史研究以及教育史上一位重要的人物。

与古人相比，1920 年代的出行条件已然超乎不少，但转换水陆交通工具诸事，也是另一番奔波，辛苦不在前人之下。王桐龄于 1924 年 7 月 7 日由北京西车站出发，历途千余里，7 月 13 日入陕西境，8 月 21 日出陕西境。他以特邀教授的身份入陕，④ 系应西北大学、陕西省教育厅合组之暑期学校之邀，由刘镇华支持，为介绍新学术，⑤ 以 "延聘国内各大学教授十余人来校讲演，借以宣传教化，输入新知" 为目的，⑥ 具体事宜由西北大学校长傅铜（佩青）和教育厅长马凌甫负责，邀请学界名流为军官、候补文官、教员（高小教员、劝学所员、中等以上学校教职员）、学生、部分西安市民做讲演（第三章《著者到陕西之任务》）。中小学校具有相当资格者，均得听讲，且须签名画到。⑦ 暑期学校邀请讲师十余名，具体情况如表 1 所示。除此之外，还有南开大学社会学系毕业生刘鸿恩、天津基泰公司工程师关颂声等人随行，皆是当时的文化和社会名流。另外，暑期学校筹备委员会内部设置招待股，由在陕西任职或本土文士王凤仪、王捷三、张辛南、蔡江澄、薛效宽、李级仁、段绍岩、胡小石等人招待来陕学者。⑧

---

① 《介绍本社社员王桐龄先生略历》，《留东学报》第 5 期，1936 年。
② 《派遣游学类志》，《东方杂志》第 1 卷第 2 期，1904 年。
③ 隋树森：《记王桐龄先生》，《文献》1983 年第 4 期。
④ 王桐龄：《陕西旅行记》，文化学社，1928，第 1 页。
⑤ 《暑期学校简章》，《旭报》1924 年 7 月 18 日。
⑥ 《国立西北大学一周年纪念特刊》，陕西省图书馆，档案号：第 209 号。
⑦ 《暑期学校简章》，《旭报》1924 年 7 月 18 日。
⑧ 单演义编《鲁迅在西安》，西北大学鲁迅研究室，1978，第 64～69 页。

表 1 暑期学校讲师情况及科目一览

姓　名	别号	籍贯	略　历	大致题目
王桐龄	峄山	直隶	北京师范大学历史教授	文化发源、民族史、民族关系、陕西地位
李干臣	顺卿	山东	北京师范大学、北京农业大学教授	森林与文化
林砺儒		广东	北京师范大学教授	新教育之哲学的根据
李济之		湖北	南开大学教授	社会学、人类学概要
柴春霖		甘肃	北京法政大学教授	欧洲革命史
夏元瑮	浮筠	浙江	原北京大学理科学长（院长）	物理学最近之进步
陈钟凡	觉元	江苏	东南大学教授兼国文系主任	文字演进、文学教学与读古书方法
陈定谟		江苏	南开大学教授	知识论、行为论与实验主义
周树人		浙江	教育部佥事、北京大学教授	中国小说变迁史
梁　龙	犹聘	广东	剑桥博士、广州大学法议院院长	讲题未定
王凤仪	来亭	陕西	法国大学法学博士	社会主义与共产主义之源流、卢梭的教育观
蒋廷黻		湖南	南开大学教授	欧洲、法兰西革命史
刘文海	静波	陕西	东南大学教授	近世世界变迁史
吴宓	雨僧	陕西	东南大学教授	讲题未定
孙伏园		浙江	《晨报副刊》记者	何谓文化
王小隐	梦天	山东	《京报》记者	人生地理

资料来源：《暑期学校章程》，《旭报》1924 年 7 月 18 日；单演义《鲁迅讲学在西安》，长江文艺出版社，1957；单演义编《鲁迅在西安》。

此次暑期学校的阵容相当强大。除在暑期学校里授课外，王桐龄在督署、储材馆、讲武堂等地也讲演多次。西北大学时有来自 17 个省的学生 400 余人，加上军官、民众等其他旁听者，每次讲演都座无虚席。此事之象征意义，大于"输入新知"之实际功效。出行结束归京后，王桐龄于 1924 年 9 月 11 日写竟《陕西旅行记》①，相继发表于《晨报副刊》，1928 年书稿交付北平文化学社刊印发行。与此同时，《陕西在中国史上之位置》

① 由于本文多处摘引 1928 年北平文化学社出版的《陕西旅行记》和《陕西在中国史上之位置》，为节省篇幅和方便阅读，仅在文中标注所引章节，相对重要之处方做页下注，其余从略。

是王桐龄在陕西为督署、暑期学校等各界所做之讲演稿，也与《陕西旅行记》同时刊印，本文即基于文化学社之版本做相关考察。

本文对《陕西旅行记》运用居多，结合同时代关于西安城市的叙事书写与文人游记，对1920年代西安的城市建设和社会生活做一"鸟瞰式"探索。《陕西旅行记》总共分为八章。其第一、二、三章对西安城市景观包括市政、交通机关、建筑、市街、实业、教育、古迹、饮食、风俗、宗教等多方面做了论述。《陕西在中国史上之位置》主要叙述历史上陕西之地位以及当下陕西之走向。虽不免汗漫无涯，但可谓面面俱到，文献价值不可小觑。

王氏作为史学家，受过系统的史学训练，历数典故，谙熟调查之法，[①]具有敏锐的观察力，他以"旅行者"的身份观察西安司空见惯的社会图景，用"挑剔苛刻"的眼光目视所经过的地域，记载沿途见闻，类同俯瞰，大概涉及：

> 山川之险易、道路之远近、气候之寒暖、土壤之肥瘠、物产之多寡、人口之疏密、吏治之隆污、风俗之美恶、教育程度之高下、交通机关之良否，凡目所见，耳所闻，身所经历者，大都分时、分地、分种类，略有记载。[②]

王桐龄善观城市物景，在日本时即奉清政府之命对东西两京进行调查。[③]"此次来陕之目的，原为暑期讲演，然既有余暇，又有适当伴侣，当然赴各地参观名胜古迹，以满足个人研究历史之欲望，此应有之义务也。"[④] 王桐龄言："陕西地大物博，非短期所能调查"，仅作"野人有美芹，愿献之至尊"之事，所记不过"管中窥豹，只见一斑"，尤为识者所哂。[⑤] 他具备史家特有的严谨，如书前"凡例"中言："自信内容尚确实，不敢作捕风捉影之谈。""其有见闻未周处，容俟再版时补正；大雅君子有热心指教以匡所不逮者，极表欢迎。"[⑥] 记忆如织，史家之记录对昔日城市

① 王桐龄：《日本视察记》，文化学社，1928，"凡例"，第1~2页。
② 王桐龄：《陕西旅行记》，"序"，第1~2页。
③ 王桐龄：《日本东西两京之比较》，《教育杂志》第2卷第12期，1910年。
④ 王桐龄：《陕西旅行记》，第41页。
⑤ 王桐龄：《陕西旅行记》，"凡例"，第1页。
⑥ 王桐龄：《陕西旅行记》，"凡例"，第1页。

形象的复原重构，较小说家而言无疑更名实相符。从这一意义来看，文本不啻具有一定的信度；与同时代西安当地人的记载相参照，亦有一些别样的细节。

以往的史学研究，对《陕西旅行记》和《陕西在中国史上之位置》，乃至王桐龄本身未有太多关注，某种程度上也是一种遗憾。虽身处 1920 年代"武夫当权主导一方，南北割据尚呈分裂之势"的大背景中，但亦在新旧转轨之际，这次陕西之行对王桐龄来说当为难忘的回忆和经历，对后来者更是珍贵的文献。概言之，从"他者"的眼光与见闻出发，对西安城市一些具体的社会事项进行案例式分析，是有一定意义的。

二 新旧转轨：西安的城市建设与文教实业

1924 年，西安尚未进入快速发展期。[①] 这段时间既是西安城变化的一个过程，又是清末以来西安城发展的暂时性结果。王桐龄甫入陕西境内，视界之内，皆是新物，心情是舒畅的。受第三十五师师长憨玉琨副官李品三（金斋）和林祖裕（治堂）招待，骡车入城，其一行借住于潼关汽车（按，鲁迅言自动车）站，"院落宏敞，同人多带行床，三三五五，自由宿于院中，无臭虫蚊子来攻击，精神颇快"（第一章《赴陕行程日志》），由镇嵩军第四路步兵第二营营长赵清海负责餐饮。安顿好后考虑到沿途交通状况，"由潼关赴长安之大道，一路分为二线，南线行汽车，北线走大车。二线相傍而行，宽约四五丈，汽车路颇修整，不大颠簸"（第一章《赴陕行程日志》）。

7 月 14 日，诸讲师经由东关入城，进西北大学，次日清晨刘镇华会晤众学者。初到西安城，"有二事最容易惹人注目，一为官道旁之高柳（多数为左宗棠在陕甘总督任内所栽），一为城门脸，或大街转角处白灰墙上

---

① 1924 年 7 月暑期学校结束之后不久，国内第二次直奉战争爆发，陕西军阀与河南军阀之间，以及军阀内部仍有多次混战，地方秩序相当混乱。民国 16 年（1927）南京国民政府成立后，政局相对安定，西安才进入了一个相对稳定的发展时期。同年 11 月，陕西省建设厅工程处提出《陕西长安市市政建设计划》，这是第一份较为完整、系统的市政建设文件，之后《陕西省民国二十年建设事业计划大纲》《陕西省建设厅二十二年至二十四年行政计划》等建设纲目文件又陆续出台。近代意义上的西安城的建设和社会改良也主要集中在这一时期。

所书之格言（冯玉祥督陕所书导人为善之语）"，柳树渐被兵匪斩伐，灰墙及其上之格言经历风雨日晒，逐渐被剥蚀。① 长安自古帝王都，与曾经"西风斜照汉家陵"的奢华气象相比，如今"遇风则扬灰，下雨则成泥泞，行人裹足"②，西安之风土古迹，在时代的冲刷与近代化的夹缝中，原有的"都城形势"颇有萧条寂寞之态（第一章《赴陕行程日志》）。

（一）市政建设

无论是西风东渐还是欧风美雨的不断浸淫，要达到实效都会经历阶段性表现，同样，市政的建设与完善亦是一个历史过程。近代陕西城市的道路经历了土路、碎石路到柏油路的变迁，道路变迁带动了交通承载物的革新，城市的公共交通工具也经历了从轿子到骡马车、人力车，再到自行车、公共汽车的更替。在陇海线未通至西安（1924 年仅至河南陕县，1934年潼西段竣工）及西安公路系统未完善（起步较晚）之前，西安的城市变迁是有限的。以交通设施论，西安交通工具处于由车马徒步转向新式交通工具的节点，呈现新旧夹杂的特点。"民国二十年底，西段通车至潼关，在那时自潼关以西至西京间的交通，全赖公路汽车。"③ 冯玉祥督陕之时，设长潼汽车局（后改为陕西长潼汽车公司），修西潼公路，1922 年 8 月，在西安钟楼与东门之间，公共交通工具（环城汽车）开始投入使用，陕西的近代交通和运输业才有新的变革，并逐步改善。

据王氏描述，汽车使用和推广也尚未形成规模，"上层人士，亦多沿用旧式交通工具"，"汽车仅督署及各师旅长各有数辆，用以做远路交通机关，平时不用也"（第二章《长安之观察·长安之市政·交通器具》）。城市风尘严重，道路不畅，与古老的历史沉淀"貌合神离"。"潼关东西道路太坏，汽车多毁坏"，长途汽车仅限于长安至潼关，路途不平，交通条件尚不畅达。民国初年，张凤翙督陕时将各大街的石条路简单翻修了一次，但不久就残破不全了。到 1924 年，市内道路仍未有大的改进，"新式之马路尚未动工，旧有之路分两种：大街皆石路，用长四五尺，宽二三尺之大石砌成，多系数百年前旧物，高低凹凸不平，车行颠簸特甚。小巷皆土

---

① 王桐龄：《陕西旅行记》，第 13 页。
② 王桐龄：《陕西旅行记》，第 27 页。
③ 倪锡英：《西京》，南京出版社，2012，第 42 ~ 43 页。

路，多坑坎，遇风则扬灰沙，下雨则成泥泞，行人裹足"（第二章《长安之观察·长安之市政·道路》）。

西安市内交通器具存在多种形式，新旧杂糅，尚处于过渡期。总体来说，以旧式为主。共有六种交通器具：单套骡车、人力车、轿子、大车、二套轿车、小手车。后三者一般用以载货。（第二章《长安之观察·长安之市政·交通器具》）。相比于传统的马车、轿子等，人力车不仅是一种交通工具，更成为当时一种颇为时髦的生活方式的象征。由于新式交通工具路线短、行程少、价格贵等缘故，新旧杂糅在所难免。[①] 直至 1931 年初国民政府定西安为"陪都"后，西安市政建设渐受重视。1934 年 8 月 8 日由西京筹备委员会、国民政府国民经济委员会、陕西省政府三个机关联合组成西京市政建设委员会，1936 年 6 月改为西京市政建设委员会工程处，负责西安城市建设相关事宜，同年设立了"市政工程处"，城市建设步入正轨。如西安市南广济街、盐店街、二府街、粉巷等各处道路方建碎石路。[②] "修筑碎石路，惟因测量水准种种缘故，沟道尚少注意，致雨水无法外泄，有时泥泞不堪耳。"[③]

对于通信交通，王氏也有怨言，"邮政甚迟滞，由长安达北京之平信，平时行七日"。电报也不甚发达，"电杆甚矮小，皆用杨木"。与王氏同行的南开大学教授蒋廷黻，在回忆录中亦有类似感言。[④] 因交通不便，物资运输相对困难，王氏认为，"因木材缺乏，故梁栋椽柱多用杨木；因石灰缺乏，故多用黄土涂壁"（第二章《长安之观察·长安之市政·建筑》），基本建筑因此不美观。

通俗教育刚刚起步，"全城仅有教育图书馆一处，在南苑门；通俗图书馆一处，在北大街；通俗讲演所一处，在北门内雷神庙门"。此外，阅报社有四处，分别在两个图书馆，碑林和陕西实业会内（第二章《长安之观察·长安之市政·通俗教育》）。

对于医卫设施，王氏从医院、饮料水、下水道、排泄物四个方面叙

---

① 《西京市人力车夫职业工会三十一年度十月至十二月工作报告》，陕西省档案馆，档案号：011 - 1 - 42。
② 《西安市修筑碎石路》，《道路月刊》第 42 卷第 3 号，1934 年。
③ 陈赓雅：《西北视察记》，甘肃人民出版社，2003，第 294 页。
④ 《蒋廷黻回忆录》，岳麓书社，2003，第 111 ~ 115 页。

述，所记甚详。他提到，防疫机关尚无，医院分为官立、团体立、私立三种，共有七处："一、陆军医院，官立；二、宏仁医院，地方团体立；三、关中制药社，团体立；四、大生医院，私立；五、竞爽医院，私立；六、广济医院，私立；七、广仁医院，教会立。除去陆军及广仁医院外，规模俱甚小。"（第二章《长安之观察·长安之市政·卫生设备》）

公共卫生随着城市职能的发展得到更多的重视。就饮水方面来说，西安城"自来水尚无有，新式之洋井仅有督军公署、红十字会、西北大学、西华门、东门外数处"，水质颇有杂质，且咸卤不适用。尚未注重下水道建设，"地沟尚欠疏通，雨后时存积水"（第二章《长安之观察·长安之市政·卫生设备》）。另外，排泄物处理也很不到位，"虽有官中厕，但稍僻静之处，常有人随便出恭。路旁多尿坑及秽水坑，行人过者掩鼻"。如瓜皮、果核等秽土废料，随意丢弃在道路边，苍蝇横飞。在王氏看来，这些都加大了传染病散播的可能性，颇不利于公共卫生和城市景观（第二章《长安之观察·长安之市政·卫生设备》）。

警察是一个城市文明的标志。1908年4月24日，清廷准陕西省设置巡警道，职掌全省警政事务，以"保安、正俗、卫生"为目标。省会所在地设诸巡警公所，执行警察事宜。1916年7月，陕西省警务处成立。但由于时局不稳，收效甚微。据王氏观察，1924年的西安与东部沿海城市相比，作为重要新式城市管理系统的警政基本没有革新。路灯"大街仅有数盏，小街尚无"；消防设施"无水龙及消防队之设置，大街各有太平水缸数个，小巷尚无"，基本上处于建设空白状态（第二章《长安之观察·长安之市政·警政》）。至抗战时期，西安许多地方仍以使用油灯为主。"街上是漆黑的商店，也颇有用斗大纱灯的，不过大抵到九时左右，街上就寂然了。"① 完整的消防设施更无从谈起。警察在这一阶段仍以维护治安为主，故而有"陕省开办以来，虽形式已及壮观，而精神尚多缺点"② 之谓，尚未完全发挥其职能。

至于慈善事业，王氏一笔带过，大概是官立与地方团体并行。官立大致有育婴堂、恤嫠局、残废军人教养院、残肢留养局各一处；地方团体立

---

① 李长之：《从长安到安阳》，《旅行杂志》第3期，1938年。
② 陕西省公安厅公安史志编纂委员会办公室编印《清末民国陕西警政法规汇编》，年份不详，第25页。

的大致有孤儿院、妇孺教养院等，规模上总体不如官办（第二章《长安之观察·长安之市政·慈善》）。

（二）文教事业

民国7年（1918），国民政府教育部命令各省设教育厅，陕西即改科设教育厅，民国11年（1922）后改称教育局。1920年代政局不定，中央控制相对失范，致使教育衰颓，文化事业经年不兴。同时，西安"兵连祸结，纷扰不断，教育几乎中止，政治局势絮乱不可名状"。[①] 现代传媒（报纸、出版等）的发展亦受到限制和影响。1924年，政局稍定，逐渐恢复，"有全发之希望……教育实业将日有起色"。[②]

从暑期学校成立到讲师来陕，陕西地方报纸都参与了报道。在文教出版方面，王桐龄总结道："一、研究新学之人太缺乏；二、整理旧学之人亦缺乏；三、著作品缺乏；四、译述品亦缺乏；五、日报及杂志缺乏。"他以杂志和日报为例，"杂志仅有两种：一、实业厅办之《实业杂志》；二、实业会出版之《实业浅说》；日报仅有六种："一、《建西日报》；二、《新秦日报》；三、《陕西日报》；四、《民生日报》；五、《旭报》；六、《平报》。"同时，王氏认为西安报业仍尚未普及，在内容编辑上也多是借抄他地，创新不足，"其内容多系剪裁京、津、沪各报纸凑成，关于陕西本省之特别记事及论说较少。销数极不畅旺，多者三百余份，少者数十份而已"（第二章《长安之观察·长安之教育》）。而出版业的低迷不兴更加剧了这种状况，"现在尚无出版所，印刷所之能印报纸者，仅有三处：一、教育图书社，教育厅办；二、艺林印书社；三、新秦日报社。此外小印刷所只能印广告、传单，于宣传文化上无甚重要关系也"。换言之，西安的传媒尚属初创。

南苑门有教育图书馆一座，便于民众教育。[③] 而对文教关碍最大的，便是学校的建设。西安学校缺乏，"仅有西北大学、第一中学校、第三中学校、职业学校、第一师范学校、第一女子初级中学校、成德中学校、女

---

① 〔日〕青岛守备军民政部铁道部编《调查资料》第9辑，转引自史红帅《近代西方人视野中的西安城乡景观研究（1840～1949）》，科学出版社，2014，第307页。
② 孙伏园：《长安道上》，《晨报副刊》1924年8月16～18日（连载）。
③ 王桐龄：《陕西旅行记》，第35～36页。

子师范学校"，除此之外，有少数孔教会所设之学校，清真寺设立的国民学校，以及乡绅所设之义学（第二章《长安之观察·长安之建筑·学校》）。学校类型虽然看似整齐，但相对于西安的城市规模和实际需求，则明显是不够的，尤其是高等教育。

他继续指出，教员缺乏也是文教不兴的原因，"本省人才不足，专门以上学校之教员，多系借材异地。又因交通不便关系，本省之毕业于外国大学之学生，多在交通便利之外省就事，不肯回本省"（第二章《长安之观察·长安之教育·教员缺乏》）。本地人才的流失、大学精英教育的贫乏，一定程度上限制了地方的建设与发展，这是王氏的慧眼独具之论。

（三）实业状况

与相对"静止"的乡村生活相比，城市是一个社会变动的缩影。在同时代东部沿海城市的实业轰轰烈烈之时，西安城的实业方面，尚属初步发展，不甚繁荣。"机器工业尚未输入，即固有之手工，亦只保守古来旧法，毫无发展及深造。"（第二章《长安之观察·长安之实业·工业不发达》）1920年代，东部城市的电气设备行业发展迅速，西安也是"仅有电灯、电话、电报局、其他尚无"（第二章《长安之观察·长安之市政·电气工业》）。基础制造业落后，"长安玻璃极贵，故各校门窗，俱不多用玻璃"。

在日常生活方式上，也是旧有个体作坊形式，"不用机器面，只用中国旧式石磨所磨之面"（第八章《结论》）。物资运输艰难，输送方式未有"革命性"改变，"汽车因道路不畅通，并未普及，以人力车运输居多"，"河流运输沿循以往"（第二章《长安之观察·长安附近之交通机关》）。有碍于此，货物"运价太贵，洋货及各省土货之输入，本省土货之输出，俱感困难"（第二章《长安之观察·长安之实业·商业不发达》），"长安砖与灰俱缺乏也"（第二章《长安之观察·长安之建筑·学校》），"建筑材料及燃料俱感缺乏"（第二章《长安之观察·长安之实业·林业不发达》），实业不兴，本地基础设施建设和商业自然难以快速进步。如前文所述，在实业传播上，有两种杂志——"一、实业厅办之《实业杂志》；二、实业会出版之《实业浅说》"，作为宣传发展实业的纸媒。

近代城市的繁兴，与西方文明的交汇程度呈一定的线性关系，工业文化的扩展有一个自东到西的传播过程。在传统城市地理中，一省的省会是其唯一的政治中心，同时也往往是唯一的经济中心和文化中心。但与西方文明交汇以来，新沿海城市的兴起打破了这个传统框架，一地之兴先以经济文化中心的面孔出现，之后才卷入政治旋涡，因此在沿海省份中造成了二元或多元的中心，如辽宁的沈阳与大连、河北的保定与天津，山东的青岛与济南，浙江的杭州、宁波、温州，福建的福州和厦门，广东的广州与汕头。在全国范围内，大致形成北京（或南京）与上海的二元中心。①

西安城市与此整体的时代性变动相比，不免稍显惰性，其城市建设、文化民俗和生活观念的基本样态虽有新兴因素，但总体上保持着中国传统的城市风气与格局。

三 管中窥豹：西安城市的日常生活、社会改良和空间分布

如前节揭文所述，1920 年代的西安尚未出脱传统城市的结构性特征，处在一个不断变易的过程之中。彼时的西安城市居民，则在此环境下孕育、塑造、丰富和完善各有意趣的城市生活。居于城市中的个体参与各类人际交往、商业买卖、文化娱乐、宗教结社等，都勾勒出一个城市基本的社会图景。自辛亥革命后，在不长的历史时段里，西安的城市职能分区逐渐表现出来。生活、政治、商业等逐渐有了归属和集中的区域，城市多中心、多层序发展起来，某种意义上，民国早期城市构造也奠定了之后西安城市的结构和发展导向。随着人口的增加，据民国 13 年调查，西安城市人口有12 万人。陇海线连通和抗战时期大量移民的输入，使人口再次激增，1934年已超过 15 万人，② 无形中催生着形式更为多样的城市生活与娱乐文化。

作为公共的社会活动空间和个体活动范围的外在扩展，城市的组成细胞是个人，是由人的各种社会活动组成的公共场域。"城市是历史的……城市人口、住宅、街衢、商务、工业与交通设施、文化娱乐活动、消费都是集中的。"③ 1920 年代，中国城市错综复杂的历史环境，不仅与城市的传统形态息息相关，而且使城市的发展带有强烈的政治特征。城市及城市

---

① 周振鹤：《从北到南与自东徂西——中国文化地域差异的考察》，《复旦学报》（社会科学版）1988 年第 6 期。

② 陈赓雅：《西北视察记》，第 293 页。

③ 皮明庥：《城市史研究略论》，《历史研究》1992 年第 3 期。

内部空间组织的研究，应当包括长时段城镇的规模与形态、城乡之间关系、城镇商业结构与布局、内部功能分区、社会空间结构、居民日常生活等。《陕西旅行记》"皆系目见，无耳闻者"，无论是详细程度还是准确性方面，笔下所及的西安城市社会生活、社团组织、职能区的空间分布都相当翔实，自然也是本文探讨的题中之意。

（一）城市生活

城市本身的存在是人口、生产工具、资本、享乐和需求的集中，[①] 市民生活所需的供求消长关系到各色经济产业的存亡，这一历史过程和发展逻辑使得城市内生布局成为变革的主要动因。明清区域经济的发展为西安提供了选择的机遇，而西安本身的商业贸易也成就着历史的丰富性，民国西安之城市形态离不开明清两代之因革损益。即便如此，西安虽居"会垣为洋货荟萃之区"，但规模甚有限。

以王桐龄视角看，物价一项最为"差异"。参观西北大学时，他感叹道："然长安物价较天津约贵三分之大，据关颂声君报告：洋灰一桶在天津卖价大洋五元，此地卖价银三十二两，砖瓦、木料皆贵至一倍以上。西北大学拟建筑新式楼房办公室一所，照天津物价估计，需洋七万元；照此地物价估计，需洋二十万元。"（第二章《长安之观察·学校》）由于长安玻璃极贵，各校门窗，俱不用玻璃。

再就是日用品，"漆器、竹器甚佳，毛织毯亦可观，但价钱颇不廉"（第二章《长安之观察·长安之土产》）。因交通运输不便引发的建筑质料价格昂贵，亦很明显，"因燃料缺乏，砖瓦昂贵"（第二章《长安之观察·长安之市政·建筑》）。至于市内交通，"轿子租赁价格太贵，不经济"；"惟由外输入之食品太贵，一般人不能享用，汽水一瓶索价大洋七八角"，"鸭子与鱼价格俱昂贵"。由于交通不便，民用工业发展速度缓慢，与东部如北京、天津、上海、济南、青岛、广州等城市相比，无论是工厂数目、运营资本数量还是民间商业资本活跃程度，[②] 都有较大差距，这也限制了

---

① 马克思、恩格斯：《费尔巴哈唯物主义观点和唯心主义》，《马克思恩格斯选集》第1卷，人民出版社，1972，第56页。
② 谢放：《中国近代民用工业在城市的分布状况（1840～1927）》，《城市史研究》第1辑，天津社会科学院出版社，2000，第56～59页。

市民消费对象的进一步扩展，社会生活亦难丰富。

衣食方面，西安自是相对传统的。"衣甚朴素，除去政界之外，皆穿布不穿绸。"饮食相对多元。"一般之人食小麦粉"，牛羊猪鸡价格俱公道，以中餐为主，亦有西餐，但仅仅存在于上流社会。7月24日下午，刘镇华和军政界要员，在省督设西餐招待来陕学者，[①] 王桐龄记，"督署之西餐亦佳，然中国风较重"，"长安应酬场中好用鱿鱼，每席必有"，花钱甚多，不大实惠；由于交通运输不达之故，本地水果如沙果、苹果、桃、杏较多，西瓜甜美，胜于北京，而"橘子香蕉等南方水果，皆无有也"（第二章《长安之观察·长安之风俗》）。与他处比较，冷冻之食物，还未引进，"长安冬季气候较北京温暖，不能结天然冰，又因交通不便，外国机械未能输入，亦不能造人造冰，故冷吃之物不能制造"。西安城有地方性饮料酒品，"饮料中最流行者为凤翔所产之烧酒。—俗名凤酒—长安所产之葡萄酒及甜酒，—米汁—皮（啤）酒汽水皆自东方运来者，价钱异常昂贵，冰激凌则绝对不能制造矣"。[②] 一些现代技术催生的食品，还没有流入。对于居住一项，王氏着墨较少，仅有"城内之富家大族，亦往往在后院特掘一窑，夏日用以避暑。乡僻之人多住土房，城内之人虽住瓦房，亦往往用土墙土壁"之简单描述。

西安居民来源多元，宗教信仰向来亦不统一，"僧尼喇嘛寺，道观，虽随处皆有"，如卧龙寺、广仁寺、西五台等；"清真寺长安城内有七处"，如化觉巷清真寺、大学习巷清真寺等；上层知识分子少数接受了基督教，"外国人所创立者，有浸礼会、圣公会、青年会等"；宗祠众多，如文庙、董子祠、多忠勇公祠、左文襄公祠等（第二章《长安之观察·长安之宗教》）。

至于私人收藏等社会活动，往往归于社会名流上层，"一为阎甘园，陕西蓝田县人，藏有古画、古器具多种；一为陈士垲，字次元，河南河洛道卢氏县人，前清拔贡，北京法律学堂出身，现充督署秘书长，藏有碑帖五千余种"，[③] 基本都是清朝获取功名者或当地士绅，普通民众难以企达。当时西安古玩、古董店多集中在市内南院门、北院门一带，[④] 颇为发达，

① 《省督昨午欢宴暑校讲师》（特），《新秦日报》1924年7月25日。
② 王桐龄：《陕西旅行记》，第37页。
③ 王桐龄：《陕西旅行记》，第35~36页。
④ 刘玉岑：《清末民初至建国前西安的文物市场》，《文博》1995年第1期。

多有倒卖文物之举。此次与王氏共同讲学的鲁迅，即收集藏品和拜访了几位文物收藏家。与张勉之等人在西安看画会友（王焕猷等人），于南院门等地阅市游玩时购得各色小文物而归。

工业生产、商品实业的进步，使原本的生活模式自觉或被动地调适。西方的社会生活方式也渐次传入陕西，而当地民众也开始接受这些"新事物"。

（二）剧团组织与社会改良：以易俗社为中心

实际上，不同于收藏诸事，一些普及性的娱乐活动也悄然兴起。城市公共空间（Public Space）是指用于人们消闲、娱乐、运动的公共场所，主要包括城市街道、广场、公园、公共运动场以及其他相应之地。[①] 观剧、游园等，属于"家庭圈子之外的活动"，无疑体现着城市的社会改良及文明程度。

王桐龄闲暇之余，"实地踏访，认真体会之后，方得事迹之真相"。[②] 近代城市园林这样一种新型的公共空间和特殊的人文景观，已经出现在西安城内。王桐龄出游颇繁，如其所言，"（公园）仅有南苑门一处，与图书馆在一院内，规模狭小，无足观"；"（电影）青年会偶一演之，但不能常演，尚无特设之电影馆"。此外，像动植物园、博物馆等高尚娱乐品，尚未着手筹备，落子馆亦尚未有。与电影院等现代娱乐设施相比，西安传统地方剧种的发展，在组织上则更为成熟。王桐龄、鲁迅、孙伏园、李济之、蒋廷黻等人于此次讲学期间，多次间往易俗社观看《双锦衣》《大孝传》《人月圆》《一念差》等剧。[③] 鲁迅对易俗社如此评价："西安地处偏远，交通不便，而能有这样一个立意提倡社会教育为宗旨的剧社，起移风易俗的作用，实属难能可贵。"[④]

王桐龄颇为赞赏西安戏园的组织形式，他常去好的戏园"有易俗社、共乐社、三意社、万福社、正俗社五处，皆秦腔，惟共乐社兼演二簧。易

---

① 李德英：《城市公共空间与社会生活：以近代城市公园为例》，《城市史研究》第2辑，天津社会科学院出版社，2000，第127页。
② 王桐龄：《陕西旅行记》，"序"，第1页。
③ 《鲁迅全集·日记（1912～1926）》，人民文学出版社，2005，第521页。
④ 孙伏园：《鲁迅与易俗社》，薛绥之主编《鲁迅生平史料汇编》第3辑，天津人民出版社，1983，第793页。

俗社为本地士大夫所组织，不专以营利为目的"，颇有种种不同他地之特色。迄1924年，易俗社成立已经13年，此时社长为吕南仲。巧合的是，康有为1923年于易俗社讲演孔子之道。国民政府教育部为肯定其移风易俗的贡献，授予"金色褒状"。① 除上述社团，秦腔作为地方剧种，结社出演相当频繁，还有榛苓社、秦中社、通俗社、化民社、牖民社、新生社等特色剧社。

在王氏的目见范围内，他以易俗社的组织和运作为例，做了详细介绍。易俗社虽然以表演陕西地方剧种秦腔为主，但具备"移风易俗"的职能，在组织和规则上，自然更具有团体色彩。易俗社因多行募捐、获士绅支持、组织合理等原因，社内颇有财产，故而"社基渐巩固，社内名誉亦鹊起矣"。

实际上，易俗社的创立与新思潮密切相关，同盟会会员李桐轩、孙仁玉于1912年在西安兴办了陕西第一个地方秦腔剧社——易俗伶学社，后改名为易俗社，② 归陕西省教育厅管理，在省府有备案。③ 社员出演时"俱用社内行头"，"一丝不苟，一毫不懈，虽做配角跑龙套之人，亦精神圆满，无懈可击"，"前台角色，薪水极廉，即大名鼎鼎号称台柱子之刘箴俗、刘迪民、苏牖民、王安民等，月薪仅制钱五六十吊，合大洋二十元以下"。除此之外，"禁止学徒与不正当之人往来，并禁止其受外界之赠予"。在陕西人的认识中，刘箴俗三个字的影响几乎与刘镇华一样大小了。④ 空闲时，"全社学徒，以学生礼待遇，除去教以戏剧以外，并授以普通常识及日用必须之技术，将来若不愿做伶人，尽可能就他种职业"，"社内有讲堂、有寄宿舍，全体社员住社内：家住城内者例外。下台以后上课，汉文清通者，能做三四百字以上之文章，无北京穷伶目不识丁之苦楚"。

成立之初，易俗社并非单纯的戏剧社团。无论是其创立者、参与者还是荣誉社员，诸如李桐轩（清末陕西谘议局副局长）、孙仁玉（陕西修史局修纂）、郭希仁（同盟会骨干）、井岳秀、范紫东、淡栖山、耿古澄、谢

---

① 何桑编著《百年易俗社》，太白文艺出版社，2010，第101页。
② 陕西易俗社：《易俗伶学社缘起》，西安公益印刷局，1912，第20~25页。
③ 《陕西省社会处：总登记表请鉴核准予补行登记陕西易俗社》，陕西省档案馆，档案号：90-4-521。
④ 孙伏园：《长安道上》，《晨报副刊》1924年8月16~18日（连载）。

迈千、李仪祉、高培支、封至模等人，不少皆地方名流，毕业于新式学堂，或与地方军政要员关系复杂。易俗社采用官方拨款与自筹两种方式相结合的运作模式。剧社的经费主要来自演剧收入及房租捐款等项目，若有不足，则由理监事联席会议筹商弥补。剧社有办公室 12 间，会议室 4 间，教室 8 间，图书馆 1 间，阅报室 1 间，学生宿舍 20 间，食堂 5 间，灶房 5 间，室内剧场 1 座，露天剧场 1 座，花园 1 处，以及图书剧本三百余种，其设备规模均较别的剧社为优，且设施齐全。据剧社内部编印的《易俗社第一次报告书》记载："本社开办之初除社员募捐外毫无收入，顾经费异常困难，民国二年一月起每月由教育司领补助费二百两，年终停止，嗣后全恃售募籍资进行。""十一年八月蒙教育厅呈奉教育部发给印刷剧本费 500 元，三十三年九月又蒙转发教育部补助费 5000 元。"易俗社曾受到政府补助，但只是杯水车薪，其大部分收入还是靠演戏得来，兼以购置地产收取租金。①

易俗社多由本地士绅主导，传播新文化，自发地改良旧俗。正因为此，易俗社具备多样的社会功能，与城市生活一体两面，相互激发。"戏剧之于社会，为施教育之天然机关，爰结斯社，取名易俗，意在移风易俗，俾久压于专制之民，程度骤高，而有共和之实焉。"② 以易俗社为代表的民间文化团体，在陕西进步文人的领导下，以"移风易俗"为宗旨，赋予秦腔新的发展取向，吸引了一批新知识分子加入。除此之外，在关中乃至全国为戏剧行业开了创办学社的风气，各类戏剧社团多以"学社"形式出现。顾名思义，易俗社虽为娱乐组织、自治社团，但教育与移风易俗职能兼而有之。在表演地方曲目过程中，潜移默化也是娱乐民众、无形教化的有益手段，进一步充实了城市社会生活。

（三）城市内部职能空间的分异

随着城市资源的相对集中、人口的集聚和商业往来地点的渐次定型，公共空间日益向着多核心的方向深化，城市逐步由单一功能向着多功能、多意义的方向发展，演变为综合性场所。政治、文化、商业等具备各自特

---

① 《易俗社第一次报告书》（1921 年），转引自张妍《民国时期的易俗社与西安城市文化》，硕士学位论文，兰州大学，2016，第 25 页。
② 易俗社七十周年资料汇编编辑组编印《易俗社七十周年资料汇编》，1982，第 3 页。

征和属性的外在物象转化为城市内部的功能分区。

城市内部的空间分异，应是城市结构和职能成熟过程中关注的问题。着眼于城市内部，民国时期西安有新城区、老城区之别，但商业区、文化区、工业区等之区分模糊，并不总是那样泾渭分明。王氏在《陕西旅行记》第二章《长安之观察·长安之市街》中，对西安城市的生活中心、政治中心、商业（经济）中心的变化有简单的描述。

明清之时，南院门、东关等地已经是繁华贸易区，包括粉巷的猪市、竹笆市及其附近的鞭子市、瓷器市等。[①] 王桐龄描述了西安城的总体状况，"长安城东西宽约七八里，南北长约四五里，周围约二十四五里，东西二门及由东至西之大街稍偏南，故北半城较大，南半城较小"，指出当时商业中心的所在地及新旧转移，"繁华街市为西大街、桥梓口及南苑门，前二处为旧式商店集中之处，后一处为新式商店集中之处，经济之中心点，全城精华之所萃也"。与王氏记载对应，当时"绸缎布匹老九章，钟表眼镜大西洋，西药器械世界大药房，金银首饰老凤祥，购置鞋帽鸿安祥，要买百货慧丰祥，南华公司吃洋糖，想生贵子藻露堂，"[②] 皆云集于南苑门附近。东大街是西安街市较繁华的地区，"街的西头路南有古刹开元寺。其余如钟楼北的北大街，鼓楼附近地区，及南院门等，都是当时商业较为繁华的地区，尤以南院门为书局、旧书铺、古董店荟萃之所，所游不外以上街市"。[③] 到了1934年，东大街仍旧是西安城里最热闹的街道。新的政治中心与经济中心相距不远，"省长公署、财政厅、警察厅、长安县署，皆在西大街，实业厅亦距此不远，又政治之中心点也"（第二章《长安之观察·长安之市街》)，各个分区分布空间都有转移。[④]

满城于顺治二年（1645）开始划定驻防城范围，至顺治六年（1649）最后筑成，位于西安东北隅，安置满洲八旗士兵及其眷属共约2万人，实行旗汉分治。康熙二十二年（1683），又在满城南面加筑了南城，"大街七，小街九十四"，进一步加强驻防军的力量。而旧已具备

① 张萍、杨蕊：《制度与空间：明清西北城镇体系的多元建构与经济中心的成长——以西安、三原、泾阳为中心的考察》，《人文杂志》2013年第8期。
② 田荣编著《老西安街村》，陕西旅游出版社，2012，第11页。
③ 单演义编《鲁迅在西安》，第69~70页。
④ 史念海主编《西安历史地图集》，西安地图出版社，1996。

"军事职能"的"满城"，代表着专制与特权，几乎占据了1/3的内城之地，使城市市场发育被切断，满城内仅仅有"大、小菜市、布店三处小规模市场"。① 民国之后，满城的军事功能消解，向居住空间转化，满人也由集中到分散，"前清将军驻此，民国成立时，全城被焚毁，现在夷为平地，满人散居各处矣"，其所在的东北城区较为荒凉。除了八旗校场（今省政府）、将军署及沿东大街的满城南墙附近还残存着一些建筑外，满城约80%的城区都被夷为平地。在当时的西安职能分区里，"东大街成为当时市内最宽敞的街道，成为后来商业区转移的信号"。② 之后，由于种种历史原因，从1928年起，原满城区又被开辟为新市区，"旧满城"兼具交通和政治职能。随着满城被拆除，以钟楼为中心的东、西、南、北四条商业大街逐渐形成，西安火车站的建立则促成了尚红路（今解放路）商业的繁荣。③

需要指出的是，回族居民聚居之地"回城"，至今仍然具有较强的空间集聚意义，"北大街之西，西大街之北一带，俗名回城，实则有街、有巷子，无城，不过回教徒集中之地耳"。长安城内居民，据西北大学法科主任、暑期学校筹备委员会副主任蔡江澄言，"从前所调查之数曰十二万，回教徒不足一万，然团体颇坚固"，回族团体及其居住空间亦得到相当关注。

空间之转移变更，皆是一个延续性过程。处于社会转型过程中的西安城市功能、市政、文教、实业的逐步进步与完善，加上社团组织等多因素的促合，无形中塑造了一个公共的地理空间，为人际交往和社会活动提供了场所，刺激着城市不断成熟和扩张，个人的社会生活变迁亦蕴于此中，④ 难以剥离。30年代后，西安的城市建设日渐完备，1934年8月鲁彦如是说："果然我的眼福颇不浅，走到东大街的口子，新筑的辽阔的马路，和西边巍峨的钟楼以及东边高大的城门便都庄严地映入了我的眼帘，我不禁肃然起敬

---

① 张萍、杨蕊：《制度与空间：明清西北城镇体系的多元建构与经济中心的成长——以西安、三原、泾阳为中心的考察》，《人文杂志》2013年第8期。
② 阎希娟、吴宏岐：《民国时期西安新市区的发展》，《陕西师范大学学报》（哲学社会科学版）2002年第5期。
③ 赵荣：《试论西安城市地域结构演变的主要特点》，《人文地理》1998年第3期。
④ 王旭：《民国时期西安的城市印象与社会生活：以王桐龄〈陕西旅行记〉为中心》，《西安文理学院学报》（社会科学版）2016年第2期。

了，仿佛觉得自己又到了故都北平的禁城旁。"① 再如小说《朱门》所描述的西安城市图景："从南北大街的电灯与电器设备，到平整干净的柏油马路，从更新换代的黄包车、橡皮轮胎的汽车，到新式、平民化的都市娱乐空间和城内的公园，这些都刺激并养成市民的城市体验与现代意识。"② 经过十多年的发展，西安"城垣高固，俨若南京"，城市之样貌已与 20 年代不可同日而语，大不相同。

四　感从中来：对于西安的不良印象与忧虑

1922 年，东亚同文书院学生夏季旅陕之时，对西安也发出"军阀混战之际，文明黯然无光"③ 的感慨。而实际情况也大体无差，"旱灾绵延，匪氛不静，农村凋敝，城市异常萧条"。④ 游览者选择观察何地，基本上是一个自觉的过程。来到西安的个体，无论是作为游客，抑或是以其他身份，均是"他者"，⑤ 目观所及各色不同之处，不自觉地将西安与别地做比较，也是自然而然。如同行者陈中凡言："曩昔所向往者，莫不登临，一揽无胜，信足名生平之赏矣。"⑥ 王桐龄指出："历史者，研究人类之进化，社会之发达，与凡百事物变迁代替之现象也。"⑦ 王氏早年留学日本，对日本相对发达的城市建设和社会生活较早接触，虽然两者差若云泥，难以相提并论，但仍将西安与之比照，寻其变迁、代替与进化之处。

王桐龄所言，"因火车一通，则物质文明较为发达也"。⑧ 此种表述无疑是一种对比之后对"现代性"的期许。陇海线通达之后，输入、输出业务随之繁荣。东路来货，如绸缎、杂货（包括衣帽、鞋袜、毛巾、肥皂、

---

①　鲁彦：《西安印象记》，沈斯亨编《现代散文丛书·鲁彦散文选集》，百花文艺出版社，2004，第 151 页。

②　林语堂：《朱门》，谢绮霞译，陕西师范大学出版社，2006，第 1～5 页。

③　〔日〕东亚同文书院：《金声玉振》，东亚同文书院，1923，转引自史红帅《近代西方人视野中的西安城乡景观研究（1840～1949）》，第 48 页。

④　《陕西经济十年（1931～1941）》，第 186 页。

⑤　侯亚伟：《向往、失望与期望之间：近代中国游客视界中的西安》，《青海民族研究》2016 年第 3 期。

⑥　陈斛玄：《陕西纪游》，《西北大学周刊》1924 年 10 月 30 日。

⑦　王桐龄：《中国史》第 1 编，文化学社，1927，"序论"，第 1 页。

⑧　王桐龄：《陕西旅行记》，第 99 页。

糖茶、海味、调料、罐头、钢铁、火柴等）、化妆品、五金、纸张、洋面、棉纱、毛织物、药品、书籍之类，大多数先由铁路运至西安，内部消化后，再转运至宝鸡、汉中等地。① 之后，1934年潼西线竣工后，特别是"陪都西京"时代，交通工具的改进和更新加快了西安城市与外界的物质文化交流的速度，也把新的气象和观念带到了西安，城市景观也因此发生剧烈变化。借此交通条件更新的契机，各项实业的发展也是易于得见的。如此观之，《陕西旅行记》对1920年代陕西的概况做了较为细致的描述，并对西安城市中许多社会现象提出了自己的思考和批判。

（一）物质基础与文化形态之关联

交通、市政、文教、实业是否完善，在工业社会里，一定意义上标志着一个城市的近代化程度，直接影响着以商业、金融业、工业，城市规模为代表的物质形态以及以习性民俗为核心的文化形态。"衣食足而知荣辱"，物质基础影响着文化生活的开展，而文化活动的扩散则丰富了物质形态的具体内涵。1920年代的西安，其城市近代化仅仅刚起步，许多事项尚属空白。

处于新旧转轨的社会习性与民俗，是城市文化形态的重要组成部分。五四之后的西北内地，与东部沿海之激越鼓荡相比，更加荒凉且僻静。置身于1924年的具体历史情境，整体社会思想交锋激烈，在有过留学经历的王桐龄及同行学人眼中，不啻为两个世界，"新知"之影响或可于小处见其端倪，但社会实质之进步微乎其微。

王氏自京来至西安，对于城市方方面面均有了感性或理性的感知。从他自身的认知和经验出发，对西安城诸多未达文明之处亦予以指出。若前述是王桐龄将西安与其他"发达之地"做比对的话，以下则是明显的批判。同游西安之学人，亦有"西安的政治黑暗，古迹毁坏，这时先生（鲁迅）的印象不但不好，反把从前的想象打破了"② 之感。鲁迅本人在给山本初枝的书信中则如此描述："想不到连天空都不像唐朝的天空，费尽心机用幻想描绘出的计划完全被打破了，至今一个字也未能写出，原来还是

---

① 王萌萌：《民国时期西安城市建设与发展初探》，《重庆科技学院学报》（社会科学版）2009年第12期。

② 孙伏园、孙福熙：《孙氏兄弟谈鲁迅》，新星出版社，2006，第77页。

凭书本来摹想的好。"① 同行诸人索然无味，对于彼时西安之印象，显然颇有微词。物是人非，生出"似此星辰非昨夜，为谁风露立中宵"之惆怅。由于各方面之阻滞，反差之大自然令人心生沮丧。王桐龄亦心生感慨："荒凉寂寞，仿佛入洪荒世界。"②

（二）难以瓦解的传统：过渡性的习性与民俗

任何社会变化都会直接或间接地在行为习惯中得以彰显。风俗者，天下之大事，时局变动，观念习俗亦甚异于以往，"时代之区分，以趋向为标准。其界限隐而微"。③ 辛亥革命的风暴未能瓦解内地的社会形态，新与旧、传统与现代之变轨和界限亦在隐微之间。

汉唐盛气已成陈迹，黄色之贵，与东亚人种肤色相接连，在近代学人眼中已大打折扣。王氏对西安及其附近县城的色调用了大量笔墨，"一路所见皆黄色，余欲以'黄'字代表各县总颜色"，山多童（光秃秃之意）山，地多白地，已呈一派萧条寂寞景象。他继而说道，"所见山黄无树、水黄无水草、田地黄、城寨黄，乃至院墙屋壁黄、帝王陵寝黄、运输工具黄、蒸馍黄，衣服黄，最终落于人身上"，"男子面色多黄，似略带烟灰色。牙齿多黄，但牙刷牙粉用途尚未十分普及"。在他看来，"黄"虽为雍州之本色、各县之总颜色，代表渭水流域平原，④ 却不免具有某种病夫意味。王氏认为，种族为历史必备的三个要素之一，⑤ 颇成一家之言，对黄色自然关注有加。

西安之因循惯性，体现在社会风俗美恶之中，与传统"剪不断理还乱"，民众似不善于"蜕变"。在第二章《长安之观察·长安之风俗·女子问题》一节中，王氏谈到女子问题："（女子）尚认为男子之附属品，平日不许出门，社会公开之职业不许女子加入。缠足者尚多，亦甚纤小；长安市街，不见女子踪迹，故与余同来之友，故有投入光棍堂之感焉。"女子也多孱弱瘦小，"街上往来之妇女，多小本生意或劳动家之眷属，足多纤

---

① 《鲁迅全集·书信》第 14 卷，第 279 页。
② 王桐龄：《陕西旅行记》，第 99 页。
③ 王桐龄：《中国史》第 1 编，"序论"，第 153 页。
④ 王桐龄：《陕西旅行记》，第 99～100 页。
⑤ 王桐龄：《东洋史》，商务印书馆，1922，第 1 页。

小，脸带泥沙"。而几乎同时代的日本考察团也有类似表述："西安普通市民民风质朴守旧，敬老念厚，男女有别的观念颇为严格。"可知男女关系尚未有多大变易。如徐迟《西安记游》所指："陇海路运来的洋里洋气。陇海路的火车头一声声啸叫，挟带着一个象征，但也冲不破这里的衰老。"①

关学式微，难以经世。王氏对关中学问的忧虑，主要体现为关中为农业大省，而农业和农学亦趋退步，文教不兴，"渭水流域本农业国，周秦以来久已发达。现在多数之士大夫不研究农学，仅山野农夫抱残守缺，保守古来之习惯，毫无改良及深造，较之古代，只有退步，并无进步"。"整理旧学之人太缺乏"，某种程度上，也是导致长安实业不兴、"社会太单调"（第二章《长安之观察·长安之市政·娱乐机关》）、生活简单低落之缘故。士人与军阀若即若离，关中地区在近代特别是刘镇华主政陕西以来，其传统农业结构发生很大变化，呈结构性失衡。粮食作物剧减，而广植罂粟、烟草、棉花等经济作物，经济结构畸形，广大农民生活无以为继，涌入城市谋生，流民阶层扩大，引发了持续的乡村危机。

城市娱乐活动方面，积习尚难根治。王氏认为，"下等娱乐品，若赌博、鸦片等，颇受一部分人欢迎"，"卷烟、水烟甚流行，鸦片赌博，亦尚未完全禁止"（第二章《长安之观察·长安之市政·娱乐机关》）；普通民众，"科学知识尚薄弱，迷信尚流行。占卦、相面、八字、看阴阳风水之小摊，长安城内颇不少"（第二章《长安之观察·长安之风俗·信仰》）。许多陋习尚未消除，如"公娼无有，闻私娼甚多"等。李济也回忆道："一九二四年，西安的教育、文化与社会一般的情形，实在是使一个新从美国留学归国的人，不容易接受的。那时西北一带，吸鸦片烟的习惯极为普遍；拜会朋友，照例有鸦片烟招待。若客人拒绝吸烟，主人就认为是一种没有礼貌的行为。有一次我们两人（和蒋廷黻——引者注）在晚饭后出门散步，到了一处古庙；庙内有一座荒废的戏台；谁也没想到在戏台上所见的，是三对并躺在一块儿抽鸦片的叫花子！这一景象在我们心中都留下了极深刻的印象。"② 社会风气之破败，可见一斑。

长安古都，文物史迹遍地可寻，历历在目，"其余各处所存古迹，多

① 西安市政协文史资料委员会编《西安记忆》，陕西人民教育出版社，2006，第304页。
② 李光谟编《李济学术文化随笔》，中国青年出版社，2000，第369页。

于牛毛，任踏一砖，即疑为秦；偶拾一瓦，又疑为汉。人谓长安灰尘，皆五千年故物，信然耶……自夏禹至清代，数千年名贵之刻石，罔不包罗，诚大观也"。[1] 魏晋隋唐时代遗物，经常由外省人或外国人收买或盗窃，偶尔有为本地官绅截留者，但多数已经伤痕累累，如昭陵八骏中之六骏。[2] 谈及文物破坏或古董倒卖，王桐龄表现出强烈的忧虑。对于碑帖的拓印，他说道，"碑帖商每日派人捶击，自朝至暮无已时，自元旦至除夕无休日，受伤甚剧"，就算是"碑帖甚佳，总算价廉物美，但未免摧毁古物"；对于盗卖文物，"每年出土之古物甚多，京沪各处古董商在此处设肆收买，转卖与外国人或外省人以牟利"，"古器具若石碑、石人、石马等，半为官吏或人民所盗卖，半为外国人或外省人——以古董商为多——收买或偷窃以去。明清以来不甚著名之石碑，多为本城石头铺收买，改大为小，作为新碑出售"。西安作为文物大省，王氏较早关注到了文物保护问题，这也是他的现实关照（第二章《长安之观察·长安之古迹与古物》）。

上文所述西安的城市建设、习俗形态和社会生活，大致代表了1920年代西安的物质与文化样貌。如林语堂在《朱门》中笑谈："西安有时像个酗酒的老太婆，不肯丢下酒杯，却把医生踢出门外。"[3] 新旧之变，传统与现代文明之激荡，民众对旧俗若即若离，和过去"分而未裂"，与当下"融而未合"。这些转轨之际显现的特殊社会图景，展现了变迁时代的历史真意。

五　结语

以个人观察为中心对城市空间、社会环境的描摹与解释，可以相对客观地反映具体的社会群体和生活实践。同样，城市作为空间，形塑了此种群体的生活方式特征与相似的交往方式，从而构成共性行为选择和个体社会生活的存在基础。王桐龄旅陕之时，交通机关尚不畅达，少了速度，但所经者多，所得亦匪浅，"风景之佳，略似江浙，独可惜人工修理未至

---

① 易君左：《西安述胜》，《圣公会报》第10期，1937年。
② 王桐龄：《陕西旅行记》，第35页。
③ 林语堂：《朱门》，第147～148页。

矣",① 给人一种自然与人文交杂比评的印象。此次暑期学校有何效果，学员知识有何增益，陕西地方军阀刘镇华与各学者之间是否如报道的那般融洽，达到"更新学术、输入新知"之目的，基本难以厘定，成为陈迹。但值得庆幸的是，对于亲历者所留下的不算劣质的文本来说，个中细节并非轻描淡写，"一笔带过"。置于历史发展的线索之中，尤其对于王桐龄来说，其先见之明与危机意识，可视为民国早期知识分子对陕西地位认知的典型个案。

《陕西旅行记》和《陕西在中国史上之位置》从市政建设、文教事业、实业状况、社会风俗、空间结构、不良习性、历史沿革等层面，叙述了西安的城市建设、社会生活和历史地位变动等方面。1924年，作为民国时期西安城市整体情状的一个"暂时性"图景，与同时代对西安的城市建设和社会生活的类似记述相参照，应该具有共同之处。以"长时性"的视野看，民国时期西安城的发展规模和结构，初步具有现代的雏形。基本与此同时，西安城开始向现代化转型，城市结构与形态对当下西安的发展产生了重要影响。当然，限于文本分析，我们固然不能给西安城市发展具体的历史起伏加以太多的毁誉与价值判断。以案例作为申论对象，很容易受到个体观察者在文字描述以及个人好恶上的局限与偏颇，仅以王桐龄的著作作为研究文本，实则是一个静止的截面分析，也不可能得出不易之论。

要而言之，我们今天再次审视西安的旧况，也是希望能够找出更加合理的城市发展模式和结构。基于西北视角和后方军事格局，西安实为战略要处和西北中心枢纽。此事清人已有认识，顺治二年正月清军攻占西安，清政府欲通过控制西安来扼住西北、西南咽喉，遂筑城为防，史称"满城"。到了清末，关于西安为咽喉之地的认识更为直接，"陕省外控新疆，内毗陇蜀，表以终南太华，带以泾渭洪河，其中沃野千里，古称天府四塞之区，粤自成周而后以迄秦汉隋唐，代建国都"。②"制名以指实"，正如王桐龄在《陕西在中国史上之位置》中指出的那样，陕西在军事战略上和保存固有文化上具有重要的地位和作用，为潜在后方之地。关中有四塞之

① 王桐龄：《陕西旅行记》，第100～101页。
② 毕沅：《关中胜迹图志·序》，杨虎城、邵力子修《续修陕西通志稿》，民国23年（1934）铅印本。

险，可以据以防守，以致敌兵虽众但不容易侵入，文化上具有"保守固有文化，而发扬光大之"的"义务"。此外，他还对陕西未来的发展提出一些期许：

> 用陕西之所长，补陕西之所短，吸收外来文化，创办内地事业，不求速效，不务虚名，成丹者火候到，有志者事竟成。①

将外来文化输出绥远、甘肃、新疆等省区，开辟西北之草昧，乃陕西士大夫之义务也。② 1931 年，刘镇华已调任豫陕晋边区绥靖督办，为应时局，提出了《开发西北计划书》，"西北为中国不可分离之一部分……谋西北人民生活相关之各种事业与内地各省为平均之发展"，改进西北相生相养之形式，以提高共同生活之标准。③ 民国时更有旅陕文士言"帝都"虽远，固然已不足以"安西"，但以西北为根基即为"光大故乡，回归古典"，不仅是"开发西北"之本意，而且使"朝野上下咸知民族发祥地之可珍"，"夫游西北即等于还故乡，西北者，中华民族文化发源地，人未有不思故乡者，况久飘零异域之游子乎"。④

承载着帝都华彩和历史记忆的"符号化"的西安，满足了不少知识分子"文化还乡"的历史情结。⑤ 纵然长安道上之遗迹尽显斑驳，令人流连徘徊，不能遽去。但如王桐龄语——"野人有美芹，愿献之至尊"，⑥ 是所望于今之当局者，⑦ 深意存焉。自清中期以来，知识分子结合时局，一以贯之，以文求用之于当世，而非仅仅粗作抒情言志的文本，是嘉道以来时代大变局下本土文人对时局的结构性回应。⑧ 在细纠资料、体察之间进行参证与比对后，却有别样的发现，即后见的历史总是与前瞻者之论——抗

---

① 王桐龄：《陕西在中国史上之位置》，文化学社，1928，第 42 页。
② 王桐龄：《陕西在中国史上之位置》，第 41 页。
③ 刘镇华：《开发西北计划书》，《民国开发西北》，第 351 页。
④ 易君左：《西安述胜》，《圣公会报》第 10 期，1937 年。
⑤ 杨早：《西望长安不见家：近代游记中的西安叙事》，《现代中国文化与文学》2010 年第 1 期。
⑥ 王桐龄：《陕西旅行记》，"凡例"，第 1 页。
⑦ 王桐龄：《陕西在中国史上之位置》，第 42 页。
⑧ 李细珠：《试论嘉道以来经世思潮勃兴的传统思想资源》，《广东社会科学》2005 年第 3 期。

战时期西安的大后方作用莫名地契合，这也应是以王氏为代表的民国学人之现实关怀和经世意识。历史遗迹与固化的文物总有留存期限，而文献中的情怀与书写却可流于后世，超越时代的资治与危亡诉求，成为民国知识阶层寓于各色文本（包括旅行记）之中的精神寄托和认知轨迹。

作者：王旭，南开大学历史学院

（编辑：张利民）

内缩、解体与持恒：北宋至晚清
开封城市空间结构变迁研究*

朱军献

内容提要：从开封由北宋至晚清民国时期城市空间结构演变的历史轨迹可知，北宋以后的开封因政治地位下降、战乱破坏、整体衰落，城市空间大幅度内缩，并且原有的城市空间结构也处于一种解体状态。但在这种较强的衰落与颓变中，受内外城门形制与分布位置的影响，开封内城的空间结构、市民聚居分布区域以及主要空间结构线在元朝以迄晚清民国的漫长历史阶段内，基本上没有发生较大变化，一直延续下来，在复杂的历史变迁中体现出一种持久不变与恒定的力量。

关键词：开封　城市空间结构　城门形制与分布

开封地处中原地区的中心位置，曾是先秦时期魏、五代时期后梁、后晋、后汉、后周以及北宋和金的都城所在，地位重要，但在北宋灭亡以迄晚清漫长的历史阶段内却一直处于下降与衰落状态，是中国古代衰落型城市的代表性案例，其城市空间结构也在数百年的历史变迁中处于一种特殊的颓变形态。但就目前的学术界而言，对衰落型城市空间结构这种特殊的变迁却关注较少。而在开封城市史的相关研究中，尽管周宝珠先生、张驭寰先生等人①都对北宋开封的城市空间结构进行了非常有价值的探讨，但把开封城市空间结构变迁放置于长历史时段中，考察衰落趋

＊　本文为 2016 年河南省哲学社会科学规划项目"北宋至今开封城市空间结构变迁应用研究"（项目编号：2016BLS017）的成果。

① 参见周宝珠《宋代东京研究》，河南人民出版社，1992；张驭寰《北宋东京城建筑复原研究》，浙江工商大学出版社，2011。

势下开封城市空间结构变迁所呈现的形态与规律的学术研究却也同样缺失。因此，本文即以开封为分析案例，对衰落型城市空间结构的变迁问题试做探讨。

一 北宋时期开封城市的空间规模与结构

1. 北宋时期开封城市空间规模

北宋时期开封城市空间规模与基本结构的构建应溯源于 576 年北周在开封设置汴州州治，因在此之前，自战国时期魏都大梁为秦所淹之后，开封只能作为一个较低层级的县治而存在，直至后赵石勒四年（322）方才成为陈留郡治，但影响力依然有限。北周在开封设置汴州州治之后，隋初虽然又再次被降为县治，但其城市经济似乎已有很大发展。隋文帝杨坚祭祀泰山返回长安路过汴州时（595），竟然"恶其殷盛"，而专门任命令狐熙为汴州刺史，以对汴州的商业发展进行打击。① 而隋朝大运河的开通，更使汴州有了"当天下之要，总舟车之繁，控河朔之咽喉，通淮湖之漕运"的优势，② 最迟到唐朝开元时期，汴州可能已成为中原地区重要的经济都会，"自江、淮达河洛，舟车辐凑，人庶浩繁"。③ 在杜甫的《吹台》一诗中，也有"邑中九万家，高楼照通衢。舟车半天下，主客多欢娱"的描写。城市经济得到发展后，城市的政治地位也随之提高，唐武德四年（621），置汴州总管府，此后开封成为一更大区域范围内的中心城市，因此"城"的构建也同步进行，北宋时期的开封内城与皇城均在此段时间内建造完成。北宋晚期时的宗室赵令畤（1061～1134）在其《侯鲭录》中记载："旧城周回二十里，一百五十五步，即汴州城，唐建中二年，节度使李勉重筑。"④ 此后开封城的地位继续上升，五代时期的后梁、后晋、后汉、后周均以开封为都，因此其政治地位更加重要，城市规模随之进一步扩大。但因旧城难以容纳日益增多的城市人口，周世宗便于显德二年四月

① 《隋书》卷 56 列传第 21《令狐熙传》，中华书局，2000。
② 《全唐文》卷 740《汴州纠曹厅壁记》，上海古籍出版社，1990。
③ 《旧唐书》卷 190《齐澣传》，中华书局，2000。
④ （明）李濂撰《汴京遗迹志》，中华书局，1999，第 2 页。

下令在李勉重筑的汴州城外部新修一座外城，[①] 工程历时一年有余，次年完工，新修之城周回48里余，基本上呈东西略短、南北稍长的长方形。至此，开封城由皇城、内城和外城三重城墙所构成的双重"回"字形结构形成，此后北宋时期开封的城市空间规模与结构至此也已确定，有所变化者不过是外城规模略有扩大，以及在城墙之上与之外进一步增修马面、战棚、城楼、城壕等城防建筑而已。依据张驭寰先生实测，北宋时期开封的皇城南北长900米，东西宽720米，周6里；内城南北长2900米，东西宽2400米，合21里；外城长5700米，宽4800米，约43里。整体上与各种古代文献中所载的数据相差不大。[②]

2. 北宋时期开封城市空间结构

开封作为宋以后中原地区最重要的区域政治中心，虽具有"河、汴流通，挽输便易"的经济优势，但其地"古称四战之地"，"诸侯四通，条达辐辏，无有名山大川之限"，从军事防御角度来看，由于缺乏可资防御的山川险阻而"形势涣散，防维为难"，[③] 因此也就需要借重于深城大濠的防护功能来加强城市的安全与保护，诚如《祥符县志》中所说："王公设险以守其国，莫如城池关门为最要。"[④] 故对于北宋开封的城市空间规模与基本结构而言，除城墙起着重要的形塑作用外，各座城门的功能与形制也起了关键作用。

据《东京梦华录》记载，北宋开封外城除水门外，共有城门12座，南门有三：正南门为南薰门，东为陈州门，西为戴楼门；东门有二：南为新宋门，北为新曹门；西门有三：中为万胜门，南为新郑门，北为固子门；北门有四，自东往西依次为陈桥门、新封丘门、旧酸枣门、卫州门。在这些城门中，唯南薰门、新郑门、新宋门、新封丘门为直门两重，出入较便，"盖此系四正门，皆留御路故也"，构成城内外交通的主要通道；其他城门则出于城市军事防御的目的，在神宗熙宁、徽宗政和年间增修为瓮城，皆因形制为"瓮城三层，屈曲开门"，难以通行。[⑤]

---

① 王溥撰《五代会要》卷26《城郭》，上海古籍出版社，1978。
② 张驭寰：《北宋东京城建筑复原研究》，第5、33～34页。
③ 顾祖禹撰《读史方舆纪要》卷47《河南二·开封府》，中华书局，2005。
④ 沈传义、俞纪瑞修，黄舒昺纂《祥符县志》卷9《建置·城池》，光绪二十四年刻本。
⑤ 孟元老撰《东京梦华录》，周峰点校，文化艺术出版社，1998，第7页。

内城城门在唐代时原有 7 座，后周、北宋时在南城墙上增设了东门保康门、西门崇明门，在北墙上增设了西门天波门，加上穿城而过的汴河在西城墙上的水门和东城墙上的水门，至北宋时期共 12 座城门，其中陆路城门 10 座，"东二门：北曰望春（旧曹门）、南曰丽景（旧宋门）。南面三门：中曰朱雀，东曰保康、西曰崇明。西二门：南曰宜秋，北曰阊阖（大梁门）。北三门：中曰景龙，东曰安远（旧封丘门），西曰天波"。^① 但至于这些城门的形制是不是瓮城，却没有留下记载。

对于古代城市而言，城门决定着城市的内外交通，因此城内街道的分布格局以及居民聚居分布形态在很大程度上都受其影响，开封外城和内城之间、内城与皇城之间街道的分布格局与等级差别也同样如此。依据张驭寰先生研究，开封全城道路呈十字相交，道路按宽度分为三类，主要道路南北方向 18 条，东西方向 11 条。南北方向主干道有 3 条，其中最重要的一条从外城南薰门穿过内城朱雀门到达皇城宣德门；其他比较重要的两条主干道则贯通全城，东城的从宣化门（陈州门）直通陈桥门，西城的从戴楼门直达安肃门（卫州门）。东西方向贯通全城的大街也有两条：南城的从新郑门直通新宋门，北城的由固子门直通东北水门。除这五条街道外，还有一条街道比较重要，那就是从外城北边城门结构为直门二重的新封丘门向南贯通内城北门安远门和南门保康门而直达外城南边城墙的街道。这条街道和前面的五条街道一起构成北宋开封城内最重要的空间结构线（如图 1 中颜色较重的线条所示）。其他南北方向与东西方向的街道则构成相对次要的结构线。除这些街道外，开封全城还有四条大的斜街。^② 城墙、城门、城内街道，以及四条贯通开封城并对其生存发展至为关键的四条水运河道，即蔡河、汴河、金水河、五丈河，构成了开封城市空间规模与结构形态的最基本因素；三重城墙决定了北宋开封的城市空间规模与基本结构形态；城门形制决定了城内交通与主要街道的结构形态；城内街道与水运河道则构成城内空间的主要结构线。在此四种因素的共同构建下，开封的城市空间规模与结构形态如图 1 所示。

---

① 《宋史》卷 85 志 38《地理一》，中华书局，2000。

② 张驭寰：《北宋东京城建筑复原研究》，第 6、78 页。

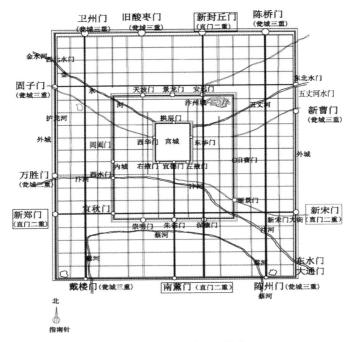

图 1　北宋开封城空间结构

资料来源：此图以张驭寰先生所绘北宋开封城市空间结构图为基础而重新绘制。具体见张驭寰《北宋东京城建筑复原研究》封面及封底手绘图。

二　北宋至清末开封城市空间的内缩与空间结构的解体

　　鼎盛时期的开封城，作为一个统一帝国的都城，不仅是中国最大的城市，也是当时世界上规模最大的城市，其城市的规划与建设以及城市空间规模与结构形态无不体现着当时人类建筑的最高成就。但在自北宋灭亡以迄晚清的漫长历史阶段里，开封城却一直处于衰落状态，城市空间结构的变迁也处于一种特殊的内缩与解体状态，这首先从开封外城的变迁中体现出来。

1. 外城及外城与内城之间城市空间的消失

　　前文曾提到，后周世宗显德二年时，开封城便因商业经济发展与城市政治地位提高，人口剧增，规模已经难为开封内城所容，是以扩建外城以容纳日益增长的城市人口。其后作为统一帝国北宋的都城，太平时日较久，城市人口规模更加扩大，其最高数字在不同学者的研究中尽管存在一定程度的差别，但基本上认为应有 140 万～170 万人。[①] 因此，周世宗时新拓建的内城与外城之间的空间区域到北宋之后同样是街巷纵横、民居集中。[②] 但随着北宋灭亡与宋都南迁以及宋金之间战争所产生的巨大破坏作用，至金迁都开封前夕，开封内城与外城之间的空间区域已经"不复有屋，大抵皆墟"，有的地方甚至退化为田地，曾是北宋开封繁华地之一的内城保康门至太学之间的地区，"道无数家"，人屋稀疏。[③] 因此最早在金元时期，开封内城与外城之间的街市与居民聚居区域可能多已消失，直至明朝因开封为明周王府所在地以及城市商业经济的恢复，才在内城四门之外的入口处重新形成四个商民聚居的关厢，并在西门外新建一座附城。而环绕外城内城之间街市巷衢的外城城墙因在周世宗修筑之时"取虎牢土为之，坚密如铁"，又经宋时期的多次复修，比较坚固，因此尽管历经金灭北宋、元朝灭金两次战火的冲击，至元朝末年刘福通起义占据开封时，仍然可以据之坚守三个月之久，具有较强的防御能力。但元朝在灭亡之前却诏令"尽毁天下城隍，开封城亦仅余土埤"，[④] 最终"自金迄元汴梁外城毁内城存"。[⑤] 再加上黄河泛滥的影响，至明时期，开封外城城墙已是"仅余基址，有门不修，以土填塞，备防河患"，等到道光二十一年（1841）黄河决口，连残留基址"俱淤没"了。[⑥]

2. 皇城的消失

前文曾提到，北宋时期开封就内外城墙而言，由三重城墙构成双重"回"字形结构。在外城消失的同时，构成双重"回"字形结构最内层的皇城也在经历变迁之后湮没于历史的长河之中。北宋皇城是在宣武军节度使衙署的基础上修建起来的，周回五里，略呈正方，坐落在全城正中的略偏西北处，就平面结构形态而言，构成全城的中心。宋亡后，金代又在其基础上重新营建了宫城，位置、范围都无大的变动。金亡元兴后，金代宫城尽管失去了其宫城的地位，但作为建筑物却依然存在。明朝建立之初，

---

① 周宝珠：《宋代东京研究》，第 348 页；李长傅：《开封历史地理》，商务印书馆，1958，第 25 页；程子良、李清银：《开封城市史》，社会科学文献出版社，1993，第 89 页。

② 具体可参见孟元老撰《东京梦华录》卷 2、卷 3 等章节。

③ 宇文懋昭撰《大金国志》卷 13《海陵炀王上》，中华书局，1986，第 185 页。

④ 顾祖禹撰《读史方舆纪要》卷 47《河南二·开封府》。

⑤ 沈传义、俞纪瑞修，黄舒昺纂《祥符县志》卷 9《建置·城池》。

⑥ 《如梦录》，孔宪易校注，中州古籍出版社，1984，第 1 页。

因朱元璋曾有定都开封的想法，故在整修外城的同时，在宋、金故宫的基础上又扩大了宫城的规模，使其达到"周围萧墙九里十三步"。只是建都于此的想法作罢之后，所筑宫城成为周王府所在。明末崇祯十五年（1642）九月十七日，黄河之水灌淹开封后，城内"巍然波中可见者，惟钟鼓两楼，及各王府屋脊、相国寺顶、周府紫禁城、上方寺铁塔而已"。[①]因周王府所在地势低下，积水难退，到清初时王府内大部分仍淹于水下，宫殿仅见榱桷，树木唯存枝梢。[②]再加上后来居民在此挖掘古器砖瓦，因而低洼日甚，形成大片积水，自五代北宋以来即有的宫城自此从开封城内消失。宫城消失之后，因为驻防满蒙旗兵需要，于康熙五十九年（1720）在原宫城以北又建设满洲城，构成开封城新的里城。城高一丈，周长五里零一百九十二步，内官廨六百间，营房二千五百二十间，[③]整体规模比宋宫城略小。到民国16年，城内所驻旗民被尽迁于外，满洲城遂垣颓屋圮，瓦砾载道，最终消失。[④]至此，开封保持了千余年的外城内城相套的"回"字形空间结构完全解体。

3. 明代西门小城与其他四个关厢的消失

明朝建立后，开封虽只为河南省会，但因是周王府所在，其政治地位与元朝时期相比还是有较大提高，庞大消费人群的集中对开封城的经济发展产生了很大影响，因而在"京师以南，河南当天下之中，开封其都会也。北下卫彰，达京圻，东沿汴泗转江汉，车马之交，达于四方，商贾乐聚"。[⑤]城市人口到明末崇祯十五年水淹之前，除周王府宫眷外，尚有"实在人丁三十七万八千有零"，[⑥]若加上周王府的人口，则可能有40万人左右，约是北宋崇宁时期的1/4。开封依然是中原地区最大的城市，直到明亡之前，还被视为"八省通衢，势若两京"。[⑦]此外，发达的商业经济也促

---

① 郑廉：《豫变纪略》，浙江古籍出版社，1984，第138页。
② 黎士安等：《豫河志》卷26，河南河务局，民国12年刊本，"附著一"，第11页。
③ 宋继郊编撰《东京志略》，王晟、李景文、刘璞玉点校，河南大学出版社，1999，第137页。
④ 吴世勋：《河南》，中华书局，1927，第53页。
⑤ 张瀚撰《松窗梦语》卷4《商贾纪》，萧国亮点校，中华书局，1985，第71页。
⑥ 《崇祯十六年江西道御史黄澍奏疏》，转引自（清）傅泽洪、黎世序主编，郑元庆纂辑《行水金鉴》卷45，上海古籍出版社，1987。
⑦ 《如梦录》之《街市纪》。

使开封城的空间与规模突破内城城墙的局限，而扩展至内城之外。

在《如梦录》的记载中，明代开封的丽景门外有过客店、竹竿行、羊毛行、皮店……关南一带，俱是烧砖瓦窑，做砖瓦、琉璃等货，东至阳正门止；南薰门外，有酒饭店、过客店、杂货、纸张等铺，排门挨户生意，不亚城内；仁和门外有棉花市、鲜果行等；安远门外，西厢俱是旅店、碱店，又有寺庙及各乡宦花园、书院，玩赏之处，不胜枚举。在明代开封的五个城门之中，"惟西门直通，余四门皆屈曲旋绕"，故为了加强西门的防御能力，在西边大梁门之外西关又筑有附城一座，亦有五门，分别为南门、小南门、西新郑门、北迎恩门和东门，城内除众多的民居、庙宇之外，尚有大型的蔬菜批发市场、杂货市场、牛驴骡马市场以及大型客店三五十座等（如图 2 所示）。①

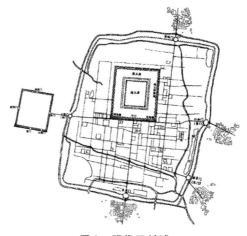

图 2　明代开封城

资料来源：依据空愁居地图网（http://blog.sina.com.cn/s/blog）所载明代地图改绘而成。

崇祯十五年秋天，李自成率领的农民军在围困开封之时，城内的明政府官员派人掘开黄河大堤试图水淹城外的农民军，掘堤之后，洪水于九月十六日反灌开封城内，"坏曹门而入。南门、北门、东门相继沦没"，九月十七日，"城以内皆巨浸，所见者钟、鼓两楼、郡藩殿脊，相国寺顶，周邸子城而已"。② 有着城墙保护的开封城内尚且如此，对于城外而言，战火

---

① 《如梦录》之《关厢记第七》，第 73 页。
② 刘益安：《大梁守城记笺证》，中州书画社，1982，第 119~120 页。

以及黄河之水所产生的影响自然可想而知。时隔 3 年后，清顺治二年（1645）河南巡抚宁承勋"由大河泛舟，直抵城下，城垣半在沙淤水浸之中，进至安远门，则瓮城、敌台灭没无影"。① 西门附城已被黄沙掩埋，其他四门关厢的各种行店在顺治十八年编修的《祥符县志》中也已不见记载，② 明时期突破城墙限制在城墙之外所形成的聚居空间也随之消失，开封的城市空间又内缩到北宋时期的内城之内。同时，开封城内部的城市空间也因黄河泛滥所造成的城市人口急剧下降与大面积湖泊形成而有较大的收缩。

4. 城市人口的急剧下降与城内大面积湖泊的形成

崇祯末年水灾之初，城内居民因"初死于兵，继死于水"而人口大减，由水淹之前的除周王府宫眷外"实在人丁三十七万八千有零"，变为水灾后"只存奄奄待毙者三万余人耳"，③ 为北宋以后人口数量的最低点。至清初顺治年间，"成聚成市者不过冲涛北渡一二之苗裔也"④。康熙元年（1662）巡抚张自德、布政使徐化成修开封城并重建各级衙署后，"始移各衙门于省会，民居亦鳞集城乡"。驻节外邑的各级衙署陆续迁回后，居民人口开始缓慢增长，但因为崇祯十五年水灾的破坏极为严重，经过两百多年的恢复和发展，至咸丰十年（1860），全城"人口共二万零一百九十三户，九万二千七百二十四口"，⑤ 只为明朝人口最多时期的近 1/4、北宋盛期的十几分之一。至清朝灭亡前夕的宣统二年（1910），人口也才只有 15 万余人。⑥

城市人口下降后，城市内部居民聚居空间与规模自然缩小，同时因为黄河之水灌淹，城内形成大面积的积水，并逐渐在积水的基础上形成许多面积较大的湖泊，也造成开封内城空间规模的缩小。在被水淹之初，城内建筑等物多被黄水冲淹淤埋，"所见者钟、鼓两楼、郡藩殿脊、相国寺顶、周邸子城而已"，遂使"开封巍巍金汤委诸泥沙，官无驻节之地，民无栖身之所"，⑦

① 《大清畿辅先哲传》第 28《贤能传一》，北京古籍出版社，1983，第 925~926 页。
② 《建置·关梁》，李同亨修，张俊哲、张壮行纂《祥符县志》卷 2，顺治十八年刻本。
③ 《崇祯十六年江西道御史黄澍奏疏》，转引自（清）傅泽洪、黎世序主编，郑元庆纂辑《行水金鉴》卷 45。
④ 《城池》，李同亨修，张俊哲、张壮行纂《祥符县志》卷 2。
⑤ 傅寿彤：《汴城筹防备览》，咸丰十年九月刊于大梁。
⑥ 参见李长傅《开封历史地理》，第 42~43 页。
⑦ 马士儁：《汴城围陷记》，转引自沈传义、俞纪瑞修，黄舒昺纂《祥符县志》卷 20《丽藻》。

"当日出政育才建节之地，初以浴龙鱼，继而窟狐兔者几数年矣"。① 灾后"邑大夫驻节河朔，士民旋故里者如晨星寥落"，② 入清近二十年后，开封城尽管是省会、开封府治以及祥符县治所在地，但因城内衙署残破，掌管全省及开封府政务的各大衙署竟无法在城内设衙办公，而不得不移驻周边各邑，偶一至省尚需暂居民庐，唯有祥符县县署和学署把明周王府所存建筑略加修葺后暂且寓居其内。③ 再加上清初国家定鼎未久，民生尚困，直到康熙元年，在河南巡抚张自德、布政使徐化成倡导之下，经所统官属捐资，方才重修开封城，"始移各衙门于省城，居民亦鳞集城乡"。但直到康熙中期，城内多数地区还仍是"残闉颓垣，荒榛满目，巷鲜居人"，④ 居民较多之地亦不过"汴桥隅、大隅首、贡院前街、关王庙、鱼市口、火神庙、寺角隅、鼓楼隅"数处而已。⑤ 人口聚居区域规模与明时相比大为缩小，其后因为开封城人口一直增长缓慢也难以恢复与扩展，再加上道光二十一年洪水的影响，城内积水逐渐形成稳定的湖泊。其中面积最大的即是在原周王府遗址及其西北地区形成的积水湖。到1734年，河南总督为修筑午朝门（开封城南门）至龙亭（周王府遗址）的大道，于两旁掘土，加深了两边洼地，遂形成今日的潘杨二湖（即潘家湖、杨家湖），致使开封城内西北部出现大面积的无人居住区，而在城的西南部则形成了面积稍小的包公湖。城内其他地区也因黄河泛滥后城外淤沙较高，城内积水无法排出，到同治年间也形成了许多面积较小的湖泊。⑥ 这些湖泊的总面积达到1.69平方公里，占清时期开封城总面积的11.2%。⑦ 这无疑也使清时期开封城内的聚居空间比明时期小了很多。

从以上分析可知，北宋之后开封不仅外城空间聚居区域消失，而且内城市民聚居空间与规模亦大大缩小，从图3中灰色覆盖的部分即可以很直

---

① 《建置》，李同亨修，张俊哲、张壮行纂《祥符县志》卷2。

② 李同亨修，张俊哲、张壮行纂《祥符县志》卷6。

③ 沈传义、俞纪瑞修，黄舒昺纂《祥符县志》卷9《建置·城池》。

④ 李粹然：《贡院纪》，转引自管竭忠修、张沐纂《开封府志》卷11《学校》，康熙三十四年刻本。

⑤ 管竭忠修、张沐纂《开封府志》卷9《城池》。

⑥ 开封市郊区黄河志编纂小组编印《开封市郊区黄河志》，1994，第94页。

⑦ 吴朋飞：《清代开封城市湖泊的形成与演变》，《历史地理》第30辑，上海人民出版社，2014，第30~38页。

观地看出，历经北宋至清末漫长历史阶段的变迁，开封城居民聚居区域仅占开封内城约 1/2 的面积（图 3 中白色部分所示），而三重城墙也只剩下内城城墙，"回"字形结构以及北宋开封外城与内城之间原有的城市空间结构也随之解体消失。

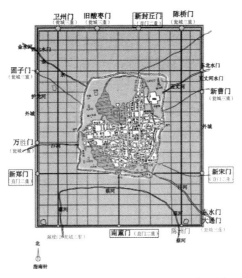

图 3　北宋至清末空间规模与空间结构示意

资料来源：依据张驭寰《北宋东京城建筑复原研究》中所绘《北宋城市空间图》及开封市地方志编纂委员会编《开封市志》（北京燕山出版社，1999）第 2 册第 8 卷《城市建设》所载《清朝开封城市地图》改绘而成。

三　城门形制与城内空间结构的持恒

前文的分析主要偏重于开封城市空间结构的变迁，但我们从开封城市空间结构演变的历史轨迹中，却还看到了一种持恒的力量。

前文曾提到，由于城门决定着城内外的交通，因此城门的数目、形制以及具体分布位置便在很大程度上决定了城内街道的分布格局，故影响北宋直至明清时期开封城内街道空间结构的最重要因素应是北宋时期开封的外城城门。从前文可知，在北宋开封外城的所有城门中，唯南边的南薰门、北边的新封丘门、东边的新宋门、西边的新郑门为直门两重，便于交通，成为连通城内外的主要入口，那么，与这些城门相对应的内城城门，也就成为内城所有城门中最主要的交通入口。在这些城门中，与外城南薰门对应的是内城朱雀门，与外城新封丘门对应的是内城安远门，与外城新宋门对应的是内城丽景门（二者之间由开封东南部的斜街—新宋门大街相连通），与外城新郑门对应的是内城宜秋门。因此，在以后的历史发展中，自金历元，宋开封城外城毁而内城存，元顺帝至元十七年（1375），"元将泰不花等以汴梁四面城门止留五座，以通往来，余八门俱塞"。① 留下的五个门中即包括朱雀门、安远门和丽景门，其余两门则为可以直通东西、横贯开封内城的东门旧曹门和西门大梁门。这五个城门的分布位置决定了以后开封内城的空间结构和居民聚居区域，经其分别通往城市内部的大道也构成开封城内部空间的主要结构线（如图4中线条较为粗黑的部分标示），成为影响城内居民居住空间分布的重要因素。

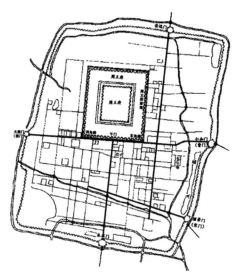

图4 明朝开封城市空间主要结构线示意

资料来源：依据空愁居地图网（http：//blog. sina. com. cn/s/blog）所载明代地图改绘而成。

元朝灭亡明朝建立后，因为开封最初曾有被朱元璋设为都城的想法，后来虽然仅为河南省城所在地，但同时却为周王藩封所在，因此明初在元朝开封内城的基础上重新建筑新的开封城时，"是城也缮之视他城坚"。重新修筑后的开封城"甃皆砖也，然又重砖，而城根砖若石，入之地八有数

---

① 《祥符县志》，转引自《开封市志》第2册，第477页。

尺"，城墙"高三丈五尺，广二丈一尺"，城市规模"周围二十里一百九十步"，① 城门的位置也一如元末之时，所不同者唯部分城门名字发生改变而已。② 因此开封城内的空间结构、居民聚居区域以及主要空间结构线也与元末时期相同（具体如图 4 所示），甚至从中还可以发现北宋时开封内城空间结构所留下的痕迹。

前文曾提到，崇祯末年开封城曾遭到一次毁灭性的水灾，水灾之后，直到康熙元年方才重建开封城，新修之城虽然"雉堞一新，气象丕焕"，但"各门营建如旧制"，③ 基本规模与城门位置都未发生大的变化。

此后，开封城在道光二十一年六月又经历一次灭顶式水灾。黄河在祥符县张家湾决口之后冲毁开封护城堤，"直击城之西门，旋绕而南而东而北，城居巨浸中，形如釜底"，此后八个月直至决口合龙，黄水方才消退，开封城池"断雉颓垣，几同废垒"。城内水深丈余，庐舍被淹没，人皆露居城上，"居民虽幸免漂没，而被水者辗转迁徙，房屋多倒，家室荡然"，贡院、校场、寺庙以及小巷中的民房等多被拆毁以取料堵水。城内城外"残目伤心，莫此为极"。④ 因此次水灾对开封造成的破坏极为严重，清政府曾产生将河南省会迁离开封的想法，但后来因地方政府官员与绅民的反对，只好作罢，而决定由全省绅民捐资重修开封，历经一年零两个月的修建工作，于道光二十三年（1843）九月竣工。新修之城城垣"周围长四千一百七十五丈，五门磴座长六十丈，共长四千二百三十五丈，高二丈六尺"，外甃以砖。城上炮台、城楼、角楼、城门、护城堤以及城内贡院号舍、校场、行宫、各级衙署、簧宫、武庙、大梁彝山两书院等全部翻修一新，全部工程虽"名为修复，其实与改建相等"。⑤

此次重修尽管工程浩大，但也并没有使清时期开封的空间结构相对于明朝时期发生太大变化，有清一朝，开封城除城内周王府消失不见外，在周王府偏北的位置改建为规模小得多的满洲城，并在城内西北部与西南部

---

① 沈传义、俞纪瑞修，黄舒昺纂《祥符县志》卷9《建置·城池》。
② 《如梦录》，第 2 页。
③ 沈传义、俞纪瑞修，黄舒昺纂《祥符县志》卷9《建置·城池》。
④ 痛定思痛居士：《汴梁水灾纪略》，李景文、王守忠、李湍波校注，河南大学出版社，2006，第 156、161 页。
⑤ 痛定思痛居士：《汴梁水灾纪略》，第 157～164 页。

形成大面积的水泊之外，城市的空间结构、居民聚居区域分布及主要空间结构线也一如明时（如图5所示）。

图5　清朝开封城市空间主要结构线示意
资料来源：依据《开封市志》第2册第8卷《城市建设》所载《清朝开封城市地图》增绘而成。

这种格局直到民国时期都没发生太大变化。从1937年日军所绘开封测绘图（见图6）中即可以看出，到民国时期，开封城内居民还依然分布在由城市中心通往城门的各条干道上，而在没有城门的西北角、西南角和东北角则形成大片的隙地和水泊。城市空间有所突破者，乃在于开封城的南部有所变化，主要是因为晚清民国之际陇海铁路开通后，开封火车站修建在开封南门之外，因为火车站带动而发展起来的商业与服务业在开封南门与火车站之间形成新的聚居区域，同时为了沟通城内与车站之间的联系，将龙亭公园（原周王府遗址）和南门之间的大道向城外延伸至车站，构成城内外交通的主要干道（中山路）。但中山路由于龙亭公园的阻挡，依然不能成为一条贯通全城南北的通道，并且其位置还偏于城西部。因开封城内所需物品大都南自陇海、北自黄河转运而来，故到民国16年，为了便于全城南北与陇海铁路车站以及黄河渡口的联系，沿着北城门（旧封丘门）通往城内的大道向南延伸至南城墙后，另开一座与北门相对的城门（小南门），这样贯通北门和小南门之间的大道出小南门后继续向南延伸至火车站，成为自明以来开封城历史上第一条纵贯全城南北的干道，构成开封城内南北交通的要道和影响城市空间变动的主要空间结构线。①

图6　民国时期开封城市空间主要结构线示意

资料来源：依据空愁居地图网（http：//blog. sina. com. cn/s/blog）所载抗战时期侵华日军所绘开封地图改绘而成。

结　语

从开封自北宋至晚清民国时期历史变迁的轨迹可知，北宋以后的开封因为政治地位下降、战乱破坏、整体衰落，其城市空间也随之大幅内缩，并且原有的城市空间结构也处于解体状态。但在这种较强的衰落与颓变中，开封的城市空间结构却也体现出一种持恒的力量，因北宋内外城门形制及其分布位置的影响，开封内城的空间结构、市民聚居区域分布以及主要空间结构线在元朝以迄晚清民国的漫长历史阶段内基本都没有发生较大的变化，一直延续下来，在复杂的历史变迁中体现出一种持久不变与恒定的力量。

作者：朱军献，南阳师范学院美术与艺术设计学院

（编辑：熊亚平）

---

① 张静愚：《三年来之河南建设》，《河南政治月刊》第3卷第10期，1933年11月。

商人活动与清末民初太谷的城市发展[*]

乔　南

内容提要： 商人作为商业活动的主体、商业社会的核心组成部分，通过活跃市场、积极参与社会事务等活动成为城市中最活跃的因素，对城市发展产生重大影响。清末民初，山西地区的城市由于活跃的商人活动而有较大发展，不仅城市数量有所增加，一些城市的职能与性质亦发生了改变。太谷城在彼时山西城市发展中较有代表性，由最初晋中的一座县城逐步发展为商业城市，并于清末民初一跃成为山西乃至华北地区的金融中心，其发展过程与商人活动密不可分。太谷商人积极的商业活动及广泛的贸易往来在使自身财富增长的同时，更促进了太谷商业的繁荣。他们积极参与管理太谷的公共事务，在努力推动当地教育事业发展的同时修桥建庙、救济乡里，并在此过程中对清末民初太谷的城市风尚产生了重要影响，使太谷城由县政中心转变为商业金融业中心。

关键词： 商人活动　清末民初　太谷　金融中心

一　引论

商人是城市中最活跃的存在，是城市发展过程中不可或缺的重要因素。20世纪80年代以来，有关传统社会商人活动与城市发展之间关系的研究逐渐受到我国学者的重视。在对商人阶级在印度早期国家发展中的历

---

* 本文为2012年国家社会科学基金项目"集聚视角下的清代山西城镇研究"（项目编号12CJL009）以及2016年山西省科技厅软科学项目"互联网＋模式下的山西省装备制造业集聚发展研究"的阶段性成果。

史作用进行考察，讨论了商人与城市、国家发展之间的关系之后，① 开始从山西商人对明清时期中国商业革命的贡献入手，讨论商人与城市化的关系，② 并从商人与早期现代化的视角以贵州为例对两者关系进行考察；③ 在此基础上，指出商人在 16~18 世纪中国商业革命和资本主义萌芽时期起到了非同寻常的的作用，④ 同时开始对近代外商与上海房地产业之间的关系等问题予以关注，⑤ 并对明清时期晋商贸迁对西北地区及山西本土城市化的影响进行研究，⑥ 考察了英国城市化进程中商人的慈善活动⑦等。近年来有学者探讨沙船商人在上海近代城市化过程中所起到的作用⑧，并在深入讨论南宋城市化问题时提出了商工经济与商农经济的耦合效应等观点。⑨由此可见，学界对商人与城市之间关系的研究日臻完善。而有关这一时期太谷的研究，则主要集中于对新史料的介绍，⑩ 以及从商业城镇的视角对其进行的考察⑪上。

　　清末民初，太谷由单纯的行政中心向商业中心、金融业中心的转变，在彼时同类型城市发展中具有相当的典型性和特殊性，而太谷商人的活动在此转变中发挥了巨大作用。本文试图在前人的研究成果之上，通过对清末民初太谷城的商业发展、向金融中心的过渡、商人参与城市社会管理、

---

① 刘欣如：《商人阶级在印度恒河流域早期国家的历史作用》，《南亚研究》1984 年第 4 期。

② 孔祥毅：《山西商人对中国商业革命的贡献》，中国经济思想史学会第十届年会，太原，2002 年 9 月。

③ 陈昌茂：《清末民初贵州现代商人阶层的兴起与贵州早期现代化》，《贵州大学学报》（社会科学版）2003 年第 4 期。

④ 唐文基：《16 至 18 世纪中国商业革命和资本主义萌芽》，《中国史研究》2005 年第 3 期。

⑤ 王庆国：《试论外商与近代上海房地产业——以塞法迪犹太人为例》，《社会科学家》2005 年第 S1 期。

⑥ 乔南：《商路、城市与产业——晋商对近代西北经济带形成的作用浅析》，《经济问题》2015 年第 5 期；乔南：《试论近代山西商人对丝路沿线城市兴起的作用》，《兰州商学院学报》2015 年第 4 期；乔南：《明清晋商与乡村城市化》，《山西日报》2014 年 11 月 25 日。

⑦ 揭光虹：《英国城市化进程中伦敦商人的慈善活动》，《人文论谭》2013 年第 12 期。

⑧ 易惠莉：《沙船商人与上海传统城市化和近代社会变迁》，《国家航海》2016 年第 1 期。

⑨ 周膺、吴晶：《南宋商工经济与商农经济的耦合效应研究——兼论南宋的都市化与城镇化两种城市化》，《国际社会科学杂志》（中文版）2014 年第 2 期。

⑩ 赵荣达等：《一份晋商随笔蕴含的历史信息——太谷商人赴闽、赣、粤〈行商要览〉译读》，《晋中学院学报》2007 年第 1 期。

⑪ 乔南：《清代山西的商业城镇——太谷》，《晋阳学刊》2010 年第 2 期。

对城市风尚的影响等方面的考察，探讨商人活动在彼时太谷发展过程中的作用及影响，并对其内在规律进行考量。

二 商人带动了清末民初太谷城市商业的繁荣

太谷位于山西中部，清代隶太原府，民国初年隶冀宁道，民国 16 年（1927）裁撤冀宁道后，曾先后隶属晋中行署、榆次专署。① 太谷县城北去省治太原 120 里，建于北周建德四年（575），由旧城西迁而来。初建时为"土城"，周长约 12 里，墙高"一丈八尺"，护城河"阔一丈，深五尺"，且"南面泥淤"。明清两朝，为防匪患及水患，进行了多次扩建修葺，至清乾隆年间已是"基阔四丈二尺"，墙高"三丈七尺六寸"，且于东、南、西、北各开城门，并"以砖甃"，门上各"建重楼"，且于西南开设重门，"四隅各建角楼"，拥"敌台六座"，"警铺五十六座"，并"城上马道俱用砖砌"的一座城池。②

太谷城兴起于明代，有"民庶而富"之称。清前期虽因朝代更迭而"闾阎萧条"，但经康、雍、乾三朝的休养生息而"元气大复，生齿渐繁"。但因当地"民多而田少"，且"土地硗瘠"，故纵使"丰年之谷"，亦"不足供两月"食用，因此本县民人除耕种之外，"惟恃经商"，虽"跋涉数千里"，但"率以为常"，故而本县在清乾隆年间再次成为"殷富"之地。③

至清道光时，太谷县民人外出经商者已经遍及全国十多个省、城的数十个县、镇，我们可以从清道光六年（1826）重修太谷阳邑净信寺的捐款碑铭（见表1），以及现存于太谷县图书馆的近代太谷商人前往南方诸省经商所用之《行商要览》中略知一二。

由表1可知，清道光初年，太谷商人外出经商，前往地域包括京、津、冀、辽、吉、内蒙古、陕、甘、宁、豫、赣，以及山西省内的许多地区。他们广开商铺，从业人数众多。④ 另据现存于太谷县图书馆的《行商要览》

① 安恭己等修、胡万凝纂民国《太谷县志》卷 3《地理·沿革·赋税·户口》，民国 20 年（1931）铅印本。

② 费淳、沈树声纂修乾隆《太原府志》卷 6《城池·太谷县》，乾隆四十八年（1783）刻本。

③ 安恭己等修、胡万凝纂民国《太谷县志》卷 3《地理·沿革·赋税·户口》。

④ 相关论述请参看拙作《清代山西的商业城镇——太谷》，《晋阳学刊》2010 年第 2 期。

表 1　道光六年重修太谷净信寺捐款商户、个人、地域、人数统计

地　　名		商户数（家）	人数（人）
原　　名	现　　名		
京　　都	北京	202	12
通　　州	北京通州区	72	0
丰 台 镇	北京丰台区	6	0
房 山 县	北京市房山区	17	0
琉 璃 河	北京市琉璃河镇	28	0
香 河 县	河北省香河县	11	0
马 驹 桥	北京市马驹桥镇	13	0
延 庆 州	北京市延庆县	14	3
天　　津	天津	9	9
邯　　郸	河北省邯郸市	34	0
永 年 县	河北省永年县	12	1
塔 子 沟	河北省建昌县	58	0
保 安 州	河北省涿鹿县	20	12
广　　平	河北省广平县	35	4
磁　　州	河北省磁县	12	0
承 德 府	河北省承德市	64	13
成 安 县	河北省成安县	41	1
武 安 县	河北省武安县	62	9
张 家 口	河北省张家口市	35	6
抚　　宁	河北省抚宁县	0	4
萨 拉 齐	内蒙古自治区萨拉齐镇	18	1
归 化 城	内蒙古自治区呼和浩特市	55	2
赤 峰 县	内蒙古自治区赤峰市	43	1
绥 远 城	内蒙古自治区呼和浩特市	25	10
多 伦 诺 尔	内蒙古自治区多伦诺尔市	13	0
兴 化 镇	内蒙古自治区多伦兴化镇	23	0
保　　安	陕西省志丹县	14	4
岐 山 县	陕西省岐山县	9	4
武 功 县	陕西省武功县	35	15
宝 鸡 县	陕西省宝鸡市	19	0

续表

地 名		商户数（家）	人数（人）
原 名	现 名		
扶 风 县	陕西省扶风县	22	8
陕 西	陕西省	13	0
浚 县	河南省浚县	16	1
汤 阴 县	河南省汤阴县	11	0
宁 远 州	辽宁省兴城县		
沈 阳	辽宁省沈阳市	16	5
新 城	吉林省扶余县或河北新城	18	0
固 原 州	甘肃省固原市	3	0
中 卫	宁夏回族自治区中卫市	26	3
宁 夏 府	宁夏回族自治区	30	0
河 口	江西省铅山县	16	0
黎 城	山西省黎城县	30	3
潞 村	山西省运城市	13	22
普 西		5	7
卫 中 县		61	5
善 坊 村		12	72
清 风 县		21	0
本 镇	山西省太谷县阳邑乡	111	784
合 计		1423	1021

资料来源：根据道光六年《重修净信寺碑记》有关资料统计，参见史若民、牛白琳编著《平、祁、太经济社会史料与研究》，山西古籍出版社，2002，第432～474页。

记录，清光绪年间太谷商人途径豫、鄂、湘、徽等省南下闽、赣、粤经商，经停包括上述诸省的数十个城、县、镇。所经营的商品以茶、绸缎、布匹以及日用杂货为大宗，还经营盛放绸布的布器、缎器、哔叽器、皮革器、竹木器、金属器皿，玛瑙、翠器、珊瑚珠、孔雀眼等首饰，玻璃、吹光片等玻璃制品，火腿、鱼翅、银鱼、蜜饯、橘饼等食品，藤黄、石绿等染料，爆竹、烟袋、纸器、纱灯、蜡丸、草纸袋、白蜡、牙硝、石英砂、洋青等日杂，以及三弦等乐器。[①]

---

① 转引自赵荣达等《一份晋商随笔蕴含的历史信息——太谷商人赴闽、赣、粤〈行商要览〉译读》，《晋中学院学报》2007年第1期。

太谷人经商习贾"讲信耐劳，足迹遍天下"，曾执许多通商大埠之
"牛耳"，且因资产达"数十百万者"尤多，而成为"（太）谷（商）人之
特色"。① 其长时间、大范围的经商活动，积累了雄厚的商业资本，其经商
所得成为"本地大宗来源"，② 并带动了太谷城商业的繁荣。彼时，太谷城
内人烟稠集，店铺众多，我们可以从清道光二十二年（1842）太谷商人捐
修城内标志性建筑——大观楼的相关碑铭资料中管窥一斑。详见表2。

表2　道光二十二年重修大观楼布施行业分类统计

行业所属类别	具体行业名称
金融业	帐局、当行、钱局或钱店、赁局、炉院、票号
纺织、服装及相关行业	麻铺、衣铺、帽铺、花店、靛店、染坊
食品及相关行业	肉店、酒店、面店、油铺、菜铺、碱店
日杂及制造业	金铺、银铺、铜铺、锡铺、木厂、柜铺、磁铺、纸局、胰局、石厂、砖厂
运输业	车铺、驼店
其他行业	茶店、烟店、刻字铺、翠店、药店、斗行

资料来源：根据道光二十二年《重修大观楼碑记》《道光二十二年书名碑记》（共四通）的相
关数据统计，参见史若民、牛白琳编著《平、祁、太经济社会史料与研究》，第363～371页。

从表2可知，至清道光年间，太谷城内商铺数量众多，市廛繁华，包
含金融、纺织、金属器皿制造、粮油食品、运输业及其他各类制造业等众
多行业。彼时，太谷县城内"兴马游人，蹄躇如织"，街巷"绣错"，人烟
稠集，"烟火万家，不可悉计然"。③ 城市商业繁荣，"商贾辐辏"，竞相
"操奇赢，计子母"，"重市利竞锥刀"，商品"四方云集"，太谷县城俨然
"繁埠"。④

清末，太谷商人开办票号，形成太（谷）帮票号。太谷城逐渐成为当时
中国的金融中心。彼时，太谷城内发展规模较大的行业有药材业、京货业、
茶业等。药材是山西商人经营之主要商品之一，由川、粤、豫、直隶以及陕

---

① 安恭己等修、胡万凝纂民国《太谷县志·序》。
② 安恭己等修、胡万凝纂民国《太谷县志·序》。
③ 郭晋修、管粤秀纂乾隆《太谷县志》卷6《艺文记·重修鼓楼碑记》，乾隆三十年
（1765）刻本。
④ 郭晋修、管粤秀纂乾隆《太谷县志》卷3《风俗》。

西西安和本省太谷、沁源、盂县等地收买，而后销售于省内外各地。在票号全盛时代，因汇兑之便利而占商货往来之大宗。城内有药材行数十家，至清末民初西药盛行、中药市场萎缩之时，太谷城内仍有药材行 12 家，卫生馆 1 家。京货业素来为山西商人经营的主要行业，经营此业的太谷商人主要前往库伦营生，在当地细分为京广杂货和苏广杂货两大类。然自蒙古贸易失利后，业此者纷纷还乡，在太谷城内设立字号出售各货，虽其规模无法与昔日对蒙大宗贸易相比，但亦为当地重要的消费品。民国初年，太谷城内有 22 家店铺经营京广杂货。茶业为清中后叶太谷城内重要商业之一，以对蒙、对俄贸易为主，规模甚大，资本实力雄厚，彼时城内有茶庄数十家。① 凡此种种，可见清末民初太谷城商业的繁荣，而这与商人的活动是密不可分的。

三　太谷金融商人推动了太谷城向金融中心的转变

与彼时太谷城内繁荣的商业相伴随，太谷城内的金融业也十分活跃，而金融商人的活动更促进了太谷城由县政中心向金融中心的转变。据清道光二十二年《重修大观楼碑记》载，彼时太谷城内的金融机构包含票号、帐局、当行、钱局、钱铺、赁局以及炉院等众多类型。详见表 3。

表 3　道光二十二年重修大观楼金融行业布施商号分类统计

金融行业分类	捐银商号数量（家）	字　　　号
帐局	2	用通五帐局、砺金德帐局
当行	11	城当行、乡当行、公盛当、聚源当、双合当、天裕当、天恒当、恒美当、恒昌当、阜本当、亿中当
钱铺或钱局	3	义元钱铺、万源钱铺、源丰钱局
赁局	1	信合赁局
炉院	1	聚亿炉院
票号	1	志成信

资料来源：根据道光二十二年《重修大观楼碑记》《道光二十二年书名碑记》（共四通）的相关数据统计，参见史若民、牛白琳编著《平、祁、太经济社会史料与研究》，第 363～371 页。

---

① 山西省地方志办公室编《民国山西实业志》上册，山西人民出版社，2012，第 190（丙）～191（丙）。

帐局、当行、钱局、钱铺、赁局与炉院等均为传统社会中的金融机构，其出现早于山西票号。帐局，是从事对商铺和官员放款的金融机构，大约出现于清乾隆间，太谷金融商人从事该行业较早，在清末尚存的 6 家开业于清中前期的帐局中，有 2 家是太谷金融商人的产业。① 当行与赁局主要从事质押典当，是太谷金融商人从事较多的行业，不仅太谷城内有多家当铺，太谷商人还将当铺开到了国内许多其他城镇。在清道光六年重修净信寺的布施者中，可以看到大量当商。详见表 4。

表 4 道光六年重修太谷净信寺碑记中捐银商户行业类别统计

地　　名	商户数（家）	行业类别	
		当　　铺	行业不明
京　　都	202	14	188
通　　州	72	4	68
丰 台 镇	6	3	3
房 山 县	17	4	13
琉 璃 河	28	9	19
香 河 县	11	2	9
马 驹 桥	13	2	11
延 庆 州	14	1	13
天　　津	9	5	4
邯　　郸	34	5	29
永 年 县	12	1	11
塔 子 沟	58	14	44
保 安 州	20	4	16
广　　平	35	20	15
磁　　州	12		12
承 德 府	64	19	45
成 安 县	41	5	36
武 安 县	62	6	56
张 家 口	35	8	27

① 中国人民银行山西省分行、山西财经学院编《山西票号史料》，山西经济出版社，2002，第 10 页。

地 名	商户数（家）	行业类别	
		当 铺	行业不明
抚 宁	0	0	0
萨 拉 齐	18		18
归 化 城	55	11	44
赤 峰 县	43	6	37
绥 远 城	25	10	15
多 伦 诺 尔	13	8	5
兴 化 镇	23	12	11
保 安	14	1	13
岐 山 县	9		9
武 功 县	35	4	31
宝 鸡 县	19		19
扶 风 县	22	3	19
陕 西	13	2	11
浚 县	16		16
汤 阴 县	11	1	10
宁 远 州			
沈 阳	16		16
新 城	18	9	9
固 原 州	3	2	1
中 卫	26	6	20
宁 夏 府	30	1	29
河 口	16	3	13
黎 城	30	6	24
潞 村	13	2	11
普 西	5		5
卫 中 县	61	10	51
善 坊 村	12		12
清 风 县	21	6	15
本 镇	111	7	104
合 计	1423	236	1187

资料来源：根据道光六年《重修净信寺碑记》等七通碑铭的相关数据统计，参见史若民、牛白琳编著《平、祁、太经济社会史料与研究》，第432～474页。

钱局与钱铺则以银钱兑换为主要业务；炉院即炉房，有私铸权，受"钱庄"以及商业店铺的"依托"，"改铸银两、银块、元宝及马蹄银等"，通过"征收手工费"及"火耗"赚取利润。①

山西票号创办于清道光三年（1823），主要承办远程大额信用汇兑，在全国乃至整个亚洲地区的许多城市都设有分庄，由于其总号均集中设位于山西中部的祁县、太谷、平遥三城，故称山西票号。该地区由于在这一时期集中了大量的金融商人、金融字号以及金融资本，在形成金融业集聚的同时，更形成了平遥、祁县、太谷三帮票号，从而使当地逐渐成为彼时中国的金融中心。太谷帮票号是山西票商中的一支劲旅，太谷票号商人更为票帮发展不可忽视的重要力量。太谷帮包含7家总号设立于太谷城内的山西票号。详见表5。

表5 太谷帮票号分类统计

名　称	创办年份	财　东	停业年份	分号数量（家）	经营时长（年）
志成信	1837	太谷贠家	1914	24	77
协成乾	1860	太谷曹福善堂19家合资	1913	12	53
		太谷吴道促			
		太谷张堂村			
		太谷孙阜年			
		太谷杜资深堂			
		太谷房映宾			
		太谷侯姓			
		文水安立志			
三和源	1875	榆次常家			
大德玉	1885	榆次常立训	1913	13	28
世义信	1893	太谷杨生泰即杨老五	1921	4	28
锦生润	1903	太谷曹师宪	1917	15	14
		榆次常安生			
大德川	1907	榆次常家	1913	4	6

资料来源：《山西票号史料》，第624～666页。

---

① 《山西票号史料》，第6页。

　　志成信为太谷帮票号设立最早、经营时间最长的一家票号，由本地富商贠氏与孔氏合资由绸缎庄改组而来，因其"在本省和外埠信用都很高"，故成为"太谷之领袖票号"，并且"统有各行商业"，在"各个名市和码头"遍设分庄，①　每股分红最多时达到14000两。②　清道光二十二年，太谷城内商民捐银重修大观楼时还曾经见到其捐资的记载。③

　　清代，太谷商人外出经商者甚众，从事典当等金融行业者不在少数。同光年间，随着山西票号的设立，太谷票帮商人崛起，太谷城的金融业发展至鼎盛。至此，太谷一时"操全省金融之牛耳"，④　与邻近的平遥、祁县一起，成为彼时"山西之金融中心"。⑤　也正因如此，清末商会组建兴盛之时，最初将山西省商务总会设立于太谷城，随后才迁往省会太原。⑥　由此，太谷城由单一的县政中心转变为金融中心。

四　商人对太谷公共事务的参与和管理

　　随着太谷商人逐渐成为当地的富裕阶层，其社会地位亦有所提高，他们积极参与和承担太谷当地诸如捐资助学、修桥建庙等公共事务，并成为这些活动的组织和管理者。

（一）商人促进了太谷教育事业的发展

　　太谷商人对当地教育事业的支持，主要表现在以下四个方面。

　　其一，捐银助学。太谷商人对当地教育的支持，首先表现在其大力投资地方教育，弥补学校经费不足上。太谷的凤山书院，位于县城西门内，始建于明嘉靖九年（1530），但因经费等问题多次废立。清乾隆二十一年（1756），凤山书院重建，此后多次由太谷商人捐资弥补书院经费不足，以维系运转。例如，绅士捐银"一千二百两"，并"交市肆行息"，以为

---

① 《山西票号史料》，第21页。
② 《山西票号史料》，第659页。
③ 道光二十二年《重修大观楼碑记》，史若民、牛白琳编著《平、祁、太经济社会史料与研究》，第363～371页。
④ 安恭己等修、胡万凝纂民国《太谷县志·序》。
⑤ 《山西票号史料》，第17页。
⑥ 安恭己等修、胡万凝纂民国《太谷县志》卷4《教育·礼俗·风俗》。

"修金膏火"之用；并于乾隆四十二年（1777）再捐2210两，仍"依前存市肆行息"，作为"仕子膏火之资"，弥补办学经费的不足；① 清道光三年，由太谷绅士"经营筹划"，捐银3000两，以为"小课膏火以及大课供给"等各项费用；② 道光十八年（1838），太谷孟姓富商又以个人名义大力捐助凤山书院以"膏火经费"。③ 凡此种种，不一而足。自清乾隆二十一年至光绪二十八年（1902）的一百四十六年间，太谷官绅为凤山书院捐银两万余两，以"供师生膏火"之用。④ 而上述所提及的"绅士"中，就有大量或通过读书入仕或通过捐纳博取功名的太谷商人。

其二，筹资办学。太谷商人不仅为书院捐资，而且积极创建私塾及近代私立学校。早在明代，太谷巨商武氏即在家族中设立私塾，训育本姓子弟。创办于清光绪三十二年（1906）的山西私立铭贤中学校，位于太谷县东杨家庄铭贤公地，由美国总教会遴彼时太谷富商、毕业于柏林大学的硕士孔祥熙创立的一所在山西近代教育史上举足轻重的私立学校。而该校的办学资金除由教会筹拨外，大都由时任校长的孔祥熙屡次赴美筹得。后随孔祥熙权力地位日隆而办学经费愈大，进而使铭贤中学校成为山西最富有的学校。彼时，铭贤中学校招收"高中、初中、高级、初级学生共三百余人"，其"规模之宏敞，设备之完善为全省之最"，并将贝露女校、毓德妇校收编麾下。⑤ 随后，铭贤中学校进一步发展，于民国5年（1916）设师范、工商、教育、文理四科，创办大学预科；而后成立农工专科学校，并于民国32年（1943）改称"铭贤学院"，由专科升为本科，成为彼时全国较为重要的农业研究基地。⑥ 铭贤学院条件优越，收费却很少，孔祥熙还时常为贫寒学子减免学费，使更多的人可以读书上学。

其三，聘请名师。太谷商人不仅在当地助学及办学中慷慨解囊，更不惜重金聘请著名学者前来授课。以太谷富商、南京国民政府财政部长孔祥

---

① 郭晋修、管粤秀纂乾隆《太谷县志》卷2《学校》。
② 《太谷县志》，《中国地方志集成》山西府县志辑（19），凤凰出版社、上海书店出版社、巴蜀书社，2005，第526页。
③ 《太谷县志》，《中国地方志集成》山西府县志辑（19），第456页。
④ 安恭己等修、胡万凝纂民国《太谷县志》卷4《教育·礼俗·风俗》。
⑤ 安恭己等修、胡万凝纂民国《太谷县志》卷4《教育·礼俗·风俗》。
⑥ 参见庞桂甲、李卫朝《铭贤校训"学以事人"思想研究——以孔祥熙教育思想为中心的考察》，《山西农业大学学报》（社会科学版）2014年第12期。

熙所创办的铭贤中学校为例，其聘请国学功底深厚的侯之麟、赵昌燮、吴连城等学者担任国文教授；其农科主任、工科主任、会计主任均由取得海外博士或硕士学位的学者担任。即便其后任校长、代理校长、校务长、事务主任兼乡村服务部主任等管理人员亦均为留学归国的博士及硕士。彼时，铭贤学校还以当时较为先进的"教授治校"思想为其管理思想，不仅制定系统的规章制度，还成立教学委员会，以维护教授权益及用人制度上的任人唯贤原则，从而有效地提高了教授教学、办学及管理学校的积极性，保证了教学及科研的水平和质量。①

其四，协办图书馆。民国时期，太谷县图书馆是一座藏书量大、门类齐全，配有理化实验室，在当时具有先进水平的图书馆。太谷商人在该图书馆发起并建设的过程中扮演了十分重要的角色。太谷图书馆的前身为文昌宫图书馆，其藏书来源主要有书院藏书、民间征集、绅民赠予以及寄存四部分。其中绅士赠予图书所占数量不少：出身于儒商家庭的近代著名太谷书法家赵铁山，将其3.6万余册藏书赠予太谷图书馆；清末太谷县举人、县知事孙丕基亦于民国间将家中部分藏书捐给图书馆。此外，太谷商人亦积极参与图书馆的管理。彼时太谷图书馆"董事会"是其管理机构，一切与图书馆相关的重大事宜均由董事会定夺。该董事会成员分别由当地著名学者、知名绅士、军政要员组成，其中不乏太谷商人的身影，如前文述及出身儒商的书法家赵铁山即于民国25年（1936）成为27名董事之一。②

综上所述，清末民初，太谷商人通过捐银助学、筹资办学、聘请名师以及协办图书馆等方式积极参与当地的教育活动，在弥补政府教育经费不足的同时，也有效地推动了地方教育发展。

（二）商人对当地其他公共事业的积极参与和支持

太谷商人凭借自身的经济实力及社会地位，积极参与修寺建庙、赈济灾荒及宗亲救助等地方性公共事务。

其一，修庙建桥。太谷商人积极参与当地许多修庙建桥的公益事业。

---

① 参见闫志敏、李卫朝《孔祥熙教育思想述略》，《山西农业大学学报》（社会科学版）2014年第12期。
② 参看韩丽花、赵谓炯《太谷县图书馆馆藏古籍及保护工作概述》，《山西档案》2014年第6期。

例如，距"（太谷）县治百余武"的大观楼，位于太谷县城中央，"下跨康衢"且"四面轩豁"，为彼时太谷城标志性建筑。[1] 据现存资料可知，大观楼始建于明初，于明清时期进行过 4 次重修，其中明万历四十三年（1615）及清道光二十二年的重修有商人参与其中。[2] 据明万历四十三年《太谷县新建古楼碑记》载，重修在当地官员捐俸金"倡首"后，由"富者出财"，并"勇者出钱""巧者出技"而促成，遗憾的是，所费银两及商人捐款数额并无明确记录。[3] 而清道光二十二年的重修，则将参与捐银的商号、人名及所捐银两悉数镌刻于碑铭之上，使我们可以据此遥想彼时商众踊跃捐修大观楼的盛况。彼时太谷城内有 1042 家商户参与捐款，共捐银 3534 两 2 钱、钱 133150 文。[4]

清末民初阳邑村净信寺及县城西北借钱庙（赵襄子祠）等庙宇的重修中，也多次出现太谷商人的身影。阳邑村为清末民初"太谷四镇"之一，"村大户繁"，[5] 净信寺位于该村南隅，自唐开元元年（713）始建以来，历代多有修葺。据现存寺内碑刻资料显示，明清时期的修缮次数较为密集。清代的重修多达 9 次，商人以独立身份 4 次参与其中，且布施商号数量逐年增多。详见表 7。参与清道光六年净信寺重修的太谷商人数量为清代历次重修最多，占捐银总人数的 66%。该次重修共有分布于京、津、冀、内蒙古、陕、甘、宁、晋、豫、辽、吉、赣等地区的共 1660 户太谷商人参与其中，共捐银 10147 两 2 钱 8 分、钱 218600 文。[6] 位于太谷县城西北的借钱庙实为赵襄子祠，据清光绪三十三年（1907）《重修古借钱庙碑记》载，此次重修由"本街商户……踊跃助资……二千余金"而成，经理

[1] 道光二十二年《重修大观楼记》，史若民、牛白琳编著《平、祁、太经济社会史料与研究》，第 363 页。

[2] 据明万历四十三年《太谷县新建古楼碑记》、清康熙二十一年《太谷县重修鼓楼记》、清光绪三十三年《太谷重修大观楼记》、清道光二十二年《重修大观楼记》等碑刻资料的统计。参见史若民、牛白琳编著《平、祁、太经济社会史料与研究》，第 361～363、372 页。

[3] 万历四十三年《太谷县新建古楼碑记》，史若民、牛白琳编著《平、祁、太经济社会史料与研究》，第 361 页。

[4] 杨端六编著《清代货币金融史稿》，三联书店，1962，第 169～179 页。

[5] 光绪二十八年《阳邑大社六义堂碑记》，史若民、牛白琳编著《平、祁、太经济社会史料与研究》，第 475～476 页。

[6] 道光六年《重修净信寺碑记》，史若民、牛白琳编著《平、祁、太经济社会史料与研究》，第 432～474 页。

人共有孔繁植、王志周、兴泰成、永全吉、宝益盛、保隆堂、义和公、蔚长盛、义顺永、晋萃丰10位，除孔繁植与王志周为富商外，其余均为彼时太谷城内的著名商号。①

表7　清代太谷阳邑净信寺重修布施者分类统计

时　　间	布施人数（人）	商人及商号数量（家）	商人及商号占总数百分比（％）
清康熙二十六年（1687）	516	1	0.2
清康熙四十二年（1703）	205	0	0
清康熙五十三年（1714）	322	0	0
清雍正十三年（1735）	552	3	0.5
清乾隆元年（1736）	666	0	0
清乾隆十二年（1747）	291	37	12.7
清乾隆二十九年（1764）	130	0	0
清道光六年（1826）	2514	1660	66.0

资料来源：据清康熙二十六年《重修净信寺碑记》、康熙四十二年《净信寺增建禅室碑》、康熙五十三年《重修净信寺碑记》、雍正十三年《净信寺重修佛店金妆圣像增建社房门亭碑记》、乾隆元年《金妆碑记》、乾隆十二年《阳邑净信寺重建北禅堂院碑记》、乾隆十五年《后续重修北院禅堂碑记》、乾隆二十九年《阳邑西南社新修神阁禅院并开拓口途碑记》、嘉庆十四年《新建仓房碑记》、道光六年《重修净信寺碑记》等14通碑刻资料统计。参见史若民、牛白琳编著《平、祁、太经济社会史料与研究》，第380～475页。

此外，太谷商人还积极参与村中桥梁的修缮事务。清光绪二十八年太谷城外乌马河资善桥的重修，即由祖籍为太谷阳邑村的外地"服官服贾"者"四方募化"，进而"得金若干"而成。②

其二，赈济灾荒及宗亲救助。在明清时期的多次灾荒中，除政府积极应对外，商人也是地方赈灾的主要辅助力量。早在明代，即有太谷商人杜宏"（捐）粟黍一千五百石"以"赈济灾民"的记载。③清光绪年间的

① 光绪三十三年《重修古借钱庙碑记》，史若民、牛白琳编著《平、祁、太经济社会史料与研究》，第379页。
② 光绪二十八年《阳邑大社六义堂碑记》，史若民、牛白琳编著《平、祁、太经济社会史料与研究》，第475页。
③ 恩浚、赵冠卿修，王效尊等纂光绪《太谷县志》卷5《孝义》，光绪十二年（1886）刻本。

"丁戊奇荒"，山西受灾极重，平（遥）、祁（县）、太（谷）等县商人纷纷响应政府捐输救灾，仅数月就捐银12万余两。彼时，山西商人共为灾荒捐银1455539两、钱144855000余文、杂粮4783石。①

宗族是中国传统社会的重要组成部分，而宗亲关系则是维系中国社会和谐稳定的重要纽带。宗族会对族中无力自养者通过义庄等方式进行救济，而太谷富商家族中的富者亦会对贫者进行周济。据民国《太谷县志》载，太谷贺家堡商人杨怀宽倡修宗祠，并"施钱三千缗"，除作为"祭祀费"外，还作"赡养族中鳏寡孤独"之用。②

五　商人改变了清末民初太谷的城市风尚

清末民初，太谷商人因商业及金融业而成为当地的富裕阶层，并逐渐对城市风尚产生了重要影响。

以饮食为例，彼时太谷城内各个商号宴请宾客，皆"酒馔华美"，且竞相攀比，"率皆过分"，如果有商号稍微"俭约"，则会被同行"群焉哂之"。③ 如此一来，催生了太谷城内的众多美食。例如，"太谷饼"原名为"甘饼"，酥甜可口，专门为迎合城内富商巨贾的口味制作。而产于太谷县西街的隆盛长油面，以及后来的"文"字号油面，亦因其复杂的工艺及上乘的用料而成为当地大户人家喜用的食品。④ 此外，为迎合太谷富商对美食的要求，当地饭店还开发出"干烧肘子""熘冰花""烩江池"等菜肴。⑤ 与此同时，许多太谷当地的传统美食也被进一步开发，制成做工精细、程序复杂、花样繁多的各类食品，如糕点有月饼、剥痂饼、养胃糕、蜂糕、瓦甬糕以及百子糕等；拉面有空心面、圆拉面、三棱面等，再配以不同寓意，在各种特别的场合食用。⑥

---

① 《请停止捐输疏》，《曾忠襄公奏议》卷8，转引自郝平《丁戊奇荒——光绪初年山西灾荒与救济研究》，北京大学出版社，2012，第247页。

② 安恭己等修、胡万凝纂民国《太谷县志》卷5《义行》。

③ 刘大鹏：《退想斋日记》，乔志强标注，山西人民出版社，1990，第103页。

④ 张成基：《面食之乡》，《晋食纵横丛书》（5），书海出版社，2000，第206页。

⑤ 张成基：《面食之乡》，《晋食纵横丛书》（5），第49、50、92页。

⑥ 殷俊玲：《晋商与晋中民众的饮食生活》，《太原师范学院学报》（社会科学版）2010年第3期。

太谷商人的宅院亦为广泛的经商及丰厚的利润所改观。太谷商人经商致富之后，花费大量银钱置地盖房，修建了诸多深宅大院。例如，太谷巨商曹家三多堂、孔祥熙宅院及太谷阳邑富商杜氏大院，均为繁复豪华的晋商大院。这些富商宅院大都占地面积广、建筑规模大，充分运用木雕、砖雕及石雕等精湛工艺对大院的影壁、窗棂、屋檐、勾栏、匾额、垂柱、抱鼓石甚至烟囱进行装饰。这些构件与大院建筑主体相得益彰，尽显奢华。

此外，太谷富商还非常热衷于戏曲。不仅在自家宅邸修建豪华戏台，邀请各地名伶前来表演，更有太谷曹氏富商出资创立"自乐班"、王姓富商出资创办"全胜和"等戏班自娱自乐。太谷曹氏富商除平日邀请好友欣赏外，每年冬季更邀集各地晋剧名伶前来唱堂会，时长达一个月，每年前来参加的晋剧名家不下百余人。其间，除每天准备丰盛宴席款待外，还奉送高额酬金及贵重礼物。

彼时，随着商人阶层的富裕，太谷当地的婚丧嫁娶、待客迎宾变得更为复杂和排场。例如太谷富商武氏小姐出阁，首饰皆为"赤金、玉翠、玉宝石、珍珠"，衣服皆为"花缎、縠绸、锦绣、绮纨"，"约值五、六千金"。① 而且，太谷富商每年要"花费至一万余金"，用于待客。②

清末民初，太谷商人在商业及金融业方面的活跃，使其在获得大量财富的同时，也为太谷城带来了奢靡之风，使当地民风"迩来竞尚奢靡"，老百姓"已非良士"矣。③

六 结语

商人是商业社会最核心的组成部分，商人活动与城市发展具有密切联系。他们不仅丰富和繁荣了市场，而且协调和调动了物资，更融通了资本和货币。商人的商业行为、消费观念在很大程度上对城市的经济发展、风俗习惯、城市风貌，甚至功能、结构、类型等都会产生重大影响。清末民初，山西地区的城市由于活跃的商人活动而有较大发展，不仅城市数量有所增加，一些城市的职能与性质亦发生了改变。

---

① 刘大鹏：《退想斋日记》，第 109 页。
② 刘大鹏：《退想斋日记》，第 26 页。
③ 安恭己等修、胡万凝纂民国《太谷县志》卷 4《教育·礼俗·风俗》。

太谷是地处山西中部的一座县城，自明末兴起，清中叶以后发展至极盛，不仅成为晋中地区著名的商业城市，更于清末民初成为山西乃至华北地区的金融中心。其由单纯的行政中心向商业、金融业中心的转变在彼时城市发展中具有相当的典型性和特殊性，而太谷商人的活动与此转变密不可分，且发挥了巨大作用。彼时的太谷商人，其贸迁活动在积累大量物质财富的同时，也带动了太谷城市经济的迅速发展，使之由一座单纯的县城转变为彼时山西中部地区较为发达的商业城市。而后，随着商业资本向金融资本的转移以及金融业的兴盛，太谷城由一座传统的商业城市转变为山西乃至华北地区的金融中心，因此说太谷商人在彼时太谷的城市发展、城市功能及类型的转变过程中起到了巨大作用。在此期间，太谷商人还积极参与和管理太谷的城市公共事务，在客观上帮助乡里的同时也维护了当地的稳定，并对彼时太谷的城市风尚产生了重要影响。

清末民初，中国处于社会变革剧烈的时期，太谷城是山西地区较有代表性的城市，其在清末民初的发展历史不仅为我们了解晋中城市发展的规律提供了个案，而且太谷商人对太谷城市发展的影响和作用也为我们探讨彼时其他山西城市的发展提供了一种思路。

作者：乔南，山西财经大学晋商研究院

（编辑：熊亚平）

朝鲜使臣眼中的天津机器局与洋务活动[*]
——读《领选日记》札记

张利民　褚梦宇

内容提要：《领选日记》是 1881 年朝鲜使臣在中国期间的日志，其内容除了与中国官员讨论如何应对西方列强侵略外，很大部分是在天津机器局参观学习的记录。本文以《领选日记》为主，辅以原有史料，勾画天津机器局的场景，以补天津机器局史料严重缺失之不足；同时，通过该日记分析各级官员创办和经营洋务企业的经验与体会，探究当时创新之艰辛与心境。

关键词：洋务运动　天津机器局　《领选日记》

19 世纪末的朝鲜，内有王后闵妃与大院君的矛盾日益加重，外有近邻日本、俄罗斯虎视眈眈，以及美国、英国和法国强行通商，这促使其学习如何与西方各国打交道。此时的中国，清廷内外正在推行洋务，各地也大兴创办机器局、学堂之风，这为近在咫尺的朝鲜提供了学习的捷径。朝鲜政府于 1881 年 11 月 18 日（农历九月二十七日）派出以金允植[①]为领选使的团队到中国，其任务一是与中国官员探讨外交问题，二是安排朝鲜工匠生徒到天津机器局学习。这支团队正式人员 69 人，[②] 于 1882 年 1 月 25 日（腊月初六）到达天津，被分别送到天津机器制造局的东、西两局，学习

---

　　* 本文为国家社会科学基金 2013 年度重点项目"近代以来华北区域城镇化进程研究（1860～2000 年）"的阶段性成果，项目批准号：13AZS018。
　　① 金允植（1835～1922），字洵卿，号云养，1864 年进士小科及第，1865 年以恩荫为健寝郎，1874 年文科大科及第，1881 年被选派为出使清朝的领选使。回国后创立了机器局、海关，先后历任经国事务衙门、通商事务衙门协办，以及中枢院副议长、议长等职。
　　② 金允植《领选日记》中有使团成员名单，除了在册的 69 人外，还有私带随从等。

近一年。

　　金允植将在中国的活动编为《阴晴史》，但这是经过作者和后人多次整理的文本，而最近面世的《领选日记》是更为原始的文献。^① 《领选日记》记录了金允植在中国每天的行程与活动，包括在各处参观和生徒学习的详细过程、双方多次互赠的礼单等。最为重要是他与众多洋务派官员笔谈的记录，其中与李鸿章会谈 9 次，与津海关道周馥会谈 12 次，还有和天津机器局官员刘含芳、许其光和工头等的会谈记录。日记中有关金允植和各级官员讨论如何与西方列强交涉等问题，已经有学者进行了初步的研究。^② 金允植另外一个任务是带队到天津机器局学习，意在尽快在朝鲜创建相似的机器局，故以旁观者、求教者等多重身份对天津机器局进行认真考察，细致描写向多层次人员的求教询问以及自身体会等，很多直观的场景历历在目，凸显该日记的珍贵和价值。本文一方面利用《领选日记》对天津机器局等考察记录，结合其他资料，再现其情景，以弥补原有资料之缺失与不足；另一方面从清廷洋务官员与金允植的笔谈、介绍和建议，以及金允植的体会与感受，来分析中国清朝官员等在接受西方科技和思想时切实的想法，以期有助于更深入地研究洋务人物和洋务运动。

一　对天津机器局的感观

　　第二次鸦片战争后，天津担负着拱卫京师的使命，政治地位陡增；同时，中国朝野内外以编练新式海军陆军、兴建近代军事工业和新式学堂为特征的洋务运动在各地兴起，天津也成为试验场。早在咸丰六年（1856），恭亲王等就建议筹办机器制造局，"一切机器，尤应设局募匠，先事讲求，或在都城，或在天津，派员专司制造"，^③ 三口通商大臣崇厚选址天津，

---

① 《领选日记》，中国复旦大学文史研究院、韩国成均馆大学东亚学术院大东文化研究院合编《韩国汉文燕行文献选编》第 30 册，复旦大学出版社，2011。

② 参见王鑫磊《帝国斜阳下的亲密接触：论朝鲜官员金允植的天津领选》，《复旦学报》（社会科学版）2010 年第 2 期；刘顺利《王朝间的对话——朝鲜领选使来往天津日记导读》，宁夏人民出版社，2006。

③ 《筹办夷务始末（同治朝）》卷 43，第 4101 页。

"总期力求实效，尽得西人之妙。庶取求由我，彼族不能擅其长，操纵有资，外侮莫由肆其焰"。① 天津机器局于同治五年（1866）五月创立，翌年"勘定在于天津城东十八里贾家沽道地方，设立火药局，是为东局"，从外洋和上海购置机器，并在天津城南海光寺兴建西局，内设铸造、装配、金工、木工厂。② 同治九年（1870）李鸿章出任直隶总督后，整顿扩建天津机器局，东局制造火药，西局生产制造和装配枪炮、弹药和水雷，"局内共建机器等房四十二座，计二百九十余间。大烟筒十座，洋匠住房一百六十余间"。③ 以后，又在东局内添设水雷局，附设电气和水雷学堂、水师学堂；在西局添设火药厂、镪水厂和炼钢厂等。

天津机器局的状况，李鸿章历年的奏折中均有叙述，但过于零散，多为费用、产品和产量，以及购置和安装设备等，如"光绪四年分制成各项火药五十六万五千三十五磅六两，铜帽三千八百九十九万颗"；④《北华捷报》的报道较为笼统，如"这里从事铸造炸弹、制作炮车，修理小型军器，制造铜帽、炮弹，以及许多其他军用品"。⑤ 光绪十年（1884）张焘的《津门杂记》介绍虽较为详细却不系统："一在城南三里海光寺，工匠六七百人，以机器制造洋枪炮架等物，兼制小火轮船。每日卯正上工，酉初停息，由气机管放气为号，响声遥闻数里。一局在城东八里大直沽东北，人称东局。地广数百亩，屋宇机器全备，规模宏大，井井有条。工作者约二千人，日费不止千金，专制火药及各种军械，均有道员总理其事，并有洋匠及闽广江浙人为之监制云。"⑥《领选日记》是对1881年实地考察的记录，有很多细节和对话，具有现场感，还有许多观感和体会。金允植介绍机器局的外观是："军机局内多祠庙……堂右有玉皇庙，其后有关帝、岳爷庙，又有长泰庙，以蛇身得道者云。左有斗姥庙，供

---

① 《总署致三口通商大臣崇厚函》，《海防档·甲·购买船炮》（1），台北，艺文印书馆，1957，第40页。
② 《领选日记》中将西局称为南局。
③ 《筹办夷务始末（同治朝）》卷78，中华书局，2014，第7175页。
④ 孙毓棠编《中国近代工业史资料》第1辑（上），科学出版社，1957，第357页。按，铜帽即枪弹。
⑤ 孙毓棠编《中国近代工业史资料》第1辑（上），第358页。
⑥ 张焘：《津门杂记》，沈云龙主编《近代中国史料丛刊》第57辑，台北，文海出版社，1966，第150~151页。

帐及香火、饼饵之罗列，于诸庙最盛。其左右又有文昌帝君、吕真人、玄女诸神之庙像甚多，不可胜记。"① 对机器局的各厂描述道，诸厂"各有汽气大轮，诸小轮随而旋转。下施机括，上架铁筒，连延相贯数三十间。千百机器，皆用一轮之力。有左旋者，有右旋者，有向下穿孔者，有从傍钻穴者，有截铁者，有磨刀者，有砻削木者，有碾铜者、镕化铁者、出入冷热水者。如浑盖旋运，日月五星，各循其度。疾舒纵横之不同，殆匪夷所思。最是电气逼夺造化，不可形喻也"。② 官书等对天津机器局各工厂也有介绍，如"津门除机器局外，有铁厂两处，专造枪炮弹丸，朝夕经营，工程浩繁"；③ 铜帽厂"三年分制成洋火药五十八万余磅，铜帽三千五百余万颗"。④ 而《领选日记》记述了各个工厂的状况，还有询问建厂步骤等鲜活的对话。对铜帽厂的记述是："铜冒者，前镗枪耳药也，后镗枪子亦于是厂为之，设汽气大轮，连设无数小轮，不费人力，一日可造枪子几千个，铜冒三万个"；⑤ 机械厂则是："此厂最大，机器甚多，然皆修造各厂机器之器也。前后镗枪，皆购买于西洋，而有病及久而生锈，则亦自此厂修改磨炼使复如新。"金允植参观木样厂时看到"凡造各机，先出画本，送之木房，依画本成木样子，送之各厂，依样制造，亦最紧最难之事"；而朝鲜生徒"虽名木手，不知绳墨之为何物，入此以后，始学木事，便是初学破蒙，此中人皆哂笑"。对于西局的画图厂，金允植认为是"此学最难，必尽解诸厂器械分合之妙然后，可以下手，又须解洋文字，可无窒碍之患，虽有才者，少不下五年工夫，方有就绪云。"对火药厂的情景再现很有趣："火药最多厂局，有烧炭局、煮硝局、砑药房、光药房，（合药、砑药、沙药、光药等有八局，皆有大铁磨激，汽轮自磨）。"⑥ 他选派的两个工匠，"初隶烧炭处，所观一两日，便谓烧炭则不足久学。此中人皆冷笑曰，烧炭亦多妙理，非目击手习两三个月，不可学云"。⑦

---

① 《领选日记》，第104页。
② 《领选日记》，第112页。
③ 孙毓棠编《中国近代工业史资料》第1辑（上），第362页。
④ 孙毓棠编《中国近代工业史资料》第1辑（上），第356页。
⑤ 《领选日记》，第140页。
⑥ 《领选日记》，第142～143页。
⑦ 《领选日记》，第143页。

官书对北洋水师学堂有较多的介绍，如强调选择学生的重要性，"伏思水师为海防急务，人材为水师根本，而学生又为人材之所自出"。[①]《领选日记》的记载更为具体和翔实，如第四年"学生入堂，隔日傍晚洋文教习带学堂外仿外国水师操法，排列、整齐、训练、步伐，并令练习手足藉壮筋力，并训练枪炮。至第五年，随同外国练船教习，早晚上学堂，前样船学、操帆缆诸事。五年期满后，洋文正教习并各生所造浅深，按名呈请中堂详加校考后，送上练船出洋，历练风涛沙线及海上行军布阵诸事。毕业后，应请量材器，使其最为翘楚者，派赴泰西，益求精密，以备大用"；[②]当场面试的七名朝鲜学徒，仅收了三名。在水雷局学习的生徒，"约早八点钟入堂学洋文，午正散学吃饭，未正二刻入学堂，学汉文，五点钟放学，晚六点钟入学，八点钟放学，十点钟睡觉"，"局中有官饭，六人一桌，四盘一火锅"。[③]

原来对天津机器局制造小轮船的记载仅为"兼制小火轮船"，[④]从其日记中看，金允植在东城外"见有一只小火轮船新制，外置河沟，军人方凿沟贮水，将运至天津。李中堂方欲广造轮船，先试此小样也"。第二天，他见到了小轮船，"长可八间，广可二间有余，船头设汽烟筒，船头设铁轮，中间机括相通，具体而微，内设坐房，铺阵鲜明，四面设琉璃窗，垂以彩幔，壁上多挂钟表，是中堂所坐处"。[⑤]从其描述看，该船仅仅是李鸿章制造轮船的小样。

二　经验与体会

金允植在参观天津机器局时，经常向管理人员甚至工头询问如何购置设备、设立工厂等，《领选日记》记录了他的体会，也可从中得知天津机器局设立之初的经验和教训。

关于天津机器局的经费，李鸿章历年都有奏折，如1870年8月至1871

---

① 张侠等编《清末海军史料》，海洋出版社，1982，第395页。
② 《领选日记》，第71页。
③ 《领选日记》，第73页。
④ 孙毓棠编《中国近代工业史资料》第1辑（上），第361页。
⑤ 《领选日记》，第114页。

年 12 月为扩建支出经费 244988 两，以后逐年增加。最多的是 1880 ~ 1881 年，耗银 643757 两。[①] 李鸿章在与金允植的闲谈中也涉及天津机器局的费用，但仅是一带而过，提出了创建小局的建议。《领选日记》再现了当时的场景：

> 李曰，东局一年所用银子多少，君知之否。余曰，该用六十万两云。李曰，贵国能设局如东局否。余曰，非所可议。中堂呵呵大笑。李曰，南局所用几许，君知之否。余曰，未详其数，大约东局之半。李曰，不及半，一年所用不过十余万两。通贵国之力，可以及此否。余曰，此亦不可跂及。李曰，初头不必张大，只设小局，假量一年，该用万余两，稍稍增设为可。明春拣善手工匠数人，出送贵国教习，何如。余曰，如此甚好。[②]

对此，机器局总办潘梅园也曾经讲过，"此间设厂十余年，所费五千万银子"。[③] 金允植还向西局的工头霍良顺了解购置机器的情况：

> 此间两局诸般机器，皆西国购来者。南局前后厂汽气三件，大者价银四千五百两，小者二千二百两。车床二件（二件为一对）六百两。刨床二件六百两，钻床二件四百五十两，虎钳十件（十件为一部）二百两，铜冒机十件三千两，皮带则牛皮价廉不足数。大汽机及皮带勿论共计值银七千两。英国所制最精，可用至十年、十五年，惟法制相挤。俄、日、墺、德皆不卖，比兰秘或卖而不多。美制所谓花苗秀气，不可久用。日本或卖之，而品不中用，不足可称。公买与私买者，比值银悬少。[④]

由此可以想见机器局开办时的艰辛。

参与创办天津机器局的许其光、潘梅园、文芝轩和司事、工头等也建议朝鲜先建手工工场。潘梅园谈道："贵国学徒虽有聪明，机器必不能学，

---

① 孙毓棠编《中国近代工业史资料》第 1 辑（上），第 366 ~ 367 页。
② 《领选日记》，第 349 ~ 350 页。
③ 《领选日记》，第 169 页。
④ 《领选日记》，第 140 ~ 141 页。

借使能学，还国而无所用。何者，机器设置，费银以千万计，贵国财力，果采办此乎……惟炮子也、铜帽儿也、火药也、语学也，此数者精学而归，则足为紧用。"① "设置汽轮，所费浩大"，"贵国不可不先买此手器，方有实益，若汽轮大厂，则全副设置之前，虽学之无益，小手器械价，本未得详闻"。天津机器局为了北京神机营兵丁"学拉火及制铜冒、枪子之法"，"另建手器一厂，凡造铜冒、枪子，皆用小样手器，一日可造枪子几百个、铜冒几千个，虽较汽轮迟速悬殊，其精致则无减"。② 这个手工工场开工时，金允植前去参观，"各样器械皆具体而微，以手足转运，大厂所造枪子每日为三万个，手机局则为三百个，铜冒亦称是，其精致与便易，亦非无机悬造之比也"。实际上，这也是洋务官员兴办洋务的经验所在。对此，金允植体会到朝鲜生徒工匠所学"皆系汽轮激成，若学成而不能设置机器，则无所施用"，不如建立手工工场，"此不用汽轮，以人力转运，此正敝邦学徒之所宜学也"；③ 因为诸小机及手器"其价不过七千两银子，较此中机器所费，为千百分之一，而具体而微，足为我国御侮之资"。④

金允植还与潘梅园等探讨选派生徒工匠来中国学习之事。他言道："学之有渐，深造自得，非不知教习之良法，但诸厂事均非一二三年可期，敝邦学徒远来，不能久住几年。""愚意，现在分厂工徒学习到一年内外，购买小手器械，及紧要有实益而可得于敝邦者，卷回本局，设小局于国中，从便学习。来此工徒等，虽未能透得三分，犹贤于不曾目击之人，又须延请中国良工，随事教习，方为妥当。"潘梅园也同意金允植"另图捷法"，"化学虽十年亦难通，而然其切要近务各制？水等法不可不先教，铜冒既有手器，则不难打造。惟语学，非五年不可，贵国既与外国通商，相无解洋文、洋语之人，何以通情"。⑤ 最为重要的是，要尽快培养出懂得外语的人才。这是因为，"中国初与各国通商时，以不解洋文之故，见欺受害甚多。贵国亦应如是，惟此一学，务要精通，不宜半途而废，以成无用

---

① 《领选日记》，第70页。
② 《领选日记》，第140～141页。
③ 《领选日记》，第127页。
④ 《领选日记》，第143～144页。
⑤ 《领选日记》，第70页。

之工。假使贵国工徒并使臣撤还，惟此语学生几人，独留无妨，期于成就还国为好"。① 在金允植与徐建寅的笔谈中，也可看到创办洋务之艰辛。徐建寅17岁就去安庆，"随同家父试造中国第一轮船，告竣，与洋人所制无异"，这是中国第一艘以蒸汽为动力的轮船。22岁到上海江南制造局翻译馆，专门翻译西方科技类图书。当时，"因化学、机器等事，中国绝无其书，一切名目字意，皆非素有，尽心揣摩年余，始有头绪。而发则脱去太半，其所留者，半变为白"。以后，徐建寅应李鸿章的邀请，到天津机器局主持研造硫酸（时称镪水），使其不用依赖进口；又到山东创建机器局，不逾一年全部建成，开创了中国工程技术人员自己设局建厂的先例。他自诩"不用洋人，自创一局，亦为中国从来未有之事"。②

从以上片断可以看到，无论是设置翻译馆还是创建机器局和造船厂，都是对原有体制的冲击，需要有相当的勇气和魄力，也需要有务实的工作态度。

三　从天津机器局看洋务的发展

众所周知，洋务运动有其局限性，过分看重船坚炮利抗衡列强侵略和强国的能力，即冯桂芬在《校邠庐抗议》中所言："以中国之伦常名教为原本，辅以诸国富强之术。"这不仅是当时知识分子的期盼，也代表洋务官员的思想。李鸿章在两江总督任内就意识到"师夷长技以制夷"之意，"彼机巧之器非不可以讲求学习，以成中国之长技"。③ 李鸿章在与金允植会谈中也表露了创办机器局的初衷和效果："中国向被洋患，天津失守，北京亦危。伊时无器机可敌，故洋人无难闯入。吾是以始设机器局于天津、上海、福建、广东等处，今则洋人不敢窥窬。去年与俄罗斯失和，俄国兵舶来天津，见机器防守之盛，不敢近港而归。"④

清廷朝野所强调的洋务，注重的是学习西语、购置与建造军舰武器、建设新式陆军和海军，忽视了引进基础理论和制造机械母机、枪炮，更谈

---

① 《领选日记》，第170页。
② 参见马军《中国近代科学家徐建寅传略》，广西师范大学出版社，2005。
③ 《置办外国铁厂机器折》，《李鸿章全集·奏稿》第9卷，海南出版社，1997，第321页。
④ 《领选日记》，第350页。

不上政体的改变与文化的演进。金允植同样是朝廷的卫道者，其共鸣也反映在《领选日记》中，仅举数例佐证。

其一，培养洋务人才。对于是聘用外国教习还是选用回国的留学生，中国各级官员有多种看法。金允植曾向徐建寅请教派中国教习去朝鲜的问题，希望推荐曾经在外国游历，且"须得通晓交际事宜及西人言语文字通商之务者"① 协助处理洋务。徐建寅的观点十分犀利："中国之人，虽多游历，学习终不如洋人。且自幼入西学习者，其心反附洋侮华，心术不正，反不如公正洋人，不可用也。余曰，近阅《申报》，学生之自西还来者，华官冷待，洋人多为之称冤，岂非此故耶。徐曰，是也。幼无根基，但学洋文，所学者不过一二浅技，便生侮华之心。且不识事体，断不可用。故此等人最难保举。"他认为，"不如得一公正洋人，凡系交际通商，倚以办事，必得其益"，"现今中国，亦倚洋人办事，未尝受欺。各国人于港口事，亦不能欺所以不吃亏也"。金允植恐招募洋人易滋事，仍计划聘请华人，徐建寅认为，"虽聘洋人，但在港口办事，不必入城。且此人于职掌之外，毫无干涉，必无滋事之虑"。② 这是徐建寅给金允植的建议，也是一部分从事洋务的人员的思想。这是因为，从1873开始中国共有四批120名幼童赴美学习，因各种原因到1881年均回国，其表现被清廷朝野诟病，一时无处接纳，结果大部分被李鸿章安排在天津的各个机构。③ 可见，洋务活动的当务之急是掌握外语和技术的人才，对是否聘用洋人并无太多芥蒂。潘梅园曾讲，天津机器局最初"募洋工十七人教习，今则中国工匠，稍稍传习，犹有洋工数人，时时质问"。④

其二，对兴办洋务的目的，无论是李鸿章和从事洋务的官员还是当时的知识分子，都认为兴办各项洋务只是保卫清王朝，并不是改变清王朝的体制。开办机器局和新式学堂等，也多是以此为出发点，并不想触及他们的根本利益。例如，机器局中的机器制造，特别是车床、汽轮机等机械母机和枪炮的生产，应是近代工业的基础，而洋务官员则认为"此中机器皆洋人之所指画，中国人虽日习而尚不能通其意。洋国枪炮，中国人亦能制

---

① 《领选日记》，第235页。
② 《领选日记》，第235~236页。
③ 参见井振武编著《留美幼童与天津》，天津人民出版社，2016，第55~57页。
④ 《领选日记》，第169页。

造，但费银太多，不如购买西国，故反为无利"。① 由此也劝说朝鲜效仿中国，建立小型的工场制造铜帽、火药和子弹，枪炮直接向西方购买。对于教育和外语翻译也是如此。他们多注重技术层面的翻译，徐建寅向金允植介绍了上海江南造船厂翻译的书，主要是关于声、电、轮船和汽轮机制造、炼钢术、制造枪炮和水雷要术、化学分析的，还有关于水师操练、轮船布阵、造营垒的，以了解生产武器和训练军队的方法。中国官员赠送给金允植图书 50 余种，近两百册，包括"地学浅释、制火药法、汽机发轫、化学鉴原、汽机新制、化学分原、御风要术、开煤要法"，多为数理化基本理论、汽轮和轮船制造、矿井工程、军队训练和航海布阵等方面的，涉及外交的仅有《东方交涉记》《西国近事巢汇》。② 可见，中国官员认识和学习西方仍然停留在船坚炮利的表层，并没有思考制度和体制等深层次的改良。

结　语

面对内忧外患和世界现代化的潮流趋势，中国掀起了自上而下的洋务运动，试图挽救日益没落的清王朝，它带着旧的"枷锁"与时代的"烙印"，在"自强""求富"的道路上摸索着前行，是中国走向现代化的一个开端。金允植以一个旁观者的身份，以天津机器局为切入点，再现了天津机器局等一隅，从侧面反映了洋务运动中各级官员的想法。但是，洋务运动并非触及制度和思想的改革，统治者希冀于制造机器和加强海防等方面的建设，并不能从根本上改变其命运，只不过是延缓了其衰落的进程。金允植的《领选日记》对天津机器局的描述与解读，以及自身的感受和分析，为研究洋务运动提供了更多的史料依据和理论支撑，有助于洋务运动研究的深入。

作者：张利民，天津社会科学院历史研究所
　　　褚梦宇，天津师范大学新闻与传播学院

（编辑：任吉东）

---

① 《领选日记》，第 69 页。
② 《领选日记》，第 240 页。

旧瓶新酒：庙会与新中国成立初期的城乡互动[*]

付志刚

内容提要：新中国成立初期，为迅速改变城乡隔阻与物资交流困难，各地农村先后恢复举办以传统庙会为基础的初级市场物资交流会。庙会的恢复不仅推动了城乡间的物资交流与经济发展，疏通了城乡间的物资交流，而且改善了物资匮乏的局面，有效地推动了城乡之间的经济交流与互动。经过改造之后的庙会也成为传递和贯彻国家政策，传播社会主义新思想、新观念的重要平台，推动了城市从政治、经济、文化等层面引导农村的新的社会主义城乡关系建设，使新中国成立初期城乡之间形成了一种较好的互动关系，从而为国家构建新的社会主义城乡关系奠定了基础。

关键词：新中国成立初期　庙会　物资交流　城乡关系

庙会，亦称庙市、香市、山会、香火会、古会等，是随着商品经济的发展在明清时期中国城乡普遍兴起的一种"依托宗教祭祀庆典节日等时间，在佛寺道观及其附近，集游艺、商贸、宗教于一体、群众广泛参加、延续多天的大型综合性民间活动"。① 以往学界对中国古代、近代的庙会研究较多，对当代庙会研究较少。在革命时期和新中国成立以后，庙会发生了前所未有的变迁。这一变迁不仅反映了中国经济的变化，也反映了中国社会、文化和政治的变化，从而具有多方面的学术意义。关于庙会的现有

* 本文系国家社会科学基金青年项目"新中国成立以来南疆区域开发与城市发展研究"（项目编号：13CZS057）以及四川省教育厅项目"史论结合：在'纲要'课程中讲好近代中华民族从沉沦到复兴的历史故事"（项目编号：SZQ2016020）的阶段性成果。

① 吉发涵：《庙会的由来及其发展演变》，《民俗研究》1994 年第 1 期。

研究成果主要集中在民俗学与人类学等领域，从历史学角度对庙会加以研究，特别是对新中国成立前后庙会与城乡关系变化加以研究的成果阙如，本文对此加以补正。① 新中国成立初期，为改变城乡长期隔阻状态，推动城乡间物资交流和发展城乡经济，在国家的号召下，各地农村先后恢复和举办了以传统庙会为基础的物资交流会。大会的举办，不仅极大地推动了城乡之间的经济交流与互动，实现了区域经济的重新整合，而且促进了城乡间政治、文化、思想观念的交流，推动了城市从政治、经济、文化等层面引导农村的新的社会主义城乡关系的建设。

一 新中国成立初期的城乡阻隔与庙会活动的恢复

近代以来，外国资本主义的入侵在日益使中国变为其原料产地与商品倾销地的同时，也改变了前近代时期中国"城市和乡村无差别的统一"状态。② 城市通过超经济手段剥削乡村并于经济上依附于乡村的封建性城乡关系，开始被以城市资本主义工商业为基础的半殖民地性城乡关系取代。新建立起来的从通商口岸至穷乡僻壤的"买办的和商业高利贷的剥削网"，③ 尽管使以通商口岸为代表的半殖民地城市与广大内地乡村之间的对立与矛盾更显尖锐，但城市与乡村之间的联系由此日益紧密，并为中国城乡关系由封建型向现代型转变奠定了相应的基础。

但是，半殖民地半封建社会背景又决定了近代中国城乡关系的早期现代化演进因前近代性、近代性、半殖民地性、不平衡性等因素相互交错而

---

① 参见赵世瑜《明清时期华北庙会研究》，《历史研究》1992 年第 5 期；《庙会与明清以来的城乡关系》，《清史研究》1997 年第 4 期。从国家与社会关系考察庙会的成果主要有：王立阳《庙会组织与民族国家的地方社会——妙峰山庙会的公民结社》，《民俗研究》2011 年第 1 期；赵晓峰、张红《庙与庙会：作为关中农村区域社会秩序整合的中心——兼与川西农村、华南农村区域经济社会性质的对比分析》，《民俗研究》2012 年第 6 期；华智亚《地方政府与乡村庙会——以河北省为中心的考察》，《民俗研究》2012 年第 5 期。另有王猛一文值得注意，其对 20 世纪三四十年代冀中根据地的庙会进行研究，探讨冀中地区庙会的时代变迁以及中共对庙会的改造，参见王猛《20 世纪三四十年代冀中根据地庙会研究》，硕士学位论文，河北师范大学，2011。
② 《马克思恩格斯全集》第 46 卷，人民出版社，1979，第 479 页。
③ 毛泽东：《中国革命和中国共产党》，《毛泽东选集》第 2 卷，人民出版社，1991，第 592 页。

严重扭曲、畸形，从而造成城乡发展的脱节。① 尤其是新中国成立前夕，受内战影响，国民党控制的城市与共产党控制的乡村之间的传统经济联系几乎中断，战事初平之际，"除老解放区外……所有桥梁、涵洞、河堤、江岸都被国民党反动集团肆意破坏，几无一处完整者"。② 其结果则是"大部分城市与乡村、工业与农业完全脱了节，完全隔绝了起来"。③ 新中国成立初期，中国的城乡经济皆因彼此的隔绝而陷入困境。就城市而言，由于难以从内地农村获得生产原料，中国主要大城市的工厂无论是在原料获取还是在商品销售方面，皆依靠外部市场，上海最为典型。新中国成立以后，因为外国封锁，工业生产顿时停滞。市场投机被压制之后，市面也一片萧条，由商品滞销而引起的工厂关门、商店歇业遍及许多中小城市。④ 农村方面，由于土副农产品不能通过市场销售，农村不仅不能维持正常的生产，甚至因而加剧了灾荒的程度，如四川、贵州地区"大批桐油、菜油、烟叶弃之于地"，从而"使赖以为生的数百万人民生活无着"。⑤

有鉴于彼此的隔阻是造成城乡经济凋敝的重要原因，同时也为了建设新的城市领导农村的社会主义城乡关系，新中国成立以后，扩大农副产品购销、使城乡交流更趋活跃被认为是"目前经济中的头等大事"。⑥ 为此，在积极恢复交通的同时，1950年以后，国家先后设立了粮食、花纱布、百货、盐业、土产等专门负责城乡物资交流的总公司及各地分、支公司，对全国及各地区的城乡物流通实行统一管理、统一经营，同时还大力建设负责农村土产收购与城市工业品推销的供销合作社。到1952年，供销合作社已在全国范围内形成"一个强大、独立的系统"，并且"成为国营商业的有力助手"。⑦

虽然迅速建立起来的国营商业公司与供销合作社在全国性或地区性的

---

① 宫玉松：《中国近代城乡关系简论》，《文史哲》1994年第6期。
② 中国社会科学院、中央档案馆编《中华人民共和国经济档案资料选编（1949～1952）》商业卷，中国物资出版社，1995，第17页。
③ 叶际秀、刘为：《谈物资交流》，中国青年出版社，1953，第21页。
④ 《陈云文选》第2卷，人民出版社，1984，第88页。
⑤ 《中华人民共和国经济档案资料选编（1949～1952）》商业卷，第420～421页。
⑥ 《陈云文选》第2卷，第118页。
⑦ 商业部商业经济研究所编著《新中国商业史稿（1949～1982）》，中国财政经济出版社，1984，第5～6、8页。

城乡主要商品流通中发挥着越来越大的作用，但是，就城乡之间商品联系的全面恢复与发展而言，尤其是在农村基层市场方面，由于市场情况不熟、工作经验不足、功能定位不明晰等原因，国营商业机构与合作社在有关农村土特产的收购与工业品销售等业务上皆存在诸多问题。以浙江省为例，一方面，一些合作社从单纯盈利的观点出发，"对利大易销的大土产、工业原料作物和出口作物就争着收，对利小或无利的小土产不愿收"；另一方面，在"包下来"思想指导下，又有一些合作社对私商的购销进行严格限制，甚至私商收购某些滞销品也不被允许，而合作社自身又不收购，从而"不但违犯了团结正当工商业的政策，而且引起群众不满"。与此同时，由于对市场行情缺乏足够的了解，对农产品收购时间及收购价格不能很好地掌握，对工业品又强行搭配销售，农民不仅无法卖出自己的农产品，而且不能买到自己需要的工业消费品，从而引发农民的严重不满。[①]实践证明，土产的"分布广、品种杂、数量多、体积大、腿脚短"等特点，决定了"只靠国家贸易公司、合作社和少数商人购销，势难达成大量推销的目的"。[②]

由于国营商业机构与合作社无法实现对城乡商品流通的全面主导，且1951年"三反""五反"运动之后，私商经营积极性低落，各地市场萧条与城乡商品流通受阻问题迅速凸显：一方面，商品上市量及成交量减少；另一方面，多数国营、合作社贸易的收购与推销任务难以完成。这不仅导致大量工业品滞销，而且使农村地区发生春耕缺少肥料、耕具以及产油区买不到食油等现象，土改后农村地区的生产热情因此受到较大打击。[③] 为此，1952年3月，政务院财政经济委员会发布《关于必须立即进行生产、恢复交流、活跃经济的指示》，要求各地以开展农村土产收购和恢复城市加工订货为中心，采取措施，使城乡经济迅速活跃起来。[④] 按照指示，各大区、省、专区、县、镇等先后召开了各种层次的以土产收购与工业品推

---

① 浙江省人民政府财政经济委员会编《开展爱国主义劳动竞赛深入扩大城乡物资交流：浙江省国营贸易、金融、交通、税务合作社职工代表联席会议上的主要报告纪要汇编》，浙江人民出版社，1953，第19、48、50页。

② 《中华人民共和国经济档案资料选编（1949～1952）》商业卷，第435页。

③ 《长江日报》1951年3月24日。

④ 《新中国商业史稿（1949～1982）》，第18页。

销为主的物资交流会。其目的不仅是"解决淡季困难活跃市场"，而且更希望借此"指导生产和保证有计划生产"，同时也希望通过交流会来"发挥私商有利于国计民生的经营积极性"，从而为"全国大规模的经济建设高潮到来"做最充分的准备。①

与大区级、中级市场不同，在各级市场的物资交流中，初级市场一直是国营、合作社商业相对薄弱而私商最为活跃的一级。同时，作为农副产品直接收购与工业品最终消费的一级，初级市场又是城乡物资交流最为基础的环节。因此，如何办好初级市场的物资交流会便成为推动城乡物资交流的关键。鉴于私商经营消极，针对初级市场的分散、季节性等特点，根据农村地区的传统商贸习惯，中央要求各地通过"骡马大会、药材大会以及各种庙会的形式"来"组织和带动私营商业"，从而"实现土产的交流"。② 重开庙会随之被全面纳入工作日程。

二　庙会与新中国成立初期农村地区的城乡经济互动

庙会的历史最早可追溯至东汉以后随佛教传入而在中国兴起的公共性宗教节日活动。明代以后，随着商品经济的发展和城乡商业贸易规模的不断扩大以及宗教活动与经济活动的结合，庙会开始"有了自己正式的名称并很快兴盛起来"。③ 庙会之所以成为新中国成立初期农村初级市场层面推动城乡物资交流的一种重要渠道，是因为其具有一般集市不具备的强大的物资流通与区域辐射能力。

自宋代草市兴起以来，至明清时期，商品经济的发展使为本地居民服务的以农产品与手工产品交换为主的集市已遍及中国城乡。虽然集市的兴起在相当程度上满足了农村居民日常生活的买、卖需要，但是交易对象种类太少、交易规模过小以及参与交易者的本地性决定了集市"一般地仅能满足城乡居民的基本生活需要"，④ 而农业生产所必需的较大型农具、耕畜、各种日用百货等往往因其局限性而不能满足需要。相较之下，作为一

---

① 山东人民出版社编印《物资交流工作参考资料》，1952，第4、20页。
② 《人民日报》1952年5月12日。
③ 吉发涵：《庙会的由来及其发展演变》，《民俗研究》1994年第1期。
④ 仲春明：《中国的庙会市场》，《上海经济研究》1987年第5期。

种规模更大的物资交流形式，清代以来被称为"大集"的庙会不仅持续时间长，① 而且辐射范围更广，② 因而"平时买不到的，卖不掉的东西，一般都能（在庙会上）买到、卖掉"。③ 但是，进入民国以后，受长期战乱的影响，中国各地的庙会普遍呈衰落之势。例如，河北省张北县在清代有庙会村庄52处，但到20世纪30年代前后，其庙会多已停办，1936年按时举办者仅县城一处。④ 至新中国成立前夕，各地庙会皆处于停举无常的状态。

正是注意到庙会在促进物资交流方面的重要作用，早在抗日战争时期，晋察冀边区政府就已经有意识地在边区恢复和兴办庙会，并将之视为"建立与繁荣边区市场，活跃境内贸易，并与敌伪作市场争夺战"。⑤ 受此历史经验的启示，新中国成立之初，国家即号召各地通过"恢复和建立农村集市、庙会，组织群众开展短距离的物资交流"。⑥ 但是，受意识形态影响，1950～1951年，传统的宗教迷信色彩较为浓厚的庙会并未受到各地方政府的高度重视。其时国家在农村初级市场方面更重视建设和发挥供销合作社的作用。各地普遍恢复庙会是在"三反""五反"后城乡市场呆滞，尤其是私商经营占主要比重的农村基层市场萧条的背景下，于1952年政务院财政经济委员会发布《关于必须立即进行生产、恢复交流、活跃经济的指示》之后全面展开的，其最初的目的是"帮助广大农民进行春耕生产和渡过青黄不接时期的困难"。⑦

在中央的号召下，各地都在恢复庙会的基础上大力开办初级物资交流大会。除历史上庙会经济已比较发达的华北、华东外，西北的陕、甘、宁、青等省也恢复和频繁地开办了包括古会、骡马会等在内的各种庙会。

---

① 据统计，清代河南省庙会会期至少一天，但会期两天以上者占多数，庙会规模较大者会期则长达十天半个月，有些大型庙会如禹州药材古庙会，会期更长达48天。王兴亚、马怀云：《明清河南庙会研究》（1），《天中学刊》1995年第1期。

② 以晋南翼城县汤王庙会为例，赶会者不仅有本县四乡的农户，甚至"邻县阳城、沁水、浮山、绛县等处男女均来斯会买物"，因而赶会人数"日不下千万人"。马继桢督修、吉延彦编纂《翼城县志》卷17《祠祀》，1929年铅印本，第33～34页。

③ 潘泽苍：《木渎庙会忆旧》，政协吴县委员会文史资料委员会等编印《吴县文史资料》第9辑，1992，第168页。

④ 王猛：《华北地区庙会研究综述》，《高校社科动态》2009年第6期。

⑤ 《边区恢复境内各地庙会的指示》（1941年4月25日），魏宏运主编《晋察冀边区财政经济史资料选编》工商合作编，南开大学出版社，1984。

⑥ 《新中国商业史稿（1949～1982）》，第17页。

⑦ 《人民日报》1952年5月12日。

截至 1952 年 10 月，这四省已召开和即将召开全县性大庙会的县共计 48 个，其他集镇庙会甚至村镇庙会则更多。① 就全国而言，据不完全统计，1952 年全国各地所举行的以庙会等为基础的初级物资交流大会共达 7738 处次之多，② 成交金额共计 16.38 亿元（新币），约占该年全国各级物资交流大会成交金额的一半。③

　　在各地庙会已停办较久的情况下，1952 年恢复举办的庙会之所以能够取得成功，除了城乡经济发展的客观现实需要以外，更主要是由于中央至地方政府的高度重视以及大会召开前后的精心组织与管理。在当时，有相当一部分基层干部认为，在新的历史时期，基层市场的物资交流应由合作社来完成，因而召开庙会和发动私商参与经营并无必要。典型者如山东省禹城县的区乡干部便认为："区、乡有了合作社，农民的什么问题都可以解决，不需要开物资交流大会。" 为了办好初级市场的物资交流大会，各地不仅召开了各级干部座谈会，对地方干部的错误认识进行纠正，④ 还对当地传统庙会的举办时间、地点进行分析，选择交通便利，传统时期规模较大、影响范围较广的庙会重点举办。⑤ 庙会召开前后的组织与管理工作也非常重要。按照山东省的经验，庙会开办前，先是派人对当地土产的产销情况进行调查研究，并做好农民与私商参与大会的动员工作。庙会召开期间，不仅设立有大会管理委员会负责一切行政与安全方面的领导，而且设有负责与会者食宿的会务组、负责维持物价的评议组等，"以保证大会有秩序地进行交易"。此外，还设有专人负责组织庙会期间的宣传教育与文娱活动。⑥

　　在庙会上，农民"把农副产品带到会上出售，换回了他们需要的生产资料和生活资料"。⑦ 庙会的召开，不仅使农民手中滞销的土特产品找到了销路，而且在很大程度上满足了农民的生产、生活需要。例如，甘肃会川县 1952 年 7 月利用骡马会召开的物资交流会，仅牲畜一项成交总值即达 6 亿元，农具更是脱销，从而"不但活跃了市场，解决了群众的生活资料，

① 《中华人民共和国经济档案资料选编（1949～1952）》商业卷，第 486 页。
② 叶际秀、刘为：《谈物资交流》，第 3 页。
③ 余鑫炎：《解放初期的城乡物资交流》，《中南财经政法大学学报》1986 年第 3 期。
④ 《物资交流工作参考资料》，第 49 页。
⑤ 中南人民出版社编印《大力推销土产活跃城乡经济》，1951，第 57 页。
⑥ 《大众日报》1952 年 8 月 14 日。
⑦ 《物资交流工作参考资料》，第 49 页。

更重要的解决了群众的生产资料"。① 庙会的召开又在很大程度上改变了各地城乡之间物资交流不畅的状况。例如，江苏丹阳县在 1952 年 5 月成功举办的庙会总交易额达 10.8 亿元，"使工业品大批下乡，并解决了一部分土产的销路问题"，从而"扭转了市场呆滞，物价交流不畅的局面，活泼了城乡经济"。大会后，县城市面的南货、粮食、绸布、百货等的营业额增长了 50% ~ 100%。② 此外，更为重要的是，庙会的举办使国营商业机构与合作社对城乡物资交流中各类商品的生产、需求状况有了更为充分与全面的认识与掌握，从而"使国营经济的领导地位，更形巩固"，③ 并为后来国营商业机构与合作社取代私商与全面控制城乡物资流通渠道奠定了基础。

三　庙会与新中国成立初期的城乡政治、文化互动

作为从封建时代传承下来的一种特殊的农村地区集会形式，庙会虽然在推动城乡之间、地区之间物资交流方面具有独特而重要的作用，但是其所具有的浓厚的宗教性色彩以及不断叠加的封建迷信内容又是与中国共产党的无神论理念相冲突的。早在抗日战争时期，党与边区政府在尝试恢复庙会时便已注意到充分发挥其有利于经济交流的积极一面，提醒各级政府在通过恢复庙会以"建立与繁荣边区市场，活跃境内贸易，并与敌伪作市场争夺战而斗争"的同时，也要努力去除庙会的封建迷信色彩，恢复庙会"绝非恢复民众烧香拜佛等迷信行为，相反的且应加以制止"。④ 因此，新中国成立以后，重新恢复的庙会必然被赋予新的时代内涵。

以祭拜为名义，进而开展经济活动是传统庙会举办的基本模式，正如方志所记载的那样，"敬事神明，有祈有报，且因之立集场，通商贩"。⑤ 因为一旦烧香、拜佛等宗教迷信内容被禁止，传统时代习惯形成的民间自发组织的庙会就失去了继续举办的理由。与此同时，宗教性内容的缺失也

---

① 《中华人民共和国经济档案资料选编（1949 ~ 1952）》商业卷，第 486 页。
② 《物资交流工作参考资料》，第 78 页。
③ 《物资交流工作参考资料》，第 25 页。
④ 《边区恢复境内各地庙会的指示》（1941 年 4 月 25 日），魏宏运主编《晋察冀边区财政经济史资料选编》工商合作编，第 422 页。
⑤ 白玉新、周杰、白玉良编《中国地方志民俗资料汇编》中南卷（上），书目文献出版社，1990，第 90 页。

使各地农村群众在很大程度上失去了参与庙会的热情。也正是因为如此，当中央决定在各地恢复举办庙会时，不仅庙会的组织者已由民间自发推举的"会首"转变为各级地方政府，而且大力动员和发动农村群众参与庙会也成为庙会举办者的重要任务之一。以山东禹城县所举办的庙会为例，由于农民"知道这次会不像古会，不是为了热闹"而缺乏参与的积极性，因而除运用宣传员、教员、学生、黑板报、广播筒、集市宣传等形式进行广泛的宣传动员外，各区乡政府还于会前召开群众大会、社员代表会和社员大会进行全面动员，"号召社员要趁早打谱，积极参加交流大会"。①

有鉴于农民对禁止烧香、拜佛活动的新式庙会缺乏热情，因而大力发展文化娱乐活动便成为吸引农民参与庙会的重要途径。就传统庙会而言，以酬神、娱神为基础的戏剧、曲艺活动到后来已发展为吸引四方民众广泛参与的必不可少的一项重要活动。按方志记载："有会必有戏，非戏则会不闹，不闹则趋之者寡，而贸易亦因之而少甚矣，戏固不可少也。"② 除戏曲外，各地庙会的娱乐活动还包括高跷、秧歌、旱船、竹马、杂耍、花鼓、评书等。因此，为吸引农民的参与，新式庙会也广泛地组织了各种地方戏曲与曲艺表演。其中，除地方戏曲与秧歌、杂耍等传统艺术形式外，新式庙会还引入了代表现代城市文明的幻灯、电影、歌剧等新的曲艺形式。多种形式的曲艺表演活动吸引了大量的农民。以浙江省萧山县的庙会为例，大会第一天到会群众仅四千余人，但第二天演了戏之后，到会群众就达一万余人。冠山乡的朱茂炎在看到会上有各种文娱表演后，回村进行宣传，第二天全村的群众差不多都来了。群众普遍反映，"这样热闹的大会，这样好的戏文，解放到现在还是头一次"。③

当然，庙会举办者所组织的各种曲艺活动并不仅仅是为了满足农民的娱乐需要，结合政治宣传，庙会更成为贯彻国家政策及反映时代变化、宣传新思想新观念的重要阵地。浙江省长兴县在举办庙会之前所确立的曲艺

---

① 《物资交流工作参考资料》，第50页。
② 河南省汤阴县委员会文史资料研究委员会编印《汤阴文史资料》第1辑，1988，第112页。
③ 《解放日报》1952年8月7日。

活动主题即为"以物资交流为主，结合爱国卫生、爱国增产、新婚姻法等"。① 萧山县庙会上所表演的新剧如《旧仇新恨》《增产竞赛》《新事新办》《李凤英卖布》《明天更美丽》《中朝人民心一条》《花开满山头》等，也是与抗美援朝、爱国增产、新婚姻法等新的时代主题密切相关的。② 河南省沈丘、荥阳、项城等主要"通过庙会展开抗美援朝及镇压反革命等时事宣传"，从而"不仅在政治上教育了群众，而且也可以使物资交流的工作与抗美援朝结合起来，加强了群众对这一工作的重视和认识"。③

除了利用曲艺形式进行宣传外，各地所举办的庙会还采取了展览棚、书报阅览棚、墙报、黑板报、画报、土广播、有线广播等多种形式进行政治、思想、文化宣传。正如当时的主管部门领导所指出的那样，"只有采用多种多样的为群众所喜爱的形式，宣传我们要宣传的内容，才容易说服群众、打动人心；只有大会中每天每时每个角落都有人在宣传，才能使更多人接受我们的教育，达到我们预期的宣传效果"。④ 在山东省禹城县的庙会上，专门设立了一处大型的展览棚，里面有实物、模型、图片、漫画，所宣传的内容包括爱国卫生、生产互助、治虫、婚姻法、新法接生以及新式农具和防除农作物病虫害的实物标本。其中婚姻法、生产互助、治虫等内容大部分是本县的真人真事，从而使农民深受教育。农民韩同仁说："看了新式农具，使我相信了科学，在毛主席领导下，今后生产会更有发展。"⑤

在国家的大力推动下，庙会这一乡村地区传统的集会形式不仅成为沟通城乡物资交流，使城市与农村、工业与农业更为紧密地结合的重要途径，而且极大地推动了新中国成立初期以城乡互助为主要内容的社会主义城乡经济关系的发展。按照毛泽东所指出的，社会主义的城乡关系，首先是"使城市工作和乡村工作，使工人和农民，使工业和农业，紧密地联系起来"。⑥ 与此同时，通过传统曲艺与现代音乐、艺术形式的结合以及多种形式的宣传方式，庙会也成为以农民喜闻乐见的形式向农村地区传播现代

---

① 《解放日报》1952 年 8 月 9 日。
② 《解放日报》1952 年 8 月 7 日。
③ 《大力推销土产活跃城乡经济》，第 58 页。
④ 《物资交流工作参考资料》，第 95 页。
⑤ 《物资交流工作参考资料》，第 48 页。
⑥ 毛泽东：《在中国共产党第七届中央委员会第二次全体会议上的报告》，《毛泽东选集》第 4 卷，第 1427 页。

城市文明、普及新的思想观念和先进科学技术的一个独特平台，从而在相当程度上改善了新中国成立初期农村地区封闭、落后的状态，推动了新的社会主义城乡关系在政治、经济、文化等层面的全面发展。

四　结语

新中国成立初期，为改变城乡长期隔阻状态，推动城乡间物资交流和发展城乡经济，在国家的号召下，各地农村先后恢复和召开了以传统庙会为基础的物资交流会。庙会的重新恢复不仅极大地畅通了城乡间的物资交流，改善了物资匮乏的局面，有效推动了城乡之间的经济交流与互动，实现了对区域经济的重新整合，而且庙会的恢复亦对城乡间政治、文化、思想观念的交流起到了促进作用，推动了城市从政治、经济、文化等各个层面领导农村的新的社会主义城乡关系的建设，使新中国成立初期城乡之间形成了一种较好的互动关系。令人遗憾的是，在结束了新中国成立初期良性的城乡互动之后，由于重工业优先战略的启动，国家"应以有计划有步骤地恢复和发展重工业为重点，例如矿业、钢铁业、动力工业、机器制造业、电器工业和主要化学工业等，以创立国家工业化的基础"。① 工业化获得了超规模发展，城市亟须从农村获取大量资源以解决工业发展中的诸多问题。因此，城乡对立的二元结构逐步形成，并一步步固化，成为影响当代中国城乡关系的根本问题之一。

作者：付志刚，四川大学马克思主义学院

（编辑：任吉东）

① 中共中央文献研究室编《建国以来重要文献选编》第 1 册，中央文献出版社，1992，第 9 页。

旧庙新命：民国北京政府时期
文庙的时代承载

——以上海文庙为中心

张国鹏 李永胜

内容提要：辛亥革命冲击了文庙在帝制时代的"圣域"地位，上海文庙亦利用其旧有空间传播共和新风。然而出于对共和社会乱象的不满，其后民间到官方都有意重拾文庙的道德承载，以维护社会人心。虽经历新文化精英的批判，但北京政府时期文庙祀典未曾中断，地方官绅通过革新祀典礼仪、开放文庙、筹备通俗教育馆等方式，意在将文庙所承载的精神与共和社会相融通并传布民间。不过此时维护文庙旧制的社会氛围依然浓重，利用上海文庙广泛推行社会事业还有待北伐革命后强有力政权力量的出现。

关键词：北京政府时期 上海文庙 共和理念 孔子

　　文庙作为儒家文化的表征，通过官绅主导下的春秋祭祀，在帝制时代体现着"治统"与"道统"的融合。[①] 辛亥革命在政治体制与社会理念上冲击了儒家文化的尊荣地位，之后的历次社会革新中，文庙往往因自身的历史形象与文化内涵而成为新文化与旧传统的交锋之地。[②] 文庙应以怎样

[①] 对于文庙在帝制时代所汇聚之"治统"与"道统"的关系，以及由此形成的社会"圣域"地位，可参见黄进兴《优入圣域：权力、信仰与正当性》第二部分"皇帝、儒生与孔庙"。见黄进兴《优入圣域：权力、信仰与正当性》，陕西师范大学出版社，1998，第97~356页。

[②] 从辛亥革命对文庙"扫穴犁庭，唯恐不尽"，到新文化运动欲"毁全国已有之孔庙而罢其祀"，再到北伐革命中改孔庙为中山祠，革命者激进的行为都是出于相同的认知逻辑。参见《常子襄先生与本社商确进行械》，《宗圣汇志》第1卷第2号，1913年6月，"纪载"，第6~8页；陈独秀《再论孔教问题》，《新青年》第2卷第5号，1917年1月，第1~4页；何止清《蒋总司令故乡近事记》，《申报》1927年8月1日，第16版。

的方式融入共和时代的社会，其实是对民国政治与文化再建构的认识。上海文庙在辛亥革命后的社会遭遇，正展现出时代变局下政权理念、社会信仰与民众情感之间的复杂纠葛。学界关于文庙的研究，主要集中在考察文庙在帝制时代的历史发展、建筑装饰、祀典礼仪、从祀制度、庙学体例等方面，而较少关注文庙在共和之后的意象重塑与价值承载。① 本文通过上海文庙在北京政府时期的变革与坚守，尝试对此有所认知。

一 共和革命对文庙的冲击

清末任职于上海县教育会的姚明辉亲历辛亥之变对于上海文庙的现实意义："明辉置身教育，于今十载……而不见孔子学校则自去年始，不与学生拜孔子，亦自去年始。去年何年？孔子诞生二千四百六十三年，即中华民国元年也。教育者相与谋，不奉孔，不拜孔。"② 1913 年一份上海县议会的议案中更是提到了辛亥革命后上海文庙的不堪境遇："光复之初，颇遭蹂躏，至以黉舍为驻兵之地，泮水为饮马之池。丧乱降之自天，斯文因而扫地。今则荆棘弗剪，榛莽塞途。"③ 1912 年 3 月，上海文庙照例应当举行的春丁祭典出现了小刀会事变之后的首次中断，这次停祀未能引起任何人注意，这既是由于政局不稳，也是源于民国肇兴，气象更新，文庙旧典在革命喧嚣中退到了人们的视线之外。④ 新

---

① 唐仕春《"尊崇圣道"与"修明市政"之争——以 1919 年广府学宫事件为中心》（《中国社会科学院近代史研究所青年学术论坛 2002 年卷》，2002）通过广州市政建设与维护文庙的冲突，揭示了新文化运动背景下社会层面的传统意识；张国鹏《新学人与旧文化：民初嘉兴拆毁文庙之探析》（《历史教学问题》2017 年第 3 期）从民国初年新文化人孙增大拆嘉兴文庙所引发的社会风波，探讨新文化运动在地方社会的另类面相；景军《神堂记忆——一个中国乡村的历史、权力与道德》（吴飞译，福建教育出版社，2013）从社会学角度考察甘肃大川村孔氏家族孔庙的损毁与重建，折射政治变迁、家族命运与仪式重构等问题；〔美〕柯必德《天堂与现代性之间：建设苏州（1895～1937）》（何方昱译，上海辞书出版社，2014）涉及苏州文庙在民国的处境，与上海文庙最可类比，但在政治筹划与社会文化层面，苏州文庙的时代承载远不如上海文庙厚重繁杂。
② 姚明辉：《废孔教育之大危》，《孔教会杂志》第 1 卷第 2 号，1913 年 3 月，"时评"，第 1 页。
③ 《修葺孔庙之议案》，《申报》1913 年 10 月 24 日，第 10 版。
④ 尽管临时政府内务、教育两部在 2 月底通电各省举行丁祭，表示："查民国通礼，现在尚未颁行。在未颁以前，文庙应暂时照旧致祭，唯除去拜跪之礼，改行三鞠躬，祭服则用便服。"此寥寥数语不过乱局之下的权宜之计，政令未见效果。见《丁祭除去拜跪》，《申报》1912 年 3 月 5 日，第 7 版。

生的民国不仅志在终结清王朝的政治体制，而且力求变革旧时的统治理念，用共和精神来面对革命之后的社会。作为传统社会政治意识形态的儒家学说，面临被共和理念取代的命运，因此作为儒学象征的文庙，其地位亦显尴尬："今桥门之设，等于宫观。乡射不举，弦诵不闻。言化则未遑，语教则异施。"①

文庙由于其自身的象征意义，成为革命浪潮下社会层面的讨伐对象，非上海一地如此。"自南京教育部废止讲经读经功令一颁，薄海从风，有逾天宪。孔子之废祀者有矣，孔庙之毁位者有矣。视学者改良校章，注重此点，扫穴犁庭，唯恐不尽。"② 教育家唐文治在民初致参议院、教育部的电文中，悲痛地谈道："自各省起义后，释奠孔子礼久废，文庙殿庑有鞠为茂草者，可为痛哭。"③ 上海济生会在后来给北京政府的电文中，也谈到了革命后文庙相似的景象："改革以来，有书乃不能读，故经书若付于秦灰；信教原可自由，而国教未列于宪法。间有各县驻兵之地，以大成殿为起居，以两庑为庖湢，绅民蹙额，噤不敢言，其他侮经非圣尤骇听闻，圣道凌夷极矣，可为流涕痛哭者。"④

国民公会上海部在辛亥革命后利用文庙定期举行演讲会，1912 年秋丁之期举行的第九次演讲会上，科长杨庆余主讲共和原理，"听者甚众"，展现出上海文庙在社会层面的全新气象。本次演讲结束后，杨庆余在事务所与各职员及来宾谈论尊崇孔祀问题，"金以祭期已过，一切典礼尚未颁定，无所适从"。唯查知报载内务部通电各省学校，以八月二十七日为孔子诞辰纪念日，令各学校各自举行，⑤ 上海各校只须各随其便。当时上海文庙内洒扫局等处正驻扎有敢死军队福字营兵，国民公

① 马浮：《绍兴县重修文庙记》，《华国月刊》第 1 卷第 4 期，1923 年 12 月 15 日，"文苑"，第 2 页。
② 《常子襄先生与本社商确进行械》，《宗圣汇志》第 1 卷第 2 号，1913 年 6 月，"纪载"，第 6 页。
③ 《电请举行丁祭》，《申报》1912 年 8 月 31 日，第 6 版。
④ 《济生会请崇孔教》，《申报》1918 年 12 月 7 日，第 11 版。
⑤ 1912 年 7 月，北京政府教育部召开临时教育会议，对于学校可拜孔子一案，认为"孔子非宗教家。尊之有道，教育与宗教不能混合为一；且信教自由，为宪法公例，不宜固定一尊"。但担心若如此宣布，恐引起社会上无谓之风潮，故仍把"孔子诞日"列为学校自定仪式。9 月 13 日，教育部通电各省，规定 10 月 7 日为孔子诞辰，全国各校届时举行纪念会。参见韩达编《评孔纪年》，山东教育出版社，1988，第 4 页。

会会长姚子樑与副会长江确生与军队司令商议，得以允许将军队撤让一二日，并由营兵代为洒扫腾挪，以便在孔诞日进行致祭活动。然而由于文庙地方广大，兵队驻扎后杂乱不堪，难以收拾，并且台凳器具及一切祭器均已散佚不全，一时殊难措手，以致不能及时筹办孔诞日祭典，只得由各团体根据自身条件自行纪念。在之前国民公会关于文庙祀孔的谈话会上，洒扫局董陆蔚臣对文庙祭典提出革新设想，认为历来孔诞日仅由学界中人致祭，普通民众不得进入文庙参加祭典活动，现在共和政体既已告成，国民不应再分阶级，以后孔诞日无论何人，只要品行端正、尊崇孔祀者，均可以前往文庙行礼。这项建议得到了与会众人的赞同，然而随着筹办孔诞致祭典礼的流产，这项带着共和气息的革新计划未能成行。①

上海文庙的新气象与整个国家的环境氛围息息相关。南京临时政府成立伊始，在清帝尚未退位、南北仍然分裂的情况下，中华民国教育部即在1月19日颁行的《普通教育暂行办法十四条》中明确提出"小学读经课一律废止"。② 在随后的1月30日，教育部电令各省推行社会教育，将其标准定为"大致应专注此次革新之事实，共和国民之权利义务及尚武实业诸端，而尤注重于公民之道德"。③ 虽然电文中并未提及公民道德的依据，但可以感受到此时的社会教育意在宣扬共和革命的理念，以此来"启迪民智"，而儒家意识形态在官方话语中则未被提及。不几日，教育总长蔡元培在其发表的《对于新教育之意见》中明确提出了新时代公民道德的标准："何谓公民道德？曰法兰西之革命也，所标揭者，曰自由、平等、亲爱。道德之要旨，尽于是矣！"并且将儒家古老的"义""恕""仁"信条分别附会于共和社会的"自由""平等""博爱"。曾处于统治地位的儒家意识形态降为一种社会生活的道德准则，不再具有政治独尊的地位，正如其在谈到清末新政所钦定的"忠君"、"尊孔"的教育宗旨时所说，"忠君与共和政体不合，尊孔与信教自由

---

① 《尊崇孔祀之谈话》，《申报》1912年10月3日，第7版；《尊崇孔祀之审慎》，《申报》1912年10月7日，第7版。
② 《普通教育暂行办法十四条》，《临时政府公报》1912年2月1日，第3页。
③ 蔡元培：《请各省注重社会教育通电》，中国蔡元培研究会编《蔡元培全集》第18卷，浙江教育出版社，1989，第203页。

相违"。①

随着儒家意识形态的统治地位被共和理念取代，处在祭祀礼仪圣坛上的是为共和革命死难的英烈而非儒家的先贤。2月22日，陆军部通告各省，要求将前清湘、楚、淮军昭忠各祠改建为大汉忠烈祠，将各省为"覆满"革命而死难者入祀其中，"由执政春秋致祭，并于每岁民国纪念日恭行祀典"，由此来激励士气，以"蔚成民国无疆之盛业"。② 与文庙的冷落相比，大汉忠烈祠兴起，正是源自儒家意识形态退让于民国新理念。3月29日，邹容入祀忠烈祠，孙中山在核准入祀的令文中说，"邹容当国民醉生梦死之时，独能著书立说，激发人心"。③ 邹容以《革命军》成名，以与传统决裂的姿态抨击专制政体，最终荣祀忠烈祠，民国新理念表露无遗。邹容荣祀忠烈祠之后，7月15日教育部发起召开的全国临时教育会议第二次会议上，议决于学校管理规程内删除拜孔子仪式，④ 社会偶像由儒家先贤转为革命英烈，7月31日教育部规定的小学科目表中已废止了读经，⑤并由内务部通令各省，将旧有用于文庙祭祀的各府厅州县学田予以清查，以专充县属小学经费之用。⑥

共和时代到来后，文庙祭典普遍荒废，既是由于辛亥革命带来的社会失序，也源于共和理念对传统文化的冲击。辛亥之变所标榜的不仅是反清，更是反对帝制的共和革命，作为帝制时代官定意识形态的儒家文化以及这种文化的物化象征文庙，自然要受到革命洪流的冲击。民国初年，文庙被毁弃的报道时常见诸孔教会人士所编期刊，语词悲切哀怨，这其中并未出现对传统帝制的留恋，更多是对文化道统绝续的忧虑。他们悲叹文庙的废弃，也是在悲叹文化品格、道德气节的无所依托。上海文庙的辛亥遭

---

① 蔡元培：《对于新教育之意见》，高平叔编《蔡元培全集》第2卷，中华书局，1984，第136页。蔡元培任民国元年教育总长后发表此文，先后刊载于《民立报》1912年2月8、9、10日；《教育杂志》第3卷第11号，1912年2月10日；《东方杂志》第8卷第10号，1912年4月。
② 《陆军部通告各省迅将前清湘楚淮军昭忠各祠改建为大汉忠烈祠文》，《临时政府公报》1912年2月25日，第2～3页。
③ 《大总统令陆军部抚恤邹谢喻彭四烈士文》，《临时政府公报》1912年3月29日，第3页。
④ 《临时教育会议日记》，《教育杂志》第4卷第6号，1912年，"特别记事"，第5页。
⑤ 丁致聘编《中国近七十年来教育记事》，国立编译馆，1935，第39页。
⑥ 在清代，各府厅州县文庙普遍设有学田，用于文庙祭祀与周济贫生，民国后经北京教育会呈请，内务部于1913年1月19日令准将其专充县属小学经费之用。参见《政府公报》1913年1月19日，第3页。

遇，正体现出了这样一种时代氛围。民国元年的春丁祭典之期，上海仍处在政局动荡的旋涡中，南北之相争各有盘算，共和前景无所适从，这次祭典无人张罗自在情理之中。随着袁世凯执掌北京政权，政局逐渐从辛亥革命的失序中稳定下来，上海各界人士也开始思考文庙在民国时代下的角色。这年的秋丁之期，文庙内仍驻扎有敢死军队，犹似在彰显革命之时社会失序的余波，文庙也开始为社会团体国民公会的上海部所占有，作为其会场，用于定期演讲共和理念之类民国新风尚。虽然此次秋丁并未举行祭典，但这已开始引起人们的注意，革新祭典仪式，以体现民国时代的共和理念，得到人们的普遍赞同。共和革命对文庙的冲击，除却帝制之外，在文化方面的深意，正如梁漱溟所说："中国民族几千年实受孔孟理性主义（非宗教独断）之赐；不过后来把生动的理性，活泼的情理僵化了，使得忠孝贞节泥于形式，浸失原意，变成统治权威的工具，那就成了毒品而害人。"① 上海文庙在辛亥之际既体现着革命洪流之下政治动荡对社会秩序、共和理念对传统文化的冲击，亦彰显了随着政局的稳定，其所象征的文化道统开始尝试与共和理念融合。

二　袁氏当国下的文庙新命

1912 年秋丁之期虽然上海文庙仍未举行官方主导的祭典，但已引起上海知识界的注意。上海南洋公学学监唐文治于 8 月 29 日致电北京参议院与教育部，提议尽速厘定全国文庙的春秋丁祭，祭品乐章宜沿用旧典礼仪，表示共和革命不应是道德礼教之革命，"窃维变法乃改革秕政，非举数千年文教礼法而尽废之"。② 随后上海国民公会会长姚子樑、江确生与全体职员及上海洒扫局董李伯埙、陆蔚臣等起稿公呈袁世凯，有感于民国成立起来礼教沦亡，人心愈坏，力推尊崇孔祀。呈文认为，"立国有改革秕政之举，而决不能废弃道德礼教之范围"，孔子之教乃道德礼教之核心，"尊崇孔教即所以唤醒国人之道德心、礼教心，故立国当以孔教为脑筋，若废弃之，是不啻剜割全国人之脑筋"，不满辛亥理念对文教的冲击，"慨自民国成

---

① 梁漱溟：《今天我们应当如何评价孔子》，《梁漱溟全集》（七），山东人民出版社，2005，第 313 页。

② 《电请举行丁祭》，《申报》1912 年 8 月 31 日，第 6 版。

立以来，以正大光明之民族而竟忍言罢黜孔祀学堂，则废弃孔经恐于世道人心不堪复问"，由此要求袁世凯训令教育部"修订丁祭典文，修葺天下孔庙，并要求通告二十二行省四万万国民，一律尊崇孔祀，即全国昌明礼教"。由于上海文庙已被兵士居住，大半遭践踏，需要大加修葺，国民公会等准备联合各团体"在孔庙组织一大宣讲部，以正人心而维世道"。①

1912 年 9 月，袁世凯发布《崇孔伦常文》，宣称"中华立国，以孝、悌、忠、信、礼、义、廉、耻为人道之大经，政体虽更，民彝无改"，并谓此"八德"为"人群秩序之常，非帝王专制之规"，要求全国人民"恪循礼法，共济时艰"。②留守南京的黄兴亦致电北京政府，表示"八德在吾国万不可因改例而忽视，名言伟论，薄海同钦！"③10 月 7 日，陈焕章、梁鼎芬等在上海发起成立孔教会，以"昌明孔教，救济社会为宗旨"。④11月，以"保存国粹、瀹发新知为宗旨"的《中国学报》创办，康有为在题词中说，"共和有政府议院政党国民，摹欧钧美，以为政治风俗，而无其教以为人心之本，若是者，可谓之国乎？"并慨叹："自共和以来，教化衰息，纲纪扫荡，道揆凌夷，法守敓，家俗变异，盖自羲、轩、尧、舜、禹、汤、文、武、周、孔之道化，一旦而尽，人心风俗之害，五千年未有斯极。"因而"今兹之病，则尤以道德为重"。⑤

1913 年 3 月，孔教总会与支会会同洒扫局主导的上海文庙丁祭尚属平静，⑥但到 9 月孔诞日，上海文庙在孔教会主持下举行的祀孔活动则堪称声势浩大。先期公推孔教总会主任兼洒扫局董姚栋承办文庙事务，姚栋等随即通告上海各团体一律前往恭祝，并详细安排祭典议程，由专人负责预备祭品及饮福等事，又推孔教分会员兼洒扫局董蔡尔康为总干事。在孔教会精心安排下，这次祭典活动取得了广泛响应，是日"自清晨起至中午止，在沪各团体暨各学校教习及男女学生陆续诣庙行庆祝礼，多至三千余人，其专以一己名义赴庙庆祝者又不下二百余人"，并于午后在明伦堂开

① 《尊崇孔祀之公呈》，《申报》1912 年 9 月 14 日，第 6 版。
② 韩达编《评孔纪年》，第 5 页。
③ 韩达编《评孔纪年》，第 9 页。
④ 韩达编《评孔纪年》，第 5 页。
⑤ 韩达编《评孔纪年》，第 5~6 页。
⑥ 《丁祭之预备》，《申报》1913 年 3 月 12 日，第 7 版。

圣诞纪念会，于会诸人演说祝圣之理。①

　　同时，上海县议会将修葺上海文庙纳入议事日程。10 月 22 日议会常会上，议员们纷纷对上海文庙的管理不善表达不满："上海处中外交通之地，各国观瞻所系，而文庙倾圮已极，榛莽夹道，不独对之外人有愧，即较诸他县亦不如……洒扫局倡言尊孔，而对于洒扫之名义毫不实行，殊所不安。"县议会副会长李右之提出议案"请修葺圣庙实行开放以崇体制而重教育"，得到了广泛响应。在这份议案中，他首先谈到上海的特殊地位，"上海自通商以来，华洋杂处，人物殷繁，轮轨所驱，冠裳毕集。凡宗庙百官之美富，为环球万国所观瞻。允宜式焕宫墙，聿新庙貌。启金丝之壁，彩泽如新；登礼器之堂，声容非旧。盖非特为中外仰瞻所系，抑以起学者崇敬之心"。随后对新修葺的文庙做出了大胆设想："旧例学宫，除春秋释奠外，无论何人均不得其门而入。一若夫子之门墙高峻，有非外人所能涉其藩篱者。不知孔子有教无类，来者不拒。今数仞之墙终年不启，是岂我夫子一视同仁之意，大公无我之心。本员以为宜及早缮修，加以点缀，务使松柏夹道，桃李盈门。至修理完竣后，宜于星期休沐，或国庆及地方纪念等日，均宜洞开重门，俾各校教员学生聚集其中，以为休憩之所。庶于放假游观之际，隐寓亲炙信仰之心。并宜以尊经阁为图书馆，土地祠做读报室，明伦堂为结婚场。"② 会议一致认为文庙极应整理，遂交财政、学务两审查委员会会同审查。③ 虽然一年之后上海文庙修葺一新，但这样民众化的开放理念却未能成行。

　　文庙的价值承载随后亦在国家的制度层面得到确认。政治会议呈请袁世凯规复文庙，提出"将原有文庙，一律规复尊崇，不得任听损坏。并每县设奉祀官一员，管理庙务，敬司祀事。每月逢星期日，开明伦堂，集合人民宣讲人伦道德，使人人知所兴感。潜移默化，裨益世道人心，实非浅鲜，而于尊崇至圣精意，更觉周备无遗"，从而使"人民知国家以道德为重，心目有所观感，将见孝弟之心，油然而生，廉耻之道坠而复振，由都邑达于乡曲，自优秀渐及愚顽，实于维持礼教，挽回风化大有关系"。④ 袁

---

① 《孔子诞日之庆祝》，《申报》1913 年 9 月 28 日，第 10 版。

② 《修葺孔庙之建议案》，《申报》1913 年 10 月 24 日，第 10 版。

③ 《县议会常会旁听记》，《申报》1913 年 10 月 23 日，第 10 版。

④ 《政治会议议长李经义呈大总统据本会议员任福黎等提出规复文庙建议一案》，《政府公报》1914 年 2 月 14 日，第 21 页。

世凯批交内务部令各省饬属遵办。2月20日袁世凯发布《崇圣典例》，正式以制度形式规定文庙典制，"衍圣公膺受前代荣典，均仍其旧，其公爵按旧制由宗子世袭"，并在各地方文庙设奉祀官一员。①

1914年3月上海文庙举行了自辛亥革命后第一次由官方主导的春丁祭典。先期由县知事训令文庙保管员妥为预备，通告绅学各界及孔教会同人届时齐集行礼，并由县知事洪锡范函请上海各政要届时与祭。是日，上海观察使杨小川为主祭，上海县知事、审判厅长、检察厅长为陪祭，另外，学校师生与社会团体孔教会、公忠演说会、希社、群学会、通俗演讲社、孔孟正学会以及绅商共一千余人前往文庙行礼。主祭与陪祭行三鞠躬礼，各学堂及绅商亦行三鞠躬礼，唯孔教会会员仍行三跪九叩礼。② 1915年孔诞日，与上海县相邻的松江县所在中学与第一、第二高等小学均放假一天，师生在校致祭，第一高等小学更是别出心裁，从主祭到各执事均由学生承充，校长与教员等退居纠仪之列。这一日早晨，孔教会全体先祭松江府学文庙，然后再祭县学文庙，祭典结束后孔教会员留下共进以酒面，下午一时在明伦堂开孔教大会，列席者众多，县知事亦委任代表登坛演说，以夫子忠恕之道相砥砺。③

1915年8月26日开幕的江苏省教育行政会议上，江苏巡按使提出议案，设通俗教育馆于各县文庙，"俾众展览，而坚信仰"。其所拟办法，在各县文庙中酌量辟用除殿庑外之土地开办民众教育馆，设主任一人，助理一二人，均由县教育行政人员兼任，教育馆陈列普通书籍、图报、理科、卫生之模型，以及圣贤遗迹、遗像等，并附设通俗讲演会。议案获得一致通过。④ 1916年1月5日上海县知事接到沪海道尹公署与江苏巡按使公署饬令，其中谈到此次在文庙内设立通俗教育馆的立意宗旨，认为文庙之设意在崇圣德而风后世，然而"晚近以还，弦歌不作，遗泽浸衰。入夫子之门，举凡文物章服礼器之属，荡然无存，即当年礼乐之堂、宫墙之地，非

① 《大总统发布崇圣典例令》（1914年2月20日），中国第二历史档案馆编《中华民国史档案资料汇编》第3辑《文化》，江苏古籍出版社，1991，第8～10页。
② 《举行丁祭之预备》，《申报》1914年3月1日，第10版；《祀孔纪盛》，《申报》1914年3月3日，第10版。
③ 《松江祀孔日之孔教大会》，《申报》1915年10月9日，第6版。
④ 《江苏教育行政会议情形》，《申报》1915年9月7日，第7版。

倾圮亦荒芜矣"。在文庙内设立通俗教育馆，"修而葺之，量地为用，凡所陈列之品物图书等，悉以供公众阅览为目的，启智慧于群黎，即所以垂德化于无穷"。① 上海县知事根据省府饬令，第一时间筹划了上海文庙附设通俗教育馆办法。但由于经费无着，直到袁世凯去世，省署所定筹办期限届满，上海文庙内的通俗教育馆也未能筹办起来，后不了了之。此次设想的出发点是嫁接现代科学理念与传统文化价值，并非否定传统，与袁世凯在推行现代化改革的同时弘扬传统道德礼教之思路一以贯之。

在文庙内开办通俗教育馆虽一时未能成行，但这种将文庙民间化的理念促成了孔圣堂的出现。1916 年 8 月，陈明远等人以上海西门关帝庙为会所，发起设立孔圣堂。有别于文庙春秋致祭的国家崇圣典礼，孔圣堂在各区域内由民众捐资立堂，不分种族阶级，男女皆可入堂礼祷，以符孔子有教无类人人平等之例。孔圣堂一改文庙的封闭性，采取积极的弘道理念，凡社会教育、家庭教育皆为孔圣堂传道应尽之责任。为使普通民众便于理解，择取四书五经中为善去恶之精粹语，"分组晨课、午课、晚课、食课、寝课、结婚课，使人民心有所主，不惑于邪，以完其秉彝之德，不必泛引希圣达天小康大同诸说，国民虽不必尽读经文，而人人皆可知道行道，不至穷大而失其居矣"。② 不同于文庙祭典的精英性质，孔圣堂的设立志在走进民众的生活，从民众的衣食住行婚丧嫁娶入手，以弘扬儒家去恶扬善之理念，由此来弥补文庙在社会价值传播上的不及之处。袁世凯致力于儒家理念的新阐发，而孔圣堂则以朴实的姿态，放弃形而上的探讨，走进民众日常生活，将儒家文化生活化。

三　新文化批判下文庙的坚守与调适

面对袁世凯大举复古后帝制自为的乱局，皖系北京政府不得不重新思考传统价值与共和社会的平衡。1916 年 8 月 19 日，内务部准浙江省长建议，暂定文庙祭祀礼仪，废除跪拜祭服之礼，改为行鞠躬礼。③ 9 月 7 日祀

① 《文庙内附设通俗教育馆》，《申报》1916 年 1 月 6 日，第 10 版。
② 《发起设立孔圣堂》，《申报》1916 年 8 月 28 日，第 10 版。
③ 《内务部致各省长、都统、镇守使电》，《政府公报》1916 年 8 月 24 日，第 21 页。

孔，总统黎元洪未如袁氏般亲往致祭，而是令教育部长范源濂恭代行礼。① 10月9日教育部颁布《修正国民学校令施行细则》和《修正高等小学校令施行细则》，删去其中的"读经"字样，不再要求强制读经。但古代典籍的学习仍是必要的，"在使儿童熏陶于圣贤之正理，兼以振发爱国之精神"，讲授论语大义"务期平正明显，切于实用"。② 对经典的学习不再像袁氏当国期间那样，被赋予整合社会、会通共和革命与传统价值的高度。内务部11月2日给各省行政长官的申令中，要求对各祠庙如孔子庙、关岳庙、忠烈祠、官有坛庙、公有祠宇等之情形切实调查，制定表式，对于其为国家及地方公帑所营造者，酌留两祠，分前代勋臣、民国烈士，为位合祀，余悉拨充公用。③ 新政府对祠庙祀典的价值认知开始降低。

而在另一层面，各色团体利用袁世凯之死作为孔教国教化的时机。上海希社素以翼卫孔教、昌明国学为职志，此时社中同人为孔教国教化问题奔走呼号，不遗余力。1916年11月希社中数十人联名致电北京当局，上海文庙洒扫局同人亦随同致电，要求定孔教为国教，并策划上书、发起国教请愿团以为希社之后盾。④ 这正因应了一月前张勋在徐州会议上所提孔教国教化议案。张勋联合各军阀头目倪嗣冲、王占元、李纯、曹锟、张作霖、田文烈、张怀芝等致电北京政府，在指责了内务部改文庙祭祀跪拜礼为鞠躬礼后，要求议会"照旧定孔教为国教，保存郡县学宫及其学田、祭田，设奉祭生，行拜跪礼，编入宪法，永不得再议"。⑤ 在共和前景黯淡、孔教国教化再起之时，陈独秀以《新青年》为阵地针锋相对，提出以科学代宗教，质疑孔门修身伦理学说可与共和立宪政体相容，儒家礼教可施行于今世国民之日用生活，提出"非独不能以孔教为国教定入未来之宪法，

---

① 《大总统令》，《政府公报》1916年9月4日，第1页。时康有为等力争维持拜跪礼仪，未见效果。此康与段祺瑞往返公电，见"中华民国史事纪要"编辑委员会编《中华民国史事纪要（中华民国五年一月至十二月）》，台北，"中华民国史料研究中心"，1982，第529页。

② 《教育部令第十七号》，《政府公报》1916年10月12日，第25页。

③ 《内务部咨各省省长、热河察哈尔绥远都统、川边镇守使、阿尔泰办事长官请查照转令所属按照表式详细调查现行祀典及官有公有各祠庙事项汇送核办文》，《政府公报》1916年11月19日，第27页。

④ 《希社同人之尊孔》，《申报》1916年11月13日，第10版。

⑤ 《张勋等又联电争孔教》，《申报》1916年10月18日，第3版。

且应毁全国已有之孔庙而罢其祀"。① 袁世凯由尊孔而帝制自为，张勋借尊孔而尽显遗老复辟之心，使陈独秀将共和的失败指向了传统与孔庙："全部十三经，不容于民主国家者盖十之九。此物不遭焚禁，孔庙不毁，共和招牌当然挂不长久。"并批判了张勋之流的险恶之心："今之左祖孔教者，罔不心怀复辟。其有不心怀复辟者，更属主张不能一致贯彻之妄人也。"② 吴虞从学理角度否定了儒家的道德理念，认为其不过是窃道家之绪余，并根据"孟子性刚竟以草芥寇仇之语，被朱元璋逐出文庙，而孔氏仍安享太牢无恙"，认为文庙里祭祀的圣人，不过是章太炎目下的"国愿"。③ 僵硬的文庙成为五四精英眼中文化腐化的象征。

五四精英以新文化对文庙的批判，未能在社会层面引起现实的响应。④ 1918 年 9 月北京政府定夏正八月二十七日为孔子圣诞节，要求该日放假庆祝，并悬旗结彩。⑤ 随后孔诞日上海文庙的祭典比往年显得格外隆重，军警行政各署均停止办公一天，城厢内外各学校亦停课一日，各官员均诣文

---

① 陈独秀：《再论孔教问题》，《新青年》第 2 卷第 5 号，1917 年 1 月 1 日，第 1～4 页。

② 《通信》，《新青年》第 3 卷第 4 号，1917 年 6 月 1 日，第 6～7 页。

③ 吴虞：《儒家大同之义本于老子说》，《新青年》第 3 卷第 5 号，1917 年 7 月 1 日，第 1～3 页。

④ 1921 年 3 月，陈独秀受陈炯明之邀前往广东建党，8 月《亚洲学术杂志》刊载了《国民对于新文化之心理》，显示了新文化巨子光芒之外的另类面相：广州一学生团，不满"现时所谓新文化人物，务以破坏道德废弃文学为宗旨"，以为"大决藩篱，甚于洪水猛兽"，于是成立国学会，以提倡国学，"一时入会学生，风起云涌，甚为踊跃"。广东省议会提议驱逐陈独秀，上海广肇公所亦致电广东各团体，谓"上海各报记载广东教育行政委员陈独秀四处演说，主张'百行以淫为首，万恶以孝为先'……此等邪说，流毒社会，贻害青年，非率人类为禽兽不止"。要求"主持公论，驱逐枭獍，勿使溷迹吾粤"。于是使得粤省民众幡然憬悟，"凡提出新文化三字，辄被人唾骂之"。这年章太炎在《说新文化与旧文化》一文中检讨自己昔年卑薄孔子之非："孔子可以佩服，我从前倾倒佛法，卑薄孔子、老庄，后来觉得这个见解是错误的。佛、孔、老庄所讲的，虽都是心，但是孔子、老、庄所讲的，究竟不如佛的切人人事。孔子、老庄自己相较，也有这样情形，老、庄多高妙，究竟不如孔子的有法度可寻，有一定的做法。"次年，其在《致柳翼谋书》中表白心迹："鄙人少年本治朴学，亦惟专信故经典，与长素辈为背道而驰，其后深恶长素孔教之说，遂至激而诋孔。中年以后，故经典笃信如故，至诋孔则绝口不谈。"以"前声已放，驷不及舌，后虽刊落，反为浅人所取"为憾。到 1932 年，章太炎闻"浙江师范学校迁居文庙，惟大成殿尚仍旧贯，余自两庑以外，皆被残毁，而大成门且改作寝室。浙中耆宿合词控告"事，特致函浙江省主席鲁涤平，请"尊先圣而保古迹"。表示"窃为尊崇先圣，人心所同，虽祀典之废，响往之心，终不可夺。执事于此，当自有主张，不应委之属吏"。参见韩达编《评孔纪年》，第 102、104、109、190 页。

⑤ 《大总统令》，《政府公报》1918 年 9 月 29 日，第 1 页。

庙行庆祝礼，突破了孔诞日祀孔的民间性。上海"各省公民尊孔会"仍然是孔诞日最活跃的民间团体，是日尊孔总会全体职员、尊孔中学校全体教职员、尊孔公学国民学校全体教职员等率领各学生齐集后排队出发恭诣文庙，祭毕在明伦堂由孔道会长、中学校长等相继演讲，并请专门演讲师讲经，中午全体在文庙吃面。[①] 12月，上海中国济生会教育义务处众职员[②]致电北京政府，提出尊崇孔教与维护孔庙，"特颁尊圣之典，更广读经之途，饬各省县文庙之为兵所驻者，如非险要，一律迁移，以复尊圣之隆礼，以重列邦之视瞻"。[③]

1919年10月秋丁之期，五四运动虽如火如荼，却未能阻止这一年的秋丁之祭，其相比往昔反而更显隆重。内务部传徐世昌谕，饬令本届秋丁祀孔各省行政长官亲自致祭，并用四拜礼以示尊崇。是日黎明，上海行政司法各官厅人员及各士绅齐诣文庙，行跪拜礼，致祭如仪。随后各界往祭者络绎不绝。尊孔总会同人同时与祭，会员等一律遵用1914年袁世凯颁定同祭天一律之大祀礼节，玄冕锦袍，雍雍肃穆。[④] 随后的孔诞日例行放假一天，庆典仍由尊孔会负责筹备，民间与祭踊跃。上海坤范女子中学校长俞文耀上午九时率领全体教员与学生齐集本校礼堂，悬圣像一帧，向上行三鞠躬礼，女教员各有演说。随后俞校长以孔子为万世师表，若仅在校行礼，犹不足以表尊崇，复率全体教员学生，身着校服，手执校旗，诣文庙谒圣。[⑤] 女校学生前往文庙谒圣之前似不多见。次月上海粤侨联合会开会欢迎孔教会主任陈重远，来宾甚众，陈氏历述孔教之当尊，认为孔教能维持世道人心、统一中国全局，引经据典，多所发挥，约历两小时，闻者多

① 《尊孔会纪事》，《申报》1918年10月4日，第18版。
② 上海中国济生会成立于1916年，是一个以济公信仰为基础的民间团体，以济公活佛主坛扶乩，并广施医药及推行赈灾与慈善事业。参见王见川《清末民初中国的济公信仰与扶乩团体：兼谈中国济生会的由来》，《民俗曲艺》2008年12月。对于上海中国济生会，《上海济生会之发达》一文中有记述：上海济生会"为南宋高僧济颠开化道场，男女弟子皈依者，不下千人。去岁以来，先后凑集赈款洋二十余万元，派员至京、直、奉、汴、鄂、湘各灾区，分散难民。其款项皆由平日医治险症，问事灵验，争先输诚送来者，故其名誉之高尚，会务之发达，实为中国向来所未有。自夏历四月初八日起，复佛学居士王揖唐氏，演讲佛经"。（《台湾日日新报》1918年5月25日，第6版）
③ 《济生会请崇孔教》，《申报》1918年12月7日，第11版。
④ 《孔庙丁祭》，《申报》1919年10月3日，第10版。
⑤ 《各学校消息并纪》，《申报》1919年10月23日，第11版。

为动容。最后出其拟在北京建筑文庙之图样，使众传观。众人纷纷相继演说，大致皆以为宜于此时极力提倡尊孔，借挽末俗而振颓风，并有人当场为建筑文庙认捐洋一千元。①

1922 年孔诞日，上海文庙张灯结彩，尊孔会各会员及各学校教职员学生等均恭诣文庙，分班行礼。志在将孔道民间化的孔圣堂，其筹备会同人亦在明伦堂开会演说孔子之道，并颇多阐发，使得当日文庙甚为热闹。② 同时的松江文庙，由尊孔会会员邀请各界在文庙举祭。县知事委托代表主祭，仍然穿袁氏时代所定祭服，行跪拜典礼。下午一时在明伦堂开纪念大会，众人相继讲经、演说，明伦堂上缀柏枝彩额，并悬挂灯旗，异常灿烂。是日不仅各机关学校均停工放假，升旗致敬，城内府前各商号亦悬旗申庆，为民国以来孔诞纪念日所未有。③ 上海、松江等县文庙的表现，与江苏的大环境分不开。1923 年 7 月，江苏督军齐燮元、省长韩国钧根据孔教会金坛支会的呈请，会衔令查各县文庙，如有渗漏倾颓者，则应会同地方士绅筹款兴修、有兵队及学生寄居者，亦应设法迁让，并由县知事遴员管理文庙。孔教会的呈文首先谈到共和革命造成的混乱，"民国以来，不独学官无之，兼奉祀官亦无之，以致各处文庙亦有兵队杂居者，亦有学生寄宿者，亦有演唱新剧者，亦有占为男女学校者，亦有无人经理而听其颓坏倒塌者，目之伤心，令人垂涕"，而孔教会金坛支会"自民国二年成立以来，朔望在明伦堂开讲经学，初八讲理学，廿三讲文学，平时派员赴乡宣讲，垂十年来迄未间断"。"然他县无孔会者尚多，以致文庙无人经理，人民亦难沐圣化"，于是提议"每县派一奉祀官，以承春秋祭祀，兼监督兴修之举，每月朔望及三八讲圣经，以化世庶，几文风可兴，人心可挽"。④ 但这样的设想不但省府无力全面推行，上海文庙亦未能实施。

就在孔教会金坛支会上书江苏省署在各县维护文庙、定期讲经以弘扬孔道不久，上海文庙则出现了向另一方向发展的可能。1924 年 5 月，上海文庙洒扫局董王慕结感念"沪邑自治成立最早，一应建设亦称完备，惟地

---

① 《尊崇孔教之欢迎会》，《申报》1919 年 11 月 20 日，第 10 版。
② 《孔子诞辰之庆祝》，《申报》1922 年 10 月 18 日，第 15 版。
③ 《地方通信　松江》，《申报》1922 年 10 月 18 日，第 10 版。
④ 《遴员管理文庙之省令》，《申报》1923 年 7 月 16 日，第 15 版。

价过昂，以是公园独付阙如"，于是创议将文庙开放以建成公园，定名上海文庙园。这受到了洒扫局中多名司董赞同，亦均列名发起，准备移交县议会议决办理。① 此议一出，沪上不乏响应之声，邑人陈松盛有感于上海租界的几处公园华人不得随意进入，而上海南市的两处花园不是售钱就是私园，终年不得开放，直言将文庙辟为公园"可谓再好没有"，认为文庙是为尊孔子而设，但每年除了在祭祀的日子开放外，终年封闭，非但失了尊孔的真谛，反而作了鸟巢兽屋，文庙很多的房屋也因此颓败不堪。因此，将文庙辟为公园也就有了各种益处：将荒庙改作公园很合地位上、经济上的打算；文庙旧有的泮池是现成的池沼，很合公园的布置；文庙既是尊孔，借此开放，大可供人瞻仰，引起人们崇拜孔子的思想；有了公园，人民得以正当游憩，胜过赌博等伤风败俗的游戏场，西人前来游玩，可一睹孔子的尊严，又示以华人的宏量，使彼觉悟从前的非礼。进而提出"希望各处一律从事开放，非但是开放文庙，就是专供各种土神泥偶的庙宇，亦要一律辟为公园"。②

文庙改为公园的提议，引发了人们对文庙固有存在模式的反思，从切实尊孔的角度考虑，亦需对文庙做出根本性变革。署名为云的邑人，经过上海文庙，见宫墙方髹，焕然一新，不禁感慨，科举废除后学宫被裁撤，遂致文庙荒秽不治，鞠为茂草，"每岁春秋丁祭虽属尚存，然事等告朔不过奉行故事而已，较诸各地之礼拜堂其整洁庄严，大有霄壤之别"。提出孔子足以为人师表，祀典当不能废，但应改进文庙利用方式。其中之房屋场圃可以设立学校，明伦堂等处可改为公共礼堂或讲演厅、图书馆等，其前后四周之陈地可开辟为公园，并认为孔子圣之时者，"当亦顾而乐之，许为移风易俗之良法"。③

但这种吁求未能实现，不过一年后仍有人期待以开放文庙的方式来弘扬孔教："文庙，我国人崇祀孔子之庙也。顾除春秋二祭之外，常扁其门，偶一入览，则往往荒草满地，蛛丝在户，此何故欤？盖由国人虽大多数信仰孔子，而其方法则不若释耶二氏之徒，其僧寺及教堂常取公开主义，使人于不知不觉之中渐入其范围也。诚使我国人开放各地方之文庙，或如释

---

① 《园林清讯》，《申报》1924年5月8日，第20版。
② 陈松盛：《文庙辟为公园之益》，《申报》1924年7月15日，第17版。
③ 《文庙宜开放》，《申报》1924年12月25日，第12版。

教徒膜拜偶像之形式，任人以香花供奉，自来福利，或如耶教徒讲演布道之形式，令人分行列坐，静听福音，吾知其感人之深、引人入胜之易，必有什百千万倍于春秋二祭者，而奈何政府与社会均未注意及此。"同时，他还认为，昔时祀孔，唯士人得参与，并非平民政治、平民教育，现今共和时代，日日谈平民政治，日日呼号收回教育权，文庙自应开放，使孔子之道在普通民众中得以尽力宣讲。①

这次上海各界开放文庙的呼吁，起于为上海增设公园的设想，最后引向对文庙社会功用的反思。文庙的开放并不是对文庙的革命，相反是对其价值理念传播途径的提升，也是适应共和时代的需求。但此正值军阀齐燮元、卢永祥争夺上海的江浙战争前后，这一偏于东南一隅的混战最终引发了影响全国政局的第二次直奉战争。在这样的时代乱局下，上海士绅开放文庙的设想自然难有用武之地。但这次反思有其积极的意义，认为文庙终年封闭，不但失了尊孔的真谛，而且作鸟巢兽屋的言论并非虚言。1920年环球中国学生会总干事朱少屏旅行至曲阜，看到"孔庙地亦甚大，惜庙中不事修理，积尘盈寸，颇失观瞻……宅内与宅外诸人，尚多垂辫，未曾剪发"。② 日本著名作家芥川龙之介曾于1921年春夏之际在中国旅行，其间他体验到苏州文庙相似的颓败："我们在日落时分来到文庙，骡子已疲惫不堪。在通往文庙的道路上，青草在马路石板的缝隙间生长。"芥川龙之介在付给看门人20元现钞后得以进入文庙，他发现祭祀典礼上用的器皿布满灰尘，被闲置一旁。随后芥川登上大成殿的台阶，"作为文庙的主殿，大成殿气势宏伟，规模庞大。雕龙的石阶，黄色的墙面，宝蓝色的木质牌匾，使用皇家风格的书法刻着文庙名称——当我仔细端详这一切后，偷看了大成殿昏暗的内部。这时从高耸的屋顶上传来一阵沙沙声，好似落雨，我闻到了一股从未闻过的恶臭味。'那是什么？'我立刻后退一步……'是蝙蝠，它们在屋顶上筑巢'……从大量到处可见的粪便判断，这里的蝙蝠一定非常多……我的思绪从对于过去的诗意思考转变为一幅戈雅的画作"。③ 文庙的封闭与颓败可见一斑。但即便在每年

① 《文庙》，《申报》1925年9月19日，第17版。
② 《朱少屏演说旅行时之闻见》，《申报》1920年10月26日，第10版。
③ 〔日〕芥川龙之介：《江南游记》第8册，转引自〔美〕柯必德《天堂与现代性之间：建设苏州（1895～1937）》，第190～191页。

春秋丁祭之时，其传道作用究竟能有几何，也值得怀疑。1925 年的秋丁之期，上海人韵笙正值在上海周边之南陵县，于是至文庙借观其礼："是夜庙门洞开，灯光荧然如豆，中陈太牢，布置如序，昏黯处蝙蝠时掠人飞，观者亦寥若晨星。柝既三击，沉寂惨黑之段市中始有憧憧扰扰之人影，一时喧笑步履之声大作。直至市角电灯之下，方可辨其为衣长衫者，大都学校中人。翩翩年少，结袂云从，余亦欣然尾之，以为此辈主角登场，祀礼行将开幕矣。不意既抵庙门，彼侪皆汲汲以签名为当务之急，司其簿者，大有如山荫道上应接不暇之势，余为之讶然者久之。名既签后，复各风流云散，继至者亦如之。以是其庙中之虚席，终无复有人问鼎也。天破晓，鸡既鸣，始来十数人，入行祀礼。中多斑白者，要皆教育界要人，草草具文，乃于无精打采中演之，而前此蜂拥蚁聚之签名者，至是亦皆杳无踪迹。翌日主祀者即可按名酬送胙肉二斤，余以是知彼等之竞兢签名者，乃分肥也。岂真祀孔乎？呜呼，吾国今日孔教之不昌，于此可见一斑矣。"①

　　一年以来，上海部分人士关于开放文庙的呼吁未能付诸实践，上海文庙的运作依旧延续着固有的轨迹。1925 年 9 月 27 日上海小学教育研究会开会，对于公民教育办法，决议"圣诞日举行仪式：一、由县教育局会同县教育会通告全县各小学校于圣诞日上午集合全校学生，举行谒圣礼，唱颂圣歌，训话；二、城区学校可至孔庙行礼，唱歌，并在校中行训话"。②随后的孔诞日，上海军警政法各官署、各学校均停止办公，放假一天，大中小各校教职员各在本校集合全体学生举行庆祝礼并演讲，部分学校由教员率领学生赴文庙行礼。上海文庙洒扫局同人会同士绅共同致祭孔圣，午刻饮福，并在明伦堂开演讲会，孔圣堂同人亦来文庙行礼，并在明伦堂预

① 《祀孔见闻录》，《申报》1925 年 9 月 29 日，第 9 版。在祭孔时这样争分胙肉的场面，并非民国时才有。晚清时人刘清，为州学生时，当丁祭毕，见诸生争取祭物，于是作弹文戏谑之："天将晓，祭祀了，只听得两廊下闹吵吵。争胙肉的你精我肥，争馒头的你大我小。颜渊德行人，见了微微笑；子路好勇者，见了心焦躁。夫子喟然叹曰：我也曾在陈绝粮，不曾见这伙饿殍。"后有仿其文咏武生，讽其谒文庙的不伦不类，亦甚是有趣："也戴银雀顶，也穿粉底皂，也要着蓝衫，也去谒孔庙。颜渊喟然叹，夫子莞尔笑。游夏文学徒，惊骇非同调。子路闻之喜，咱的门生到。若要行三军，用他铡草料。"参见临湖外史《刘侍郎谑词》，《申报》1911 年 9 月 6 日，第 3～4 版。

② 《小学教育研究会开会纪事》，《申报》1925 年 9 月 28 日，第 7 版。

备茶点，使得当日上海文庙甚是热闹。① 第二年孔诞日前夕，上海县教育局致函各学校，要求在孔诞日仍然延续这样的庆典，以此来实施公民教育。

此时对文庙的传统观念压倒了革新理念。1926年3月上海征访局根据历届呈请，选定6人入祀忠义孝悌祠，25人入祀节孝祠，以褒扬孝悌节烈。上海县地方款产处制作神位，上海文庙洒扫局筹备典礼，3月7日上午由文庙明伦堂出发送位入祠，县知事派代表到祠致祭，各节裔亦到祠行礼。② 知事在祭文中表示，入祀之举，"关明教纲常之大"，入祀诸公"潜德幽光，为乡党里间所共仰；言坊行表，与日星河岳而长存"。③ 该日由文庙出发至节孝祠之路得绕过多个街区，距离如此之远，与常规不合。根据《大清通礼》，省、府、厅、州、县各文庙祀先师，忠义孝悌、节孝、名宦、乡贤四祠应附庙左右。附祀孔庙，礼制隆重，每于上丁释奠，同日致祭，以敦伦纪而植纲常，正人心而端风俗。1853年小刀会攻陷上海，到1855年清军收复上海，其间文庙为小刀会所占据，损毁严重，因此异地重建，忠义孝悌、名宦、乡贤三祠均随文庙改迁，唯留节孝祠于文庙旧基址，形成了六十多年来上海文庙不合常规的格局。开放文庙之设想呼吁了一年也未能提上议会的日程，而此时县议会却开启了规复文庙旧制的审议。不仅节孝祠与文庙相距甚远，忠义孝悌祠亦在儒学的二门之外，为了与旧体制相合，根据1926年9月两位议员的提案，县议会议决，为崇体制规划改建四祠，使其一律包入文庙宫墙之内，由县教育局会同款产处筹款后交会核议。此议案出于对道德沦丧的忧虑，意在接续传统之风教："窃以正人心而端风俗，允资先哲之典型；敦伦纪而植纲席，宜法前人之矩矱。方今世风浸薄，礼教陵夷，官箴失而仕宦少循良，士行偷而胶庠无人品。以及忠臣义士之亮节，孝子弟悌之遗风，如藏凤毛获麟角，目不可得而见，耳亦不可得而闻矣。"亦是面对社会乱象，对近代以来共和理念的不满："礼教失修，欧风日煽。自由谬说，深中人心。平等狂言，久滋世病。有心人所以怀人欲横流之惧，江河日下之悲，苟非发潜德而阐幽光，

---

① 《昨日孔诞致祭》，《申报》1925年10月15日，第11版。
② 《征访局定期迎送褒扬栗木入祠》，《申报》1926年3月2日，第14版。
③ 《征访局昨日迎送节孝栗主入祠》，《申报》1926年3月8日，第13版。

何以挽颓风而移末俗。"① 改建四附祠规复旧礼制的议案在议会之顺利通过，以及甄选故人入祀忠义孝悌祠与节烈祠活动的开展，与开放文庙的呼吁在实践上形成了鲜明对比。遵循固有建制的传统礼教在社会层面依然备受重视，革新之风未成气候。

四 北伐革命下文化偶像的更迭

上海官绅的传统意识与军阀主导的政治环境分不开。1924 年 6 月大总统曹锟令兴修曲阜孔庙，并饬各省协力募捐，以 "重闻金石丝竹之声，用伸车服礼器之敬，庶几宫墙美富，历久常新，以副本大总统崇圣重儒之至意"。② 1925 年 11 月 14 日北京临时执政府公布《崇祀条例》，③ 面对南方政权的党化宣传，张作霖拟定 "建国方策"，表示要 "重古文化，以进民德"，"保国权、国粹，以固邦基"。④ 就在上海县议会通过规复文庙旧制不久，孙传芳执掌的浙闽苏皖赣联军总司令部会衔江苏省长公署训令上海县知事，推举委任文庙奉祀官，由地方绅学各界推举公正士绅担任。俾昭郑重，经县造具履历，最终由省长委任。⑤ 1927 年 6 月北伐军已席卷半壁山河之际，山东督办张宗昌致函国务院，建议黄河以北学校读经，以抵制南方施行的党义教育。通过对学校、报刊的控制，"一转移间，则各校皆圣道会，而报纸皆四维日刊，不费公家一文，而收学校教育、社会教育之益"。⑥

---

① 《改建节孝祠案之呈复》，《申报》1926 年 10 月 21 日，第 15 版。道德的沦亡一直是民国以来人们普遍忧虑的问题，"诬惑之言盈天下。今天下生民之忧，固不在国之易政，而在士之灭学也"。(见马浮《绍兴县重修文庙记》，《华国月刊》第 1 卷第 4 期，1923 年 12 月 15 日，"文苑"，第 2 页) 为挽颓风，有人寻求于文庙开放，有人寻求于规复文庙旧制，亦有人寻求于多建文庙，使其如基督教堂、佛教寺院般深入社会民间，以对人心形成潜移默化之影响："吾国有县千余，使每县有孔庙十，则全国可得万余之孔庙……学官者，形式也，成圣成贤，则精神也。盖必将孔子之庙貌印入眼中，后乃能将孔子之义理印入心中。"(见徐烱《多建孔庙之商榷》，《大成会丛录》第 16 期，1926 年，"论说"，第 2 页)
② 《大总统令》，《政府公报》1924 年 6 月 22 日，第 1 页。
③ 吴廷燮编《合肥执政年谱初稿》，沈云龙主编《近代中国史料丛刊》第 653 册，台北，文海出版社，1971，第 128 页。
④ 韩达编《评孔纪年》，第 156 页。
⑤ 《令饬举委文庙奉祀官文》，《申报》1926 年 10 月 21 日，第 15 版。
⑥ 《张宗昌致潘复函》(1927 年 6 月 20 日)，《中华民国史档案资料汇编》第 3 辑《文化》第 31~32 页。1926 年《中国青年》的一篇通信，用嘲讽的语调展现了张宗昌在山东

张宗昌的建议得到了国务院采纳，内务部随即在其所控制的八个省区，查照遵办。① 1927 年 8 月秋丁祀孔之期，张作霖除亲临北京文庙行礼外，还举行前所未有的讲经礼，特由国务院订就礼节。②

新委任的上海文庙奉祀官林曾裕在北伐战争的炮声中筹备了北京政府时期最后一次文庙春丁祀典。1927 年 3 月 4 日春祭之时，浙江已为国民革命军所占领，并对上海、南京形成围攻之势，而上海夜间已开始全面戒严，交通阻断，祀典被迫由向来的黎明时致祭改为上午举行。此时上海城外有国民革命军的兵锋，内有共产党领导的工人武装起义，时局危乱，人心惶惶。上海各行政长官中有多人缺席此次文庙祀典，江海关监督朱有济、县知事徐韦曼等已赴南京，检察厅厅长托病请假，沪海道尹亦只派代表致祭，除洒扫局各绅董与教育界部分人士外，未见公民团体与祭，连向来至为活跃的上海尊孔会、孔圣堂等团体亦未见派员参加。③ 北京政府的时代已接近尾声，到 3 月下旬，国民革命军攻克上海。

1927 年 6 月初，江苏省政府令各县撤销文庙奉祀官，终结了施行不过半年的文庙奉祀官制度，上海文庙奉祀官只及在慌乱的政局中筹办一届春丁祭典便草草收场。④ 一直以来保持着圣域尊严、未改作他用的上海文庙，此时已不能独守其身。废除文庙奉祀官不久，文庙洒扫局所在地改做上海市教育协会会址，⑤ 7 月 13 日国民革命军总司令部补充第四团团长俞济时

复古的滑稽面相："状元老爷悲'世风日下''人心不古'，一般人将圣贤之古礼抛于九霄之外，实属不当。遂令山东大学于旧历六月丁祭及孔子圣诞全体学生向圣像行一跪四叩礼。最奇怪者，每次跪拜礼毕，复向中华民国国旗行三鞠躬！这样的作法，恐怕推之四海，全球……找不到同样的来，然而，有功圣贤的王状元（即时任山东大学校长王寿彭——笔者注），死后倒免不了要进文庙行！尤可笑者，张宗昌的军师如潘复、金寿良等替他想好些方法麻醉一般普通人，我们暂举几条看看：一，孔庙讲经。去年八月丁祭，张宗昌率各校校长亲临圣典，晚间在孔庙讲解论语。他以身作则来尊孔子，其实呢，这副麻醉剂除却使遗老遗少们颂扬外，对于其他人倒是没什么影响的。"（《狗肉将军治下的山东教育》，《中国青年》第 6 卷第 17 号，1926 年 11 月，第 417 页）

① 《内务部公函》（1927 年 8 月），《中华民国史档案资料汇编》第 3 辑《文化》，第 33 页。

② 《北京筹备祀孔典礼》，《申报》1927 年 8 月 23 日，第 4 版。

③ 《昨日举行上丁祀孔》，《申报》1927 年 3 月 5 日，第 14 版。

④ 《南京快信》，《申报》1927 年 6 月 4 日，第 9 版。

⑤ 《上海市教育协会之两会议》，《申报》1927 年 6 月 17 日，第 10 版。

将在上海所设招募新兵处迁到文庙内办公，文庙改作武事。① 这一年的文庙秋丁祭典无人筹备，随后的孔诞日，虽然上海江海关、邮务管理局等均按向例停止办公一天，但市立各学校均未再停课，已看不到孔诞庆祝的气息，文庙亦无人致祭，只见一句冷冷清清的交代："西门之文庙，以前是日由县知事等当地官绅士学于清晨进祭，兹者在国民政府，此项仪节将不举行。"②

国民革命的气息在其所到之处冲击着人们对传统理念的认知，文庙作为传统文化的物化象征，不免沦为革命流波里乌合之众集聚的最佳场所。"革命军打到长江流域，主张'思想彻底'，以铲除'封建余孽'为口号，而孔子为造封建势力的总发动机，乃首当其冲，不独春秋祀典废除，即大成至圣先师的牌位，亦已'委而弃之'。并闻两湖有些地方，已将所谓圣庙拆毁。"③ 浙江奉化为时任北伐总司令蒋介石的故乡，有"伟人为先导，邑人亟起革新不遗余力"，在革命的喧哗里上演了"孔子游街示众"的闹剧："邑人崇拜中山先生，敬礼备至。城中故有孔庙，殿宇宏敞，甲于一境，群议撤孔圣神座，供中山先生遗像于其中，而舁孔子神位游行街市，榜以幨曰：孔贼。并数其罪状，大意病其创设礼教以束缚国人也。旋有老成人，言孔子政见与中山主义初不相悖，中山且时时称道之，若一味蔑视，不惟孔子含冤，抑亦有辜中山遗旨也。众不能难，因允姑并存之，而议筹资另建中山专祠云。"④ 但奉化文庙终被改为中山纪念厅，虽然不久即撤。⑤

----

① 《总部补充第四团在沪招募新兵》，《申报》1927 年 7 月 12 日，第 15 版。
② 《今日孔子诞辰》，《申报》1927 年 9 月 22 日，第 15 版。
③ 鲁汉：《废祀孔与复祀孔》，《革命》第 63 期，1928 年，第 120 页。
④ 何止清：《蒋总司令故乡近事记》，《申报》1927 年 8 月 1 日，第 16 版。浙江作为北伐总司令蒋介石的故乡，受北伐理念的冲击似乎比其他地区明显，在 1928 年 1 月 26 日召开的国民党中央执行委员会常务会议上，即有浙江温岭两党部党员呈请将全国孔庙改建总理纪念堂。参见《中央常务会议纪》，《申报》1928 年 1 月 29 日，第 9 版。
⑤ 1927 年 10 月《语丝》称："奉化孔庙前改为中山纪念厅，现该县县党部已函县政府归还，并请保存旧观。"（参见斯文生《幼妇云雀录》，《语丝》第 154 期，1927 年，第 20 页）1927 年 3 月 27 日作为温州中学教师的张棡在日记中记下了他所听到的有关传闻与感想："圣同言，杭省已有通令，孔庙、关、岳庙大祀一律废除，且将文庙改为孙中山纪念祠。噫！三纲废，五常灭，四经弛，六贼张，宜大圣大贤之不甘受享也。又言武昌妇女解放会成立，以致有夫之妇大半背夫卷逃，全省秩序大乱。此种禽兽行为，而主持者悍然为之，彼武人不足责，如蔡元培、马叙伦等平日所读者何书？所奉者何教？其家亦有夫妻子女，乃竟丧心病狂倒行逆施至此，真千古未有之大罪人也。"（俞雄选编《张棡日记》，上海社会科学院出版社，2003，第 386 页）

1927 年秋祭之期，宁波已有因祭典不举而引发的抗争："南方因八月二十三日各校既不曾放假，又不到孔庙去谒圣，使孔子想吃一些太牢之肉，听几曲'大哉孔子'风琴之歌而不可得，于是大失'遗'望，遗老辈则率子弟，服礼服，到孔庙去大哭，遗少辈则分发传单，而有不祀孔即是打倒孔子，打倒孔子，即是打倒祖国，打倒父亲，打倒……打倒祖国，打倒父亲，打倒……即是打倒……"① 经过 1927 年秋祭的中断，1928 年文庙春祭之时，上海时局已从北伐战争中趋于稳定。是日绅、学两界同人于清晨齐集文庙致祭，公推上海德高望重的社会活动家姚文楠为主祭，但政府官员已不再参与。礼节与往日相比较为简单，祭品鱼肉边豆菜酒虽照旧供设，但已无牛羊。各绅行礼秩序虽尚称肃穆，但已无学舞鼓乐。② 上海文庙此时凄清的春祭情形也出现在苏州，参加者中同样看不到政府官员，三位活跃于地方事务的清代进士吴荫培、孔昭晋、蒋炳章与晚清倡导苏州地方自治的领袖以及苏州商会、苏州保墓会等市民团体成员参加了这次祭典。③ 从时已住在苏州多年的"江南才子"范烟桥模仿鼓词记下的孔祀情形可见一斑："孔二先生在苏州，好比那阨于陈蔡心担忧。'打倒吃人的礼教！'标语高贴在十字街头。这块冷猪肉有些儿难染指，还恐怕有意外的潮流。新学前的明伦堂，早成了市一校的束脩，几根挺大的楠木柱，将改作台桌凳椅一笔钩。本来那府学的明伦堂，也有人对着馋涎流，要把他改作幼稚园，也算是浴沂风雩的老话头。"到这一年苏州文庙秋祭典礼，参加者更是寥寥，只有三个人，分别为吴荫培、蒋炳章与清翰林曹馆长。范烟桥带着嘲弄的语气描述了这三位孤独的主祭者："他们自办资斧登圣殿，鞠躬如也，祭罢把祭品收，也没个烂羊头与刚鬣公，遑论那特牲独享的一条牛，只有唱偌（吴下最小之蜡烛曰唱偌，言其时间短只够唱偌也）蜡烛空垂泪，一瓣心香比那富贵云更浮。其余的非但不敢参加，背后还在那里冷言巧语把砖丢。孔二先生喟然叹，三吴文物只叩了三个虫寠颏。可是退一步儿想，或者告朔牲羊已到了尽头，以后的将来，也觉得前途茫茫思悠悠。"④

---

① 洛卿：《祀孔典礼》，《语丝》第 153 期，1927 年，第 20 页。
② 《绅学界上丁祀孔礼节》，《申报》1928 年 2 月 29 日，第 15 版。
③ 《苏州：祀孔之所闻》，《申报》1928 年 2 月 28 日，第 10 版。
④ 烟桥：《茶烟歇》，中孚书局，1934，第 192 页。

文庙祀典的冷落并非偶然。1928 年 2 月 21 日南京国民政府成立伊始，大学院即训令废止春秋祀孔大典。令文对其的解释是，孔子人格学问，自为后世所推崇，"惟因尊王忠君一点，历代专制帝王，资为师表，祀以太牢，用以牢笼士子，实与现代思想自由原则，及本党主义，大相悖谬"。[1]南京国民政府的这一政策，正是延续了广东革命政府用以统合社会的革命理念，并与辛亥革命之后南京临时政府的思路相衔接。1929 年 1 月 25 日国民政府公布的《寺庙管理条例》，明确要求各寺庙根据自身财产状况，自行办理一种或数种公益事业，包括各级小学校、民众补习学校、各季学校、夜学校、图书馆、阅报所、演讲所、公共体育场、救济院、贫民医院、贫民工厂及适合于地方需要之合作社等，党义科学常识为其课程、书籍、演讲词所必须具备者，而寺院开会讲演的内容应限于阐扬教义、化道社会、启发革命救国思想。[2] 随后在 3 月 6 日教育部、内政部、财政部会衔公布的《施行孔庙保管办法》延续了《寺庙管理条例》中的相关理念，提出"孔庙地址应充分利用，以办理学校，或图书馆、民众学校等"，仅将原有之大成殿供奉孔子遗像，"于孔子诞辰开会纪念"。[3] 新生的南京国民政府志在将传统价值纳入革命的轨道。

结　语

帝制时代承载文化"道统"与皇权"治统"的文庙，在辛亥革命之际备受共和理念的冲击。然而革命所带来的社会乱象引发了人们对文化绝续

---

[1] "中华民国史事纪要"编辑委员会编《中华民国史事纪要（中华民国十七年一至六月）》，台北，"中华民国史料研究中心"，1978，第 279 页。

[2]《寺庙管理条例》，《行政院公报》1929 年 1 月 30 日，第 12～13 页。《寺庙管理条例》施行以来，各省纠纷甚多。国民政府因内政部之呈请，一面令各省维持现状，将该条例暂缓施行；一面又令立法院将该条例审核具复。（见《行政院公报》1929 年 5 月 25 日，第 63～64 页）1929 年 12 月 7 日国民政府公布《监督寺庙条例》，原《寺庙管理条例》废止，相较于此前的激进立场，新条例在用语及管理上大为缓和。（见《行政院公报》1929 年 12 月 11 日，第 16～17 页）其实自大学院训令废止祀孔以来，"各省县因祀孔既废，对于孔庙一层，多涉疏忽，以致毁坏庙宇，侵占庙庭等事，时有所闻。似此情形，最易滋社会之纷扰，兴士林之诽议"。（刘之常：《各省县文庙利用方略》，《福建教育周刊》第 45 期，1929 年，第 17 页）

[3]《教财内三部公布孔庙保管法》，《申报》1929 年 3 月 7 日，第 10 版。

的忧虑，上海文庙在革新祭典礼仪、传播共和新风的同时，也在重新认知自身的道德承载。袁世凯执掌北京政权后，通过重启文庙旧仪，更明确地将共和政体与传统道德精神相协调。上海文庙亦设想通过设立通俗教育馆将现代科学精神与传统道德理念传布民间，并促使了孔圣堂这样民间化、生活化的"文庙"出现。随着袁世凯借复古走向帝制自为，文庙备受新文化精英的批判。然而新文化运动未能冲击文庙在国家层面的典制，亦未能动摇官方与民间对文庙价值承载的认同。上海文庙在整个北京政府时期的官绅崇祀固然未有中断，却出现了对文庙这种运作模式的反思。文庙的开放，既为民众提供公共休憩空间，也使儒学精神传布民间成为人们热切关注的话题，也被认为是共和时代的题中之义。这与上海文庙后来改建四附祠、规复旧礼制看似不合，其内在对文庙价值的信守却并无矛盾。只是北伐革命以更为坚决的态度、明确的主义与全新的偶像将文庙拉下崇祀的神坛，这为日后利用上海文庙推行民众化的社会事业提供了强有力的政治支持。

帝制结束，民国肇始，文庙应以怎样的方式融入共和时代的社会，其背后关涉民国政权理念与文化认同的建构。北京政府对文庙道德价值的维护，难免流于对自身政权稳定的考量，而社会层面对文庙祀典的吁求与文庙空间的再利用，则多是出于对共和之后社会乱象的忧虑，志在为新的时代寻求价值承载与道德依托。将文庙所承载的道义精神大众化、日常化是民国以降官方与民间共同的期待，上海文庙在北京政府时期不断为这样的设想与努力寻找可能的途径与方向，然终未能实现制度化作为，文庙的运作仍更多依循其旧有的轨迹。这既缘于北京政府时期国家政体虽革，而官方主导的尊孔立场未变，亦在于辛亥革命未能如之后的北伐战争那样广泛触及基层的社会结构与文化生态。

作者：张国鹏，南开大学历史学院

李永胜，南开大学历史学院

（编辑：许哲娜）

城市：生活空间、权力结构与文化衍生

——北京大学第二届"历史与社会"
研究生工作坊综述

徐　鹏

　　由北京大学历史学系、北京大学历史与社会政策研究中心、北京大学文化传承与发展研究中心、北京大学世界现代化进程研究中心联合举办的北京大学第二届"历史与社会"研究生工作坊于 2016 年 10 月 29~31 日在北京大学李兆基人文学苑召开。本届研究生工作坊的主题为"城市：生活空间、权力结构与文化衍生"，旨在为国内外从事中国近现代城市史研究的青年学子提供一个交流的平台，以期互相砥砺。此次研究生工作坊自 2016 年初确定主题并发布征稿通知以来，先后收到参会论文 70 余篇。经过三轮审稿，共选出其中 26 篇优秀论文，并邀请其作者来京参会。26 位代表分别来自北京大学、中国社会科学院研究生院、复旦大学、南京大学、南开大学、中国人民大学、北京师范大学、四川大学、澳门大学等十余所高校与科研机构。

　　工作坊开幕式上，首先由工作坊的发起人之一——北京大学历史学系王元周教授致辞。王元周教授指出，随着中国近现代史研究的深入，作为社会史与专门史的重要领域，城市史越发受到学术界的关注。而随着中国城市化进程的加快，以及城市化过程中诸多问题的凸显，更有必要从历史学的角度对近代中国城市进行研究。此次会议邀请到一批从事中国近现代城市史研究的青年学子，王元周教授也希望各位参会代表能够多交流，共同推动近现代中国城市史研究。参加工作坊的嘉宾还有北京大学臧运祜教授、刘一皋教授、欧阳哲生教授，以及中国社会科学院近代史研究所博士后韩策老师、赵诺老师。此外，工作坊期间，澳门大学历史系的王笛教授应邀为参会代表做了题为《西方关于新中国城市史的研究现状及问题》的报告。

城市史的研究主体，通常有狭义与广义之分。狭义上的城市史主要关注城市营建史、市政发展史，而广义上的城市史则可以理解为城市中发生的历史，包括城市中的政治、经济、文化、生活等方方面面。综观26篇参会论文，其内容主要围绕作为实体景观的城市、作为权力场域的城市、作为生活空间的城市、作为社会文化的城市四个方面展开。

一　作为实体景观的城市

近代以来，城市首先作为一个人口聚集、工商业汇聚的人口聚落而存在，即城市一定要有其城市景观，有其作为市（或城市）的实体地域与行政地域，城市的发展既应该自在，也应该自为。

城市景观方面，北京大学历史学系博士研究生洪瑛媄的《试论南京国民政府时期"传统"建筑物》一文，重点探讨随着日本侵略步伐加快，民族主义激昂，南京国民政府便迎合这种民族主义情怀而推行《旧都文物整理计划》，在将北平的古建筑塑造成"传统"建筑物的同时，也创造了北平的"传统"文化中心形象，使"传统"景观走向"民族化"。四川大学历史文化学院博士研究生张宸所撰《民国时期成都银行的建筑形态与日常空间》一文，以民国时期成都的银行为研究对象，一方面从地理区位、大楼、宿舍以及仓库等方面考察成都市银行的建筑形态；另一方面从银行职员状态、业务经营以及通货膨胀下的存款危机为例，从空间与社会层面考察成都市银行的日常生态。

在近代中国，政治对城市的发展依然有重要的影响。复旦大学历史地理研究中心博士研究生张乐锋的《工业建设与城镇归属——以建国初期上海闵行镇政区调整为例》一文，以闵行镇因工业建设与市政建设之间的矛盾而产生的归属问题作为切入点，探讨了一定时期内国家政策、经济体制、地方与部门利益、城乡关系等与基层政区调整间的多重关系，进而探讨上海市由城市型政区向地域型政区转变的过程。山西大学中国社会史研究中心刘淑娟同学的《中心地的位移：长时段视野下1950年代崞县治所迁移研究》一文，通过对 20 世纪 50 年代崞县迁移治所进行研究，认为崞县治所迁移反映出治所位置的选择受到"显性因素"和"隐性因素"的双重影响，使多种资源重新配置，同时也造成地域结构的深刻变化。郑州大学历史学院博士研究生陈杰的《革命中的城市与社会建构——以鄂豫皖苏区首府新集为中心的考察与思考》一文，以鄂豫皖苏区首府新集为研究对象，探讨革命时期的城市与社会建构。他认为，首府地位的形成与新集城内的社会形成密切互动，市内各级政权机构先后设立，城市人口迅猛增加，社会治安体系日趋严密健全，民间群团组织活跃，舆论导向明确，宣传动员效果明显。

随着近代中国城市的发展与市政的萌芽，有关市政改革的讨论也日趋激烈。北京大学历史学系博士研究生徐鹏的《"打倒旧城邦，建设新都市"——民国初年市政改革思潮研究（1912～1928）》一文，以 1912～1928 年的市政改革思潮为切入点，从更长的视角梳理这一时期国内市政改革思潮兴起的原因以及思潮对市政的讨论。此外，上海师范大学历史系博士研究生李玉铭《外来文化与近代徐州城市变迁——以基督教和留学生为例》一文认为，作为苏北最大内陆城市的徐州，在其近代城市发展与社会变迁中出现了两大外力因素——基督教和留学生，他们在建筑、教育、慈善、社会风气、政治制度等方面加速了近代徐州的现代化进程。

二　作为权力场域的城市

近代中国城市，延续了其作为各级政治中心的政治资源，而其政治生态则更加纷繁复杂。城市是各种政治与社会力量交锋的主战场，民国时是这样，新中国成立后也如是。而作为权力场域的城市也因此成为此次工作坊讨论的热点。

此次工作坊有两篇文章探讨民国时期实体空间中的权力斗争，四川大学历史文化学院博士研究生赵斐的《空间中的权力：成都青羊宫劝业会中的地租与房租（1906～1949 年）》一文，对清末、民国初年、民国二十年代、国民政府时期几个时期官方、庙方与商家在青羊宫、二仙庵的空间权力之争做梳理与探讨。南开大学历史学院博士研究生张国鹏的《政权意志与文化传统张力下民国上海文庙的改制》一文认为，上海文庙改建历时多年，在新生的国民政府志在推进社会教育与现代化建设的大背景下，文庙的改建渗透着革命青年与文化耆旧的观念冲突，也交织着教育局与工务局的理念博弈。当然，民国时期的权力斗争也体现在这一时期的政治场域与舆论空间中。复旦大学历史学系博士研究生王亚楷的《王汉良与上海特别市党部（1925~1927）》一文，重点探讨王汉良与上海特别市党部的关系，认为在军阀、政党、洋人、帮会多方角力的上海，商人为求安居乐业，很难实现真正意义上的"在商言商"，他们与政治势力的结合，早已跨过保障生意的范畴。而复旦大学历史学系硕士研究生林秋云的《晚清上海"淫伶"案中的舆论与政治——以李春来案为中心的讨论》一文，以"淫伶"李春来案为切入点，探讨这一时期舆论空间中的政治博弈。他认为，由于外国律师与驻沪领事的介入，这起纯粹的华人纠纷演变为华洋纠纷，对李春来的审判也因为牵涉主权问题而几度搁置；同时，在沪外乡群体组织的利益、复杂的身份意识、社会教化的需要以及喧哗的舆论造势，也让此案进一步复杂化。

对于新中国成立前后的城市政治与社会权力场域，复旦大学历史学系博士研究生易海涛的《社团与政治：新中国成立前后的旅沪同乡会及其与政权的关系（1946~1955年）》一文以新中国成立后旅沪同乡会为研究对象，认为旅沪同乡会的主要活动在于救济同乡，但新政权对慈善救济事业有着不同的定位。新中国要逐步建立起自己的救济事业，需要对旅沪同乡会加以改造，故一步步强化对旅沪同乡会的领导。澳门大学历史系博士研究生安劼凡所撰的《城市边缘的权力变迁：京郊土改中的路径依赖与阶级划分（1949~1950）》一文认为，在京郊土改具体实施过程中，大量的基层干部作为推动土改的主力，不自觉地回归老解放区土改的既有经验，出现了一些暴力和"左"的偏差。

北京大学历史学系博士研究生努丽亚·卡迪尔的《共和国初期苏联模式的中国化——以北京市中苏友好协会为中心的考察》一文，通过考察1949~1956年北京市中苏友好协会的组织与宣传情况，发现以1953年为界，中苏友好协会在组织隶属上逐渐失去了其作为群众组织的独立性，中共对其控制逐渐加强；在宣传内容上，随着苏联对中国大规模的经济援助以及国内经济建设的需要，学习苏联建设经验逐渐成为中苏友好协会最重要的政治任务。北京大学历史学系博士研究生赵鹏的《群众运动中专业化倾向：1950 年代治淮工程的技术问题研究》一文，以群众化运动中的专业化倾向为切入点，探讨 1950 年代治淮过程中的技术问题，认为随着 1956 年淮委解散，国家主导的治淮工程告一段落，治淮工程进入各地自行主持的地方治淮时期，技术专家对技术问题的控制和把握消失；同专业化的倾向相比，群众运动自主性的一面更多地展现出来。

三　作为生活空间的城市

此次工作坊对城市生活空间的讨论，主要集中在娱乐空间、工作空间与经济空间三个方面。

西北大学历史学院硕士研究生李小东的《天桥、东安市场、庙会：近代北京平民的公共空间的形成与运作》一文，以近代北京天桥、东安市场和庙会三个平民进行消费娱乐活动的主要场域为研究对象，认为这些公共空间在实际运作中表现出极大的包容性，使政治与社会、精英与平民、国人与洋人都能够各取所需而非尖锐对立。但是，公共空间内的娱乐和消费活动也并没有催生出一个完全独立于政治、实现完全自治的社会。中国人民大学清史研究所硕士研究生刘静垚的《舞台的退隐与回归：清代中后期北京的梨园与社会变化》一文认为，在清代中后期北京娱乐空间的变化中，公共舞台经历了一次从退隐到回归的过程。而且，对舞台的退隐与回归过程的揭示，有利于探讨清代中后期笼罩着北京各阶层的时代风气和社会矛盾的变化。

北京大学历史学系硕士研究生武嘉玥的《建国初期（1949～1958）石景山发电厂运动问题略论》一文，从 1949～1958 年这一时段入手，以"增产节约运动""一长制""精简人员运动""先进生产者运动""整风运动"为研究线索，以石景山发电厂为例，分析和论述石景山发电厂在历次"政治"或"技术"运动中不断进行革新和调整的种种努力，以展现新中国成立初期工业从百废待兴至逐渐发展的过程。北京大学历史学系博士研究生李玉蓉的《中间市场的夺取与管理——以北京市供销合作社为例（1949～1952）》一文认为，新中国成立初期，兼具私有性和半社会主义的供销社在国营经济的扶助下逐步实现国营化，成为国营经济的同盟，因此能够通过价格优势、剪刀差等方式比较温和而成功地夺取和有效管理这些中间市场，并配合国家调整公与私、城与乡、工与农之间的关系，逐步建立起计划经济秩序。

四 作为社会文化的城市

作为社会文化的重要内容，近代教育对近代中国城市文化的形成与发展具有重要意义。中国社会科学院研究生院博士研究生刘明的《上海求志书院及其考课制度述论》一文认为，上海求志书院倡导时务与西学，士子应课不限身份，且优加奖励，成功吸引大量士子投身其中，成为晚清上海地区促进学风之转变、培养新型士子的重要学术机制。南京大学历史系博士研究生赵力的《美国长老会传教士对儒学教育的地方性适应——以宁波崇信义塾为例（1845~1967）》一文，以宁波崇信义塾为例，探讨了美国长老会传教士对儒学教育的地方性适应。北京大学历史学系博士研究生张亮的《民初教育改革与就业问题——以孟禄来华考察为中心》一文，探讨了1921年孟禄来华及其对中国教育的看法。孟禄认为，中国教育的不振，首在国内军阀政治与列强侵夺造成的混乱，学制改革必须切合中国国情，不能"徒改学制"；对学制改革、实用主义教育并不实用等问题，他也都提出了有价值的参考意见。

在社会文化层面，南京大学历史系硕士研究生常军的《海上生明月——近代上海的霓虹灯意象与都市文化》一文，以霓虹灯作为探讨对象，认为都市夜景中的霓虹广告既是消费文化的象征，亦是摩登上海资本主义商业文化的一部分并参与对此的建构。商业广告中的霓虹市招五光十色，但政治标语唯独钟爱红色，霓虹灯以其醒目的红色，成为政府因应潮流制作政治标语的新选择。北京大学历史学系硕士研究生项浩男的《政治运动中学术刊物的命运沉浮——以〈历史研究〉的停刊为中心的考察》一文，以《历史研究》作为主要研究对象，对其停刊的历程进行全面、深入的梳理和考察，进而揭示和探讨政治与学术之间复杂而微妙的关系。

此外，在宗教生活与社会生活方面，北京大学历史学系博士研究生刘洁的《华北第一堂——近代献县天主教传行考论（1856~1900）》一文，以河北献县天主教为研究个案，认为天主教在献县通过广并土地获得传教经费，并采用包揽词讼、给予教民经济实惠、提供医疗和教育服务等方式进行传教，献县张庄教堂由此得以享有"华北第一堂"的称号。然而，外来教会与本土文化及权力格局的冲突，使民教之间屡生龃龉。北京师范大学历史学院硕士研究生贾彩绫的《抗战时期北平市回民集团结婚研究》一文认为，抗战时期北平回民集团结婚的举办与政治环境有着密切关系，它仍是由官方出面组织，为实现政治目标服务。集团结婚的推行实质上是日伪为实现其政治统治的工具，是日本分裂中国、侵略中国政策的一部分。

五　结语

综上，此次工作坊所探讨的主题，既有狭义上的城市史，也有广义上的城市史，内容涉及近代中国城市中的政治、经济、社会、文化、生活等各个方面，既有对市制、市政、政区等基本问题的探讨，也有对市民生活、公共空间、城市景观等新领域的研究，一定意义上展现了目前国内从事近代中国城市史研究的青年学子的基本学术素养。

当然，本次工作坊也存在一些不足，如个案研究过多而宏观论述较少，对市政、市制等传统问题仍需要加强理论构建。从研究对象的范围来看，关注点主要集中在北京、上海、成都、宁波、徐州等少数城市，对于其他城市，如东北、西北以及边疆一带的城市较少涉足，且对县下市镇、中小城市的关注度也不够。这些不足与缺憾，也是我们今后努力的方向。

作者：徐鹏，北京大学历史学系

（编辑：任吉东）

"多维视野下的城市与乡村暨城市史研究
高端论坛"综述

刘凤华

"多维视野下的城市与乡村暨城市史研究高端论坛"于 2016 年 10 月 22～23 日在天津召开。本次会议由天津社会科学院主办，天津社会科学院历史研究所承办，城市史研究会、天津市历史学学会、南开大学历史学院、天津师范大学人文历史学院协办。来自中国社会科学院、上海社会科学院、复旦大学、四川大学、南开大学、华东师范大学等多个高校和科研机构的近百位专家、学者出席会议。本次会议共提交论文 90 多篇，围绕市政建设与社会控制、城市经济与市场网络、行业阶层与人口流动、城市文化与社会生活、城乡关系与农村建设等几个主题展开讨论，交流思想，交换观点，推动中国城市史研究向纵深方向发展。

一 市政建设与社会控制

市政建设和社会控制一直是城市史研究中的热点问题，与会学者有多篇论文就此展开讨论。

王敏以 20 世纪 20～30 年代上海租界华人的参政运动为切入点，考察了上海租界当局和英国外交部在态度政策上的不同，即强硬和同情，从侧面反映了其"一战"后至中日战争爆发前上海租界当局对华开明政策形成的过程。方秋梅则以市属委员会为考察对象，认为近代中国城市社会治理格局由地方官府与绅、商共治变为地方官府与自治性社团协作共治，再变而为城市政府与市属委员会组织及自治性社团协作共治。市属委员会的兴起与广泛存在，是近代中国城市社会民主化的产物，也是中国城市对西式城市民主制度进行学习与适应性选择的结果，还是建立和巩固新的城市社会治理体制、适应新的城市社会治理环境的需要。

李自典的文章则考察了清末民政管理从巡警部到民政部的演变过程，认为清末巡警部改制为民政部，开启了近代中国民政管理制度的有序建设，民政部的设立是中国古代民政向近代民政转变的分水岭，对推动近代中国民政管理事业的发展具有重大意义。陈玥则以民国前期武昌余家湖官民产业划分案为研究对象，探讨前近代王朝体系下多重的土地业权在向近代司法意义上的土地所有权转变过程中余家湖湖地的权利归属问题，以此管窥城市地权的制度性变革过程，由此引发的地方社会分化与重组的机制，以及此中凸显的法律观念和现实社会的脱节、城市土地权利的变化对地方社群有很大的分化等问题。胡悦晗则从战后杭州产职业工会理事长的三起"去职"风波出发，认为战后杭州市总工会与政府及下属产、职业工会的立场各异，增加了其在处理劳工事件中斡旋的余地，但也使其与政府及产业、职业工会之间暗生罅隙，削弱了社会整合所必需的组织凝聚力与组织权威。

姚焱超在考察了解放初期中共在天津的粮食政策后认为，中共通过完善粮食机构、调粮入津、粮店代售、政府救济、政府配售、调控物价等办法，稳定了粮食供应和粮食市场，显示了其执政能力。王凛然以1962年天津市精简城镇职工工作为考察对象，指出政府以宣传教育、动员方式为突破口，辅之以户口、粮食、劳动力等"硬性"制度保障，进而顺畅完成了精简，这一过程体现了国家、地方、进城农民等多方的互动与博弈。

马健考察了近代天津的道路建设，认为租界的带动和引领作用、政府的重视和积极规划、政府与民间社会良好的互动是天津道路发展的原因，当然其中也存在经费被占用、水患以及私占街道等问题。邓丽兰对抗战胜利后上海的卫生治理机制进行了探讨，认为即使当局勤勉，但由于客观的时局、制度与治理技术的缺陷以及财政危机等原因，上海的卫生状况仍很难改观。许哲娜对抗战胜利后天津电车车票问题做了探讨，认为国家、城市、地方三者在这一问题上既有抵触又相辅相成，国家一方面提供保障，但又因失去威信而加剧社会分化。张献忠则以袁黄的《宝坻政书》为例，分析了明代的县域治理，认为明代县域治理仍然是人治。高路的文章认为，从民国开始到新中国建立，出现了一个大规模的重构城市空间布局的

"逆城市化"运动，这并不是城市自我发展的结果，而是和国防密切相关，概言之，近代中国的城市化不是一个自发的经济过程，而是始终和国家的地位、国家的安全联系在一起。

二 城市经济与市场网络

城市经济是城市发展的重要支撑，也是城市史研究的重要领域，会议上有多位学者就不同时期城市经济的不同侧面提交论文，互相探讨。

陈国灿认为，宋代是中国城市史发展的重要转折时期，各级城市突破原有政治性质构成的限制，由封闭走向开放，由单一趋于多样，进而实现发展形态和文明结构的重大调整；同时，商业市镇广泛兴起，不仅推动了城镇体系的形成和都市文明的重构，也引发农耕社会的一系列重要变革，在此基础上，中国特色传统城镇化的历史进程开始起步。

郑民德分析了明代河南漕粮交兑地经历了多次变化后定在直隶小滩镇，其原因包括自然环境变迁、国家漕运策略调整、地方政府利益博弈等因素，这也反映了纳漕民众与运军的诉求，而兑漕弊端、漕粮交兑与区域商业发展之间的关系，则体现了漕运在明代社会各方面产生的重大影响。

许檀将明清时期的城乡市场网络体系区分为流通枢纽城市、地区性商业中心和基层市场三大层级，依据税收档案和商人会馆碑刻，以山东的临清、聊城为例考察了城市的商业规模，指出各商业城镇的辐射范围、市场级别与其行政等级差异很大，而诸多行政级别较低的商业城镇的崛起反映的正是明清时期经济发展中市场体系对原有行政体系的突破。张笃勤则考察了清代汉口的商市、商品与市场网络，认为汉口开埠后对外贸易要求腹地农村提供源源不断的农副产品，不仅促进了农村商品经济的活跃，推动了腹地集市城镇的发展繁荣，而且把汉口经济腹地纳入近代资本主义市场体系。

樊如森以茶叶为切入点，多维度地考察其在清代、民国时期的贸易组织、供货渠道、商品类别、市场份额等时空变革，认为茶叶既推动了西北市场的整合、扩大和市场一体化，也带动了其传统经济产业向近代化转型。徐俊嵩考察了清代前中期亳州经济发展的状况及表现，认为水灾是制约亳州经济发展的重要因素，而官方和民间的积极配合则有效缓解了水灾。邓亦兵则从住房制度、粮食供给制度等方面入手，研究清代市场中的政府和制度关系。

李军考察了天津出口棉花的概况，认为棉花作为20世纪前半叶天津港的主要物资出口日本，不仅对华北的产业结构形成了很大的影响，由此衍生出以棉花为中心的产业链条，而且也使天津与日本之间的贸易关系以棉花及棉织品为中心展开。张欣则指出1925年天津发行市政公债的失败，是由当时的政治经济环境、普通大众原因等时代性局限造成的，它展示了近代中国历史上一个完整的近代城市公债案例，具有借鉴意义。王翔通过对《申报》《东方杂志》《中国旧海关史料》及档案资料的梳理，认为米价对镇江丝绸之价格的影响具有显著性，同时镇江绸价对镇江米价的变动是缺乏弹性的，1890~1919年，镇江米价一直呈上涨趋势，且增长将近4倍，导致劳资关系紧张，罢工不断，工价上调，成本上升，从而丧失市场竞争优势，终至被淘汰。

王肇磊分析了民国时期武陵山区的城市规模和数量后认为，此时此地城市的数量、规模均有扩大，并形成了具有现代特征的城市体系，但中国城市发展政治优先原则、山区地理和社会经济条件的限制，以及武陵山区城市长期碎片化发展的特质，使其无法发展为统一、完整且层级有序的城市群体。

冯日昕采用比较方法，认为定县和高阳两地的土布业在采取商人雇主制上存在不同，其原因可以归结为农业的发展程度和比较利益选择这两大方面。朱琳的文章采用计量方法，以粮价为切入点，考察了淮河流域粮食市场的整合程度，认为清前期淮河流域粮食市场整合程度已经达到了较高水平，说明该区域的市场效率比较高，交易成本也是可以接受的。

马树华的文章考察了自清末至今胶东渔村的历史变迁，从明清时期的半渔半农到青岛开埠作为城市近郊湮没不彰，接着到20世纪50年代新渔业制度下的迅猛发展，再到21世纪以来城市化进程中所面临的尴尬，此过程包含了自然、人为、经济、制度等各种因素，是近代以来山东经济变迁的一个缩影。敖以深以高原山地城市贵阳为代表，探讨了生态文明城市的战略及城市的转型问题。徐琳以1935年上海银行停业和存款清偿为例，说明在近代中国竞争性的银行体系中，停业清偿是银行基于损失最小化的选择，普通银行股东的特殊加重责任以及储蓄银行重要股东的连带无限责任是维持中小银行清偿能力的重要支撑，在有限的存款偿还中，重点的保护对象是收入低且较分散的小额储蓄存款者，这一定程度上体现了近代金融发展中的金融公平原则。

三　行业阶层与人口流动

城市发展带来的后果之一就是城乡人口流动和城市行业、阶层的变迁与重组，本次会议既有以北京、天津等大城市为个案的研究，也有对地毯和典当等具体行业的研究。

王建伟的文章认为，清末民初的北京从传统意义的"帝都"过渡到近代意义上的"城市"，城市形态经历、行政管理体制、城市身份与功能定位等发生重大变化，城市规模扩张，市域范围扩展。而大量外来人口涌入触动了城市空间结构，社会结构相应发生变化，人口的区域分布、年龄结构、性别结构也呈现新的时代特征，人口升降也反映出民初北京城市形态转型过程中社会阶层的新分化与重组。李沛霖的文章探讨了民国时期南京公共交通和人口的密切关系，即公共交通业不仅应对了城市人口增长的需求和人口递增压力，而且为城市空间拓展、人口均衡分布做出了贡献，进而助力城市人口的规律流动和商业交流，最终使城市持续焕发活力成为可能。

冯剑的文章考察了近代天津典当业中的山西人，认为天津典当业在山西人的经营下一度辉煌，但在近代天津城市社会经济急剧的变迁中，天津典当业中的山西人总体上没有完成新的代际转换，没有在剧烈的社会环境变化中孕育出真正的下一代典当人群体，最终随着近代天津典当业在社会变迁中走向衰落，湮没无闻。黑广菊考察了大陆银行1919~1937年的资产负债数据，认为在当时复杂的环境下大陆银行依然能够艰难生存，主要是由于在经营管理及制度上实践了"稳健"的经营方针，力求规避风险，保证了银行资金的流动性、安全性和盈利性。张百顺的文章从制度需求和制度供给两个侧面，考察了天津银行公会的制度演进，以为当今行业协会改革提供借鉴。乔南的文章认为，太谷商人的商业活动及广泛的贸易迁徙不仅使自身财富得到增长，更促进了太谷商业的繁荣，进而使太谷城逐渐成为山西乃至整个中国内陆的金融中心，而且他们积极参与太谷城的公共事务，推动和影响了太谷的发展和城市风尚。

熊亚平考察1900～1937年京津两地地毯业发展后认为，由于开埠后京津两地角色定位的不同，即消费市场和物资供应地、输入地的差别，京津地毯业发展呈现互补性。吴志远则考察了清代河南的典当业在时空分布上的差别，认为其兴起乃是由于解运官府钱粮和大宗贸易需要资金，其于清中后期其衰落则是由于社会动荡，经济发展停滞，整个社会对资本市场的需求下降，以及现代银行业兴起和完善。

四　城市文化与社会生活

城市文化和社会生活是城市史研究中生动而有趣的研究领域，学者们的选题和利用的资料均多样丰富，展现了活生生的城市生活史和文化史。

李长莉对近代城市生活史的研究热点和特点做了总结，认为城市史研究的对象主要集中在全国和区域的中心城市，上海最具典型性；关注重心在于中西文明交汇下如何吸收西方近代文明生活元素；研究的热点集中在娱乐生活、日常生活和群体生活等几个方面。她指出，利用"公共性"范式研究近代城市生活史具有一定的解释力，提升了城市生活史研究的深度与理论高度，但会存在概念模糊、西方理论与本土性特征不相融合等问题。

任云兰的文章考察了天津开埠以后随外侨一并来华的外侨俱乐部，这些俱乐部性质多样、活动丰富，带动了天津的城市风尚，对天津的体育运动风尚、演艺风尚、同业聚会或餐饮风尚以及建筑风尚都产生了一定的影响。李学智的文章主要研究了清末民初与禁烟活动相随的天津戒纸烟会及其活动，其设立时风生水起、颇有声色，但旋因武昌起义所带来的社会震荡而暂时停止活动，后虽意欲恢复，但终未能成。田涛考察了晚清时期天津书院的变迁，认为随着西学东渐，书院也经历了经世之学和西学的引入等学术取向的变动，其鼎盛时与洋务学堂创办时间大体一致，并与本地关联密切，体现出地域化特征。万鲁建则以19世纪末20世纪初日本人的游记、日记和信件等为资料，分析了港口对天津的影响、日租界的得失、八国联军侵略天津等问题，呈现了天津别样的风貌。

任吉东的文章考察了西方卫生观念传入后城市"粪溺业"的治理变

化，粪溺治理开始被纳入国家行政管理，而且政府着手建立公厕和实行现代化运作，建立了中西合璧的"西体中用"粪溺治理新方式，这不仅影响了传统行业的走向，也改变了城市治理的方式。荆蕙兰的文章认为，受近代科技和外来文化的冲击，东北的城乡社会生活在民风民俗、价值观念、生活方式等方面均发生了巨大变化，其中乡村文化受城市文化的冲击和影响更大，城乡间文化认同与异质性并存。杨乔的文章考察了抗战时期国民党在湖南实行的破除迷信活动，国民政府通过法律、劝言等方式力图革除迷信，但收效甚微，但对于移风易俗、提高国民精神，以及维护抗战国策仍具有积极作用。柳敏的文章则考察了在移民城市青岛，海外移民、旅青移民和农业移民对青岛城市文化的影响，海外移民、文化精英的流动性较强，一定程度影响着青岛精英文化的扎根与制度文化的延续；而大量乡村移民和经济精英成为青岛常住居民，给青岛带来朴实与务实的城市品格。

汤锐的文章认为，20世纪20年代以后，以球类为代表的西式休闲体育开始越出学校，走进社会民众的日常生活；民众对"体育"的理解主要是基于自身所需，诸如上流社会群体在日常生活中从事的运动即带有精英特点，而不同社会阶层对体育之观感迥然有异则是因应经济地位之差异。丁芮的文章以董毅《北平日记》为中心对北平的丧俗进行考察，认为沦陷时期广大普通民众仍旧保持传统的风俗习惯，不仅是对传统文化的认同，也是自觉抵制日本殖民者文化同化的爱国行为，是对民族国家的自觉认同。

罗桂林的文章以法租界开辟后路名变动的历史为切入点，考察了法租界当局、民初华界当局、汪伪当局、国民政府和民众等几方命名的历史后认为，名称变动的历史不仅反映出政治更替对地名的深刻影响，其自身也构成推进政治演进的一环，而"俗名"却经口耳相传经久流传，呈现出城市政治文化"自下而上"的演进趋势。孙杰的文章认为明代士人厌恶城市的成因，既有明清两朝士子不得议政的政治导向、士人居乡标榜清高以及保全自我等政治因素，也有出于家族考虑、以农为本思想和对城市生活方式的不认同等因素。张弛以上海为例，考察了在工业化、城市化的影响下，对"儿童游戏室"的倡导虽停留在话语层面，但国人仍逐渐接受了部分育儿观念。

五　城市起源与城乡关系

城市发展的起源、制度、城乡关系、农村建设不但是历史问题，而且对当今有重要的借鉴意义，与此相关的论文主要有以下几篇。

王先明的文章指出，集体化时期社会主义"新农村建设"思想或战略构想的提出，是新中国在国家建设起步后面对工业与农业、城市与乡村发展矛盾的历史进程中提出的命题，是新中国现代化建设道路探索中的重要命题之一，实质上是社会主义现代化建设命题的题中应有之义，而且讨论乡村建设必须与工业化建设相关。熊双风的文章认为，新中国成立后，中共在城市郊区的土地改革推行的是"没收、征收的土地归国家所有"的土地所有制，该政策最早源于沈阳市郊区的土改，成熟于京津，并运用于全国。它保证了新中国成立初期城郊的政治稳定和经济发展，是中共早期土地国有思想的真正实施；它是根据城市郊区土地的特殊性制定的，体现了中共在土地改革时制定相关政策的灵活性及成熟性。

毛曦考察了聚落类型与城市的起源，认为城市的起源始于似城聚落的出现，真正意义上的城市的形成表现为更高等级的中心聚落的出现；中西城市起源不同，西方学者强调市场，而在中国，政治因素对城市的起源与形成有直接作用；从更一般意义上看，中西早期城市的起源具有其一致性，即起源于新型功能的中心聚落的出现。高春平、高广达通过文献记载和考古发掘，以及对山西省新发现的神农城的考察发现，最原始的神农城很可能是土石结构的聚落。至迟在战国或汉代，羊头山上已有初具城市规模的神农城，这对中华文明发祥地的佐证具有重要意义。罗艳春以《申报》中记载的光绪十六年葛沽刘得胜、马大有脚行械斗案件为例，结合方志、档案以及族谱、碑刻与口述等文献史料，对天津葛沽聚落的历史变迁进行了梳理。

张慧芝以海河流域为考察对象，分析了近代城乡的"二元化"分离，即城乡关系由传统的一元化转向畸形的二元化，主要原因包括半殖民化的时代背景、京畿腹地的地理位置、海河流域的自然特征三点。苑焕乔考察了京津冀一体化背景下京津冀三地的历史村镇，认为其地域一体、文化一脉，历史渊源深厚，均为具有建筑遗产、传统文化、商贸交通和革命历史等的村镇，同时面临着行政壁垒高、统筹规划缺失和基础设施差距大等制约因素。

胡俊修和肖琛的文章则考察了武汉农村移民的生活，指出入城的大量农村移民存在双重身份的困惑：既有"乡巴佬"的自卑，又有成为"城里人"的优越，同时亦被双重边缘化。

综合会议论文和大会发言，本次会议有以下特点：第一，参会学者集老、中、青三代，中青年成为学术研究主力，且较多采用学界前沿理论进行跨学科研究；第二，资料利用更为丰富，碑刻、报刊、考古资料、私人日记、诗歌等多种资料均有利用；第三，研究方法多样化，传统史学研究方法及偏重于经济领域的计量方法在本次会议论文中均有应用；第四，研究时段跨度长，除了学界历来研究成果较多的明清、近代时期，古代城市、当代城市的相关成果亦有不少。这凸显了城市史研究向着更为广阔和跨学科的方向迈进。

当然，本次会议也存在些许不足，如研究时段上的不均衡（古代、抗日战争时期、新中国成立后的计划经济时期等时段的研究成果相对较少）、理论构建有待加强、比较研究成果较少、大城市研究较多而对中小城市关注较少等，这也是后辈学者努力的方向。

作者：刘凤华，天津社会科学院历史研究所

（编辑：任吉东）

区域史与城市史研究的方法与路径

——"区域·城市·社会：第二届城市历史比较论坛"综述

高福美　任吉东

　　近年来，以区域史研究为视角，探究政治、经济、社会、文化等多种因素在某个特定空间范围内的聚合和关联，进而考察"整体中国"在不同地域的存在和演进机制，已经成为中国史学研究的重要方法和理念。当前，"京津冀"区域协同发展已经上升为国家战略，梳理"京津冀"区域在历史发展中的内在关联与互动关系，具有非常重要的理论价值和现实意义。2016 年 11 月 4~5 日，由北京社会科学院、北京古都学会主办的"区域·城市·社会——第二届城市历史比较论坛"在北京召开。会议收到来自中国人民大学、南开大学、中国社会科学院、北京社会科学院、天津社会科学院、上海社会科学院、杭州师范大学等地高校及科研机构的论文 40余篇，议题包括华北市场史、金融史、北京城市史、社会史及其他相关研究领域。

一　新观点与新材料：华北区域经济史的新进展

　　本届论坛最突出的特点是区域经济史与城市商业史议题集中，其中对华北商业市场史、金融史及相关城市经济史的研究和讨论尤为深入。

　　区域史研究自 20 世纪 80 年代兴起，方兴未艾，关于区域史研究的理论和方法也成为学界最为关注的问题。其中施坚雅关于市场层级的划分应该是影响最大的理论之一。近年来，南开大学许檀教授立足于自己几十年的实证个案研究，对明清时期华北地区传统市场提出了最新的理论成果。

她将明清时期城乡市场网络体系划分为流通枢纽型城市、地区性商业中心和基层市场三大层级。在对华北地区各商业城镇经营规模进行估算之后发现，其辐射范围、市场级别与其行政等级差异很大，也就是说，行政级别高的城镇并不一定是商业中心，而诸多级别较低的商业城镇则往往是本地区的商业中心。这一结论的提出，反映的正是明清时期发展中的市场体系对原有行政体系的突破，也与吴承明先生所提出的"市场发育理论"不谋而合。每一种学术理路的产生都有其特征，正如安宝《日本学界关于华北乡村史的研究》一文所认为的，"相较于美国学者的宏观理论架构和观点创新，日本学者对于中国近代乡村史的研究则主要专注于具体问题的深描"，而基于大量实证个案研究提出符合我国实际情况的理论，则是我们历史学工作者追求的目标。

新材料的发现，在当今学术研究越来越深入的趋势下应属最难得之事。但实际也并非不可得，近年来河北大学及山西大学的学者在对一批民间收藏的契约、信稿进行收集和整理，这对于金融史、商业史研究具有非常重要的史料价值。刘秋根、张鹏《清末北京晋商印局的工商业放款研究——以〈宣统三年转本底账〉为中心》一文利用新近发现的一本宣统三年晋商在北京开设印局的账册，考察了晚清时期北京城市新型金融机构——印局的发展过程及其在推动北京工商业发展与繁荣中所产生的积极作用。闫爱萍《咸丰元年的山西票号金融经营——张家口致京师分号书信〈往京书札〉的解读》一文利用日升昌票号张家口分号致京师分号的书信底稿，详细解读了清代山西票号金融经营的重要因素——书信往来的方式及其重要内容，以及其所具有的重要的史料价值。《道光年间蔚泰厚票号京师与苏州分号往来信稿的整理与研究——以山西票号的书信往来为重点》一文利用道光二十四年蔚泰厚票号京师与苏州往来信稿，考察了山西票号分号之间业务往来的方式及书信所具有的金融功能。《光绪三十一年的津京金融汇兑及相关问题——以中兴和天津分号全年书信为依据》一文利用现存山西票号专门化金融经营的来往信稿，探讨了清末民初京津城市关联的重要内容——金融汇兑，重点论述了"京津克费"的内容以及晚清时期山西票号不同行帮空间地域的划分。

新史料的发掘、新方法的运用以及新观点的提出是历史学最初崛起的法宝，随着史学研究的不断深入，"三新"的内涵和要求也在不断调整，但是最终要到达的仍然是"历史的真相"。

二 定量研究与城市商业史

定量研究（Study on measurement，Quantitative research），也称量化研究，是与定性研究相对的概念，是社会科学领域的一种基本研究范式，也是科学研究的重要步骤和方法之一。

税关是明清时期国家在重要的交通要道和流通枢纽地区设立来征收过往商品流通税的机构，税关周期内对过往商品的征税数额及货物种类、数量等大多有连续性的记载，这对考察本地区的商品流通发展及城市商业状况具有非常重要的价值。高福美《清代崇文门税关与北京城市消费研究》一文利用税关档案，梳理了清代崇文门税关税收及其商品流通的变迁过程，指出清代崇文门税关是全国范围内征收进城货物税最多的税关，大量自全国各地运送而来的日常消费品自此进入北京，供应北京巨大的日用消费所需。这也是对目前学界对明清时期北京城市经济所具有的消费性特征进行量化研究的一次尝试。

商人会馆是明清时期各地商人在客居地建立的一种自治组织，"为里人贸迁有无，祸祀燕集之所也"。[1] 利用现存大量的商业会馆的碑刻资料，可以对当地商业城镇中商铺数量及其商业经营规模、商业路线等内容进行估算。杨建庭《明清时期通州张家湾山西会馆新考》一文利用明清时期位于通州张家湾地区的山西会馆碑刻，论述了明清时期聚集于此的平阳、泽潞铁商、布商及粮油商人，在此将晋中地区的茶叶、煤炭等自运河运往长城和草原甚至恰克图贸易。《明清时期山西布商与翼城商人：以通州晋冀会馆为线索》一文利用通州晋冀会馆碑刻，考察了晋冀商人的分布及经营模式，论述了会馆并非单纯的、一般意义上的商人会馆，其背后隐藏着明清时期"南布北运"的专业化经营模式。

数据统计的变化一定程度上是当时的政治背景与经济政策的反映。罗畅《晋钞毛荒之演进（1930~1932）》一文则从货币金融史的角度出发，论述了1930年中原大战前后，山西省银行为筹措巨额军费，大量发行钞票

---

① 李华：《明清以来北京工商会馆碑刻选编》，文物出版社，1980，第15页。

而导致的"晋钞毛荒"的过程及其社会影响。

现代经济学研究模型建立的基础便是大量的统计数据，然而对于古代经济史而言，数据资料的缺乏是相关研究的主要瓶颈。[①] 在这种情况下，对大量的税收档案以及商人碑刻资料的有效利用，应是一个较大的突破。

三 国家与地方：北京城市史研究的多种视野

北京特殊的政治地位赋予其双重的特殊身份，而在学术研究中如何准确把握这一特征，是北京史研究所要关注的重要内容。作为城市的北京与作为都城的北京，一直是无法完全区分的，刘仲华《清代圆明园轮班奏事及御园理政的合法性困境》则是对北京这双重身份进行研究的一次较为成功的探讨。该文论述了圆明园自雍正帝开始，历经乾隆、嘉庆、道光、咸丰诸朝作为皇帝处理日常政务和国家大事的场所，改变了旧有的以紫禁城为中心的权力配置格局，直接影响了清朝中央政治的运作模式。从紫禁城到圆明园，权力中心配置格局的变化与城市空间的变迁异曲同工。而李在全的《民元孙中山北京之行与逊清皇室的应对》一文利用民国逊清要员的密函及日记等资料，梳理了民国元年孙中山北京之行的过程，及清室的态度转变的过程，探讨民国初年复杂的政治背景下多元力量的共存与互动，认为政治格局的遽变成就了北京城不一样的过往。

同样，不同于同时期其他地区的商业中心城市，作为都城的北京的城市经济也带有很强的政治烙印。邓亦兵《政府与市场——以清代前期北京住房、粮食市场为例》一文利用清代前期北京城市住房与粮食市场的发展，论证了都城这一特殊角色之下市场与政府之间的互动关系，即在市场条件下，都城的特殊政策也随之不断调整。也就是说，在明清时期商品经济大发展的背景下，都城北京也遵循市场发育的客观规律，由此不断调整相应的政策措施。漕运的发展对北京城市经济有着特殊影响，吴文涛《萧太后河史源考略》一文通过对有关萧太后河的历史资料和当今传说的系统梳理，考证了担负辽南京物资输送功能的萧太后河的古今源流、变迁及其对北京历史发展的重要作用。

---

① 许檀：《明清时期华北的商业城镇与市场层级》，《中国社会科学》2016年第11期。

面对现代城市发展的趋势，作为都城的北京面临怎样的发展道路？以下两位学者对历史时期北京城市发展路径的梳理与城市转型的预测值得关注。其中孙冬虎《中国宜建陪都论——历史地理视角下的北京城市功能疏解之道》一文论述了城市功能变迁的历史过程，论述了都城功能所产生的相关反应及有效疏解的途径。叶骁军《京津冀一体化建设人口集聚等可能出现的问题——简论我国历代首都的选定与变迁》一文分析了自古至今中国都城的迁移路线和规律，总结了都城迁移的黄渭迁移线、运河东北线以及长江线，论述了建都之地具体的条件及相关城市问题。

伴随着都城命运的终结，北京作为"城市"身份的突出是清末民初北京城市发展的特征。潘鸣《蒋介石与北平特别市的设立》一文探讨了1928年北平特别市设立后，自清末以来形成的由中央政府直接管理京师市政的格局发生改变。但是由于政出多门，北平特别市虽然在形式上摆脱了过去条块分割的治理模式，但是城市基本制度的确立和市政建设的开展举步维艰。王建伟《清末民初北京城市形态演变过程中的人口问题》一文认为，清末民初的北京正从"帝都"过渡到近代意义上的"城市"，政治属性日渐淡化，世俗性凸显，城市发展更趋多元，大量外来人口涌入，促动城市空间机构、社会结构发生相应的变化。政治中心地位终结之后，大量清遗民成为城市变迁的亲历者与记录者，他们的观察与感受应是对城市史最生动的书写。周增光《民国初年清遗民视野中的京津异同》一文则是对这一问题的敏锐观照，论述了民国时期清遗民在北京与天津两座城市的活动内容及其对北京、天津这两座城市截然不同的地域视野。

作为"国家史"发生地，这本是城市史的重要内容。北京作为具有几百年历史的帝都，在很多方面无法摆脱国家政治的影响。同时，更应警惕将北京史视为中国历史的缩微景观，不能把发生在这座城市的所有事件不加辨别地当成城市史的内容来理解。[①]

四 "最城市"：城市的信仰与社会

民间信仰是基于地域社会认同的重要内容，而信仰的跨地域特征和转

---

① 王建伟：《城市史研究的多重路径与多种可能性——中国的"双城记"：比较视野下的北京与上海城市历史学术研讨会侧记》，《史林》2015年第6期。

变往往也反映了不同区域之间的关联及区域的变迁。胡梦飞《镇水、平浪与祈雨：清代小圣信仰的历史考察》一文论述小圣信仰作为清代天津及其周边地区较为代表性的民间信仰的形成及发展过程，探讨了它的盛行与天津盐业运输的特殊关系及其在京津冀社会的盛行。郑永华《从民祀到正祀：清代崇封吕祖史事补考》一文利用档案详细论述了清代吕祖信仰如何从区域性民间信仰转为国家"正祀"的过程，考察了地方精英如何利用国家的关切，将"地方神"纳入国家神统以获得地方利益的过程。庙宇是民间信仰最直接的体现，与地方社会的变迁有直接关联。如刘慧怡《文本与记忆：一座庙宇的传说与历史》一文探讨了天津峰山药王庙的命名及功能变迁及其与地方社会的互动过程。

家族、宗族作为构成地方社会的最基本单元，在社会治理以及地方文化的发展中往往超越中央的影响力。李佩俊《城市化建设中的传统宗族发展——以太原西寨阎氏为例》一文从社会史的角度出发，考察了太原市西寨村阎氏宗族明清以来的发展过程及其在现代城市化过程中的作用及角色调适。张献忠《清代天津科举家族与地方社会——兼谈科举家族在天津城市发展史上的意义》一文论述了清代自雍正年间设府之后出现的科举家族兴盛的状况，分析其在地方文化、教育和慈善事业中的重要贡献，以及其对天津城市发展的重要推动作用。

公共卫生的发展与交通方式的革新是现代城市体系建立的重要内容，面对传统社会根深蒂固的观念与生活习惯，现代城市体系的建立又将经历怎样的曲折？任吉东《方便因何"不方便"：近代城市"方便"问题探析》一文论述了现代城市文明的重要标志——公共卫生中的"方便"问题，在现代城市构建过程中所面临的适应、生存和发展的问题。郑秀娟《人力车在北京的发展》论述了人力车引入北京并流行的过程，人力车在清末引入北京，受制于自身构造等因素，发展十分缓慢；民国之后则一跃成为北京街头最重要的交通工具之一。可以说人力车的发展过程是北京城市社会转型的一个侧面。

现代丧葬方式的引入，则同样面临与传统模式的调适。冯志阳《杠房与殡仪馆：民国时期城市社会的殡仪业及其变迁——以北京、上海为中心的探讨》与马金生《民国时期北平私立公墓述略（1927~1949）》两篇论文均是对这一问题的关注。前文考察了民国时期北京与上海丧葬形式——

在北京，主要是传统的杠房提供殡仪服务，而在上海，殡仪馆已大量出现，并据此进一步论述了作为中国传统社会重要组成部分的丧葬形式的变迁，其所体现的不同区域的社会经济程度的差异以及东西方文明所受冲击的程度。后文主要关注的是民国时期现代公墓在北平地区的出现及发展过程，具体论述了北平地区私立公墓的建筑形式以及创建方式。

城市的多重面貌与多种因素，构成了丰富多彩的城市史研究路径。至于哪一项内容"最城市"，我们无从厘清，重要的是我们所书写的让我们明白，这就是城市的历史。

五　学术、文化与其他

一定地域范围内的学术成果与著作的出现，往往深受地域文化影响。如靳宝《韩诗研究中几个问题的再思考——以区域史为视角》一文对汉初韩婴所著《韩诗》的命名、来源以及兴盛等内容进行了论述，探讨了在不同的历史阶段以及地域和身份差异的背景下汉代不同思想家的发展道路。陈清茹《京剧〈红娘〉的历史演变》一文论述了京剧《红娘》历经唐宋元明清长达五百余年的演变，在人物形象、情节安排、主题思想等方面经历了数种变化，这些变化既是作家不断艺术创新的结果，更是深受不同时代的社会心理变迁影响的产物。陈洁《鲁迅在教育部的儿童美育工作与〈风筝〉的改写》一文以《风筝》的创作为例，论述了鲁迅在教育部从事美育工作对其创作从语言到取材、思想等方面所产生的影响。王丽媛《城市空间中的现代大学——1930年代北平各大学的空间分布与文化风格》一文梳理了20世纪30年代北平大学的分布区域及各自的发展特征，探讨了该时期北平作为教育中心地位的延续与转型。

此外，作为"他者"的历史研究，则是本地区研究的重要对照与参考。本次会议有多篇文章涉及其他地区的城市史研究，如朱东北《民国时期华北城市变迁中码头工会的组建与活动——以天津、青岛档案为中心》一文以民国时期两座重要的港口城市天津和青岛工会的组建过程及其与传统把头之间关系的处理为切入点，探讨了现代城市管理体系不断建立的背景下，新兴工人组织形式与传统行业形式之间的博弈过程。徐俊嵩《清前中期亳州经济的发展及谁在对其制约》一文考察了凭借便利的水陆交通，亳州社会经济在清代前中期得到了迅速发展，水资源的发达又成为城市发展的主要制约因素，如何克服这一制约因素成为传统城市进一步发展的重要因素。周嘉《运河城市的类型：帝国晚期临清的空间变迁与职能整合》一文以临清个案为研究对象，从城市空间与职能变迁角度考察临清从"地方"到"中心地"的转变过程，进一步论述作为贯穿南北的运输大通道的京杭大运河对沿河区域城市发展的影响。董勤《六朝唐宋湘江中下游城市空间形态研究》一文以潭州及衡州两大中心为核心，论述湘江中下游城市在地形地貌、交通地理等因素的制约下所形成的空间形态与城市功能的发展。此外，陈玲玲《博览会的帝国视线与近代都市空间的开拓——从欧洲到日本，再到日本殖民地》一文则为我们构建了一条东亚国家不同的转型道路，论述了日本自19世纪60年代开始接触欧洲的万国博览会，之后在帝国扩张的途中迅速借鉴这一新型的资本主义，大规模展示帝国主义和殖民主义，成功地将自己与18世纪以来欧洲扩张所形成的世界霸权体制衔接。从运河两岸到长江沿线，从六朝至明清，不同地区的城市过程，体现了不同自然禀赋条件下城市的发展类型与道路选择。

作为一个有机体，区域与城市的发展并不是如出一辙和"千城一面"，无论是作为方法论的区域史，还是强调自我传承的城市史，其所要努力去探寻的都是不同区域和城市在一个特定的大环境背景之下，归属于不同的地域范围从而形成了独特的个体发展路径，以及其具有的个体差异性及典型性。这是地理风貌和历史积淀的成果，也是每个区域和城市固有的血脉基因，具有强烈的排他性和唯一性。值得一提的是，与第一届城市历史比较论坛"传统路径下的城市史研究"相比较，城市规划、治理、人口、功能、沿革等内容明显偏少，这些内容则是本届论坛所取得的突出成果，也算是一种呼应与补充。

作者：高福美，北京社会科学院

任吉东，天津社会科学院

（编辑：熊亚平）

Abstracts

Regional System and Economic Development

Study on the Variation in Numbers and Scales of Xinjiang Cities during the Late Qing Dynasty and the Republic of China

He Yimin   Huang Junpeng   Fu Juan / 1

Abstract: During the period of the late Qing Dynasty and the republic of China, cities of Xinjiang had experienced important changes. Due to the establishment of Xinjiang Province in the late Qing Dynasty and the implementation of the local administrative system reformation, cities of Xinjiang had been incorporated into a hierarchical administrative hierarchy system, and the number of cities had also increased as a result of the reformation. After the establishment of the Republic of China, the local government of Xinjiang had further strengthened and perfected the administrative system at all levels with the support from the central government, and Xinjiang had successively experienced four stages of the period of Yang Zengxin, Jin Shuren, Sheng Shicai administration and the direct governing by national government, which increased the numbers of Xinjiang cities. With the reformation of local administrative system, the development of society and economy and the growth of population, the urban scale of Xinjiang had been enlarged simultaneously, and the modern – contemporary urban of Xinjiang had been preliminarily established. This paper focuses on the relationship between the reformation of the administrative system and the variation in numbers of Xinjiang cities which embody the variation of urban population scale and land occupation scale in different stages.

Key Words: Xinjiang; the Numbers of Cities; the Scales; Local Administrative System

Social Changes of the Dihua during the 1930s and 1940s
——the Investigation Based on the Newspaper and Periodicals in the
Republic of China   Feng Chengjie / 24

Abstract: The 1930s and 1940s was an important period of social transition. The change of Dihua and the daily life of common people hiding under the grand historical narrative need to be further explored. Dihua is a city of traditional, modern and multi – ethnic blend, and the new trend is particularly evident. The layout of urban public space and modernization showed the important aspect of the development of the city. Daily life of the people of Dihua shows the richness and complexity comparing with the inland, because of the influence of the multi nationality living environment and the trend of modernization development. Exploring the change of city and people's daily life is helpful to observe the reality of citizen's life in the process of urban modernization from micro – angle of view.

Key Words: Dihua City; Urban Construction; Daily life; Social Change

The Research of the Canal Cities' Change of the North China in Ming and Qing Dynasties: Take Guantao County as an Example   Zheng Minde / 34

Abstract: The Ming and Qing Dynasties, Guantao county was a typical North canal city. The territory of the river engineering, commerce, transportation, local society were influenced by the canal. The canal promoted the political, economic and commercial status of Guantao in the Ming and Qing dynasties. At the same time it's trapped by flood and famine. Different from Linqing, Jining these large commercial wharf, Guantao was more representative of the ordinary administrative units at the county level along the canal in the North China. Its significance and characteristics of rise and declination were typical of the canal cities in the North China.

Key Words: The Ming and Qing Dynasties; the North China; the Canal City; Guantao County

The Rise and Fall of the Non – railways Towns in Modern North China
and Its Impact on Rural Social Changes (1881 – 1937)

Xiong Yaping / 47

Abstract: According to the relationship and influence by the railway trans-
portation, the towns in North China can be divided into the on – railway
towns and non – railway towns. With the rise and development of railway trans-
port, some typical on – railway towns including Shijiazhuang, Tangshan, Jiao-
zuo, Qinhuangdao, Zhumadian, Luohe, Botou, Zhangdian had developed
rapidly. While most of the non – railway towns, apart from Longkou, Xin-
glong and very a few towns, had been through a certain level of recession and
had influenced the surrounding rural social changes before 1937, and the rail-
way transportation is one of the important reasons. This shows that in order to
promote the regional social change, we should take different modes of transpor-
tation into consideration, included railway, road, highway, high – speed rail-
way, water transport and other modes of transportation. And then a reasonable
traffic system could be shaped to promote regional social coordinative develop-
ment, and to avoid the old mode of development in one town at the expense of
recession in another town.

Key Words: North China; non – railway towns; The transportation of
railway rural; railway

Evolution of Yantai's Business Pattern after Its Port – opening   Zhi Jun / 69

Abstract: Due to the intrusion of foreign forces and the opening of the
port, business in Yantai began its path of modernization. As the first opened
trading port in Shandong province, Yantai's foreign trade increased sharp-
ly. Imported goods and native products for export all gathered and distributed
here, making Yantai the trade center in Shandong. The development of modern
transportation changed the traditional pattern of market. A multi – level market
structure system gradually formed. With the emergence of new capital and labor

relations, new business models appeared, new enterprises were established, and businessmen also began a modern transformation.

Key Words: Modern City; Business Pattern; Yantai

The Capital Lacked National Industry in the Late Qing Dynasty and Early ROC: Focus on the Jiangxi Porcelain Company's Hard Establishment and Rapidly Decline
Zhan Weihong / 106

Abstract: After the war of China – Japan in 1894, Britain's、Germany's、Japan's porcelain expanded the export to China. Jingdezhen's porcelain which as the representative of the Chinese traditional porcelain faced unprecedented pressure. Some gentry put forward the idea of imitation to western porcelain. Jiangxi Porcelain Company was the representative of modern manufacture porcelain, which supported by Chinese government in the Late Qing Dynasty and Early ROC, it has large scale but long and tortuous establishment. Many officials attempted to set up Jiangxi Porcelain Company all failed Since twenty – two years of the emperor Guangxu（光绪）, Jiangxi Porcelain Company founded in thirty – four years of the emperor Guangxu（光绪）, then rapid downfall. This paper redescribes the long and tortuous establishment of Jiangxi Porcelain Company. Base on the detailed analysis of Jiangxi Porcelain Company's tortuous establishment and rapid downfall, the author concludes that the most important reason for Jiangxi Porcelain Company's tortuous process and rapid downfall is lack of working capital which associated with Lack financial support and other financial access. This case shows that it is very difficult for entrepreneurs who want to set up a company by raising funds in the Late Qing Dynasty and Early ROC, People has less confident on the development of national modern industry. If you are not powerful officials or comprador, attempts to receive direct funding from the capital markets is an impossible challenge.

Key words: Jiangxi Porcelain Company; the Late Qing Dynasty and Early ROC; National Industry; Lack of Capital

Municipal Construction and Social Control

The Police and the Modern Urban Public Health Management: A Case Study of
Beijing   Li Zidian / 124

Abstract: In modern Beijing, with the development of urbanization, the management of public health has become an important part of urban management, and the construction of public health management system has a close relationship with the construction of police system. Police participated in public health management, from the health education to the health supervision and implement of the punishment. a series of measures ensured the quality of urban public health, prevention and treatment of diseases which had played a certain role, meanwhile inevitably had some drawbacks. To summary of historical experience and problems, it is worthy for the reference and reflection of urban public health supervision.

Key Words: the police; public health; modern times; Beijing

"Resistance under Cooperation": the Environment and Strategy of the Tianjin
Lawyer During the Occupation   Wang Jing / 138

Abstract: After the war of Resistance Against Japan broke out, the people who chose to stay in the occupied area faced the choice of resistance or not, including lawyers. Under the survival and ethics, most lawyers who in the process of "compromise and cooperation" believed safeguard civil rights was their duty by means of the law, embodied that the lawyer's cohesion and patriotism. At the same time, it also can be understood that the lawyer in occupied area shows the resistance against Japan was a part of the collective choice of the Chinese nation.

Key Words: Occupation; Tianjin; Lawyer

This Tower in the Country: China and Japan are contention of Memory and

Reconstruction of Power Around Yellow Crane Tower during the the War of
Resistance Against Japan   Zhao Huang / 149

Abstract: Yellow Crane Tower, as one of the three famous towers in south, for historical reasons, is not only a urban land – mark, but also a text that can be interpreted and rewritten. Dynastic alternation and celebrity interviews, are constantly footnotes to the text. After the war breaking out, national crisis became unprecedented magnitude seriously. With many cultural resources, Yellow Crane Tower is used by the national government as a place for collective memory and stimulate nationalism. After the fall of Wuhan, in order to long – term occupation, Japanese attempts to dispel the memory standards that Yellow Crane Tower builds up, but the effect is not obvious. Memory contention around Yellow Crane Tower Show that, power is everywhere, and memory can be manipulated. Through strengthening, digestion, even creation memory, power can Strengthen the collective memory, so as to promote public recognition of regime legitimacy.

Key Words: Yellow Crane Tower; Collective Memory; Power Reconstruction

Space Structure and Environmental Transition

Water and City: The Evolution of Water Environment in Zhucheng, Shandong
Province   Gu Shuai / 163

Abstract: By field survey and combining the historical literature, water environment was restored and analyzed in several important periods in the process of development of Zhucheng. Results showed that the water in Dongwu, the former city of Zhucheng, was mainly from wells. After the relocation, the southern part was increasingly threatened by the flood from Fuqi River. From the Northern Wei Dynasty to Song Dynasty, Cang Bay became the gathering place of rainwater in the city, and in the east of Fuqi River built dams to prevent flood. From the Ming and Qing Dynasty to the Republic of China, Fuqi River was one of the main water sources of Zhucheng city. At the same time, the city drainage system, Cang Bay – the moat of city – Zhushi Bay – Fuqi River was formed. After the founding of PRC, Fuqi River was severely polluted, there fore Sanlizhuang Reservoir has become an important water source of Zhucheng. The historical evolution of the urban water environment in Zhucheng is typical in the Shandong peninsula, which we shoud take an special attention on.

Key Words: Zhucheng; Water Environment; Fuqi River

The Promotion and Impediment of Railway to the Evolution of Shanghai Spatial Evolution (1897 – 1937)　　　　　　　　　　　　Yue Qintao / 179

Abstract: The influence of railway on economic development and social changes not only reflects in transport effect after service, the current and subsequent impact from design to construction also has different effects in different periods and towards different objects. In Shanghai, from 1897 (starting to build Songhu Railway) to 1937, railway influence on Shanghai urban space was kept in the station level. In the city level, it failed to become the development axis to guide urban space, instead, it caused serious impediment.

Key Words: Railway Line; Railway Station; Shanghai; Urban Space

The Impression of Traveling to Shaanxi Province: A City Construction and Social Life Research on Xi'an in Republic of China　　　　　Wang Xu / 194

Abstract: City construction is an essentially economic issue. With the development of city construction Could Enrich and affect the citizens' social life. In the 1920's, Wang Tong – ling's work of Traveling to Shaanxi gave us the detail of city situation of Xi'an, including municipal construction, culture and education, industrial situation, traffic facilities, social organizations, manners and customs, the change of historical role. This text reflects intellectual's consciousness, which shoule be mentioned and researched.

Key Words: Xi'an; City Construction; Social life; Summer School; Jing – shi Current

Shrink, Disintegrate and Hold Constant: A Study on the Spatial Structure Change of Kaifeng City From the Northern Song Dynasty to Late Qing Dynasty

Zhu Junxian / 221

Abstract: Through the historical trajectory of the evolution of Kaifeng urban spatial structure from Northern Song Dynasty to late Qing Dynasty, we can learn that, after the Northern Song Dynasty, due to the decline of urban political status, war damage and the overall decline of the city, Kaifeng urban space had shrinked significantly, and the original urban spatial structure also disintegrated. But in this strong decline and decadence, because of the impact of Kaifeng city gates'shape and location of the Northern Song Dynasty, Kaifeng city's spatial structure、citizen living area and main spatial structure line basically did not have a big change from Yuan Dynasty to late Qing Dynasty. The complex historical changes embodied a lasting and constant power.

Key Words: Kaifeng city; Spatial Structure; The Shape of City the Gates

Social Class and Cultural Education

An Analysis of Business Activity and the Urban Development of Taigu City During the Period of Qing and Early Republic of China   Qiao Nan / 236

Abstract: In modern China, business group and regional businessmen rised rapidly during that time. Taigu, was a typical representative of the towns in Shanxi during this period. It arose in the late Ming dynasty, developed to the height in the period of Qing and early Republic of China, and became a financial center at Shanxi Province even in north China. There was an important meaning for us to research the Taigu's development from a mere administrative center to the development of commercial center, and eventually to become the financial center. During the period of Qing and early Republic of China, Taigu's merchants'positive business activities and a wide range of trade migration not only made their own wealth constantly grow, but also promoted Taigu to be a commercial town and made the city gradually became the most important financial center of Shanxi Province. At the same time, they also active participa et in public affairs, trying to promote the development of local education, bridges temple, relief donation. This paper discusses the role of merchants in urban development to find the inherent relationship between the merchants and the city.

Key Words: Business Activity; the period of Qing and Early Republic of China; Taigu City; Financial Center

The Tianjin Machinery Bureau and the Westernization Movement from the views of North Korean Envoys: By reading the notes of "Selected Diary from Korean Envoys in China"　　　　　　　　　　Zhang Limin　　Chu Mengyu / 254

Abstract: "Selected Diary from Korean Envoys in China" is about North Korean envoys' daily recordin China in 1881, in addition to record the discussionwith Chinese officialson how to deal with the Western powers, it mainly noted down the visitand study in Tianjin Machinery Bureau. Based on the record of "Selected Diary from Korean Envoys in China" and some original historical materials, this paper gives a picture of Tianjin Machinery Bureau, which made upthe serious lack of Tianjin Machinery Bureau's historical data. Meanwhile, by analyzing different levelsofficials' experience on doing businessand conducting Westernization enterprises, the paper makes a thorough inquiry on the difficulty of innovation during that period.

Key Words: Westernization Movement; the Tianjin Machinery Bureau; "Selected Diary from Korean Envoys in China"

New Concepts in an Old Framework: Temple Fair and Interaction between
Urban and Rural In the Early Period of the People's Republic of China

Fu Zhigang / 264

Abstract: In the early period of the People's Republic of China, to quickly
change the barriers of goods exchange between urban and rural, the governments
resumed the primary market exchange meeting based on traditional temple fairs in
the rural. The restoration of the temple fair had not only promoted goods ex-
change and economic development, but also unblocked the interflow of goods
between the urban and rural, improved the shortage of goods and effectively pro-
moted economic exchanges and interactions between the urban and rural. After
the transformation, the temple fair had become an important platform for trans-
mitting national policies, communicating socialist ideas and concepts. It had also
promoted the construction of new socialist relations from the political, econom-
ic, cultural and other levels, which made a good interaction between the urban
and rural in the early period of PRC and laid a preliminary foundation for build-
ing a new socialist relationship between urban and rural.

Key Words: Early Period of the People's Republic of China; Temple Fair;
Interaction between Urban and Rural; Goods Exchange

The Mission of Shanghai Confucian Temple in the Republic of China (1912 –
1927) Zhang Guopeng & Li Yongsheng / 275

Abstract: The importance of Confucian Temple was destabilized during the
period of the revolution of 1911, the Shanghai Confucian Temple also used its
space to spread republican spirit. However, people realized the importance of
Confucian Temple to morality once again because of the chaos soon after the
revolution. Therefore the government continued its sacrifice to Confucian Tem-
ple although it was criticized by the intelligent elites who initiated and led the
New Culture Movement. The local official and gentry tried hard to link the val-
ue of Confucian Temple up to the republic idea through reforming sacrificial

rites, opening the old Confucian Temple, preparing popular education museum and so on. But the social atmosphere was still conservative at this time, the government utilized Shanghai Confucian Temple to implement social undertakings extensively had to wait until the establishment of the Nanjing National Government.

Key Words: the Republic of China; Shanghai Confucian Temple; Republic Idea; Kongzi

稿　约

《城市史研究》创刊于 1988 年，是目前中国唯一的城市史研究专业刊物、《中文社会科学引文索引（CSSCI）》收录集刊、中国城市史研究会会刊，由天津社会科学院与中国城市史研究会主办，社会科学文献出版社出版发行。

本刊已加入中国学术期刊（光盘版）全文数据库，并许可其以数字化方式在中国知网发行传播本刊全文，相关作者著作权使用费与稿酬不再另行支付，作者向本刊提交文章发表的行为即视为同意我刊上述声明。

一、本刊欢迎具有学术性、前沿性、思想性的有关中外城市史研究的相关稿件，涉及的内容包括：城市政治、经济、文化、社会及与之相关的地理、建筑、规划等边缘学科和跨学科课题。对视角新颖、选题独特、有创见、有卓识的文稿尤为重视。另设有硕博论坛、新书评论、国外译丛、研究动态和会议综述等栏目。

二、文章字数一般应控制在 15000 字以内，译稿则须附原文及原作者的授权证明，由投稿人自行解决版权问题。

三、来稿除文章正文外，请附上：

（一）作者简介：姓名、所在单位、职称、学位、研究方向、邮编、联系电话、电子邮箱；

（二）中英文摘要：字（词）数控制在 150～200 字；

（三）中英文关键词：限制在 3～5 个；

（四）文章的英文译名；

（五）注释：一律采用脚注，每页编号，自为起止。参考《社会科学文献出版社 2012 年学术著作出版规范》第 17－25 页，下载地址：http：//www. ssap. com. cn/pic/upload/files/pdf/f6349319343783532395883. pdf

　　四、本刊有修改删节文章的权力，凡投本刊者被视为认同这一规则。不同意删改者，请务必在文中声明。

　　为方便编辑印刷，来稿一律采用电子文本，请径寄本刊编辑部电子邮箱：zhanglimin417@ sina. com，或 chengshishiyanjiu@ 163. com。

　　来稿一经采用，即付样刊二册，因财力有限，没有稿酬；翻译外文文章，酌予翻译费。未用稿件，一律不退，三月内未接到用稿通知，可自行处理。文稿如有不允许删改和做技术处理的特殊事宜，请加说明。

　　需要订阅本刊的读者和单位，请与《城市史研究》编辑部联系。联系方式：电子邮箱 chengshishiyanjiu@ 163. com。

　　本刊地址：天津市南开区迎水道 7 号天津社会科学院历史研究所
　　邮编：300191；电话：022 - 23075336

《城市史研究》编辑部

图书在版编目（CIP）数据

城市史研究. 第 37 辑 / 张利民主编. -- 北京：社
会科学文献出版社，2017.9
ISBN 978 - 7 - 5201 - 1403 - 5

Ⅰ.①城…　Ⅱ.①张…　Ⅲ.①城市史 - 文集　Ⅳ.
①C912.81 - 53

中国版本图书馆 CIP 数据核字（2017）第 223892 号

城市史研究（第 37 辑）

主　　编／张利民

出 版 人／谢寿光
项目统筹／李丽丽
责任编辑／李丽丽　徐成志　肖世伟

出　　版／社会科学文献出版社·近代史编辑室（010）59367256
　　　　　　地址：北京市北三环中路甲 29 号院华龙大厦　邮编：100029
　　　　　　网址：www.ssap.com.cn
发　　行／市场营销中心（010）59367081　59367018
印　　装／三河市东方印刷有限公司

规　　格／开本：787mm×1092mm　1/16
　　　　　　印张：21.5　字数：350 千字
版　　次／2017 年 9 月第 1 版　2017 年 9 月第 1 次印刷
书　　号／ISBN 978 - 7 - 5201 - 1403 - 5
定　　价／65.00 元

本书如有印装质量问题，请与读者服务中心（010 - 59367028）联系